YEARBOOK OF THE EUROPEAN CONVENTION ON HUMAN RIGHTS

★

ANNUAIRE DE LA CONVENTION EUROPEENNE DES DROITS DE L'HOMME

COUNCIL OF EUROPE

YEARBOOK
OF THE EUROPEAN CONVENTION
ON HUMAN RIGHTS

★

CONSEIL DE L'EUROPE

ANNUAIRE
DE LA CONVENTION EUROPEENNE
DES DROITS DE L'HOMME

1975

18

Springer-Science+Business Media, B.V. 1976

Correspondence relating to this Yearbook should be addressed to:
Pour toute correspondance relative à cet Annuaire s'adresser à:

Directorate of Human Rights / Direction des Droits de l'Homme
Council of Europe / Conseil de l'Europe
Strasbourg, France / Strasbourg, France

Originally published by Martinus Nijhoff, The Hague, Netherlands in 1976.
Softcover reprint of the hardcover 1st edition 1976

ISBN 978-94-015-3928-9 ISBN 978-94-015-3926-5 (eBook)
DOI 10.1007/978-94-015-3926-5

Table of contents

Table des matières

APPENDIX

DOCUMENTATION AND BIBLIOGRAPHY

ANNEXE

DOCUMENTATION ET BIBLIOGRAPHIE

Introduction

Volume XVIII of the Yearbook of the European Convention on Human Rights relates to the year 1975 and follows the model of the earlier volumes.

Part I of this volume contains, as usual, the basic texts.

This part also includes the resolutions and recommendations of the Consultative Assembly relating to the following subjects: conclusions of the meeting of the Assembly's Legal Affairs Committee with the Ombudsmen and Parliamentary Commission in Council of Europe Member States, implementation of Article 57 of the European Convention on Human Rights, the optional clauses of the European Convention on Human Rights, torture in the world.

It also contains information about activities of the Committee of Ministers relating to human rights.

It contains information about the work of the Committee of Experts on Human Rights: free legal aid before the European Commission of Human Rights, extension of the right of freedom of information, supervision of the execution of judgments of the European Court of Human Rights, colloquy of the Council of Europe on "the access of members of the public to information entrusted to or held by public authorities". This first part ends by referring to the Fourth International Colloquy on the European Convention on Human Rights, which was held in Rome from 5–8 November 1975 on the theme "Twenty-five years of European Protection of Human Rights – the European Convention on Human Rights 1950–1975".

Part II of this volume reproduces information on the work of the European Commission and Court of Human Rights as well as the Committee of Ministers.

The total number of applications made to the Commission in 1975 was 466 as against 445 in 1974 and 442 in 1973. Four individual applications were declared admissible, as compared with six in 1974. The text of the decision relating to the inter-state application Cyprus against Turkey is reproduced pp. 82 to 126 and the text of 7 decisions relating to individual applications pp. 128 to 274.

Summaries of these decisions follow, grouped under key-word

Introduction

Le Volume XVIII de l'Annuaire de la Convention européenne des Droits de l'Homme concerne l'année 1975 et suit le plan des précédents volumes.

La Première Partie du présent volume contient, selon l'usage, les textes fondamentaux.

Cette Partie contient aussi les Résolutions et Recommandations de l'Assemblée Consultative concernant les questions suivantes: conclusions de la réunion de la Commission des questions juridiques de l'Assemblée avec les Ombudsman et les commissions parlementaires dans les Etats membres du Conseil de l'Europe, mise en application de l'article 57 de la Convention européenne des Droits de l'Homme, clauses facultatives de la Convention européenne des Droits de l'Homme, la torture dans le monde.

Elle contient également des informations sur les activités du Comité des Ministres en relation avec les droits de l'homme.

Elle contient enfin des informations sur les travaux du Comité d'experts en matière de droits de l'homme: assistance judiciaire gratuite devant la Commission européenne des Droits de l'Homme, extension du droit à la liberté d'information, contrôle de l'exécution des décisions de la Cour européenne des Droits de l'Homme, Colloque du Conseil de l'Europe sur "l'accès du public aux informations confiées aux autorités publiques ou en possession de celles-ci". Cette première partie se termine par la mention du Quatrième Colloque International sur la Convention européenne des Droits de l'Homme qui a eu lieu à Rome du 5 au 8 novembre 1975 et qui avait pour thème "Vingt-cinq ans de protection européenne des droits de l'homme – La Convention européenne des Droits de l'Homme, 1950–1975".

La Deuxième Partie donne des informations sur les travaux de la Commission et de la Cour européennes des Droits de l'Homme, ainsi que sur ceux du Comité des Ministres.

Le nombre de requêtes dont la Commission a été saisie en 1975 est de 466 contre 445 en 1974 et 442 en 1973. Quatre requêtes individuelles ont été déclarées recevables contre six en 1974. Le texte de la décision relative à l'affaire étatique Chypre contre Turquie figure aux pp. 83 à 127 et le texte de 7 décisions relatives à des requêtes individuelles aux pp. 129 à 275.

Sont également reproduits les sommaires de ces décisions, regrouheadings (pp. 276–282). The usual statistical charts are given at pp. 284–288.

Chapter III reproduces summaries of the judgments of the Court in the Golder and National Union of the Belgian Police cases.

Chapter IV reproduces Resolutions of the Committee of Ministers and extracts of the Reports of the European Commission of Human Rights on the Kamma, Huber and Vampel cases.

Part III includes extracts of debates in national parliaments relating to the Convention and extracts of decisions of national courts referring to the Convention. Extracts of two judgments of the Court of Justice of the European Communities in Luxembourg in which references to the European Convention are made, are also reproduced.

This third part which is given as a piece of information, is unilingual.

The volume ends with the usual appendices.

This Yearbook, being prepared by the Directorate of Human Rights of the Council of Europe, does not involve the responsibility of either the European Commission or of the European Court of Human Rights, or the Committee of Ministers. In particular, the summaries of decisions of the Commission cannot be quoted against the actual texts of those decisions.

Directorate of Human Rights
of the Council of Europe

pées sous des mots-clés (pp. 277–283), et les tableaux statistiques (pp. 284–288).

Au Chapitre III sont reproduits des résumés des arrêts de la Cour dans les affaires Golder et Syndicat National de la Police Belge.

Au Chapitre IV figurent les Résolutions du Comité des Ministres, suivis d'extraits des rapports de la Commission européenne des Droits de l'Homme sur les affaires Kamma, Huber et Vampel.

La Troisième Partie comprend des extraits des débats devant les Parlements nationaux se référant à la Convention et des extraits des décisions des tribunaux internes se référant à la Convention. Des extraits de deux arrêts de la Cour de Justice des Communautés européennes de Luxembourg dans lesquels référence a été faite à la Convention européenne des Droits de l'Homme y figurent également.

Cette Troisième Partie qui est donnée uniquement à titre d'information est unilingue.

Le volume se termine par les annexes habituelles.

Cet Annuaire, préparé par la Direction des Droits de l'Homme du Conseil de l'Europe, n'engage pas la responsabilité de la Commission européenne, de la Cour européenne et du Comité des Ministres. En particulier, les sommaires des décisions de la Commission ne peuvent être cités à l'encontre du texte même de ces décisions.

Direction des Droits de l'Homme
du Conseil de l'Europe

PART ONE

Basic Texts and General Information

PREMIERE PARTIE

Textes fondamentaux et informations de caractère général

CHAPTER I

BASIC TEXTS

A.

Ratifications

GREECE

On 8 January 1975, the Government of Greece ratified the Protocols Nos. 2, 3 and 5.[1]

B.

Declarations recognising the competence of the European Commission of Human Rights in respect of individual applications

(Article 25 of the Convention)[2]

BELGIUM

(*Translation*)

In the name of the Belgian Government, I hereby recognise, in accordance with Article 25 of the Convention for the Protection of Human Rights and Fundamental Freedoms, signed at Rome on 4 November 1950, and in accordance with Article 6 (2) of Protocol No. 4 to that Convention, signed at Strasbourg on 16 september 1963, for a new period ot two years from 30 June 1975, the competence of the European Commission of Human Rights to receive petitions addressed to the Secretary General of the Council of Europe from any person, non-governmental organisation or group of individuals claiming to be the victim of a violation by one of the High Contracting Parties of the rights set forth in that Convention and in Articles 1 – 4 of the said Protocol.

Brussels, 1 July 1975
The Minister for Foreign Affairs
and Development Co-operation
(*signed*) R. VAN ELSLANDE

[1] See Yearbook, Volume XVII, p. 2. These three Protocols were signed on 28 November 1974, and at the moment of the ratification on 8 January 1975 it was explicitely declared that the ratification will be retroactive as from 28 November 1974.

[2] Cf. Yearbook, Vol. II, pp. 66–71; Vol. III, pp. 62–64; Vol. IV, pp. 26–30; Vol. V, p. 2; Vol. VI, p. 26; Vol. VII, pp. 8–16; Vol. IX, pp. 6–10; Vol. X, pp. 8–16; Vol. XII, pp. 22–28; Vol. XIII, p. 12; Vol. XIV, pp. 16–20; Voi. XV, pp. 2–6; Vol. XVI, pp. 8–10; Vol. XVII, pp. 10–16.

CHAPITRE I

TEXTES FONDAMENTAUX

A.

Ratifications

GRECE

Le Gouvernement de la Grèce a ratifié les Protocoles N°s 2, 3 et 5 8 janvier 1975.[1]

B.

Déclarations d'acceptation de la compétence de la Commission européenne des Droits de l'Homme en matière de requêtes individuelles

(Article 25 de la Convention)[2]

BELGIQUE

Au nom du Gouvernement belge, je déclare reconnaître, conformément à l'article 25 de la Convention de Sauvegarde des Droits de l'Homme et des Libertés fondamentales, signée à Rome le 4 novembre 1950, et conformément à l'article 6 (2) du Protocole N° 4 à la Convention, signé à Strasbourg le 16 septembre 1963, pour une nouvelle période de deux années à partir du 30 juin 1975, la compétence de la Commission européenne des Droits de l'Homme à être saisie d'une requête adressée au Secrétaire Général du Conseil de l'Europe par toute personne physique, toute organisation non gouvernementale ou tout groupe de particuliers, qui se prétend victime d'une violation, par l'une des Hautes Parties Contractantes, des droits reconnus dans ladite Convention et dans les articles 1 à 4 dudit Protocole.

Bruxelles, le 1 juillet 1975
Le Ministre des Affaires Etrangères
et de la Coopération au Développement
(*signé*) R. VAN ELSLANDE

[1] Voir Annuaire, Vol. XVII, p. 3. Ces trois Protocoles ont été signés par la Grèce le 28 novembre 1974, et lors de la ratification le 8 janvier 1975, le Gouvernement de la Grèce a déclaré explicitement que la ratification avait un effet rétroactif au 28 novembre 1974.

[2] Cf. Annuaire, Vol. II, pp. 66–71; Vol. III, pp. 63–65; Vol. IV, pp. 27–31; Vol. V, p. 3; Vol. VI, p. 27; Vol. VII, pp. 9–17; Vol. IX, pp. 7–11; Vol. X, pp. 9–17; Vol. XII, pp. 23–29; Vol. XIII, p. 13; Vol. XIV, pp. 17–21; Vol. XV, pp. 3–6; Vol. XVI, pp. 9–11; Vol. XVII, pp. 11–17.

ITALY

(*Translation*)

I have the honour to declare in accordance with the provisions of Article 25 of the Convention for the Protection of Human Rights, signed at Rome on 4 November 1950, that the Italian Government recognise the competence of the European Commission of Human Rights, on the same conditions as those already indicated in its declaration of 28 June 1973 and for a new period of three years beginning on 1 August 1975 and ending on 31 July 1978.

Rome, 29 July 1975
The Minister for Foreign Affairs
(*signed*) Mariano RUMOR

UNITED KINGDOM[1]

UNITED KINGDOM PERMANENT REPRESENTATIVE TO THE COUNCIL OF EUROPE STRASBOURG

27/1

Sir,

I have the honour to refer to Mr. Boothby's letters dated the 14th of January 1966 and the 11th of January 1969 which respectively declared the recognition by the Government of the United Kingdom of Great Britain and Northern Ireland, in respect of the United Kingdom, of the competence of the European Commission of Human Rights to receive petitions from persons, non-governmental organisations or groups of individuals, and prolonged, until the 13th of January 1972, the period of recognition or acceptance of the competence of the Commission in that respect.

On instructions from Her Majesty's Principal Secretary of State for Foreign and Commonwealth Affairs, I now have the honour to inform you that the Government of the United Kingdom hereby renew for the United Kingdom of Great Britain and Northern Ireland the declaration made in Mr. Boothby's letter of the 14th of January 1966, further prolonging the said period for a further two years, to end on the 13th of January 1974. Except in relation to the date of expiry of this period, the terms of the said declaration shall remain unaffected.

I have the honour to be, Sir,

Your obedient Servant,
12 January 1972
(*signed*) D. J. B. ROBEY

[1] Cf. Yearbook Vol. XV, p. 4.

ITALIE

J'ai l'honneur de déclarer que le Gouvernement italien, conformément à l'article 25 de la Convention européenne des Droits de l'Homme, signée à Rome le 4 novembre 1950, reconnaît la compétence de la Commission européenne des Droits de l'Homme, aux mêmes conditions déjà indiquées dans sa déclaration du 28 juin 1973, et pour une nouvelle période de trois ans à partir du 1er août 1975 jusqu'au 31 juillet 1978.

Rome, le 29 juillet 1975
Le Ministre des Affaires Etrangères
(*signé*) Mariano RUMOR

ROYAUME-UNI[1]

(*Traduction*)

LE REPRESENTANT PERMANENT DU ROYAUME-UNI AUPRES DU CONSEIL DE L'EUROPE STRASBOURG

27/1

Monsieur le Secrétaire Général,

J'ai l'honneur de me référer aux lettres de M. Boothby, datées du 14 janvier 1966 et du 11 janvier 1969, par lesquelles le Gouvernement du Royaume-Uni de Grande-Bretagne et d'Irlande du Nord a respectivement déclaré reconnaître, à l'égard du Royaume-Uni, la compétence de la Commission européenne des Droits de l'Homme à être saisie d'une requête adressée par toute personne physique, toute organisation non gouvernementale ou tout groupe de particuliers, et prolongé jusqu'au 13 janvier 1972 la période couverte par cette reconnaissance ou acceptation de la compétence de la Commission à être saisie d'une telle requête.

Sur les instructions du Secrétaire d'Etat Principal aux Affaires Etrangères et du Commonwealth du Gouvernement de Sa Majesté, j'ai l'honneur de vous informer que le Gouvernement du Royaume-Uni renouvelle par la présente, pour le Royaume-Uni de Grande-Bretagne et d'Irlande du Nord, la déclaration faite dans la lettre de M. Boothby, datée du 14 janvier 1966, et qu'il prolonge de deux années ladite période qui expirera donc le 13 janvier 1974. Sauf en ce qui concerne la date d'expiration de cette période, les termes de ladite déclaration demeurent inchangés.

Veuillez agréer, Monsieur le Secrétaire Général, l'assurance de ma très haute considération.

Le 12 janvier 1972
(*signé*) D. J. B. ROBEY

[1] Cf. Annuaire Vol. XV, p. 5.

C.

Declarations recognising the compulsory jurisdiction of the European Court of Human rights

(Article 46 of the Convention)[1]

BELGIUM

(*Translation*)

In the name of the Belgian Government, I hereby recognise, in accordance with Article 46 of the Convention for the Protection of Human Rights and Fundamental Freedoms, signed at Rome on 4 November 1950, and in accordance with Article 6 (2) of Protocol No. 4 to that Convention, signed at Strasbourg on 16 September 1963, for a new period of two years from 29 June 1975, as compulsory *ipso facto* and without special agreement the jurisdiction of the European Court of Human Rights in all matters concerning the interpretation and application of the said Convention and of Articles 1 – 4 of the said Protocol.

Brussels, 1 July 1975
The Minister for Foreign Affairs
and Development Co-operation
(*signed*) R. VAN ELSLANDE

ITALY

(*Translation*)

I have the honour to declare in accordance with the provisions of Article 46 of the Convention for the Protection of Human Rights signed at Rome on 4 November 1950, that the Italian Government recognise the jurisdiction of the European Court of Human Rights on the same conditions as those already indicated in its declaration of 28 June 1973 and for a new period of three years beginning on 1 August 1975 and ending on 31 July 1978.

Rome, 29 July 1975
The Minister for Foreign Affairs
(*signed*) Mariano RUMOR

[1] Cf. Yearbook, Vol. II, pp. 72–76, Vol. III, p. 66; Vol. IV, pp. 32–36; Vol. V, p. 4;Vol. VII, pp. 16–22; Vol. VIII, p. 10; Vol. IX, pp. 10–14; Vol. X, pp. 18–24; Vol. XII, pp. 30–36; Vol. XIII, pp. 12–14; Vol. XIV, pp. 20–24; Vol. XV, pp. 6–10; Vol. XVI, pp. 13– 14; Vol. XVII, pp. 16–22.

C.

Déclarations d'acceptation de la juridiction obligatoire de la Cour européenne des Droits de l'Homme

(Article 46 de la Convention)[1]

BELGIQUE

Au nom du Gouvernement belge, je déclare reconnaître, conformément à l'article 46 de la Convention de Sauvegarde des Droits de l'Homme et des Libertés fondamentales, signée à Rome le 4 novembre 1950, et conformément à l'article 6 (2) du Protocole N° 4 à la Convention, signé à Strasbourg le 16 septembre 1963, pour une nouvelle période de deux années à partir du 29 juin 1975, comme obligatoire de plein droit et sans convention spéciale la juridiction de la Cour européenne des Droits de l'Homme sur toutes les affaires concernant l'interprétation et l'application de ladite Convention et des articles 1 à 4 dudit Protocole.

Bruxelles, le 1 juillet 1975
Le Ministre des Affaires Etrangères
et de la Coopération au Développement
(*signé*) R. VAN ELSLANDE

ITALIE

J'ai l'honneur de déclarer que le Gouvernement italien, conformément à l'article 46 de la Convention européenne des Droits de l'Homme, signée à Rome le 4 novembre 1950, reconnaît la compétence de la Cour européenne des Droits de l'Homme aux mêmes conditions déjà indiquées dans sa déclaration du 28 juin 1973, et pour une nouvelle période de trois ans à partir du 1er août 1975 jusqu'au 31 juillet 1978.

Rome, le 29 juillet 1975
Le Ministre des Affaires Etrangères
(*signé*) Mariano RUMOR

[1] Cf. Annuarire, Vol. II, pp. 72–76; Vol. III, p. 67; Vol. IV, pp. 33–37; Vol. V, p. 5; Vol. VII, pp. 17–23; Vol. VIII, p. 11; Vol. IX, pp. 11–15; Vol. X, pp. 19–25; Vol. XII, pp. 31–37; Vol. XIII, pp. 13–15; Vol. XIV, pp. 21–25; Vol. XV, pp. 7–11; Vol. XVI, pp. 13–15; Vol. XVII, pp. 17–23.

UNITED KINGDOM[1]

UNITED KINGDOM PERMANENT REPRESENTATIVE TO THE COUNCIL OF EUROPE STRASBOURG

27/1

Sir,

I have the honour to refer to Mr. Boothby's letters dated the 14th of January 1966 and the 11th of January 1969 which respectively declared the recognition by the Government of the United Kingdom of Great Britain and Northern Ireland, in respect of the United Kingdom, of the jurisdiction of the European Court of Human Rights, and prolonged, until the 13th of January 1972, the period of such recognition.

On instructions from Her Majesty's Principal Secretary of State for Foreign and Commonwealth Affairs, I now have the honour to inform you that the Government of the United Kingdom hereby renew for the United Kingdom of Great Britain and Northern Ireland the declaration made in Mr. Boothby's letter of the 14th of January 1966, further prolonging the said period for a further two years, to end on the 13th of January 1974. Except in relation to the date of expiry of this period, the terms of the said declaration shall remain unaffected.

I have the honour to be, Sir,

Your obedient Servant,
12 January 1972
(*signed*) D. J. B. ROBEY

D.

Derogations

(Article 15 of the Convention)[2]

TURKEY

PERMANENT REPRESENTATION OF TURKEY TO THE COUNCIL OF EUROPE

No. 24/6

The Permanent Representation of Turkey to the Council of Europe presents its compliments to the Secretariat General of the Council of

[1] Cf. Yearbook Vol. XV, p. 8.

[2] Cf. Yearbook, Vol. I, pp. 47–51; Vol. II, pp. 79–87; Vol. III, pp. 68–90; Vol. IV, pp. 38–62; Vol. V, pp. 6–10; Vol. VI, pp. 28–32; Vol. VII, pp. 22–30; Vol. VIII, pp. 10–16; Vol. IX, pp. 16–20; Vol. X, pp. 26–44; Vol. XI, pp. 10–34; Vol. XII, pp. 38–74; Vol. XIII, pp. 18–22; Vol. XIV, pp. 24–32; Vol. XV, pp. 16–22; Vol. XVI, pp. 16–24; Vol. XVII, pp. 24–28.

ROYAUME-UNI[1]

(*Traduction*)

LE REPRESENTANT PERMANENT DU ROYAUME-UNI AUPRES DU CONSEIL DE L'EUROPE STRASBOURG

27/1

Monsieur le Secrétaire Général,

J'ai l'honneur de me référer aux lettres de M. Boothby, datées du 14 janvier 1966 et du 11 janvier 1969, par lesquelles le Gouvernement du Royaume-Uni de Grande-Bretagne et d'Irlande du Nord a respectivement déclaré reconnaître, à l'égard du Royaume-Uni, la juridiction de la Cour européenne des Droits de l'Homme et prolongé jusqu'au 13 janvier 1972 la période couverte par cette reconnaissance.

Sur les instructions du Secrétaire d'Etat Principal aux Affaires Etrangères et du Commonwealth du Gouvernement de Sa Majesté, j'ai l'honneur de vous informer que le Gouvernement du Royaume-Uni renouvelle par la présente, pour le Royaume-Uni de Grande-Bretagne et d'Irlande du Nord, la déclaration faite dans la lettre de M. Boothby, datée du 14 janvier 1966, et qu'il prolonge de deux années ladite période qui expirera donc le 13 janvier 1974. Sauf en ce qui concerne la date d'expiration de cette période, les termes de ladite déclaration demeurent inchangés.

Veuillez agréer, Monsieur le Secrétaire Général, l'assurance de ma très haute considération.

Le 12 janvier 1972
(*signé*) D. J. B. ROBEY

D.

Dérogations

(Article 15 de la Convention)[2]

TURQUIE

(*Traduction*)

REPRESENTATION PERMANENTE DE LA TURQUIE AUPRES DU CONSEIL DE L'EUROPE

N° 24/6

La Représentation Permanente de Turquie auprès du Conseil de l'Europe présente ses compliments au Secrétariat Général du Conseil

[1] Cf. Annuaire Vol. XV, p. 9.

[2] Cf. Annuaire, Vol. I, pp. 47–51; Vol. II, pp. 79–87; Vol. III, pp. 69–91; Vol. IV, pp. 39–63; Vol. V, pp. 7–11; Vol. VI, pp. 29–33; Vol. VII, pp. 23–31; Vol. VIII, pp. 11–17; Vol. IX, pp. 17–21; Vol. X, pp. 27–45; Vol. XI, pp. 11–35; Vol. XII, pp. 39–75; Vol. XIII, pp. 19–23; Vol. XIV, pp. 25–33; Vol. XV, pp. 17–23; Vol. XVI, pp. 17–25; Vol. XVII, pp. 25–29.

Europe and with reference to its Note No. 1422/266 of 13 December 1974 has the honour to inform the Secretariat that the Turkish Grand National Assembly has approved on 2 January 1975, the prolongation of the martial law in effect in the provinces of Ankara, Istanbul, Adana and Içel until 5 February 1975, 24.00 hours.

The above decision of the Grand National Assembly is communicated hereby in accordance with the third paragraph of Article 15 of the European Convention on Human Rights.

The Permanent Representation of Turkey avails itself of this opportunity to renew to the Secretariat General of the Council of Europe the assurance of its high consideration.

6 January 1975
(*Seal*)

PERMANENT REPRESENTATION OF TURKEY TO THE COUNCIL OF EUROPE

No. 150/26

The Permanent Representation of Turkey to the Council of Europe presents its compliments to the Secretariat General of the Council of Europe and with reference to its Note No. 24/6 of 6 January 1975 has the honour to inform the Secretariat that the Turkish Grand National Assembly has approved on 5 February 1975, the prolongation of the martial law in effect in the provinces of Ankara, Istanbul, Adana and Içel until 5 March 1975, 24.00 hours.

The above decision of the Grand National Assembly is communicated hereby in accordance with the third paragraph of Article 15 of the European Convention on Human Rights.

The Permanent Representation of Turkey avails itself of this opportunity to renew to the Secretariat General of the Council of Europe the assurance of its high consideration.

7 February 1975
(*Seal*)

(*Translation*)

PERMANENT REPRESENTATION OF TURKEY TO THE COUNCIL OF EUROPE

No. 343/54

The Permanent Representation of Turkey to the Council of Europe presents its compliments to the Secretariat General of the Council of Europe and with reference to its Note No. 150/26 of 7 February de l'Europe et, se référant à sa Note N° 1422/266 du 13 décembre 1974, a l'honneur de porter à la connaissance du Secrétariat Général que la Grande Assemblée Nationale de Turquie a approuvé, le 2 janvier 1975, la prolongation de l'état de siège décrété dans les provinces d'Ankara, Istanbul, Adana et Içel jusqu'au 5 février 1975, à 24 h 00.

La décision précitée de la Grande Assemblée Nationale est communiquée par la présente en vertu du paragraphe 3 de l'article 15 de la Convention européenne des Droits de l'Homme.

La Représentation Permanente de Turquie saisit cette occasion pour renouveler au Secrétariat Général du Conseil de l'Europe l'assurance de sa haute considération.

le 6 janvier 1975
(*Cachet*)

(*Traduction*)

REPRESENTATION PERMANENTE DE LA TURQUIE AUPRES DU CONSEIL DE L'EUROPE

N° 150/26

La Représentation Permanente de Turquie auprès du Conseil de l'Europe présente ses compliments au Secrétariat Général du Conseil de l'Europe et, se référant à sa Note N° 24/6 du 6 janvier 1975, a l'honneur de porter à la connaissance du Secrétariat Général que la Grande Assemblée Nationale de Turquie a approuvé, le 5 février 1975, la prorogation de l'état de siège décrété dans les provinces d'Ankara, Istanbul, Adana et Içel jusqu'au 5 mars 1975, à 24 h 00.

La décision précitée de la Grande Assemblée Nationale est communiquée par la présente en vertu du paragraphe 3 de l'article 15 de la Convention européenne des Droits de l'Homme.

La Représentation Permanente de Turquie saisit cette occasion pour renouveler au Secrétariat Général du Conseil de l'Europe l'assurance de sa haute considération.

7 février 1975
(*Cachet*)

REPRESENTATION PERMANENTE DE LA TURQUIE AUPRES DU CONSEIL DE L'EUROPE

N° 343/54

La Représentation Permanente de Turquie auprès du Conseil de l'Europe présente ses compliments au Secrétariat Général du Conseil de l'Europe et – se référant à sa Note N° 150/26 du 7 février

1975 has the honour to inform the Secretariat that the Turkish Grand National Assembly has approved, by a decision taken at the meeting of 4 March 1975, the prolongation of the martial law in effect in the provinces of Ankara, Istanbul, Adana and Içel until 5 April 1975, 24.00 hours.

The present communication is made in accordance with the provisions of paragraph 3 of Article 15 of the European Convention on Human Rights and Fundamental Freedoms.

The Permanent Representation of Turkey avails itself of this opportunity to renew to the Secretariat General of the Council of Europe the assurance of its high consideration.

Strasbourg, 13 March 1975
(*Seal*)

(*Translation*)

PERMANENT REPRESENTATION OF TURKEY TO THE COUNCIL OF EUROPE

No. 450/65

The Permanent Representation of Turkey to the Council of Europe presents its compliments to the Secretariat General of the Council of Europe and with reference to its Note No. 343/54 of 13 March 1975, has the honour to inform the Secretariat that the Turkish Grand National Assembly has approved, by a decision taken at the meeting of 28 March 1975, the prolongation of the martial law in effect in the provinces of Ankara, Istanbul, Adana and Içel until 5 May 1975, 24.00 hours.

The present communication is made in accordance with the provisions of paragraph 3 of Article 15 of the European Convention on Human Rights and Fundamental Freedoms.

The Permanent Representation of Turkey avails itself of this opportunity to renew to the Secretariat General of the Council of Europe the assurance of its high consideration.

Strasbourg, 1 April 1975
(*Seal*)

(*Translation*)

PERMANENT REPRESENTATION OF TURKEY TO THE COUNCIL OF EUROPE

No. 576/97

The Permanent Representation of Turkey to the Council of Europe presents its compliments to the Secretariat General of the Council of Europe and with reference to its Note No. 450/65 of 1 April 1975

1975 – a l'honneur de porter à la connaissance du Secrétariat Général que la Grande Assemblée Nationale de Turquie a approuvé, par une décision prise lors de sa réunion du 4 mars 1975, la prorogation de l'état de siège décrété dans les provinces d'Ankara, Istanbul, Adana et Içel jusqu'au 5 avril 1975 à 24 h 00.

La présente communication est faite en vertu des dispositions du troisième paragraphe de l'article 15 de la Convention européenne des Droits de l'Homme et des Libertés fondamentales.

La Représentation Permanente de Turquie saisit cette occasion pour renouveler au Secrétariat Général du Conseil de l'Europe l'assurance de sa haute considération.

Strasbourg, le 13 mars 1975
(*Cachet*)

REPRESENTATION PERMANENTE DE LA TURQUIE AUPRES DU CONSEIL DE L'EUROPE

N° 450/65

La Représentation Permanente de Turquie auprès du Conseil de l'Europe présente ses compliments au Secrétariat Général du Conseil de l'Europe et, se référant à sa Note N° 343/54 du 13 mars 1975, a l'honneur de porter à la connaissance du Secrétariat Général que la Grande Assemblée Nationale de Turquie a approuvé, par une décision prise lors de la réunion du 28 mars 1975, la prorogation de l'état de siège décrété dans les provinces d'Ankara, Istanbul, Adana et Içel jusqu'au 5 mai 1975 à 24 h 00.

La présente communication est faite en vertu des dispositions du paragraphe 3 de l'article 15 de la Convention européenne des Droits de l'Homme et des Libertés fondamentales.

La Représentation Permanente de Turquie saisit cette occasion pour renouveler au Secrétariat Général du Conseil de l'Europe l'assurance de sa haute considération.

Strasbourg, le 1er avril 1975
(*Cachet*)

REPRESENTATION PERMANENTE DE LA TURQUIE AUPRES DU CONSEIL DE L'EUROPE

N° 576/97

La Représentation Permanente de Turquie auprés du Conseil de l'Europe présente ses compliments au Secrétariat Général du Conseil de l'Europe et, se référant à sa Note N° 450/65 du 1er avril 1975, a has the honour to inform the Secretariat that the Turkish Grand National Assembly has approved, by a decision taken at the meeting of 30 April 1975, the prolongation of the martial law in effect in the provinces of Ankara, Istanbul, Adana and Içel until 5 June 1975, 24.00 hours.

The present communication is made in accordance with the provisions of paragraph 3 of Article 15 of the European Convention on Human Rights and Fundamental Freedoms.

The Permanent Representation of Turkey avails itself of this opportunity to renew to the Secretariat General of the Council of Europe the assurance of its high consideration.

Strasbourg, 5 May 1975
(*Seal*)

(*Translation*)

PERMANENT REPRESENTATION OF TURKEY TO THE COUNCIL OF EUROPE

No. 768/128

The Permanent Representation of Turkey to the Council of Europe presents its compliments to the Secretariat General of the Council of Europe and with reference to its Note No. 576/97 of 5 May 1975 has the honour to inform the Secretariat that the Turkish Grand National Assembly has approved, by a decision taken at the meeting of 5 June 1975, the prolongation of the martial law in effect in the provinces of Ankara, Istanbul, Adana and Içel until 5 August 1975, 24.00 hours.

The present communication is made in accordance with the provisions of paragraph 3 of Article 15 of the European Convention on Human Rights and Fundamental Freedoms.

The Permanent Representation of Turkey avails itself of this opportunity to renew to the Secretariat General of the Council of Europe the assurance of its high consideration.

Strasbourg, 5 June 1975
(*Seal*)

(*Translation*)

PERMANENT REPRESENTATION OF TURKEY TO THE COUNCIL OF EUROPE

No. 967/130

The Permanent Representation of Turkey to the Council of Europe presents its compliments to the Secretariat General of the Council of Europe and – with reference to ist Notes No. 768/128 dated 5 June l'honneur de porter à sa connaissance que la Grande Assemblée Nationale de Turquie a approuvé, par une décision prise lors de la réunion du 30 avril 1975, la prorogation de l'état de siège décrété dans les provinces d'Ankara, Istanbul, Adana et Içel jusqu'au 5 juin 1975 à 24 h 00.

La présente communication est faite en vertu des dispositions du paragraphe 3 de l'article 15 de la Convention européenne des Droits de l'Homme et des Libertés fondamentales.

La Représentation Permanente de Turquie saisit cette occasion pour renouveler au Secrétariat Général du Conseil de l'Europe les assurances de sa haute considération.

Strasbourg, le 5 mai 1975
(*Cachet*)

REPRESENTATION PERMANENTE DE LA TURQUIE AUPRES DU CONSEIL DE L'EUROPE

N° 768/128

La Représentation Permanente de Turquie auprès du Conseil de l'Europe présente ses compliments au Secrétariat Général du Conseil de l'Europe et, se référant à sa Note N° 576/97 du 5 mai 1975, a l'honneur de porter à sa connaissance que la Grande Assemblée Nationale de Turquie a approuvé, par une décision prise lors de la réunion du 4 juin 1975, la prorogation de l'état de siège décrété dans les provinces d'Ankara, Istanbul, Adana et Içel jusqu'au 5 août 1975 à 24 h 00.

La présente communication est faite en vertu des dispositions du paragraphe 3 de l'article 15 de la Convention européenne des Droits de l'Homme et des Libertés fondamentales.

La Représentation Permanente de Turquie saisit cette occasion pour renouveler au Secrétariat Général du Conseil de l'Europe les assurances de sa haute considération.

Strasbourg, le 5 juin 1975
(*Cachet*)

REPRESENTATION PERMANENTE DE LA TURQUIE AUPRES DU CONSEIL DE L'EUROPE

N° 967/130

La Représentation Permanente de Turquie auprès du Conseil de l'Europe présente ses compliments au Secrétariat Général du Conseil de l'Europe et – se référant à sa Note N° 768/128 du 5 juin 1975 – à

1975 – has the honour to bring to its attention that, as a result of a typographical error, the date of expiry of Martial Law declared in the provinces of Ankara, Istanbul, Adana and Içel was given as 5 August 1975, whereas it was in fact 5 July 1975.

As well as bringing the foregoing to the attention of the Secretariat General, this Representation hereby wishes to advise that the Grand National Assembly of Turkey approved, by a decision taken at its meeting of 2 July 1975, the prolongation of Martial Law declared in the four above-mentioned provinces until 5 August 1975 at midnight.

This communication is made in pursuance of the provisions of paragraph 3 of Article 15 of the European Convention on Human Rights and Fundamental Freedoms.

The Permanent Representation of Turkey avails itself of this opportunity to renew to the Secretariat General of the Council of Europe the assurance of its highest consideration.

Strasbourg, 10 July 1975
(*Seal*)

(*Translation*)

PERMANENT DELEGATION OF TURKEY TO THE COUNCIL OF EUROPE

No. 1481/203

The Permanent Delegation of Turkey to the Council of Europe presents its compliments to the Secretariat General of the Council of Europe and – with reference to its Note No. 967/130 dated 10 July 1975 – has the honour to bring, to its attention that Martial Law in the provinces of Ankara, Istanbul, Adana and Içel has been lifted on 5 August 1975. Thus, no province now remains where Martial Law is in force.

This communication is made in pursuance of the provisions of paragraph 3 of Article 15 of the European Convention on Human Rights and Fundamental Freedoms.

The Permanent Delegation of Turkey avails itself of this opportunity to renew to the Secretariat General of the Council of Europe the assurance of its hightest consideration.

Strasbourg, 12 November 1975
(*Seal*)

l'honneur de porter à sa connaissance que, par une erreur de frappe, la date d'expiration de l'état de siège décrété dans les provinces d'Ankara, Istanbul, Adana et Içel avait été indiquée comme étant le 5 août 1975, alors qu'il s'agissait en fait du 5 juillet 1975.

Tout en portant ce qui précède à l'attention du Secrétariat Général, cette Représentation voudrait communiquer par la présente que la Grande Assemblée Nationale de Turquie a approuvé, par une décision prise lors de sa réunion du 2 juillet 1975, la prorogation de l'état de siège décrété dans les quatre provinces ci-dessus mentionnées jusqu'au 5 août 1975 à minuit.

La présente communication est faite en vertu des dispositions du paragraphe 3 de l'article 15 de la Convention européenne des Droits de l'Homme et des Libertés fondamentales

La Représentation Permanente de Turquie saisit cette occasion pour réitérer au Secrétariat Général du Conseil de l'Europe les assurances de sa haute considération.

Strasbourg, le 10 juillet 1975
(Cachet)

REPRESENTATION PERMANENTE DE LA TURQUIE AUPRES DU CONSEIL DE L'EUROPE

N° 1481/203

La Représentation Permanente de Turquie auprès du Conseil de l'Europe présente ses compliments au Secrétariat Général du Conseil de l'Europe et – faisant suite à sa Note Verbale N° 967/130 du 10 juillet 1975, – a l'honneur de porter à sa connaissance que l'état de siège dans les départements d'Ankara, Istanbul, Adana et Içel a été levé le 5 août 1975. Ainsi il ne reste aucun département où l'état de siège est en vigueur.

La présente communication est faite en application des dispositions du paragraphe 3 de l'article 15 de la Convention européenne des Droits de l'Homme et des Libertés fondamentales.

La Représentation Permanente de Turquie saisit cette occasion pour réitérer au Secrétariat Général du Conseil de l'Europe l'assurance de sa haute considération.

Strasbourg, le 12 novembre 1975
(Cachet)

UNITED KINGDOM

UNITED KINGDOM PERMANENT REPRESENTATIVE TO THE COUNCIL OF EUROPE STRASBOURG

Note verbale

The United Kingdom Permanent Representative to the Council of Europe presents his compliments to the Secretary General of the Council of Europe and has the honour to convey the following information. In his communication of the 20th August 1971, the United Kingdom Permanent Representative informed the Secretary General that, having regard to certain events in Northern Ireland, it was necessary to exercise there, to the extent strictly required by the exigencies of the situation, powers of detention and internment. Subsequent communications were made, in particular those of 23rd January 1973 and 16th August 1973, informing the Secretary General that the enactments under which powers of detention and internment had been exercised had been repealed and the power of detention was currently exercisable under the Northern Ireland (Emergency Provisions) Act 1973.

On the 5th day of December 1975, the Secretary of State for Northern Ireland signed Orders for the release from detention of all 75 remaining persons then held in detention under the provisions of the Northern Ireland (Emergency Provisions) Act 1973. All those persons, except for such of them as were currently remanded in custody on criminal charges, or serving a sentence of imprisonment, were forthwith released, with the consequence that there are now no persons held in detention under the Act of 1973.

The United Kingdom Permanent Representative avails himself of this opportunity to renew to the Secretary General the assurances of his highest consideration.

12 December 1975
(*Seal*)

ROYAUME UNI

(*Traduction*)

LE REPRESENTANT PERMANENT DU ROYAUME-UNI AUPRES DU CONSEIL DE L'EUROPE

Note verbale

Le Représentant Permanent du Royaume-Uni auprès du Conseil de l'Europe présente ses compliments au Secrétaire Général du Conseil de l'Europe et a l'honneur de porter à sa connaissance les faits suivants. Par sa communication du 20 août 1971, le Représentant Permanent du Royaume-Uni informait le Secrétaire Général que certains événements survenus en Irlande du Nord nécessitaient l'exercice dans la stricte mesure exigée par la situation, de pouvoirs de détention et d'internements. D'autres communications, notamment celles du 23 janvier 1973 et du 16 août 1973, faisaient savoir au Secrétaire Général que les textes sur lesquels se fondait l'exercice de ces pouvoirs avaient été abrogés et que le pouvoir de détention était désormais régi par le Northern Ireland (*Emergency Provisions*) Act de 1973.

Le 5 décembre 1975, le Secrétaire d'Etat pour l'Irlande du Nord signait les ordonnances de remise en liberté des 75 personnes alors détenues en vertu des dispositions du Northern Ireland (*Emergency Provisions*) Act de 1973. Toutes ces personnes, à l'exception de celles qui se trouvaient en détention provisoire sous l'inculpation d'infractions pénales ou purgeaiens des peines de prison, ont été immédiatement libérées; plus personne n'est donc détenu au titre de la Loi de 1973.

Le Représentant Permanent du Royaume-Uni auprès du Conseil de l'Europe saisit cette occasion pour renouveler au Secrétaire Général l'assurance de sa haute considération.

12 décembre 1975

(*Cachet*)

E.

Declarations of extension

UNITED KINGDOM

UNITED KINGDOM PERMANENT REPRESENTATIVE TO THE COUNCIL OF EUROPE STRASBOURG

18/35

Sir,

I have the honour to refer to Mr. Scarlett's letter dated 23 October 1953 which stated that Her Majesty's Government in the United Kingdom declared that the European Convention on Human Rights shall extend to certain territories including the Gilbert and Ellice Islands. I also refer to Mr. Robey's two letters each dated 6 March 1974 renewing, respectively, the declaration of acceptance of the competence of the European Commission of Human Rights to receive petitions from persons, non-governmental organisations, or groups of individuals and the declaration of recognition of jurisdiction of the European Court of Human Rights, in respect of, *inter alia*, the Gilbert and Ellice Islands.

On instructions from Her Majesty's Principal Secretary of State for Foreign and Commonwealth Affairs I now have the honour to inform you that on 1 October 1975 the Ellice Islands were separated from the Gilbert and Ellice Islands to form a new territory with the name Tuvalu and that the remainder of the former territory has taken the name Gilbert Islands. Accordingly, with effect from 1 October 1975 the European Convention on Human Rights should be regarded as having been extended to, and the declarations referred to above, as renewed, should be regarded as having been made in respect of, both the Gilbert Islands and Tuvalu.

I have the honour to be, Sir,

Your obedient servant,
29 December 1975
(*signed*) P. M. FOSTER

E.

Déclarations d'extension

ROYAUME UNI

(*Traduction*)

LE REPRESENTANT DU ROYAUME-UNI PRES LE CONSEIL DE L'EUROPE

Monsieur le Secrétaire Général,

J'ai l'honneur de me référer à la lettre de M. Scarlett du 23 octobre 1953 par laquelle il nous informait que le Gouvernement du Royaume-Uni déclarait étendre l'application de la Convention européenne des Droits de l'Homme à certains territoires, dont les Iles Gilbert et Ellice. Je me réfère également aux deux lettres de M. Robey datées toutes deux du 6 mars 1974 et renouvelant, respectivement, la déclaration d'acceptation de la compétence de la Commission européenne des Droits de l'Homme à être saisie de requêtes de particuliers, d'organisations non-gouvernementales ou de groupes de particuliers, et la déclaration de reconnaissance de la juridiction de la Cour européenne des Droits de l'Homme, en ce qui concerne notamment, les Iles Gilbert et Ellice.

Sur instruction du Ministre des Affaires Etrangères et du Commonwealth du Royaume-Uni, j'ai l'honneur de vous informer, par la présente, qu'en date du 1er octobre 1975, les Iles Ellice ont été séparées des Iles Gilbert et Ellice pour former un nouveau territoire portant le nom de Tuvalu et que le reste de l'ancien territoire précité s'appelle désormais Iles Gilbert. Par voie de conséquence, avec effet au 1er octobre 1975, la Convention européenne des Droits de l'Homme doit être considérée comme ayant été rendue applicable aux Iles Gilbert et à Tuvalu et les déclarations susmentionnées, telles qu'elles ont été renouvelées comme l'ayant été au regard de ces deux territoires.

Je vous prie de croire, Monsieur le Secrétaire Général, à l'assurance de ma haute considération.

le 29 décembre 1975
(*signé*) P. M. FOSTER

F.

Amendments to the Rules of Court of the European Court of Human Rights[1]

I. The European Court of Human Rights, meeting in Plenary Session at Strasbourg on 14 May 1975, amended its Rules of Procedure as follows:

Rule 29 (Relations between the Court and the Commission and release of the report of the Commission)

1. *(unchanged)*
2. *(unchanged)*
3. The said report, excluding any particulars relating to the attempt to reach a friendly settlement, may be made public through the Registrar on the constitution of the Chamber.

Rule 36 (Fixing of the date of the opening of the oral proceedings)

When the case is ready for hearing, the President of the Chamber shall, after consulting the agents of the Parties and the delegates of the Commission, fix the date of the opening of the oral proceedings.

II. The European Court of Human Rights, meeting in Plenary Session at Strasbourg on 29 September 1975, amended its Rules of Procedure as follows:

Article 27 (Official languages)

1. *(unchanged)*
2. *(unchanged)*
3. *The court may authorise any person assisting the delegates under Rule 29 § 1 to use, at the oral hearing, a language other than English or French. In such case, the Court shall be responsible for the interpretation into English or French of that person's statements.*

4. Identical with the former paragraph 3.
5. Identical with the former paragraph 4.

[1] Cf. Yearbook, Vol. II, pp. 3–45; Vol. IV, pp. 2–12; Vol. VII, p. 2; Vol. VIII, p. 6; Vol. IX, pp. 2–4; Vol. XI, p. 2; Vol. XII, pp. 20–22; Vol. XIII, pp. 6–10; Vol. XIV, pp. 6–14; Vol. XVI, pp. 2–4; Vol. XVII, pp. 30–34.

F.

Amendements au Règlement de fa Cour européenne des Droits de l'Homme[1]

I. La Cour européenne des Droits de l'Homme, réunie en session plénière à Strasbourg, le 14 mai 1975, a amendé son Règlement comme suit:

Article 19 (Relations de la Cour avec la Commission et diffusion du rapport de celle-ci)

1. (*inchangé*)
2. (*inchangé*)
3. Ledit, rapport, à l'exclusion de toutes indications concernant la tentative de règlement amiable, peut être diffusé par les soins du greffier dès la constitution de la Chambre.

Article 36 (Fixation de la date d'ouverture de la procédure orale)

Lorsque l'affaire est en état, le Président de la Chambre fixe la date d'ouverture de la procédure orale, après consultation des agents des Parties ainsi que des délégués de la Commission.

II. La Cour européenne des Droits de l'Homme, réunie en session plénière à Strasbourg, le 29 septembre 1975, a amendé son Règlement comme suit:

Article 27 (Langues officielles)

1. (*inchangé*)
2. (*inchangé*)
3. *La Cour peut autoriser toute personne assistant les délégués de la Commission en vertu de l'article 29 § 1 du présent Règlement à employer à l'audience une langue autre que le français et l'anglais. Elle prend en pareil cas les dispositions nécessaires pour assurer l'interprétation en français ou en anglais des déclarations de cette personne.*
4. Identique à l'ancien paragraphe 3.
5. Identique à l'ancien paragraphe 4.

[1] Cf. Annuaire, Vol. II, pp. 3–45; Vol. IV, pp. 3–13; Vol. VII, p. 3; Vol. VIII, p. 7; Vol. IX, pp. 3–5; Vol. XI, p. 3; Vol. XII, pp. 21–23; Vol. XIII, pp. 7–11; Vol. XIV, pp. 7–15, Vol. XVI, pp. 3–5; Vol. XVII, pp. 31–35.

APPENDICES

ANNEXES

STATE OF RATIFICATIONS
as of 31 December 1975
(Convention on Human Rights and the 5 Protocols)

Member States of the Council of Europe	Date of deposit of ratification of the Convention (entered into force 3 Sept. 1953)	Protocol (entered into force 18 May 1954)	Second Protocol (entered into force 21 Sept. 1970)	Third Protocol (entered into force 21 Sept. 1970)	Fourth Protocol (entered into force 2 May 1968)	Fifth Protocol (entered into force 20 Dec. 1968)
AUSTRIA	3 September 1958	3 September 1958	29 May 1967	29 May 1967	18 September 1969[1]	9 October 1969
BELGIUM	14 June 1955	14 June 1955	21 September 1970	21 September 1970	21 September 1970[1]	21 September 1970
CYPRUS	6 October 1962	6 October 1962	22 January 1969	22 January 1969		22 January 1969
DENMARK	13 April 1953	13 April 1953	6 May 1963	6 May 1963	30 September 1964[1]	20 January 1966
FRANCE	3 May 1974	3 May 1974		3 May 1974	3 May 1974[1]	3 May 1974
FEDERAL REPUBLIC OF GERMANY	5 December 1952	13 February 1957	3 January 1969	3 January 1969	1 June 1968[1]	3 January 1969
GREECE	28 November 1974	28 November 1974	8 January 1975	8 January 1975		8 January 1975
ICELAND	29 June 1953	29 June 1953	16 November 1967	16 November 1967	16 November 1967[1]	16 November 1967
IRELAND	25 February 1953	25 February 1953	12 September 1963	12 September 1963	29 October 1968[1]	18 February 1966
ITALY	25 February 1953	26 October 1955	3 April 1967	3 April 1967		25 March 1968
LUXEMBOURG	3 September 1953	3 September 1953	27 October 1965	27 October 1965	2 May 1968[1]	26 June 1968
MALTA	23 January 1967	23 January 1967	23 January 1967	23 January 1967		23 January 1967
NETHERLANDS	31 August 1954[2]	31 August 1954	11 October 1966	11 October 1966		19 May 1971
NORWAY	15 January 1952	18 December 1952	12 June 1964	12 June 1964	12 June 1964[1]	20 January 1966
SWEDEN	4 February 1952	22 June 1953	13 June 1964	13 June 1964	13 June 1964[1]	27 September 1966
SWITZERLAND	28 November 1974		28 November 1974	28 November 1974		28 November 1974
TURKEY	18 May 1954	18 May 1954	25 March 1968	25 March 1968		20 December 1971
UNITED KINGDOM	8 March 1951	3 November 1952	6 May 1963	6 May 1963		24 October 1967

[1] The declaration made by Austria, Belgium, Denmark, the Federal Republic of Germany, France, Iceland, Ireland, Luxembourg, Norway, and Sweden pursuant to Articles 25 and 46 of the Convention covers also the rights and liberties mentioned in the Fourth Protocol, Articles 1 to 4; cf. Yearbook, Volume VII, pp. 10, 14, 18; Volume IX, p. 12–14; Volume X, pp. 10, 20; Volume XI, pp. 4–10; Volume XIII, pp. 13–17; Volume XIV, pp. 16–24; Volume XV, pp. 12–14; Volume XVI, pp. 8–14; Volume XVII, pp. 16–18.

[2] The ratification is valid also for Surinam and for the Netherlands Antilles.

ETAT DES RATIFICATIONS
au 31 décembre 1975
(Convention des Droits de l'Homme et les 5 Protocoles)

Etats membres du Conseil de l'Europe	Date de dépôt de la ratification de la Convention (entrée en vigueur le 3 septembre 1953)	du premier Protocole (entré en vigueur le 18 mai 1954)	du deuxième Protocole (entré en vigueur le 21 septembre 1970)	du troisième Protocole (entré en vigueur le 21 septembre 1970)	du quatrième Protocole (entré en vigueur le 2 mai 1968)	du cinquième Protocole (entré en vigueur le 20 décembre 1971)
AUTRICHE	3 septembre 1958	3 septembre 1958	29 mai 1967	29 mai 1967	18 septembre 1969[1]	9 octobre 1969
BELGIQUE	14 juin 1955	14 juin 1955	21 septembre 1970	21 septembre 1970	21 septembre 1970[1]	21 septembre 1970
CHYPRE	6 octobre 1962	6 octobre 1962	22 janvier 1969	22 janvier 1969		22 janvier 1969
DANEMARK	13 avril 1953	13 avril 1953	6 mai 1963	6 mai 1963	30 septembre 1964[1]	20 janvier 1966
FRANCE	3 mai 1974	3 mai 1974		3 mai 1974	3 mai 1974[1]	3 mai 1974
REPUBLIQUE FEDERALE D'ALLEMAGNE	5 décembre 1952	13 février 1957	3 janvier 1969	3 janvier 1969	1 juin 1968[1]	3 janvier 1969
GRECE	28 novembre 1974	28 novembre 1974	8 janvier 1975	8 janvier 1975		8 janvier 1975
ISLANDE	29 juin 1953	29 juin 1953	16 novembre 1967	16 novembre 1967	16 novembre 1967[1]	16 novembre 1967
IRLANDE	25 février 1953	25 février 1953	12 septembre 1963	12 septembre 1963	29 octobre 1968[1]	18 février 1966
ITALIE	26 octobre 1955	26 octobre 1955	3 avril 1967	3 avril 1967		25 mars 1968
LUXEMBOURG	3 septembre 1953	3 septembre 1953	27 octobre 1965	27 octobre 1965	2 mai 1968[1]	26 juin 1968
MALTE	23 janvier 1967	23 janvier 1967	23 janvier 1967	23 janvier 1967		23 janvier 1967
PAYS-BAS	31 août 1954[2]	31 août 1954	11 octobre 1966	11 octobre 1966		19 mai 1971
NORVEGE	15 janvier 1952	18 décembre 1952	12 juin 1964	12 juin 1964	12 juin 1964[1]	20 janvier 1966
SUEDE	4 février 1952	22 juin 1953	13 juin 1964	13 juin 1964	13 juin 1964[1]	27 septembre 1966
SUISSE	28 novembre 1974		28 novembre 1974	28 novembre 1974		28 novembre 1974
TURQUIE	18 mai 1954	18 mai 1954	25 mars 1968	25 mars 1968		20 décembre 1971
ROYAUME-UNI	8 mars 1951	3 novembre 1952	6 mai 1963	6 mai 1963		24 octobre 1967

[1] La déclaration faite par l'Autriche, la Belgique, le Danemark, la République Fédérale d'Allemagne, la France, l'Islande, l'Irlande, le Luxembourg, la Norvège et la Suède en vertu des articles 25 et 46 de la Convention comprend aussi les libertés et les droits figurant aux Articles 1er à 4 du Protocole N° 4; cf. Annuaire, Volume VII, pp. 11, 15, 19; Volume IX, pp. 13–15; Volume X, pp. 11, 21; Volume XI, pp. 5–11; Volume XIII, pp. 13–17; Volume XIV, pp. 17–25; Volume XV, pp. 13–15; Volume XVI, pp. 9–15; Volume XVII, p. 17–19.

[2] La ratification est également valable pour Surinam et les Antilles néerlandaises.

STATE OF DECLARATIONS AND RESERVATIONS
as of 31 December 1975

Member States of the Council of Europe	Date of deposit of declaration in respect to		Date of receipt of notification in respect to	Reservations under Article 64	Other Declarations
	Article 25	Article 46	Article 63 of the Convention		
AUSTRIA	27 August 1973 for 3 years from 3 September 1973[1]	27 August 1973 for 3 years from 3 September 1973 on condition of reciprocity[1]		Articles 5 and 6 of the Convention Article 1 of the Protocol	
BELGIUM	30 June 1975 for 2 years[1]	30 June 1975 for 2 years[1]			
CYPRUS					
DENMARK	7 April 1972 for 5 years from 6 April 1972[1]	7 April 1972 for 5 years from 6 April 1972 on condition of reciprocity[1]			
FRANCE		3 May 1974 for 3 years reciprocity[1]			
FEDERAL REPUBLIC OF GERMANY	30 June 1971 for 5 years from 1 July 1971[1]	30 June 1971 for 5 years – on condition of reciprocity from 1 July 1971[1]		Article 7, para. 2, of the Convention	Extension to Berlin (West) Article 2 of the Protocol
GREECE					
ICELAND	14 April 1960 from 25 March 1960 until the contrary is decided[1]	3 September 1974 for 5 years[1]			
IRELAND	25 February 1953[1] until the contrary is decided	25 February 1953[1] until the contrary is decided		Article 6, para. 3 (c), of the Convention	Article 2 of the Protocol
ITALY	1 August 1975 for 3 years	1 August 1975 for 3 years			
LUXEMBOURG	2 April 1971 for 5 years from 28 April 1971[1]	28 April 1971 – for 5 years on condition of reciprocity[1]		Article 1 of the Protocol	
MALTA				Article 10 of the Convention Article 2, para. 2(a), of the Convention Articel 2 of the Protocol	Article 6, para. 2, of the Convention
NETHERLANDS	31 August 1969 for 5 years[3]	31 August 1974 for 5 years on condition of reciprocity[3]	1 December 1955 for Surinam and Netherlands Antilles	Article 6, para. 3(a), of the Convention(3)	(1) Article 2 of the Protocol (2) On the possible extension to non-metropolitan territories

ETAT DES DECLARATIONS ET RESERVES
au 31 décembre 1975

Etats membres du Conseil de l'Europe	Date de dépôt de la déclaration visée à l'article 25	Date de dépôt de la déclaration visée à l'article 46	Date de réception de la notification visée à l'article 63 de la Convention	Réserves faites en vertu de l'article 64	Autres déclarations
AUTRICHE	27 août 1973 pour 3 ans à partir du 3 septembre 1973[1]	27 août 1973 pour 3 ans réciprocité à partir du 3 septembre 1973[1]		Article 5 et 6 de la Convention Article 1 du Protocole	
BELGIQUE	30 juin 1975 pour 2 ans[1]	29 juin 1973 pour 2 ans[1]			
CHYPRE					
DANEMARK	7 avril 1972 pour 5 ans à partir du 6 avril 1972[1]	7 avril 1972 pour 5 ans à partir du 6 avril 1972[1] réciprocité			
FRANCE		3 mai 1974 pour 3 ans réciprocité[1]			
REPUBLIQUE FEDERALE D'ALLEMAGNE	30 juin 1971 pour 5 ans à partir du 1 juillet 1971[1]	30 juin 1971 pour 5 ans réciprocité à partir du 1 juillet 1971[1]		Article 7, par. 2, de la Convention	Extension à Berlin (Ouest) et Article 2 du Protocole
GRECE					
ISLANDE	14 avril 1960 à partir du 25 mars 1960 et jusqu'à décision contraire[1]	3 septembre 1974 pour 5 ans[1]			
IRLANDE	25 février 1953 jusqu'à décision contraire[1]	25 février 1953 jusqu'à décision contraire[1]		Article 6, par 3(c), de la Convention	Article 2 du Protocole
ITALIE	1 août 1975 pour 3 ans	1 août 1975 pour 3 ans			
LUXEMBOURG	2 avril 1971 pour 5 ans à partir du 28 avril 1971[1]	28 avril 1971 pour 5 ans, réciprocité[1]		Article 1 du Protocole	
MALTE				Article 10 de la Convention Article 2, par.2(a), de la Convention Article 2 Protocole	Article 6, par.2, de la Convention
PAYS-BAS	31 août 1974 pour 5 ans[3]	31 août 1974 pour 5 ans réciprocité[3]	1 décembre 1955 pour Surinam et les Antilles Néerlandaises	Article 6, par. 3 (c), de la Convention[3]	(1) Article 2 du Protocole (2) Extension aux territ. non-métropolitains

Member States of the Council of Europe	Date of deposit of declaration in respect to		Date of receipt of notification in respect to	Reservations under Article 64	Other Declarations
	Article 25	Article 46	Article 63 of the Convention		
NORWAY	13 June 1972 from 29 June 1972 for five years[1]	13 June 1972 from 29 June 1972 for 5 years on condition of reciprocity[1]			
SWEDEN	4 February 1952[1]	12 May 1971 for 5 years on condition of reciprocity[1]		Article 2 of the Protocol	
SWITZERLAND	28 November 1974 for 3 years	28 November 1974 indefinite on condition of reciprocity			
TURKEY				Article 2 of the Protocol	Derogations under Article 15 of the Convention
UNITED KINGDOM	14 January 1974 for 2 years[2]	14 January 1974 for 2 years[2]	12 June 1969 for 25 territories listed	Article 2 of the Protocol	

[1] The declaration made by Austria, Belgium, Denmark, the Federal Republic of Germany, France, Iceland, Ireland, Luxembourg, Norway, and Sweden pursuant to Articles 25 and 46 of the Convention covers als the rights and liberties mentioned in the Fourth Protocol, Articles 1 to 4; cf. Yearbook, Volume VII, pp. 10, 14, 18; Volume IX, pp. 12–14; Volume X, p. 10; Volume XI, pp. 4–10; Volume XIII, pp. 13–17; Volume XIV, pp. 16–24; Volume XV, pp. 12–14; Volume XVI, pp. 8–14; Volume XVII, pp. 16–18.

[2] The United Kingdom has extended these declarations to sixteen territories for the international relations of which the United Kingdom is responsible; cf. Yearbook, Volume X, pp. 12–16, 22–24; Volume XII, pp. 24–28, 32–36; Volume XIII, pp. 38–40; Volume XV, pp. 8–10; Volume XVII, pp. 12–16.

[3] This declaration has been extended also to Surinam and the Netherlands Antilles.

Date de dépôt du Conseil de l'Europe	de la déclaration visée à l'article 25	de la déclaration visée à l'article 46	Date de réception de la notification visée à l'article 63 de la Convention	Réserves faites en vertu de l'article 64	Autres déclarations
NORVEGE	13 juin 1972 à partir du 29 juin 1972 pour 5 ans[1]	13 juin 1972 à partir du 29 juin 1972 réciprocité[1] pour 5 ans			
SUEDE	4 février 1952[1]	13 mai 1971 pour 5 ans réciprocité[1]		Article 2 du Protocole	
SUISSE	28 novembre 1974 pour 3ans	28 novembre 1974 indéterminée reciprocité			
TURQUIE				Article 2 du Protocole	Dérogation en vertu de l'article 15
ROYAUME-UNI	14 janvier 1974 pour 2 ans[2]	14 janvier 1974 pour 2 ans[2]	12 juin 1969 pour 25 territoires énumérés	Article 2 du Protocole	

[1] La déclaration faite par l'Autriche, la Belgique, le Danemark, la France, la République Fédérale d'Allemagne, l'Islande, l'Irlande, le Luxembourg, la Norvège et la Suède en vertu des articles 25 et 46 de la Convention comprend aussi les libertés et les droits figurant aux articles 1er à 4 du Protocole N° 4; cf. Annuaire, Volume VII, pp. 11, 15, 19; Volume IX, pp. 13–15; Volume X, pp. 11, 21; Volume XI, pp. 5–11; Volume XIII, pp. 13–17; Volume XV, pp. 13–15; Volume XVI, pp. 9–15; Volume XVII, pp. 17–19.

[2] Le Royaume-Uni a étendu ces déclarations à seize territoires dont le Royaume-Uni assure les relations internationales; cf. Annuaire, Volume X, pp. 13–17, 23–25; Volume XII, pp. 25–29, 33–37; Volume XIII, pp. 39–41; Volume XV, pp. 9–11; Volume XVII, pp. 13–17.

[3] Cette déclaration a été étendue aussi à Surinam et les Antilles néerlandaises.

STATE OF DEPOSIT OF RATIFICATIONS

as of 31 December 1975

(Protocols to the General Agreement on Privileges and Immunities, and the Agreement on persons participating in proceedings)

	Second Protocol to the General Agreement on Privileges and Immunities of the Council of Europe (Provisions in respect to the members of the European Commission of Human Rights).[1]	Fourth Protocol to the General Agreement on Privileges and Immunities of the Council of Europe (Provisions concerning the European Court of Human Rights).[2]	European Agreement relating to persons participating in proceedings of the European Commission and Court of Human Rights.[3]
Date and place of signature	Paris 15.XII.1956	Paris 16.XII.1961	London 6.V.1969
Conditions of entry into force	3 ratifications	3 ratifications	5 ratifications
Date of entry into force	15.XII.1956	16.XII.1961	17.VI.1971
Austria	13.XI.1958	16.XII.1961	
Belgium	7.IX.1961	4.VI.1964	16.III.1971
Cyprus	30.XI.1967	30.XI.1967	23.XI.1970
Denmark	15.XII.1956	16.XII.1961	signed
France	signed	signed*	
Fed. Rep. of Germany	7.VII.1960	10.XII.1963	signed
Greece	2.II.1961	24.V.1965	
Iceland	15.XII.1956		
Ireland	21.IX.1967	21.IX.1967	9.XI.1971
Italy	4.VI.1958	20.IX.1966	signed
Luxembourg	8.I.1960	5.XI.1963	10.IX.1970
Malta	6.V.1969	6.V.1969	30.IV.1971
Netherlands	29.IV.1957	16.XII.1961	28.I.1972
Norway	15.XII.1956	16.XII.1961	1.VII.1970
Sweden	15.XII.1956	18.IX.1962	20.XII.1971
Switzerland	29.XI.1965	29.XI.1965	28.XI.1974
Turkey	7.I.1960	1.VI.1962	
United Kingdom	8.VII.1958	signed	24.II.1971[4]

* At the time of signature of the Protocol, the Government of the French Republic declared that it would not apply the provisions of Article 3(b).

By letter dated 15 February 1962, the French Minister for Foreign Affairs informed the Secretary General that the reservation was to be replaced by the following declaration: (*Translation*)

"The French Government declares that it will, in application of Article 3(b), grant to Judges during meetings of the Court, the customs and exchange facilities necessary for the free exercise of their functions."

[1] Yearbook, Volume I, pp. 86–90.

[2] Yearbook, Volume IV, pp. 16–24.

[3] Yearbook, Volume XII, pp. 2–12.

[4] Extension to the Bailiwick of Jersey, the Bailiwick of Guernsey and the Isle of Man.

ETAT DES DEPOTS DES RATIFICATIONS
au 31 décembre 1975
(Protocoles à l'Accord Général sur les Privilèges et Immunités, et Accord sur les personnes participant aux procédures)

	Deuxième Protocole additionnel à l'Accord Général sur les Privilèges et Immunités du Conseil de l'Europe (Dispositions relatives aux membres de la Commission européenne des Droits de l'Homme)[1]	Quatrième Protocole additionnel à l'Accord Général sur les Privilèges et Immunités du Conseil de l'Europe (Dispositions relatives à la Cour européenne des Droits de d'Homme)[2]	Accord Européen concernant les personnes participant aux procédures devant la Commission et la Cour européennes des Droits de l'Homme[3]
Date et lieu de la signature	Paris 15.XII.1956	Paris 16.XII.1961	Londres 6.V.1969
Conditions d'entrée en vigueur	3 ratifications	3 ratifications	5 ratifications
Date d'entrée en vigueur	15.XII.1956	16.XII.1961	17.VI.1971
Autriche	13.XI.1958	16.XII.1961	
Belgique	7.IX.1961	4.VI.1964	16.III.1971
Chypre	30.XI.1967	30.XI.1967	23.XI.1970
Danemark	15.XI.1956	16.XII.1961	signé
France	signé	signé*	
Rép. Féd. d'Allemagne	7.VII.1960	10.XII.1963	signé
Grèce	2.II.1961	24.V.1965	
Islande	15.XII.1956		
Irlande	21.IX.1967	21.IX.1967	9.XI.1971
Italie	4.VI.1958	20.IX.1966	signé
Luxembourg	8.I.1960	5.XI.1963	10.IX.1970
Malte	6.V.1969	6.V.1969	30.IV.1971
Pays-Bas	29.IV.1957	16.XII.1961	28.I.1972
Norvège	15.XII.1956	16.XII.1961	1.VII.1970
Suède	15.XII.1956	18.IX.1962	20.XII.1971
Suisse	29.XI.1965	29.XI.1965	28.XI.1974
Turquie	7.I.1960	1.VI.1962	
Royaume-Uni	8.VII.1958	signé	24.II.1971[4]

* Au moment de la signature du Protocole, le Gouvernement de la République Française a déclaré qu'il n'appliquerait pas les dispositions de l'alinéa (b) de l'article 3.

Par une lettre en date du 15 février 1962, le Ministre des Affaires Etrangères du Gouvernement français a informé le Secrétaire Général que la réserve devait être remplacée par la déclaration suivante:

"Le Gouvernement français précise qu'en application de l'article 3, alinéa b, il accordera aux juges, pendant les réunions de la Cour, les facilités en matière de douanes et de contrôle des changes qui sont nécessaires pour le libre exercice de leurs fonctions."

1 Annuaire, Volume I, pp. 86–90.

2 Annuaire, Volume IV, pp. 17–25.

3 Annuaire, Volume XII, pp. 3–13.

4 Extension au Bailliage de Jersey, au Bailliage de Guernsey et à l'Ile de Man, à partir du 20 octobre 1971.

CHAPTER II

THE EUROPEAN COURT OF HUMAN RIGHTS

A.

Composition

Following the ratification of the Convention by Greece and Switzerland on 28 November 1974, the Committee of Ministers elected on 14 March 1975, MM. G. Tenekides and S. Trechsel in respect of these two States.

On 21 May 1975, it also elected Mr. B. J. Kiernan in respect of Ireland and Mr. N. Klecker in respect of Luxembourg.

Accordingly, the membership of the Commission at 31 December 1975 was as follows:

Order of precedence	*Country*	*Date of expiry of term of office*
MM. J. E. S. FAWCETT, President	United Kingdom	17 May 1978
G. SPERDUTI, 1st Vice-President	Italy	17 May 1981
C. A. NØRGAARD, 2nd Vice-President	Denmark	17 May 1978
F. ERMACORA	Austria	15 December 1976
M. TRIANTAFYLLIDES	Cyprus	5 May 1969[1]
E. BUSUTTIL	Malta	17 May 1978
L. KELLBERG	Sweden	17 May 1981
B. DAVER	Turkey	17 May 1981
T. OPSAHL	Norway	17 May 1978
J. CUSTERS	Belgium	17 May 1978
C. H. F. POLAK	Netherlands	17 May 1978
J. A. FROWEIN	Federal Republic of Germany	17 May 1978
G. JÖRUNDSSON	Iceland	17 May 1981
R. J. DUPUY	France	17 May 1981
G. TENEKIDES	Greece	17 May 1981
S. TRECHSEL	Switzerland	17 May 1981
B. KIERNAN	Ireland	17 May 1981
N. KLECKER	Luxembourg	17 May 1981

[1] In accordance with the provision of Article 22, para. 6, first sentence, Mr. Triantafyllides still sits as a full member of the Commission, although his term of office has formally expired.

CHAPITRE II

LA COMMISSION EUROPEENNE DES DROITS DE L'HOMME

A.

Composition

A la suite de la ratification, le 28 novembre 1974, de la Convention par la Grèce et la Suisse, le Comité des Ministres a élu le 14 mars 1975, au titre de ces deux pays, respectivement MM. G. Tenekides et S. Trechsel.

Le 21 mai 1975, il a également élu M. B. J. Kiernan au titre de l'Irlande et M. N. Klecker au titre du Luxembourg.

La composition de la Commission au 31 décembre 1975 se présentait comme suit:

Ordre de préséance	*Pays*	*Date d'expiration du mandat*
MM. J. E. S. FAWCETT, Président	Royaume-Uni	17 mai 1978
G. SPERDUTI, 1er Vice-Président	Italie	17 mai 1981
C. A. NØRGAARD, 2e Vice-Président	Danemark	17 mai 1978
F. ERMACORA	Autriche	15 décembre 1976
M. TRIANTAFYLLIDES	Chypre	5 mai 1969[1]
E. BUSUTTIL	Malte	17 mai 1978
L. KELLBERG	Suède	17 mai 1981
B. DAVER	Turquie	17 mai 1981
T. OPSAHL	Norvège	17 mai 1978
J. CUSTERS	Belgique	17 mai 1978
C. H. F. POLAK	Pays-Bas	17 mai 1978
J. A. FROWEIN	République Fédérale d'Allemagne	17 mai 1978
G. JÖRUNDSSON	Islande	17 mai 1981
R. J. DUPUY	France	17 mai 1981
G. TENEKIDES	Grèce	17 mai 1981
S. TRECHSEL	Suisse	17 mai 1981
B. KIERNAN	Irlande	17 mai 1981
N. KLECKER	Luxembourg	17 mai 1981

[1] Conformément aux dispositions de l'article 22, par. 6, première phrase, M. Triantafyllides continue à siéger comme membre titulaire de la Commission, bien que son mandat soit formellement expiré.

B.

Biographical notes

Biographical notes of MM. F. Ermacora and G. Sperduti are to be found in Volume III of the Yearbook (pp. 112–114), of Mr. J. E. S. Fawcett in Volume V (p. 22), of MM. M. Triantafyllides and F. Welter in Volume VI (pp. 46–48), of Mr. E. Busuttil in Volume X (p. 78), of MM. L. Kellberg and B. Daver in Volume XII (pp. 96–98), of Mr. T. Opsahl in Volume XIII (p. 34), of Mr. K. Mangan in Volume XIV (p. 44), of Mr. J. Custers in Volume XV (p. 34), of MM. C. A. Nørgaard, C. H. F. Polak, J. A. Frowein and G. Jörundsson in Volume XVI (pp. 40–42), of Mr. J. R. Dupuy in Volume XVII (pp. 82–84).

The following are the biographical notes of MM. G. Tenekides, S. Trechsel, B. Kiernan, N. Klecker:

George TENEKIDES

Professor George Tenekides was born on 30 August 1910.

He received the degree of Docteur en Droit from the University of Paris with a thesis on "The individual in international law" and held, in succession chairs of Public Law at the University of Athens (1938–1941) and of International Law at the University of Salonika (1941–1946) before becoming Professor and then Rector at the "Panteios" School of Political Sciences in Athens (1951–1967).

Dismissed by the Athens Military Government, he was reinstated in his post by the Civilian Government in september 1974 and appointed to the Sixth Committee (legal questions) of the United Nations' General Assembly.

Invited to Paris by his French colleagues at the time of the coup d'état in April 1967, he has, since April 1968, been lecturing on international law and European organisations at the Université de Droit d'Economie et de Sciences sociales de Paris (Paris II) as an associate professor.

In 1956 and 1963 he taught at the International Law Academy in The Hague where in 1968 he was Director of the Study and Research Centre.

In 1964 he was elected corresponding member of the Académie des Sciences, Belles-Lettres et Arts in Bordeaux.

He is an *honoris causa* Doctor of the Universities of Lyon (1961) and Brussels (1969) and the author of a large number of works on international institutions and relations, history, political science, and law, including a course on European organisations (Paris, "Les Cours de Droit", 1972, 566 + 143 p.).

B.

Notices biographiques

Les notices biographiques de MM. F. Ermacora et G. Sperduti figurent dans le Volume III de l'Annuaire (pp. 113–115), de M. J. E. S. Fawcett dans le Volume V (p. 23), de MM. M. Triantafyllides et F. Welter dans le Volume VI (pp. 47–49), de M. E. Busuttil dans le Volume X (p. 79), de MM. L. Kellberg et B. Daver dans le Volume XII (pp. 97–99), de M. T. Opsahl dans le Volume XIII (p. 35), de M. K. Mangan dans le Volume XIV (p. 45), de M. J. Custers dans le Volume XV (p. 35), de MM. C. A. Nørgaard, C. H. F. Polak, J. A. Frowein et G. Jörundsson dans le Volume XVI (pp. 41–43), de M. J. R. Dupuy dans le Volume XVII (pp. 83–85).

On trouvera ci-après les notices biographiques de MM. G. Tenekides, S. Trechsel, B. Kernan, N. Klecker.

Georges Tenekides

M. Georges Ténékides est né le 30 août 1910.

Docteur en Droit de l'Université de Paris, avec une thèse de Doctorat sur "L'Individu dans l'ordre juridique international", il a été successivement professeur agrége de Droit Public à l'Université d'Athènes (1938–1941), professeur de Droit International à l'Université de Salonique (1941–1946), professeur et ensuite Recteur à l'Ecole de Sciences politiques "Panteios" d'Athènes (1951–1967).

Révoqué par le gouvernement militaire d'Athènes, il fut réintégré dans ses fonctions par le gouvernement civil en septembre 1974 et nommé à la Sixième Commission (questions juridiques) de l'Assemblée Générale des Nations Unies.

Appelé au moment du Coup d'Etat d'avril 1967 par ses collègues parisiens, il enseigne depuis avril 1968, à titre de professeur associé, à l'Université de Droit, d'Economie et de Sciences sociales de Paris (Paris II), le Droit International et les Organisations européennes.

Il enseigna en 1956 et en 1963 à l'Académie de Droit International de La Haye, dont il dirigea en 1968 le Centre d'Etudes et de Recherches.

Elu en 1964 membre-correspondant de l'Académie des Sciences, Belles-Lettres et Arts de Bordeaux, il est Docteur *honoris causa* des Universités de Lyon (1961) et de Bruxelles (1969).

Il est l'auteur d'un grand nombre d'ouvrages d'institutions et relations internationales, d'histoire, de sciences politiques et de droit, dont un cours d'Organisations européennes (Paris, "Les Cours de Droit". 1972, 566 + 143 p.).

Stefan TRECHSEL

Born 25 June 1937 at Berne, citizen of Berne and Burgdorf, married
1949 Moved to Hindelbank
1956 Type B school-leaving certificate from Burgdorf grammar school
1963 Advocate at Berne; spent one year at the Institute for International and Foreign Trade Law, Georgetown University, Washington, D.C.
1964 Assistant lecturer in the criminological department of Berne University
1966 Awarded a Doctorate in Law; worked for one year with the technical co-operation department
1967 Assistant lecturer and senior assistant lecturer at the criminological department of Berne University
1968 Three months as special investigating magistrate in Berne
1971 Public prosecutor, Bern-Mittelland
1972 Unsalaried university lecturer in criminal law and criminal procedure
1973 Lectureship in special areas of criminal law, with special reference to international criminal law, and in practical courses and refresher courses
1975 Part-time senior lecturer (on 1.4. by decision of the cantonal council of 22 January 1975)

Brendan J. KIERNAN

Born on 7 August 1913

Educated:	Belvedere College, Dublin University College, Dublin King's Inns, Dublin
Degrees:	B.A. in legal and political science in 1935 LLB in 1937 Diploma of public administration, UCD in 1943 Called to the Irish Bar in 1936 He obtained first class honours in all degrees
Experience:	He was in practice at the Irish Bar from 1936 to 1943 Appointed Assistant Legal Adviser to the Departments of Local Government and Health in 1943 In 1946 he was appointed Legal Adviser to the above two departments and the Department of Social Welfare
Family status:	Married and has two children
General:	Member of the Executive Committee of the Institute of Public Administration

Stefan TRECHSEL

Né le 25.6.1937 à Berne, citoyen de Berne et de Berthoud, marié
1949 Transfert à Hindelbank
1956 Maturité type B au gymnase de Berthoud

1963 Avocat à la Cour de Berne; 1 an à l'Institute for International and Foreign Trade Law, Georgetown University, Washington, D.C.
1964 Assistant à l'Institut de criminologie de l'Université de Berne

1966 Docteur en droit; 1 an collaborateur du délégué à la coopération technique
1967 Assistant principal à l'Institut de criminologie de l'Université de Berne
1968 3 mois juge d'instruction extraordinaire à Berne
1971 Procureur à Berne – Mittelland
1972 Privat-docent de droit pénal et de droit de procédure pénale

1973 Chargé de cours sur des domaines particuliers du droit pénal, spécialement le droit pénal international, ainsi que d'exercices et de travaux pratiques
1975 Professeur extraordinaire hors cadre (jusqu'au 1er avril par décision du Conseil gouvernemental du 22.1.1975)

Brendan J. KIERNAN

Né le 7 août 1913
Etudes: Belvedere College, Dublin
University College, Dublin
King's Inns Dublin
Diplômes: B.A. en sciences juridiques et politiques en 1935
LLB. en 1937
Diplôme d'administration publique, U.C.D. en 1943
Inscrit au Barreau d'Irlande en 1936
Obtient tous ces diplômes avec les honneurs de première classe
Expérience: Exerce au Barreau d'Irlande de 1936 à 1943
Nommé conseiller juridique adjoint aux Ministères du Gouvernement local et de la Santé en 1943
Nommé en 1946 conseiller juridique aux deux Ministères ci-dessus et au Ministère de l'Assistance sociale

Etat civil: Marié et père de deux enfants
Observations générales: Membre du Comité exécutif de l'Institute of Public Administration

Member of the Council of Social Welfare
He is retiring from his position of Legal Adviser to become a member of the Commission as soon as suitable arrangements have been completed

Nic KLECKER

Born 22 March 1928, Brandenbourg (Grand Duchy of Luxembourg)
Married, teacher, two children
Education: Primary school in Brandenbourg
Classical Lycée at Diekirch, 1942–1949
Final secondary diploma, July 1949
Philosophical and literary studies at Luxembourg Cours Supérieurs, Universities of Paris and Munich
Doctor of Philosophy and Letters, 1956
Military service: Luxembourg Armed Forces, two periods, 1949 and 1954
Professional career: Probationary teacher at Echternach Classical Lycée, 1956–1958
Auxiliary teacher at Luxembourg Boys' Lycée 1958
Teacher at Luxembourg Boys' Lycée from 1959
Chairman of Luxembourg Section of Amnesty International from 1970

C.

Proceedings

I. *The Plenary Sessions* of the Commission were held on the following dates:[1]
115th Session: 13–21 March 1975
116th Session: 21–30 May 1975
117th Session: 7–18 July 1975
118th Session: 29 September–10 October 1975
119th Session: 10–19 December 1975

II. *Rapporteurs dealing with admissibility* (Article 40 of the Rules of Procedure)

The days on which the Rapporteurs sat (chiefly in Strasbourg) are set out below. The number of applications referred to the Commission is shown in the column "Referred" and the number of applications where the Rapporteur has requested information from the respondent Government is shown in the column "Information".

[1] All the sittings referred to took place in the Human Rights Building of the Council of Europe, Strasbourg.

Membre du Council of Social Welfare
Il renonce à son poste de conseiller juridique pour devenir membre de la Commission dès que les dispositions nécessaires auront été prises

Nic KLECKER

Né le 22 mars 1928, Brandenbourg (Gr.-D. de Luxembourg) marié, professeur, deux enfants
Etudes: Ecole primaire à Brandenbourg
Lycée classique de Diekirch, 1942–1949
Diplôme de fin d'études secondaires, juillet 1949
Etudes en philosophie et lettres aux Cours Supérieurs à Luxembourg, aux universités de Paris et de Munich
Docteur en philosophie et lettres, 1956
Service militaire: Armée luxembourgeoise, en deux périodes, 1949 et 1954
Carrière professionnelle: Aspirant-professeur au Lycée classique d'Echternach, 1956–1958
Répétiteur au Lycée de Garçons à Luxembourg, 1958
Professeur au Lycée de Garçons à Luxembourg depuis 1959
Président de la Section luxembourgeoise d'Amnesty International depuis 1970

C.

Travaux de la commission

I. *Les sessions plénières* de la Commission ont eu lieu aux dates suivantes:[1]
115e session: 13–21 mars 1975
116e session: 21–30 mai 1975
117e session: 7–18 juillet 1975
118e session: 29 septembre–10 octobre 1975
119e session: 10–19 décembre 1975

II. *Rapporteurs sur la recevabilité* (article 40 du Règlement intérieur)

On trouvera ci-après l'indication des jours où des Rapporteurs ont siégé (dans la plupart des cas à Strasbourg). Le nombre de requêtes envoyées à la Commission figure dans la colonne "Renvoyées" et le nombre de requêtes au sujes desquelles le Rapporteur a demandé des renseignements au requérant ou au Gouvernement mis en cause figure dans la colonne "Reseignements".

[1] Toutes les réunions mentionnées se sont tenues au Palais des Droits de l'Homme du Conseil de l'Europe, Strasbourg.

		Referred	Information
6 February	(1 rapporteur)		1
10 February	(1 rapporteur)	8	1
11 February	(1 rapporteur)	2	1
26 February	(1 rapporteur)	2	
3 March	(1 rapporteur)		1
6 March	(1 rapporteur)	1	
13 March	(1 rapporteur)	4	
14–21 March	(6 rapporteurs)	24	2
28 March	(1 rapporteur)		1
17–18 April	(2 rapporteurs)	20	
21–25 April	(1 rapporteur)	21	4
28 April	(2 rapporteurs)	4	
8 May	(1 rapporteur)	2	
20 May	(1 rapporteur)	3	
21–30 May	(5 rapporteurs)	9	6
5 June	(1 rapporteur)		2
9 June	(1 rapporteur)	1	
11–13 June	(2 rapporteurs)	6	
16 June	(1 rapporteur)	1	
18 June	(1 rapporteur)	1	
7–18 July	(8 rapporteurs)	17	2
14 August	(1 rapporteur)	8	1
12–16 August	(1 rapporteur)	16	
28 August	(1 rapporteur)	3	
25–26 September	(2 rapporteurs)	7	
29 September–10 October	(7 rapporteurs)	58	
27 October	(1 rapporteur)	2	
28 October	(1 rapporteur)	7	
10 November	(1 rapporteur)	13	
18 November	(2 rapporteurs)	5	
9–19 December	(7 rapporteurs)	47	4

III. *Delegates of the Commission* (Rules 30, para. 2, and 56 of the Rules of Procedure)

- 8 and 9 May in Strasbourg: In the case of the NATIONAL UNION OF THE BELGIAN POLICE, MM. Fawcett and Custers took part in the hearing before the European Court of Human Rights.
- 19 July in Strasbourg: In the case of CYPRUS v. TURKEY, MM. Fawcett, Ermacora, and Trechsel considered the state of proceedings.
- 23–26 September in Strasbourg: In the SCHMIDT AND DAHLSTRÖM case and in the case of SVENSKA LOKMANNAFÖRBUNDET v. SWEDEN,

		Renvoyées	Renseignements
6 février	(1 rapporteur)		1
10 février	(1 rapporteur)	8	1
11 février	(1 rapporteur)	2	1
26 février	(1 rapporteur)	2	
3 mars	(1 rapporteur)		1
6 mars	(1 rapporteur)	1	
13 mars	(1 rapporteur)	4	
14–21 mars	(6 rapporteurs)	24	2
28 mars	(1 rapporteur)		1
17–18 avril	(2 rapporteurs)	20	
21–25 avril	(1 rapporteur)	21	4
28 avril	(2 rapporteurs)	4	
8 mai	(1 rapporteur)	2	
20 mai	(1 rapporteur)	3	
21–30 mai	(5 rapporteurs)	9	6
5 juin	(1 rapporteur)		2
9 juin	(1 rapporteur)	1	
11–13 juin	(2 rapporteurs)	6	
16 juin	(1 rapporteur)	1	
18 juin	(1 rapporteur)	1	
7–18 juillet	(8 rapporteurs)	17	2
14 août	(1 rapporteur)	8	1
12–16 août	(1 rapporteur)	16	
28 août	(1 rapporteur)	1	
20 septembre	(1 rapporteur)	3	
25–26 septembre	(2 rapporteurs)	7	
29 septembre–10 october	(7 rapporteurs)	58	
27 octobre	(1 rapporteur)	2	
28 octobre	(1 rapporteur)	7	
10 novembre	(1 rapporteur)	13	
18 novembre	(2 rapporteurs)	5	
9–19 décembre	(7 rapporteurs)	47	4

III. *Délégués de la Commission* (Articles 30, par. 2, et 56 du Règlement intérieur)

- 8 et 9 mai à Strasbourg: Dans l'affaire SYNDICAT NATIONAL DE LA POLICE BELGE ,MM. Fawcett et Custers ont participé à l'audience de la Cour européenne des Droits de l'Homme.
- 19 juillet à Strasbourg: Dans l'affaire CHYPRE c/TURQUIE, MM. Fawcett, Ermacora et Trechsel ont procédé à un examen de la procédure.
- 23–26 septembre à Strasbourg: Dans les affaires SCHMIDT ET DAHLSTRÖM et SVENSKA LOKMANNAFÖRBUNDET c/SUEDE, MM. Fawcett

MM. Fawcett and Custers took part in the hearing before the European Court of Human Rights.

- 27–29 October in Strasbourg: In the case of ENGEL AND OTHERS v. THE NETHERLANDS, MM. Fawcett and Ermacora took part in the hearing before the European Court of Human Rights.

In addition, the Commission instructed its President or Delegates or its Secretary to hold talks with the parties or their representatives on the Commission's behalf with a view to seeking a friendly settlement in the following cases:

- IRELAND v. UNITED KINGDOM (Application No. 5310/71)
- X. v. UNITED KINGDOM (Application No. 5856/72)
- DE GEILLUSTREERDE PERS v. THE NETHERLANDS (Application No. 5178/71)
- MULLER v. AUSTRIA (Application No. 5849/72)
- TIMES NEWSPAPERS LTD v. UNITED KINGDOM (Application No. 6538/74)
- X v. THE FEDERAL REPUBLIC OF GERMANY (Application No. 6181/73)

During 1975 the following applications were declared admissible by the Commission:

(a) On 21 March 1975, Application No. 6538/74, Sunday Times v. United Kingdom;
(b) On 26 May 1975, Application No. 6780/74, Cyprus v. Turkey;
(c) On 26 May 1975, Application No. 6950/75, Cyprus v. Turkey;
(d) On 27 May 1975, Application No. 6232/73, König v. the Federal Republic of Germany;
(e) On 29 September 1975, Application No. 6833/74, Marckx v. Belgium;
(f) On 30 September 1975, Application No. 6301/73, X v. the Netherlands.

D.

Secretariat

In accordance with Article 37 of the Convention, the Secretariat of the Commission is provided by the Secretary General of the Council of Europe. The latter appoints an official to act as Secretary and to take charge of the Secretariat of the Commission. His duties are laid down in accordance with the President of the Commission in agreement with the Secretary General of the Council of Europe.

On 31st December 1974 the Secretariat of the Commission was maintained by Mr. A. B. McNULTY (Britisch), Secretary of the Com-et Custers ont participé à l'audience de la Cour européenne des Droits de l'Homme.

- 27–29 octobre à Strasbourg: Dans l'affaire ENGEL ET AUTRES c/PAYS-BAS, MM. Fawcett et Ermacora ont participé à l'audience de la Cour européenne des Droits de l'Homme.

En outre, la Commission a chargé son Président, des délégués ou son Secrétaire d'avoir, au nom de la Commission, des entretiens avec les parties ou leurs représentants en vue d'une tentative de règlement amiable dans les affaires suivantes:

- IRLANDE c/ROYAUME-UNI (Requête N° 5310/71)
- X. c/ROYAUME-UNI (Requête N° 5856/72)
- DE GEILLUSTREERDE PERS c/PAYS-BAS (Requête N° 5178/71)
- MULLER c/AUTRICHE (Requête N° 5849/72)
- TIMES NEWSPAPERS LTD, c/ROYAUME-UNI (Requête N° 6538/74)
- X. c/REPUBLIQUE FEDERALE D'ALLEMAGNE (Requête N° 6181/73)

Dans le courant de l'année 1975, les requêtes suivantes ont été déclarées recevables par la Commission:

(a) Le 21 mars 1975, la requête N° 6538/74, Sunday Times c/Royaume-Uni;
(b) Le 26 mai 1975, la requête N° 6780/74, Chypre c/Turquie;
(c) Le 26 mai 1975, la requête N° 6950/75, Chypre c/Turquie;
(d) Le 27 mai 1975, la requête N° 6232/73, König c/République Fédérale d'Allemagne;
(e) Le 29 septembre 1975, la requête N° 6833/74, Marckx c/Belgique;
(f) Le 30 septembre 1975, la requête N° 6301/73, X c/Pays-Bas.

D.

Secrétariat

Conformément à l'article 37 de la Convention, le Secrétariat de la Commission est assuré par le Secrétaire Général du Conseil de l'Europe. Ce dernier désigne l'agent qui sera chargé des fonctions de Secrétaire de la Commission et responsable du Secrétariat de celle-ci. Ses attributions sont réglées par le Président en accord avec le Secrétaire Général du Conseil de l'Europe.

Au 31 décembre 1974, le Secrétariat de la Commission était composé de M. A. B. McNULTY (Britannique), Secrétaire de la Commis-mission, assisted by two Heads of Division, one Counsellor, three Principal Administrative Officers, twelve Administrative Officers, two Archivists, and ten Personal Secretaries and Assistants.

sion, et de deux Chefs de Division, un Conseiller, trois administrateurs principaux, douze administrateurs, deux archivistes, et dix secrétaires particulières et assistantes.

CHAPTER III

THE EUROPEAN COURT OF HUMAN RIGHTS

A.

Composition

On 31 January 1975, the membership of the Court was as follows:

	Order of precedence	*Nationality*	*Date of expiry of term of office*
MM.	G. Balladore-Pallieri, President	Italian	20 January 1983
	H. Mosler, Vice-President	German	20 January 1983
	R. Cassin	French	20 January 1980
	A. Verdross	Austrian	20 January 1977
	M. Zekia	Cypriot	25 September 1970[1]
	J. J. Cremona	Maltese	20 January 1983
	G. Wiarda	Dutch	20 January 1980
	P. O'Donoghue	Irish	20 January 1980
Mrs.	H. Pedersen	Danish	20 January 1980
MM.	T. Vilhjalmsson	Icelandic	20 January 1980
	S. Petren	Swedish	20 January 1983
	R. Ryssdal	Norwegian	20 January 1977
	A. Bozer	Turkish	20 January 1977
	W. J. Ganshof van der Meersch	Belgian	20 January 1977
Sir	Gerald Fitzmaurice	British	20 January 1983
Mrs.	D. Bindschedler-Robert	Swiss	20 January 1980
MM.	D. J. Evrigenis	Greek	20 January 1983
		Luxemburger	20 January 1977[2]

[1] In accordance with the provisions of Article 40, para. 6, of the Convention, Mr. Zekia continues to sit on the Court, although his term of office has formally expired.

[2] Mr. E. Rodenbourg died on 1 October 1975. The election of his successor will take place in January 1976.

CHAPITRE III

LA COUR EUROPEENNE DES DROITS DE L'HOMME

A.

Composition

La composition de la Cour au 31 décembre 1975 était la suivante:

Ordre de préséance	*Nationalité*	*Date d'expiration du mandat*
MM. G. BALLADORE-PALLIERI, Président	Italien	20 janvier 1983
H. MOSLER, Vice-Président	Allemand	20 janvier 1983
R. CASSIN	Français	20 janvier 1980
A. VERDROSS	Autrichien	20 janvier 1977
M. ZEKIA	Cypriote	25 septembre 1970[1]
J. J. CREMONA	Maltais	20 janvier 1983
G. WIARDA	Néerlandais	20 janvier 1980
P. O'DONOGHUE	Irlandais	20 janvier 1980
Mme H. PEDERSEN	Danoise	20 janvier 1980
MM. T. VILHJALMSSON	Islandais	20 janvier 1980
S. PETREN	Suédois	20 janvier 1983
R. RYSSDAL	Norvégien	20 janvier 1977
A. BOZER	Turc	20 janvier 1977
W. J. GANSHOF VAN DER MEERSCH	Belge	29 janvier 1977
Sir Gerald FITZMAURICE	Britannique	20 janvier 1983
Mme D. BINDSCHEDLER-ROBERT	Suisse	20 janvier 1980
MM. D. J. EVRIGENIS	Grec	20 janvier 1983
	Luxembourgeois	20 janvier 1977[2]

[1] En vertu des dispositions de l'article 40, par. 6, de la Convention, M. Zekia continue à siéger à la Cour bien que son mandat soit formellement expiré.

[2] M. E. Rodenbourg est décédé le 1er octobre 1975. Son remplaçant sera élu en janvier 1976.

B.

Biographical notes

Biographical notes on the Judges were published in the following Volumes of the Yearbook: in Volume II of the Yearbook, MM. Balladore Pallieri, p. 146, Mosler, p. 148, Cassin, p. 138, Verdross, p. 140, Rodenbourg, p. 144; in Volume IV of the Yearbook, Mr. Zekia, p. 92; in Volume VIII of the Yearbook, Mr. Cremona, p. 44; in Volume IX of the Yearbook, Mr. Wiarda, p. 54; in Volume XIV of the Yearbook, Mr. O'Donoghue, p. 52, Mrs. Pedersen, p. 54, MM. Vilhjalmsson, p. 56, Petren, p. 56.; in Volume XV of the Yearbook, MM. Ryssdal, p. 46, Bozer, p. 46; in Volume XVI of the Yearbook, Mr. Ganshof van der Meersch, p. 56; in Volume XVII of the Yearbook, Sir Gerald Fitzmaurice, pp. 96–98.

The following are the biographical notes of Mr. D. J. Evrigenis and Mrs. D. Bindschelder-Robert:

Dimitrios J. Evrigenis

Born in Salonica, Greece, on 10 September 1925.

First degree in law (1947), doctorate in law (1951) from the University of Salonica. Studies at the Paris Law Faculty (1951–53). Research at Max-Planck-Institut für Ausländisches und Internationales Privatrecht, Tübingen, Hamburg (1952 and 1962), the Centre for Studies and Research in International Law and International Relations of The Hague Academy of International Law (1957).

Titular professor (1957), extraordinary professor (1961), and Professor and Head of the Department of Private International Law (1965) at the University of Salonica Faculty of Law and Economics. Director of the Private International Law and Comparative Law Seminar, University of Salonica; lecturer in private international law, comparative law and international business law.

Honorary legal adviser to the Greek Ministry of Foreign Affairs (1965), dismissed by the military dictatorship in 1968.

Secretary General of the Greek branch of the International Law Association.

Member of the Greek delegation to the Treaty of Ankara tripartite conference on private international law (1955), to the 10th session of The Hague Conference on Private International Law (1964), the 4th Conference of European Ministers of Justice, Berlin (1966), the United Nations Conference on the Law of Treaties, Vienna

B.

Notices biographiques

Les notices biographiques des juges ont été publiées dans les volumes suivants de l'Annuaire: Volume II de l'Annuaire, MM. Balladore-Pallieri, p. 146, Mosler, p. 148, Cassin, p. 138, Verdross, p. 140, Rodenbourg, p. 144; Volume IV de l'Annuaire, M. Zekia, p. 93; Volume VIII de l'Annuaire, M. Cremona, p. 45; Volume IX de l'Annuaire, M. Wiarda, p. 55; Volume XIV de l'Annuaire, M. O.Donoghue, p. 53, Mme Pedersen, p. 55, MM. Vilhjalmsson, p. 57, Petren, p. 57; Volume XV de l'Annuaire, MM. Ryssdal, p. 47, Bozer, p. 47; Volume XVI de l'Annuaire, M. Ganshof van der Meersch, p. 57; Volume XVII de l'Annuaire, Sir Gerald Fitzmaurice, pp. 97-99.

On trouvera ci-après les notices biographiques de M. Evrigenis et de Mme Bindschedler-Robert:

Dimitrios J. EVRIGENIS

Né à Thessaloniki, Grèce, le 10 septembre 1925.

Licencié en droit (1947), docteur en droit (1951) de l'Université de Thessaloniki. Etudes à la Faculté de Droit de Paris (1951/1953). Recherches au Max-Planck-Institut für Ausländisches und Internationales Privatrecht, Tübingen; Hambourg (1952 et 1962, au Centre d'Etudes et de Recherches de droit international et de relations internationales de l'Academie de Droit International de La Haye (1957).

Professeur agrégé (1957), professeur extra-ordinaire (1961) et professeur ordinaire de droit international privé (1965) à la Faculté de droit et des sciences économiques de l'Université de Thessaloniki. Directeur du Séminaire de droit international privé et de droit comparé de l'Université de Thessaloniki. Chargé de l'enseignement du droit international privé, du droit comparé et du droit des affaires internationales.

Conseiller juridique honoraire du Ministère hellénique des Affaires Etrangères (1965), démis de ses fonctions par la dictature militaire en 1968.

Secrétaire Général de la branche hellénique de l'International Law Association.

Membre de la Délégation hellénique à la Conférence tripartite de droit international privé du Traité d'Ankara (1955), à la Xe Session de la Conférence de La Haye de droit international privé (1964), à la IVe Conférence des Ministres européens de la Justice (Berlin, 1966), à l aConférence des Nations Unies pour le droit des

(1968). Greek delegate to several meetings of the Council of Europe Committee on Legal Co-operation.

Taught at the Free University of Berlin (1964), the International Faculty of Comparative Law (Luxembourg, 1962), the International Centre of European Studies and Research (Luxembourg, 1964, 1965), The Hague Academy of International Law (1966), the Summer Session of the Louisiana State University Law Faculty (Salonica, 1974). Visiting professor at the Law Faculty of Ohio State University (1975).

Attendance at several congresses. Rapporteur General at the IXth International Congress on Comparative Law, Teheran 1974.

Standing contributor to the Journal de droit international (Clunet) and the Business Law Review (London).

Languages: French, English, German.

Political prisoner and exile during the military dictatorship (1968–69).

Denise BINDSCHEDLER (née Robert)

Born 10 July 1920, at Saint-Imier (Jura Bernois, Switzerland). Studied law at the Universities of Berne and Lausanne. 1946 qualified as a barrister in Berne. 1949, doctorate degree at Berne University.

From 1946 to 1950 official in the legal section of the Federal Political Department. In 1949 took part in the diplomatic conference in Geneva as a member of the Swiss delegation.

1956 appointed to teach public international law at the University Institute of International Studies in Geneva; appointed Reader (Professeur Extraordinaire) at the same institute in 1964.

Member of the International Committee of the Red Cross since 1967; has taken an active part in the legal work of that organisation including attendance at various conferences of experts for the development of humanitarian law.

C.

Sessions and hearings

1. The Court held its 28th and 29th Plenary Sessions at Strasbourg on 13 and 14 May and on 29 September 1975.

On 29 September 1975, it elected Mr. Herbert Petzold (German) as Deputy Registrar.

Mr. Petzold, who was born on 17 May 1935, is a Doctor of Laws of the University of Göttingen. In 1960 and from 1962 to 1966, he served as a trainee lawyer with various German courts, and then in traités (Vienne, 1968). Délégué hellénique à plusieurs réunions du Comité de Coopération Juridique du Conseil de l'Europe.

A enseigné à l'Université Libre de Berlin (1964), à la Faculté internationale de Droit comparé (Luxembourg, 1962), au Centre international d'Etudes et de recherches de Droit européen (Luxembourg, 1964, 1965), à l'Académie de Droit international de la Haye (1966), à la Summer Session de la Faculté de Droit de la Louisiana State University (Thessaloniki, 1974). Visiting Professor, invité par la Faculté de Droit de la Ohio University (1975).

Participation à plusieurs congrès. Rapporteur général au IXe Congrès international de droit comparé (Téhéran, 1974).

Collaborateur permanent du Journal de droit international (Clunet) et de la Business Law Review (Londres).

Langues: Français, Anglais, Allemand.

Détenu politique et exilé pendant la dictature militaire (1968/1969).

Denise BINDSCHEDLER (née Robert)

Née le 10 juillet 1920 à Saint-Imier (Jura Bernois, Suisse). Etudes de droit aux Universités de Berne et Lausanne. 1946, diplôme d'avocat bernois. 1949, doctorat en droit de l'Université de Berne.

De 1946 à 1950, fonctionnaire au Département politique fédéral (Section juridique). En 1949, participe comme membre de la délégation suisse à la Conférence diplomatique à Genève.

1956, chargée d'un enseignement de droit international public à l'Institut universitaire de Hautes études internationales à Genève; nommée en 1964 professeur extraordinaire à ce même Institut.

Depuis 1967, membre du Comité international de la Croix-Rougge; participe activement aux travaux juridiques de celui-ci et entre autres à diverses conférences d'experts pour le développement du droit humanitaire.

C.

Réunions et audiences

1. La Cour a tenu les 28e et 29e sessions plénières respectivement les 13 et 14 mai et le 29 septembre 1975 à Strasbourg.

Le 29 septembre 1975, elle a élu Greffier adjoint, M. Herbert Petzold (allemand).

M. Herbert Petzold, né le 17 mai 1935, est docteur en droit de l'Université de Göttingen. En 1960 et de 1962 à 1966 il a effectué des stages auprès de juridictions allemandes, puis passé, en septembre

September 1966 he gained the qualification to become a judge. Mr. Petzold has worked in the Registry of the Court since October 1966. His term of office expires on 30 September 1982.

2. At the public hearing on 21 February 1975, M. G. Balladore-Pallieri, President of the Court, read the Court's judgment on the GOLDER case concerning the United Kingdom. The Court held that there was a breach of Article 6, paragraph 1 (right of access to the courts in civil matters by persons detained in prison following a criminal conviction), and of Article 8 (interference with a prisoner's correspondence with his lawyer).

3. At the public hearing on 27 October 1975, M. G. Balladore-Pallieri, President of the Court, read the Court's judgment on the NATIONAL UNION OF BELGIAN POLICE case concerning Belgium. The Court found that there has been no violation of the Convention and considered that in this case the question of the application of Article 50 of the Convention does not arise.

4. Part II of this volume contains a summary of these judgments (pp. 290–294 and pp. 294–298).

D.

Registry of the Court

The Registry of the Court consists of a Registrar assisted by a Deputy Registrar, both elected by the Court for a period of seven years. Mr. Marc-André EISSEN (French) was re-elected Registrar[1] and Mr. Herbert PETZOLD (German) Deputy Registrar in 1975.

The following were also members of the Registry of the Court on 31 December 1975:

Administrator:	Mr.	P. MAHONEY (British)
Archivist:	Mrs.	A. ROTT (French)
Assistants:	Miss.	M. MATHIS (French)
	Miss.	A. FLEMING (Irish)
	Mrs.	L. KEIL (French)

[1] See Vol. VIII, p. 48; Vol. XI, p. 66.

1966, l'examen donnant accès à la magistrature. Il travaille au Greffe de la Cour depuis le mois d'octobre 1966. Sa période de fonction expire le 30 septembre 1982.

2. Le 21 février 1975, M. G. Balladore-Pallieri, Président de la Cour, a lu en audience publique l'arrêt de la Cour concernant l'affaire GOLDER contre le Royaume-Uni. La Cour a constaté qu'il y avait eu violation de l'article 6, paragraphe 1 (accès aux tribunaux, en matière civile, des personnes détenues à la suite d'une condamnation), et de l'article 8 (ingérence dans la correspondance d'un détenu avec son avocat).

3. Le 27 octobre 1975, M. G. Balladore-Pallieri, Président de la Cour, a lu en audience publique l'arrêt de la Cour concernant l'affaire SYNDICAT NATIONAL DE LA POLICE BELGE contre la Belgique. La Cour n'a relevé aucune violation de la Convention et a constaté que la question de l'application de l'article 50 ne se posait donc pas en l'espèce.

4. La Partie II du présent volume reproduit un résumé de ces arrêts (pp. 291–295 et pp. 295–299).

D.

Greffe de la Cour

Le Greffe est assuré par un Greffier assisté d'un Greffier adjoint, élus par la Cour pour sept ans. M. Marc-André EISSEN (français) a été réélu Greffier[1] et M. Herbert PETZOLD (allemand) a été elu Greffier adjoint en 1975.

Au 31 décembre 1975, faisaient également partie du Greffe de la Cour:

Administrateur:	M	P. MAHONEY (britannique)
Archiviste:	Mme	A. ROTT (française)
Assistantes:	Mlle	M. MATHIS (française)
	Mlle	A. FLEMING (irlandaise)
	Mme	L. KEIL (française)

[1] Voir Vol. VIII, p. 49; Vol. XI, p. 67.

CHAPTER IV

PRINCIPAL DEVELOPMENTS IN THE COUNCIL OF EUROPE CONCERNING THE PROTECTION OF HUMAN RIGHTS

A.

Chronological list of events

6 January 1975: Notification by Turkey, in accordance with Article 15 of the Convention, of the prolongation of the martial law in the provinces of Ankara, Istanbul, Adana, and Içel until 5 February 1975.

22 January 1975: 21st Meeting of Non-Governmental Organisations interested in human rights questions.

7 February 1975: Notification by Turkey, in accordance with Article 15 of the Convention, of the prolongation of the martial law in the provinces of Ankara, Istanbul, Adana and Içel until 5 March 1975.

21 February 1975: The European Court of Human Rights delivered its judgment in the Golder case.

3–7 March 1975: Meeting of the Working Party of the Committee of Experts on Human Rights.

13 March 1975: The Committee of Ministers adopted its Resolution DH (75) 1 in the Jacob Kamma case concerning the Netherlands.

13 March 1975: Notification by Turkey, in accordance with Article 15 of the Convention of the prolongation of the martial law in the provinces of Ankara, Istanbul, Adana and Içel until 5 April 1975.

13–21 March 1975: 115th Session of the European Commission of Human Rights.

14 March 1975: The Committee of Ministers elected MM. Georges Tenekides and Stefan Trechsel as members of the European Commission of Human Rights in respect of Greece and Switzerland respectively.

21 March 1975: The Government of Cyprus lodges a second application against the Government of Turkey.

1 April 1975: Notification by Turkey, in accordance with Article 15 of the Convention of the prolongation of the martial law in the provinces of Ankara, Istanbul, Adana and Içel until 5 March 1975.

21 April 1975: The Parliamentary Assembly elected Mr. Dimitrios Evrigenis and Mrs. Denise Bindschelder-Robert as judges of the

CHAPITRE IV

PRINCIPAUX EVENEMENTS AYANT MARQUE LE DEVELOPPEMENT DE LA PROTECTION DES DROITS DE L'HOMME DANS LE CADRE DU CONSEIL DE L'EUROPE

A.

Liste chronologique des événements

6 janvier 1975: Notification par la Turquie, aux termes de l'article 15 de la Convention, de la prorogation jusqu'au 5 février 1975, de l'état de siège dans les provinces d'Ankara, Istanbul, Adana et Içel.

22 janvier 1975: 21e réunion des Organisations non gouvernementales intéressées aux droits de l'homme.

7 février 1975: Notification par la Turquie, aux termes de l'article 15 de la Convention, de la prorogation jusqu'au 5 mars 1975, de l'état de siège dans les provinces d'Ankara, Istanbul, Adana et Içel.

21 février 1975: Prononcé de l'arrêt de la Cour européenne des Droits de l'Homme dans l'affaire Golder.

3–7 mars 1975: Réunion du Groupe de travail du Comité d'experts en matière de droits de l'homme.

13 mars 1975: Adoption par le Comité des Ministres de la Résolution DH (75) 1 dans l'affaire Jacob Kamma contre les Pays-Bas.

13 mars 1975: Notification par la Turquie, aux termes de l'article 15 de la Convention, de la prorogation jusqu'au 5 avril 1975, de l'état de siège dans les provinces d'Ankara, Istanbul, Adana et Içel.

13–21 mars 1975: 115e session de la Commission européenne des Droits de l'Homme.

14 mars 1975: Election par le Comité des Ministres de MM. George Tenekides et Stefan Trechsel comme membres de la Commission européenne des Droits de l'Homme au titre de la Grèce et de la Suisse respectivement.

21 mars 1975: Le Gouvernement de Chypre introduit une deuxième requête contre le Gouvernement de Turquie.

1er avril 1975: Notification par la Turquie, aux termes de l'article 15 de la Convention, de la prorogation jusqu'au 5 mai 1975, de l'état de siège dans les provinces d'Ankara, Istanbul, Adana et Içel.

21 avril 1975: Election par l'Assemblée Parlementaire de M. D. J. Evrigenis et de Mme D. Bindschelder-Robert comme juges à

European Court of Human Rights in respect of Greece and Switzerland respectively.

23 April 1975: 22nd Meeting of Non-Governmental Organisations interested in human rights questions.

28 April–2 May 1975: 43rd Plenary Meeting of the Committee of Experts on Human Rights.

5 May 1975: Notification by Turkey, in accordance with Article 15 of the Convention, of the prolongation of the martial law in the provinces of Ankara, Istanbul, Adana, and Içel until 5 June 1975.

13–14 May 1975: 28th Plenary Session of the European Court of Human Rights. At this session the Court re-elected its Registrar (Mr. Marc-André Eissen).

21–30 May 1975: 116th Session of the European Commission of Human Rights.

26 May 1975: Two applications lodged by the Government of Cyprus against the Government of Turkey are declared admissible.

5 June 1975: Notification by Turkey in accordance with Article 15 of the Convention, of the prolongation of the martial law, in the provinces of Ankara, Istanbul, Adana, and Içel, until 5 July 1975.

1 July 1975: Renewal by Belgium, for a period of two years, of the declaration recognising the competence of the Commission to receive individual applications and the compulsory jurisdiction of the Court.

7–18 July 1975: 117th Session of the European Commission of Human Rights.

10 July 1975: Notification by Turkey, in accordance with Article 15 of the Convention, of the prolongation of the martial law, in the provinces of Ankara, Istanbul, Adana and Içel, until 5 August 1975.

29 July 1975: Renewal by Italy, for a period of three years, of the declaration recognising the competence of the Commission to receive individual applications and the compulsory jurisdiction of the Court.

29 September 1975: 29th Plenary Session of the European Court of Human Rights. At this session the Court elected its Deputy Registrar (Mr. Herbert Petzold).

29 September–10 October 1975: 118th Session of the European Commission of Human Rights.

2 October 1975: 23rd Meeting of Non-Governmental Organisations interested in human rights questions.

20–24 October 1975: Meeting of the Working Party of the Committee of Experts on Human Rights.

la Cour européenne des Droits de l'Homme au titre de la Grèce et de la Suisse respectivement.

23 avril 1975: 22e réunion des Organisations non gouvernementales intéressées aux droits de l'homme.

28 avril–2 mai 1975: 43e réunion plénière du Comité d'experts en matière de droits de l'homme.

5 mai 1975: Notification par la Turquie, aux termes de l'article 15 de la Convention, de la prorogation jusqu'au 5 juin 1975 de l'état de siège dans les provinces d'Ankara, Istanbul, Adana et Içel.

13–14 mai 1975: 28e session plénière de la Cour européenne des Droits de l'Homme. Lors de cette session, la Cour a réélu son Greffier (M. Marc-André Eissen).

21–30 mai 1975: 116e session de la Commission européenne des Droits de l'Homme.

26 mai 1975: La Commission européenne des Droits de l'Homme déclare recevables deux requêtes introduites par le Gouvernement de Chypre contre le Gouvernement de Turquie.

5 juin 1975: Notification par la Turquie, aux termes de l'article 15 de la Convention, de la prorogation jusqu'au 5 juillet 1975, de l'état de siège dans les provinces d'Ankara, Istanbul, Adana et Içel.

1er juillet 1975: Renouvellement par la Belgique pour une période de deux ans, de la déclaration d'acceptation de la compétence de la Commission européenne des Droits de l'Homme en matière de requêtes individuelles et de la juridiction obligatoire de la Cour.

7–18 juillet 1975: 117e session de la Commission européenne des Droits de l'Homme.

10 juillet 1975: Notification par la Turquie, aux termes de l'article 15 de la Convention, de la prorogation jusqu'au 5 août 1975, de l'état de siège dans les provinces d'Ankara, Istanbul, Adana et Içel.

29 juillet 1975: Renouvellement par l'Italie pour une période de trois ans de la déclaration d'acceptation de la compétence de la Commission européenne des Droits de l'Homme en matière de requêtes individuelles et de la juridiction obligatoire de la Cour.

29 septembre 1975: 29e session plénière de la Cour européenne des Droits de l'Homme. Lors de cette session, la Cour a élu son Greffier adjoint (M. Herbert Petzold).

29 septembre–10 octobre 1975: 118e session de la Commission européenne des Droits de l'Homme.

2 octobre 1975: 23e réunion des Organisations non gouvernementales intéressées aux droits de l'homme.

20–24 octobre 1975: Réunion du Groupe de Travail du Comité d'experts en matière de droits de l'homme.

27 October 1975: The European Court of Human Rights delivered its judgments in the National Union of Belgian Police case.
28–29 October 1975: Public hearing of the European Court of Human Rights in the Engel and others case (Five Dutch soldiers).
5–8 November 1975: Fourth International Colloquy about the European Convention on Human Rights (Rome).
10–14 November 1975: 44th Plenary Meeting of the Committee of Experts on Human Rights (Rome).
28 November 1975: Notification by Turkey in accordance with Article 15, para. 3, of the Convention that the Martial Law has been lifted on 5 August 1975 in all provinces.
10–19 December 1975: 119th Session of the European Commission on Human Rights.

B.

Work of the Council of Europe in the field of human rights

Certain matters relating to human rights were examined by the Parliamentary Assembly, the Committee of Ministers and the Committee of Experts on Human Rights in 1975.

1. Parliamentary Assembly of the Council of Europe

In the course of 1975, the Assembly adopted the following texts dealing with human rights and related matters:

Recommendation 757 (1975) on the conclusions of the meeting of the Assembly's Legal Affairs Committee with the Ombudsmen and Parliamentary Commissioners in Council of Europe Member States, which reads as follows:

The Assembly,

1. Welcoming the meeting which its legal Affairs Committee held with the Ombudsmen and Parliamentary Commissioners in Council of Europe Member States (Paris, 18–19 April 1974);

2. Considering that Ombudsmen, Parliamentary Commissioners etc., serve a twofold purpose of paramount importance, namely the protection of individuals against maladministration by public authorities, and the promotion of good government in general;

3. Aware that public authorities today regulate more and more aspects of human life:

27 octobre 1975: Prononcé de l'arrêt de la Cour européenne des Droits de l'Homme dans l'affaire Syndicat national de la Police Belge.
28–29 octobre 1975: Audience publique de la Cour dans l'affaire Engel et autres (Cinq soldats néerlandais).
5–8 novembre 1975: 4e Colloque International sur la Convention européenne des Droits de l'Homme, Rome.
10–14 novembre 1975: 44e réunion plénière du Comité d'experts en matière de droits de l'homme à Rome.
28 novembre 1975: Notification par la Turquie, aux termes de l'article 15, paragraphe 3 de la Convention, de la fin de l'état de siège dans toutes les provinces depuis le 5 août 1975.
10–19 décembre 1975: 119e session de la Commission européenne des Droits de l'Homme.

B.

Travaux du Conseil de l'Europe dans le domaine des droits de l'homme

Certaines questions se rapportant aux droits de l'homme ont été étudiées en 1975 par l'Assemblée Parlementaire, par le Comité des Ministres et par le Comité d'experts en matière de droits de l'homme.

1. Assemblée Parlementaire du Conseil de l'Europe

Au cours de l'année 1975, l'Assemblée a adopté les textes suivants concernant les droits de l'homme et d'autres questions s'y rapportant.

Recommandation 757 (1975) relative aux conclusions de la réunion de la commission des questions juridiques de l'Assemblée avec les Ombudsman et les commissaires parlementaires dans les Etats membres du Conseil de l'Europe, qui se lit comme suit:

L'Assemblée,

1. Se félicitant de la réunion que sa commission des questions juridiques a tenue avec les Ombudsman et Commissaires parlementaires dans les Etats membres du Conseil de l'Europe (Paris, 18–19 avril 1974);
2. Considérant que l'Ombudsman, le Commissaire parlementaire ou le médiateur remplit une double fonction d'importance primordiale: protéger les particuliers contre les abus des administrations publiques et, plus généralement, améliorer ces administrations;
3. Consciente de ce qu'aujourd'hui les pouvoirs publics réglementent des aspects de plus en plus nombreux de la vie des hommes;

4. Considering that, whereas States have taken up for themselves the safeguard of man's fundamental rights and liberties, these very rights and liberties can be jeopardised by the encroachings of public authority upon the private life of the individual;

5. Considering further that the usual forms of judicial control are not always suited to cope with sufficient speed and efficacy with all the facets and intricacies of present-day administration;

6. Convinced that there is need for an additional guarantee that should be simpler, quicker, less expensive and more flexible in its operation than existing judicial remedies;

7. Believing that this guarantee can be provided by an Ombudsman or Parliamentary Commissioner;

8. Convinced also that, through the information and assistance he gives to parliament, the Ombudsman contributes to strengthening parliamentary control over the executive;

9. Welcoming the remarkable extension at national and local level of the institution of the Ombudsman or Parliamentary Commissioner that has taken place in Europe in recent years;

10. Recommends that the Committee of Ministers invite the goverments of those Member States which have not yet done so, to consider the possibility of appointing at national, regional and/or at local level persons discharging functions similar to those of existing Ombudsmen and Parliamentary Commissioners.

Resolution 596 (1975) on the implemention of Article 57 of the European Convention on Human Rights, which reads as follows:

The Assembly,

1. Having considered the replies received from governments to the inquiry made in 1970 by the then Secretary General on the implementation of Article 5, paragraph 5, of the European Convention on Human Rights, in accordance with Article 57 of the Convention;

2. Considering that the replies given by governments to this inquiry are on the whole interesting and satisfactory, and that they may contribute to the effective implementation of the Convention in Council of Europe Member States;

3. Notes with satisfaction the initiative taken in 1970 by the Secretary General;

4. Welcomes the recent initiative taken by the present Secretary General by making an enquiry on the application of Articles 8, 9, 10 and 11 of the Convention;

4. Considérant que les Etats se sont chargés de la sauvegarde des droits et des libertés fondamentales de l'homme, mais que les empiétements de la puissance publique sur la vie privée de l'individu peuvent constituer des atteintes à ces mêmes droits et libertés;
5. Considérant, en outre, que les formes usuelles du contrôle judiciaire ne permettent pas toujours de réagir avec une rapidité et une efficacité suffisantes à tous les aspects et à tous les détours de l'administration moderne;
6. Convaincue de la nécessité d'une garantie supplémentaire, à la fois plus simple, plus rapide, moins onéreuse et plus souple dans son fonctionnement que les voies de recours judiciaire actuelles;
7. Estimant que cette garantie peut être assurée par un Ombudsman ou un Commissaire parlementaire;
8. Convaincue également que, par l'information et l'assistance qu'il fournit au parlement, l'Ombudsman contribue à renforcer le contrôle parlementaire sur l'exécutif;
9. Se félicitant de l'extension remarquable de l'institution de l'Ombudsman et du Commissaire parlementaire aux niveaux tant national que local, qui s'est produite au cours des dernières années en Europe;
10. Recommande au Comité des Ministres d'inviter les gouvernements des Etats membres qui n'ont pas encore adopté cette institution d'étudier la possibilité de désigner tant au niveau national qu'au niveau régional et/ou local, des personnes assumant des fonctions correspondant à celles des Ombudsman et Commissaires parlementaires existants.

Résolution 596 (1975) relative à la mise en application de l'article 57 de la Convention européenne des Droits de l'Homme, qui se lit comme suit:

L'Assemblée,

1. Ayant examiné les réponses des gouvernements à l'enquête entreprise en 1970 par le Secrétaire Général alors en fonction, sur la mise en oeuvre de l'article 5, paragraphe 5, de la Convention européenne des Droits de l'Homme, en application de l'article 57 de la Convention;
2. Considérant que les réponses des gouvernements à cette enquête sont dans l'ensemble intéressantes et satisfaisantes, et peuvent contribuer à une mise en application effective de la Convention dans les Etats membres du Conseil de l'Europe;
3. Prend acte avec satisfaction de l'initiative prise en 1970 par le Secrétaire Général;
4. Se félicite de la récente décision de l'actuel Secrétaire Général d'entreprendre une enquête sur l'application des articles 8, 9, 10 et 11 de la Convention;

5. Expresses the hope that the Secretary General will continue to make use of his powers under Article 57 of the Convention.

Resolution 597 (1975) on the optional clauses of the European Convention on Human Rights, which reads as follows:

The Assembly,

1. Welcoming the fact that the European Convention for the Protection of Human Rights and Fundamental Freedoms is now in force in all 18 Member States of the Council of Europe;
2. Considering that the right to individual petition and the European Court of Human Rights are among the most important new features of the Convention, as they provide for an effective implementation at European level of human rights laid down in the Convention;
3. Considering that recognition of the right to individual petition and recognition of the compulsory jurisdiction of the Court of Human Rights (Articles 25 and 46 of the Convention) are optional and subject to declarations made by the governments of Contracting States;
4. Regretting that five Council of Europe Member States have not recognised the right to individual petition, while 4 Member States have not recognised the compulsory jurisdiction of the Court;
5. Regretting that these Member States therefore do not allow individual persons, non-governmental organisations and groups of individuals under their jurisdiction to apply to the European Commission of Human Rights;
6. Calls upon those Member States which have not yet recognised the right of individual petition and the compulsory jurisdiction of the European Court of Human Rights to do so as soon as possible.

Recommendation 768 (1975) on torture in the world, which reads as follows:

The Assembly,

1. Appalled by the fact that torture is practised in over sixty countries;
2. Considering that it is not a question of excesses committed by individuals or groups acting deliberately outside the law, but that torture is carried out by agents of the State, not only with the approval, but also on the orders of their governments;

3. Considering that some governments systematically train their officials in methods of torture;
4. Convinced that the Assembly of the Council of Europe cannot remain indifferent while in certain countries human rights are being so gravely violated;

5. Exprime l'espoir que le Secrétaire Général continuera de faire usage des pouvoirs que lui confère l'article 57 de la Convention.

Résolution 597 (1975) relative aux clauses facultatives de la Convention européenne des Droits de l'Homme, qui se lit comme suit:

L'Assemblée,

1. Se félicitant de ce que la Convention européenne de Sauvegarde des Droits de l'Homme et des Libertés fondamentales soit désormais en vigueur dans les dix-huit Etats membres du Conseil de l'Europe;
2. Considérant que le droit de recours individuel et la Cour européenne des Droits de l'Homme figurent parmi les innovations les plus importantes de la Convention, car ils offrent les moyens d'une mise en oeuvre effective, au niveau européen, des droits de l'homme énoncés dans la Convention;
3. Considérant que la reconnaissance du droit de recours individuel et la reconnaissance de la juridiction obligatoire de la Cour des Droits de l'Homme (articles 25 et 46 de la Convention) sont facultatives et subordonnées à des déclarations par les gouvernements des Etats contractants;
4. Regrettant que cinq Etats membres du Conseil de l'Europe n'ont pas reconnu le droit de recours individuel, et que quatre Etats membres n'ont pas reconnu la juridiction obligatoire de la Cour;
5. Regrettant qu'en conséquence, ces Etats membres n'autorisent pas les personnes physiques, les organisations non gouvernementales et les groupes de particuliers relevant de leur juridiction à s'adresser à la Commission européenne des Droits de l'Homme;
6. Engage les Etats membres qui n'ont pas encore reconnu le droit de recours individuel et la juridiction obligatoire de la Cour européenne des Droits de l'Homme à le faire le plus tôt possible.

Recommandation 768 (1975) relative à la torture dans le monde, qui se lit comme suit:

L'Assemblée,

1. Consternée par le fait que la torture est pratiquée dans plus d'une soixantaine de pays;
2. Considérant que dans ces pays il ne s'agit pas d'excès commis par des individus ou des groupes se situant délibérément en marge des lois, mais que ces sévices sont exercés par des agents de l'Etat, non seulement avec l'approbation, mais sur les ordres de leurs gouvernements;
3. Considérant qu'il y a des gouvernements qui organisent l'entraînement de leurs fonctionnaires à la torture;
4. Convaincue que l'Assemblée du Conseil de l'Europe ne peut rester indifférente lorsque dans certains pays les droits de l'homme sont aussi gravement violés;

5. Considering that torture is one of the most horrible and perverse forms of brutality which men can inflict on each other, either physically or morally;

6. Stressing most strongly that torture is one of the most serious violations of human rights;

7. Welcoming the fact that the Council of Europe has adopted instruments to ensure that human rights are respected in its Member States, and that Article 3 of the European Convention on Human Rights stipulates that no one must be subjected to torture;

8. Believing that extradition or expulsion to countries where torture is practised or tolerated by governmental bodies is contrary to Article 3 of the European Convention on Human Rights;

9. Recommends that the Committee of Ministers:

(*a*) agree formally on the principle laid down in the conclusions of the meeting of 1969 on the application of the European Convention on Extradition concerning refusal of extradition if inhuman treatment might result from such action;

(*b*) examine the possibilities for Member States to revise their conventions on extradition and mutual assistance in legal matters concluded with countries where torture is practised or tolerated by governmental bodies, and study, in addition, the practices followed by those countries in the matter of expulsion.

2. *Committee of Ministers*

a) *Activities with respect to the implementation of the European Convention on Human Rights*

(i) *Article 32*

In the course of 1975 the Committee of Ministers was called in two instances to exercise its functions under Article 32 of the European Convention.

In the case of *Kamma against the Netherlands*, the Committee of Ministers has decided that there was no violation of the Convention.

On 13 January 1971, Mr. Jacob Kamma, a national of the Netherlands, had submitted an application to the European Commission claiming violation of several articles of the European Convention. In a decision of 21 July 1972, the European Commission declared admissible the complaint that there had been a violation of Article 18, together with Article 5 of the Convention, in that the police had taken advantage of the applicant's detention on remand to conduct investigations for one month into a murder of which he was accused, although at that time he was neither detained in connection with the murder, nor had judicial investigations into that case begun.

Having examined the merits of the case and considered all the

5. Considérant que la torture figure parmi les sévices les plus effroyables et les plus pervers que les hommes puissent s'infliger les uns aux autres, physiquement et moralement;

6. Rappelant avec la plus grande insistance que la torture compte parmi les plus graves violations des droits de l'homme;

7. Se félicitant que le Conseil de l'Europe s'est doté d'instruments propres à assurer le respect des droits de l'homme dans ses Etats membres, et que l'article 3 de la Convention européenne des Droits de l'Homme stipule que nul ne peut être soumis à la torture;

8. Estimant que l'extradition ou l'expulsion vers des pays où la torture est pratiquée ou tolérée par des instances gouvernementales est contraire à l'article 3 de la Convention européenne des Droits de l'Homme;

9. Recommande au Comité des Ministres:

(*a*) d'accepter formellement le principe contenu dans les conclusions de la rencontre de juin 1969 sur l'application de la Convention européenne d'extradition concernant le refus de l'extradition si elle conduisait à un traitement inhumain;

(*b*) d'examiner les possibilités, pour les Etats membres, de réviser les conventions d'entraide judiciaire et d'extradition conclues avec les pays où la torture est pratiquée ou tolérée par les instances gouvernementales, et d'examiner également les pratiques suivies par ces pays en matière d'expulsion.

2. *Comité des Ministres*

a) *Activités concernant la mise en oeuvre de la Convention européenne des Droits de l'Homme*

(i) *Article 32*

Au cours de l'année 1975, le Comité des Ministres a été appelé à se prononcer deux fois en vertu de l'article 32 de la Convention européenne.

Dans l'affaire *Kamma contre les Pays-Bas*, le Comité des Ministres a décidé qu'il n'y avait pas eu violation de la Convention des Droits de l'Homme.

Le 13 janvier 1971, M. Jacob Kamma, ressortissant néerlandais avait introduit une requête devant la Commission européenne alléguant la violation de plusieurs articles de la Convention européenne. Par sa décision du 21 juillet 1972, la Commission européenne a déclaré recevables les griefs selon lesquels il y avait eu violation de l'article 18 en liaison avec l'article 5 de la Convention en ce sens que la police aurait profité de la détention préventive du requérant pour enquêter pendant un mois sur un meurtre dont on l'accusait, alors qu'à l'époque sa détention était sans rapport avec cette affaire, laquelle n'était pas même en cours d'instruction.

La Commission a examiné le fond de l'affaire et, après avoir conavailable information, the Commission concluded, for the reasons stated in its report, which has been published, that there had been no violation of Articles 18 and 5 of the Convention. The Committee of Ministers has endorsed the Commission's opinion. The text of the Resolution DH (75) 1 of the Committee of Ministers is reproduced in Chapter IV of Part II.

The Committee of Ministers has also considered in accordance with Article 32 of the Convention the case of *Huber against Austria.*

On 16 June 1970, Mr. Herbert Huber, Austrian national, introduced an application before the European Commission complaining of violation of several articles of the Convention on Human Rights alleged to have taken place during his detention.

In its decision of 14 July 1971, the European Commission declared admissible the complaint alleging violation of Article 6 (1) of the Convention by reason of the length of the criminal proceedings against the applicant.

Having examined the merits of the case and considered all the available information, the Commission concluded by eight votes to two that the total period required to determine the criminal charges against the applicant was not reasonable within the meaning of Article 6 (1) of the Convention and that there had therefore been a breach of that provision in this case.

When this case was considered by the Committee of Ministers, the Austrian Government submitted a memorandum in which it was stated that in view of the complexity of the proceedings, of the difficulties resulting from the rogatory commissions requested from various countries and of the obstructive conduct of the applicant, Article 6 (1) of the Convention had not been violated.

The Committee of Ministers having voted in accordance with the provision of Article 32 (1) of the Convention but without the majority of two-thirds of the members entitled to sit having been attained, has decided that no further action is called for in this case.

The Committee of Ministers has also decided to publish for information the Report of the European Commission on this case and the Resolution which it has adopted. The text of its Resolution DH (75) 2 is reproduced in Chapter IV of Part II.

b) *Other activities of the Committee of Ministers of the Council of Europe with respect to human rights*

(i) *Gussenbauer against Austria*

The Committee of Ministers has taken note of the report of the European Commission on this case, in which the Commission found that a friendly settlement had been secured in accordance with Article 28 (b) of the European Convention, on the basis of respect for human rights as defined in the Convention.

sidéré tous les éléments de la cause, a conclu pour les motifs indiqués dans son rapport qui a été rendu public, qu'il n'y a pas eu violation de l'article 18 combiné à l'article 5 de la Convention. Le Comité des Ministres a suivi l'avis de la Commission. Le texte de la Résolution DH (75) 1 du Comité des Ministres relative à cette affaire figure au Chapitre IV de la Partie II.

Le Comité des Ministres a également examiné en vertu de l'article 32 l'affaire *Huber contre l'Autriche.*

M. Herbert Huber, ressortissant autrichien, avait introduit une requête, le 16 juin 1970, devant la Commission européenne, alléguant la violation de plusieurs articles de la Convention européenne des Droits de l'Homme qui serait survenue au cours de sa détention en Autriche.

Par sa décision du 14 juillet 1971, la Commission européenne a déclaré recevables les griefs relatifs à la violation de l'article 6, par. 1, de la Convention, du fait de la durée de la procédure menée à l'encontre du requérant.

La Commission a examiné le fond de l'affaire, et après avoir, considéré tous les éléments de la cause, a conclu, par 8 voix contre 2, que la durée totale de la période qui s'est écoulée jusqu'à ce qu'il ne soit statué sur les accusations portées contre le requérant, n'était pas raisonnable au sens de l'article 6, par. 1, de la Convention, et qu'il y a donc eu en l'espèce, violation de cette disposition.

Lors de l'examen de cette affaire devant le Comité des Ministres, le Gouvernement autrichien a présenté un mémorandum exposant que le paragraphe 1 de l'article 6 n'a pas été violé, en raison de la complexité de la procédure et des difficultés auxquelles se sont heurtées les commissions rogatoires adressées à des pays étrangers et de l'obstruction faite par le requérant.

Le Comité des Ministres a procédé au vote conformément aux dispositions du paragraphe 1 de l'article 32 de la Convention, sans toutefois que la majorité des deux tiers des représentants ayant le droit de siéger ait été atteinte, et il a en conséquence décidé qu'il n'y a pas lieu de donner d'autres suites à cette affaire.

Le Comité des Ministres a décidé aussi de publier pour information, le rapport de la Commission européenne des Droits de l'Homme sur cette affaire, y compris la Résolution qui a été adoptée, DH (75) 2 et qui figure au Chapitre IV de la Partie II.

b) *Autres activités du Comité des Ministres en rapport avec les droits de l'homme*

(i) *Gussenbauer contre l'Autriche*

Le Comité des Ministres a pris note du rapport de la Commission européenne sur cette affaire dans lequel la Commission constate que les parties sont parvenues à un règlement amiable au sens de l'article 28 (b). de la Convention européenne sur la base du respect des droits de l'homme, tels qu'ils sont définis dans la Convention.

(ii) *Vampel against Austria*

The Committee of Ministers has taken note of the report of the European Commission on this case.

In June 1972 the Committee of Ministers had considered the provisional report transmitted by the European Commission on this case under Article 31 (2) of the European Convention. In this report the Commission had expressed its provisional opinion that the applicant's detention on remand was in respect of a particular period unreasonably long and violated Article 5 (3) of the Convention but had decided that the report must be provisional in view of the fact that the negotiations for a friendly settlement had with the consent of the parties been suspended.

In its recent report, the Commission has found that the applicant's position has substantially changed as a result of the pardon granted to him by the Federal President of Austria and that this justifies the termination of the case by striking it off the list following its withdrawal by the applicant. Extracts of the report of the Commission on this case are reproduced in Chapter IV of Part II.

(iii) *Free legal aid before the European Commission of Human Rights*

The Committee of Ministers has agreed that paragraph 4 of the Appendix to Resolution (63) 18 on the grant of free legal aid to individuals who have submitted an application to the European Commission should be so interpreted as to include the repayment of expenses incurred by the applicant or the persons appointed to represent or assist him for work done in connection with the application prior to the decision to grant free legal aid.

3. *Comité d'experts en matière de droits de l'homme*

(a) *Free legal aid before the European Commission of Human Rights*

The Committee of Experts on Human Rights has examined the problems relating to the free legal aid before the European Commission of Human Rights.

It did not find it necessary to propose any amendment to Resolution (63) 18 on the granting of free legal aid to individuals who have submitted an application to the European Commission of Human Rights. It did, however, agree that the Committee of Ministers should be invited to agree on an interpretation of paragraph 4 of the Appendix to Resolution (63) 18 such that the costs incurred by the applicant or the persons instructed to represent or assist him,

(ii) *Vampel contre l'Autriche*

Le Comité des Ministres a pris note du rapport de la Commission européenne dans cette affaire.

En juin 1972, le Comité des Ministres avait examiné un rapport provisoire transmis en cette affaire par la Commission européenne, conformément à l'article 31, par. 2, de la Convention européenne. Dans ce rapport, la Commission avait estimé provisoirement que la détention préventive du requérant avait été exagérément longue et avait contrevenu à l'article 5, par. 3, de la Convention; toutefois, la Commission avait décidé que ce rapport devait avoir un caractère provisoire puisque les négociations en vue du règlement amiable avaient été suspendues avec l'accord des parties.

Dans son dernier rapport, la Commission a constaté qu'une modification fondamentale est intervenue en ce que le requérant a bénéficié, de la part du Président de la République d'Autriche, de mesures de grâce, ce qui justifie la clôture de la procédure par la radiation de la requête du rôle de la Commission à la suite de la demande de retrait formulée par le requérant. Des extraits du rapport de la Commission dans cette affaire sont reproduits au Chapitre IV de la Partie II.

(iii) *Assistance judiciaire gratuite devant la Commission européenne des Droits de l'Homme*

Le Comité des Ministres a décidé que le paragraphe 4 de l'Annexe à la Résolution (63) 18 sur l'octroi de l'assistance judiciaire à des particuliers ayant introduit une requête devant la Commission européenne, doit être interprété comme permettant de couvrir le remboursement des frais encourus par le requérant ou les personnes chargées de le représenter ou de l'assister pour des services rendus en rapport avec la requête avant la décision d'octroyer l'assistance judiciaire gratuite.

3. *Committee of Experts on Human Rights*

(a) *Assistance judiciaire gratuite devant la Commission européenne des Droits de l'Homme*

Le Comité d'experts en matière de droits de l'homme a examiné les problèmes relatis à l'assistance judiciaire gratuite devant la Commission.

Le Comité d'experts n'a pas estimé nécessaire de proposer des modifications à la Résolution (63) 17 sur l'octroi de l'assistance judiciaire à des particuliers ayant introduit une requête devant la Commission européenne des Droits de l'Homme. Il est cependant convenu que le Comité des Ministres devrait être invité à donner une interprétation du paragraphe 4 de l'Annexe à la Résolution (63) 18 qui permettrait un remboursement des frais encourus par le requéwhether at the preliminary stage or at subsequent stages, could be recovered.

As regards the procedure followed in considering applications for free legal aid, the Committee of Experts noted that in certain cases there had been difficulties in obtaining from the competent domestic authorities a certification of the declaration of means which the applicant must submit to the Commission. It therefore proposed that Member States should be invited to provide information on national authorities with competence to issue legal aid certificates which might take the place of certifications on the forms supplied by the Commission.

The Committee of Experts considered that an attempt should be made to reduce the call on the services currently rendered by the Secretariat of the Commission to help applicants to arrange suitable representation. In this connection it was suggested that the Secretary General of the Council of Europe should be invited to inform bar associations in Member States about the legal aid machinery provided for in Resolution (63) 18 and to request presidents of bar associations to be of assistance to applicants in their appointment of counsel to represent them before the Commission.

The Committee of Experts considered that the rates of fees currently applied by the Secretariat of the Commission should in future be assessed on a different basis. Accordingly, it proposed that the Secretary General reconsider the rate of fees taking into account not only fees paid in various Member States of the Council of Europe for free legal aid work (whether compulsory or otherwise) but also the rates of fees payable under private agreements concluded between lawyers and their clients.

(b) *Extension of the right of freedom of information*

The Committee of Experts on Human Rights had been instructed to put forward recommendations on the question of the extension of the right to freedom of information provided for in Article 10 of the European Convention on Human Rights by the conclusion of a protocol or otherwise so as to include in Article 19, paragraph 2, of the United Nations Covenant on Civil and Political Rights. There should have been a corresponding duty on public authorities to make information available on matters of public interest, subject to appropriate limitations.

The Committee of Experts has suggested to the Committee of Ministers that freedom to seek information be included in Article 10, paragraph 1, of the European Convention when drafting a new protocol to the Convention.

rant ou les personnes chargées de le représenter ou de l'assister, tant au stade préliminaire que dans les phases ultérieures.

Quant aux formalités d'examen des demandes d'assistance judiciaire, le Comité d'experts a noté qu'il se révélait difficile, dans certains cas, d'obtenir de l'autorité nationale compétente la déclaration de ressources certifiée que le requérant doit soumettre à la Commission. Il a proposé donc que les Etats membres soient invités à fournir tous renseignements sur les autorités nationales ayant compétence pour délivrer, en vue de l'assistance judiciaire, des certificats qui pourraient remplacer les certificats sur formule fournie par la Commission.

Le Comité d'experts a estimé qu'un effort doit être fait pour que le Secrétariat de la Commission ait moins à aider les requérants dans le choix de leur représentant. Aussi il a suggéré que le Secrétaire Général du Conseil de l'Europe soit invité à informer les barreaux des Etats membres du mécanisme d'assistance judiciaire prévu par la Résolution (63) 18, et à prier les Présidents de ces barreaux de venir en aide aux requérants dans leur choix d'un conseil qui les représentera devant la Commission.

Le Comité d'experts est d'avis qu'il y a lieu de fixer les taux des honoraires, actuellement appliqués par le Secrétariat de la Commission, sur des bases différentes. Il a donc proposé au Secrétaire Général de revoir ces taux, en tenant compte non seulement des honoraires payés dans différents pays membres du Conseil de l'Europe pour un travail fait dans le cadre de l'assistance judiciaire gratuite (obligatoire ou non), mais également de ceux payés en vertu d'accords privés entre avocats et clients.

(b) *Extension du droit à la liberté d'information*

Le Comité d'experts en matière de droits de l'homme avait pour mandat de formuler des recommandations au sujet de l'extension du droit à la liberté d'information garanti par l'article 10 de la Convention européenne des Droits de l'Homme, par la conclusion d'un protocole ou de tout autre instrument, de façon à y inclure la liberté de rechercher les informations (qui figure à l'article 19, par. 2, du Pacte des Nations Unies relatif aux droits civils et politiques). A cette liberté devrait correspondre pour les pouvoirs publics, l'obligation de communiquer des informations relatives aux questions d'intérêt public, sous réserve des obligations appropriées.

Le Comité d'experts a proposé au Comité des Ministres de donner son accord pour que la liberté de rechercher des informations soit incluse dans l'article 10 de la Convention lors de l'élaboration d'un nouveau Protocole additionnel.

(c) *Supervision of the execution of judgments of the European Court of Human Rights*

The Committee of Experts on Human Rights has examined the application of Article 54 of the European Convention on Human Rights which provides that the judgments of the Court shall be transmitted to the Committee of Ministers which shall supervise their execution. The Committee of Experts has recommended to the Committee of Ministers the adoption of a number of rules on application of Article 54 of the Convention.

(d) *Colloquy of the Council of Europe on "the access of members of the public to information entrusted to or held by public authorities"*

The Committee of Experts on Human Rights has started the preparation of a Colloquy of the Council of Europe on the theme "the access of members of the public to information entrusted to or held by public authorities". It is envisaged to have this Colloquy in Graz, Austria, in September 1976. The Colloquy will be organised by the Secretariat General of the Council of Europe and the Rechts- und Staatswissenschaftliche Fakultät of the University of Graz and its purpose will be to make a comparative study of laws and practices in Member States of the Council of Europe concerning the access of members of the public to information entrusted to or held by public authorities.

4. Fourth International Colloquy on the European Convention on Human Rights

The Fourth International Colloquy on the European Convention on Human Rights was held in Rome from 5–8 November 1975. The theme of this Colloquy organised by the Secretariat General of the Council of Europe and the Ministry for Foreign Affairs of the Republic of Italy was "Twenty-five years of European Protection of Human Rights – the European Convention on Human Rights 1950–1975". Six topics were discussed by the participants, about 300 specialists on human rights (university professors, judges, etc.) from the 18 Council of Europe Member States and a number of non-European countries. In the afternoon of 5 November there was held in Palazzo Barberini the celebration of the 25th anniversary of the signature of the Convention with the presence of the President of the Republic of Italy and leading personalities of the Republic of Italy and the Council of Europe.

(c) *Contrôle de l'exécution des décisions de la Cour européenne des Droits de l'Homme*

Le Comité d'experts en matière de droits de l'homme a examiné l'application de l'article 54 de la Convention européenne des Droits de l'Homme qui prévoit que l'arrêt de la Cour européenne des Droits de l'Homme est transmis au Comité des Ministres qui en surveille l'exécution. Le Comité d'experts a recommandé au Comité des Ministres l'adoption d'une série de règles relatives à l'application de l'article 54 de la Convention.

(d) *Colloque du Conseil de l'Europe sur "l'accès du public aux informations confiées aux autorités publiques ou en possession de celles-ci"*

Le Comité d'experts en matière de droits de l'homme a entrepris la préparation d'un Colloque du Conseil de l'Europe sur le thème: "L'accès du public aux informations confiées aux autorités publiques ou en possession de celles-ci". Il est envisagé de tenir ce Colloque à Graz (Autriche) en septembre 1976. Organisé éventuellement par le Secrétariat Général du Conseil de l'Europe et la Rechts- und Staatswissenschaftliche Fakultät de l'Université de Graz, ce Colloque aura pour but principal de procéder à un examen comparatif des lois et pratiques dans les Etats membres du Conseil de l'Europe relatives à l'accès du public aux informations confiées aux autorités publiques ou en possession de celles-ci.

4. *Quatrième Colloque International sur la Convention européenne des Droits de l'Homme*

Le Quatrième Colloque International sur la Convention européenne des Droits de l'Homme a eu lieu à Rome, du 5 au 8 novembre 1975. Le thème de ce Colloque, organisé par le Secrétariat Général du Conseil de l'Europe et le Ministère des Affaires Etrangères de la République Italienne, était: "Vingt-cinq ans de protection européenne des Droits de l'Homme – La Convention européenne des Droits de l'Homme, 1950–1975". Six sujets de réflexion et de discussion ont été proposés aux participants, environ 300 spécialistes des droits de l'homme (universitaires, magistrats, etc.) des dix-huit Etats membres du Conseil de l'Europe et d'un certain nombre de pays non européens. Dans l'après-midi du 5 novembre a eu lieu au Palazzo Barberini, la célébration pour le 25e anniversaire de la signature de la Convention, en présence du Président de la République Italienne et des autorités de la République Italienne et du Conseil de l'Europe.

The following reports were presented:

- Political stocktaking
  Rapporteur: Mr. P. H. TEITGEN, Director of the University Centre for Studies of the European Communities, Paris
- Do the rights set forth in the European Convention on Human Rights in 1950 have the same significance in 1975?
  Rapporteur: Mr. M. SØRENSEN, Judge at the Court of Justice of the European Communities, Luxembourg
- To what extent has freedom of expression evolved?
  Rapporteur: Mr. W. PAHR, Director General of the Federal Chancellery of Austria
- To what extent has the right to education evolved?
  Rapporteur: Mr. L. WILDHABER, Professor at the University of Fribourg (Switzerland)
- To what extent have restrictions on the enjoyment of freedoms evolved?
  Rapporteur: Mr. F. JACOBS, Professor of European Law at the University of London
- The effectiveness and efficiency of the guarantees of human rights enshrined in the European Convention on Human Rights
  Rapporteur: Mr. C. ZANGHI, Chairman of the Committee of Experts on Human Rights of the Council of Europe, Professor at the University of Messina

The Conclusions of the Colloquy were presented by Mr. G. BALLADORE PALLIERI, President of the European Court of Human Rights, Professor of International Law at the Catholic University of Milan.

C.

Directorate of Human Rights

Within the Secretariat General of the Council of Europe, the Directorate of Human Rights is responsible for all questions in the field of human rights except for those tasks which are carried out by the Registry of the Court or the Secretariat of the Commission.

Its responsibilities therefore include *inter alia* assisting the Parliamentary Assembly and the Committee of Ministers in dealing with human rights matters and providing the Secretariat of the Committee of Experts on Human Rights and in a more general way promoting human rights (studies, publications, relations with scientific institutes and other organisations, etc.).

The Secretary General of the Council of Europe nominated Mr.

Les rapports suivants ont été présentés:

- Rapport général sur le bilan politique
  Rapporteur: M. P. H. TEITGEN, Directeur du Centre Universitaire d'Etudes des Communautés Européennes, Paris
- Les droits inscrits en 1950 dans la Convention européenne des Droits de l'Homme ont-ils la même signification en 1975?
  Rapporteur: M. M. SØRENSEN, Juge à la Cour de Justice des Communautés Européennes, Luxembourg
- Dans quelle mesure la liberté d'expression a-t-elle subi une évolution?
  Rapporteur: M. W. PAHR, Directeur Général de la Chancellerie Fédérale d'Autriche
- Dans quelle mesure le droit à l'instruction a-t-il subi une évolution?
  Rapporteur: M. L. WILDHABER, Professeur à l'Université de Fribourg (Suisse)
- Dans quelle mesure les restrictions à l'exercice des libertés ont-elles subi une évolution?
  Rapporteur: M. F. JACOBS, Professeur de droit européen à l'Université de Londres
- L'effectivité et l'efficacité de la garantie des droits de l'homme inscrits dans la Convention européenne des Droits de l'Homme
  Rapporteur: M. C. ZANGHI, Président du Comité d'experts en matière de droits de l'homme du Conseil de l'Europe, Professeur à l'Université de Messina

Les Conclusions du Colloque ont été présentées par M. G. BALLADORE-PALLIERI, Président de la Cour européenne des Droits de l'Homme, Professeur de droit international à l'Université Catholique de Milan.

C.

Direction des Droits de l'Homme

Au sein du Secrétariat Général du Conseil de l'Europe, la Direction des Droits de l'Homme est chargée de toutes les questions concernant le domaine des droits de l'homme, à l'exception des tâches qui relèvent du Greffe de la Cour et du Secrétariat de la Commission.

Il lui incombe, entre autres, d'assister l'Assemblée Parlementaire et le Comité des Ministres dans toute question ayant trait aux droits de l'homme, d'assurer le Secrétariat du Comité d'experts en matière de droits de l'homme et, d'une façon générale, de promouvoir les droits de l'homme (études, publications, relations avec des instituts scientifiques et d'autres organisations, etc.).

Le Secrétaire Général du Conseil de l'Europe a nommé M. Roland

Roland MULLER as Head of the Directorate of Human Rights as from 1 December 1975. Mr. Roland Muller is a Doctor of Law and former lawyer and until the present time has carried out the functions of Deputy Director of Legal Affairs at the Council of Europe.

The following were members of the Human Rights Directorate on 31 December 1975:

Head of the Directorate:	Mr. R. MULLER (French)
Principal Administrators:	Mr. G. GUARNERI (Italian)
	Mr. F. VANGEENBERGHE (Belgian)
Administrators:	Miss S. ERCMAN (Turkish)
	Mr. T. BEYGO (Turkish)
Archivist:	Mrs. A. FUCHS (French)
Assistants:	Miss M. MONTI (French)
	Miss S. GRUBER (British)

MULLER à compter du 1er décembre 1975, Chef de la Direction des Droits de l'Homme. M. Roland Muller est docteur en droit, ancien avocat, et il a exercé jusqu'à maintenant les fonctions de Directeur Adjoint des Affaires Juridiques au Conseil de l'Europe.

Le 31 décembre 1975, faisaient partie de la Direction des Droits de l'Homme:

Chef de la Direction:	M.	R. MULLER (français)
Administrateurs Principaux:	M.	G. GUARNERI (italien)
	M.	F. VANGEENBERGHE (belge)
Administrateurs:	Mlle	S. ERCMAN (turque)
	M.	T. BEYGO (turc)
Archiviste:	Mme	A. FUCHS (française)
Assistantes:	Mlle	M. MONTI (française)
	Mlle	S. GRUBER (britannique)

PART TWO

Decisions of the European Commission and Court of Human Rights and the Committee of Ministers

DEUXIEME PARTIE

Décisions de la Commission et de la Cour européennes des Droits de l'Homme et du Comité des Ministres

CHAPTER I

INTER-STATE APPLICATIONS

On 19 September 1974 an application against the Government of Turkey was lodged with the Commission by the Government of Cyprus.

On 21 March 1975 a second application was introduced by the Government of Cyprus.

On 26 May 1975 both applications were declared admissible by the Commission. The text of this decision is reproduced hereafter.

Applications No. 6780/74 and No. 6950/75

CYPRUS *against* TURKEY

Decision of 26 May 1975

The European Commission of Human Rights

. . .

Having regard to Article 24 of the Convention for the Protection of Human Rights and Fundamental Freedoms;

Having regard to the first application, introduced on 19 September 1974 by the Government of Cyprus against the Government of Turkey and registered on the same day under file No. 6780/74, and to the following proceedings concerning this application:

- the order made by the President on 19 September 1974 requesting the Secretary General of the Council of Europe to give notice of the application to the Government of Turkey and to invite the Government to submit before 23 November 1974 their observations in writing on the admissibility of the application;
- the telex communication of 29 September 1975 from the Cyprus Foreign Minister confirming that the application, which had been filled by the Deputy Permanent Representative of Cyprus, had been brought on his instructions;
- the Commission's decision of 1 October 1974 that the applicant Government should be invited to submit further details of the application as soon as possible and, in the meanwhile, to indicate the date by which they would be in a position to provide them;
- the applicant Government's "Particulars of the Application" dated 15 November which were filed on 22 November 1974;
- the respondent Government's observations of 21 November on the admissibility of the application which were filed on 22 November 1974;

CHAPITRE I

REQUETES ETATIQUES

Le 19 septembre 1974, la Commission a été saisie d'une requête étatique émanant du Gouvernement de Chypre et visant le Gouvernement de la Turquie.

Le 21 mars 1975, une deuxième requête introduite par le Gouvernement de Chypre.

Le 26 mai 1975, la Commission a déclaré ces deux requêtes recevables. Le texte de cette décision est reproduit ci-après.

Requêtes No 6780/74 et No 6950/75

CHYPRE *contre* la TURQUIE

Décision du 26 mai 1975

(*Traduction*)

La Commission européenne des Droits de l'Homme,

. . .

Vu l'article 24 de la Convention de Sauvegarde des Droits de l'Homme et des Libertés fondamentales;

Vu la première requête, introduite le 19 septembre 1974 par le Gouvernement de Chypre contre le Gouvernement de la Turquie et enregistrée le même jour sous le N° 6780/74 et la procédure suivie en l'espèce, savoir:

- l'ordonnance, délivrée par le Président le 19 septembre 1974, priant le Secrétaire Général du Conseil de l'Europe de donner connaissance de la requête au Gouvernement turc et d'inviter ledit Gouvernement à soumettre, avant le 23 novembre 1974, ses observations écrites sur la recevabilité de la requête;
- le message-télex du 29 septembre 1974 du Ministre des Affaires Etrangères chypriote confirmant que la requête déposée par le Représentant Permanent adjoint de Chypre avait bien été introduite sur ses instructions;
- la décision de la Commission du 1er octobre 1974 d'inviter le Gouvernement requérant à fournir dès que possible de plus amples détails à propos de la requête et, dans l'intervalle, à indiquer la date à laquelle il serait prêt à les fournir;
- les "détails de la requête" du Gouvernement requérant en date du 15 novembre, enregistrés le 22 novembre 1974;
- les observations du Gouvernement défendeur du 21 novembre sur la recevabilité de la requête, enregistrées le 22 novembre 1974;

- the Commission's decision of 14 December 1974 that the respondent Government should be invited to submit before 25 January 1975 any further observations which they might wish to make on the admissibility of the application and that the applicant Government should be invited to submit their reply by 28 February 1975;
- the respondent Government's further observations of 22 January 1975;
- the applicant Government's reply of 27 February 1975;
- the Commission's decision of 20 March that a hearing of the Parties on the admissibility of the application should be held on 22 and 23 May 1975;
- the respondent Government's request of 29 April 1975 for an adjournment of the hearing;
- the applicant Government's comments of 1 May 1975 on this request;
- the President's decision of 6 May 1975, taken after consultation of the other members of the Commission, that the hearing should be maintained;
- the applicant Government's request of 13 May 1975 for an adjournment of the hearing;
- the respondent Government's comments of 16 May 1975 on this request;
- the President's decision of 16 May that the hearing should be maintained, subject to the Commission's decision at the opening of its Session on 21 May 1975;

Having regard to the second application, announced by letter of 18 March, introduced on 21 March 1975 by the Government of Cyprus against the Government of Turkey and registered on the same day under file No. 6950/75, and to the following proceedings concerning this application:

- the Commission's decision of 21 March requesting the Secretary General to give notice of the application to the Government of Turkey and to invite the Government to submit before 25 April 1975 their written observations on the admissibility of the application;
- the respondent Government's observations of 24 April 1975;
- the President's order of 28 April that the applicant Government should be invited to submit before 17 May 1975 their observations in reply;
- the applicant Government's observations of 10 May 1975;

Having regard to the Commission's decisions of 21 May 1975:

- that the two applications should be joined;
- that the hearing, which had been fixed to open on 22 May 1975, should be maintained and that the Parties should be invited to make oral submissions on the admissibility of both applications;

- la décision de la Commission du 14 décembre 1974 d'inviter le Gouvernement défendeur à soumettre avant le 25 janvier 1975 toute observation complémentaire éventuelle sur la recevabilité de la requête et d'inviter le Gouvernement requérant à donner sa réponse avant le 28 février 1975;
- les observations complémentaires du Gouvernement défendeur en date du 22 janvier 1975;
- la réponse du Gouvernement requérant en date du 27 février 1975;
- la décision de la Commission en date du 20 mars de tenir une audience contradictoire sur la recevabilité de la requête les 22 et 23 mai 1975;
- la demande de report de l'audience présentée par le Gouvernement défendeur le 29 avril 1975;
- les commentaires du Gouvernement requérant du 1er mai 1975 à propos de cette demande;
- la décision du Président en date du 6 mai 1975, prise après consultation des autres membres de la Commission, de maintenir l'audience;
- la demande de report de l'audience présentée par le Gouvernement requérant le 13 mai 1975;
- les commentaires du Gouvernement défendeur du 16 mai 1975 à propos de cette demande;
- la décision du Président en date du 16 mai de maintenir l'audience sous réserve de la décision de la Commission à l'ouverture de sa session le 21 mai 1975;

Vu la deuxième requête, annoncée par lettre du 18 mars, introduite le 21 mars 1975 par le Gouvernement de Chypre contre le Gouvernement turc et enregistrée le même jour sous le N° 6950/75 et la procédure suivie en l'espèce, savoir:

- la décision de la Commission du 21 mars demandant au Secrétaire Général de donner connaissance de la requête au Gouvernement turc et d'inviter celui-ci à présenter avant le 25 avril 1975 ses observations écrites sur la recevabilité de ladite requête;

- les observations du Gouvernement défendeur du 24 avril 1975;
- l'ordonnance du Président en date du 28 avril demandant d'inviter le Gouvernement requérant à présenter avant le 17 mai 1975 la réponse à ces observations;
- les observations du Gouvernement requérant du 10 mai 1975;

Vu les décisions de la Commission en date du 21 mai 1975;
- de joindre les deux requêtes;
- de maintenir l'audience dont l'ouverture avait été fixée au 22 mai 1975 et d'inviter les parties à plaider sur la recevabilité des deux requêtes;

Having regard to:
- the applicant Government's request of 21 May that the hearing, which had been fixed to open in the morning of 22 May 1975, should be adjourned until the afternoon of that day;
- the Commission's decision of 21 May 1975 refusing this request;

Having regard to:
- the respondent Government's request of 22 May 1975 that the hearing should be adjourned until the following day;
- the Commission's decision of 22 May 1975 refusing this request;

Having regard to the oral submissions made by the Parties at the hearing before the Commission on 22 and 23 May 1975 on the admissibility of both applications;[1]

Having deliberated on 23, 24 and 26 May 1975;

Decides as follows:

THE FACTS

I. *The applications*

1. *Application No. 6780/74*

a) *Original submissions*

On 19 September 1974 the applicant Government submitted this application to the Commission in the following terms:

"1. The Republic of Cyprus contends that the Republic of Turkey has committed and continues to commit, in the course of the events outlined hereinafter, both in Cyprus and Turkey, breaches of Articles 1, 2, 3, 4, 5, 6, 8, 13 and 17 of the Convention and Article 1 of the First Protocol and of Article 14 of the Convention in conjunction with all the aforementioned articles.

2. On 20 July 1974 Turkey, without prior declaration of war, has invaded Cyprus and commenced military operations in its territory, by means of land, sea and air forces, and until 30 July 1974 has occupied a sizeable area in the northern part of Cyprus.

3. On 14 August 1974 by further military operations Turkey extended its occupation to about 40% of the territory of the Republic of Cyprus, and continues to remain in occupation of such territory.

4. In the course of the said military operations and occupation, Turkish armed forces have, by way of systematic conduct and

[1] A list of the Parties' representatives at this hearing is given in the Annex to this decision.

Vu:
- la demande, présentée le 21 mai par le Gouvernement requérant, de reporter à l'après-midi du 22 mai 1975 l'audience fixée au matin du même jour;
- la décision de la Commission du 21 mai 1975 de rejeter cette demande;

Vu:
- la demande présentée le 22 mai 1975 par le Gouvernement défendeur de reporter l'audience au lendemain;
- la décision de la Commission du 22 mai 1975 de rejeter cette demande;

Vu les plaidoiries des Parties au cours de l'audience des 22 et 23 mai 1975 devant la Commission sur la recevabilité des deux requêtes;[1]

Après en avoir délibéré les 23, 24 et 26 mai 1975,

Décide ce qui suit:

EN FAIT

I. *Les requêtes*

1. *Requête N° 6780/74*

a) *Argumentation initiale*

Le 19 septembre 1974, le Gouvernement requérant a soumis cette requête à la Commission dans les termes suivants:

"1. La République de Chypre soutient que la République turque n'a cessé de violer au cours des événements évoqués ci-après, en Turquie comme à Chypre, les articles 1, 2, 3, 4, 5, 6, 8, 13 et 17 de la Convention, l'article 1 du premier Protocole additionnel ainsi que l'article 14 de la Convention combiné avec les articles précités.

2. Le 20 juillet 1974, la Turquie a, sans déclaration de guerre, envahi Chypre et entrepris des opérations militaires sur son territoire au moyen de forces terrestres, maritimes et aériennes; elle a fini par occuper, à la date du 30 juillet 1974, une partie importante du nord de l'île.

3. Le 14 août 1974, par de nouvelles opérations militaires, la Turquie a étendu son occupation à 40% environ du territoire de la République de Chypre. Elle continue de l'occuper.

4. Au cours de ces opérations et de cette occupation militaires, les forces armées turques ont, d'une façon systématique et selon une

[1] La liste des Représentants des parties à l'audience figure en annexe à la présente décision.

adopted practice, caused deprivation of life, including indiscriminate killing of civilians, have subjected persons of both sexes and all ages to torture, inhuman and degrading treatment and punishment, including commission of rapes and detention under inhuman conditions, have arrested and are detaining in Cyprus and Turkey hundreds of persons arbitrarily and with no lawful authority, are subjecting the said persons to forced labour under conditions amounting to slavery or servitude, have caused through the aforesaid detention, as well as by deplacement of thousands of persons from their places of residence and refusal to all of them to return thereto, separations of families and other interferences with private life, have caused destruction of property and obstruction of free enjoyment of property, and all the above acts have been directed against Greek Cypriots only, due, *inter alia*, to their national origin, race and religion.

5. Full details will be available in due course. ..."

b) *Further submissions*

The applicant Government gave further particulars of the above allegations in their written submission of 15 November 1974 (entitled: "Particulars of the Application") and at the oral hearing before the Commission on 22 and 23 May 1975.

2. *Application No. 6950/75*

a) *Original submissions*

On 21 March 1975 the applicant Government submitted this application to the Commission in the following terms:

"1. The Republic of Cyprus contends that the Republic of Turkey has committed and continues to commit, since 19 September 1974 when Application No. 6780/74 was filed, in the areas occupied by the Turkish army in Cyprus, under the actual and exclusive authority and control of Turkey (as per paras. 12, 18 and 19 of the Particulars of Application No. 6780/74 pending before the Commission of Human Rights) breaches of Articles 1, 2, 3, 4, 5, 6, 8, 13 and 17 of the Convention and Article 1 of the First Protocol and of Article 14 of the Convention in conjunction with all the aforementioned articles.

2. Turkey, since 19 September 1974, continues us to occupy 40% of the terriotry of the Republic of Cyprus, seized as described in the Particulars of the said Application ....

3. In the said Turkish occupied areas the following atrocities and crimes were committed by way of systematic conduct by Turkey's state organs in flagrant violation of the obligations of Turkey under the European Convention on Human Rights during the period from 19 September 1974 until the filing of the present application:

(*a*) Murders in cold blood of civilians including women and old men.

politique bien arrêtée, massacré sans discrimination civils et militaires, soumis des personnes des deux sexes et de tous âges à la torture et à des peines et traitements inhumains et dégradants – notamment viols et détentions dans des conditions inhumaines – et procédé à des arrestations; elles retiennent encore arbitrairement prisonnières à Chypre et en Turquie des centaines de personnes qu'elles astreignent aux travaux forcés dans des conditions comparables à l'esclavage ou à la servitude; en déplaçant des milliers de personnes et en refusant à l'ensemble des Chypriotes grecs de rentrer chez eux, elles ont séparé des familles et porté atteinte à la vie privée; elles ont détruit des biens matériels ou empêche leurs détenteurs d'en jouir librement; tous ces actes ont été dirigés uniquement contre les Chypriotes grecs en raison, notamment, de leur origine, de leur race et de leur religion.

5. Tous les détails seront communiqués le moment venu ..."

b) *Autres argumentations*

Le Gouvernement requérant a apporté de nouvelles précisions dans son argumentation présentée par écrit le 15 novembre 1974 (intitulée: "Détails de la requête") et oralement devant la Commission les 22 et 23 mai 1975.

2. *Requête N° 6950/75*

a) *Argumentation initiale*

Le 21 mars 1975, le Gouvernement requérant a soumis cette requête à la Commission dans les termes suivants:

"1. La République de Chypre soutient que la République turque viole continuellement, depuis le 19 septembre 1974, date de l'enregistrement de la requête N° 6780/74, dans la zone occupée à Chypre par son armée et soumise de fait à sa seule autorité (cf. §§12, 18 et 19 des Détails de la requête N° 6780/74 en instance devant la Commission des Droits de l'Homme) les articles 1, 2, 3, 4, 5, 6, 8, 13 et 17 de la Convention, l'article 1 du Protocole additionnel ainsi que l'article 14 de la Convention combiné avec les articles précités.

2. Depuis le 19 septembre 1974, la Turquie occupe 40% du territoire de la République de Chypre. Les Détails de ladite requête exposent les conditions de cette occupation.

3. Dans la zone occupée par les Turcs, les atrocités et les crimes suivants dus à une conduite systématique des pouvoirs publics turcs, en violation flagrante des obligations qu'impose à la Turquie la Convention européenne des Droits de l'Homme, ont été commis entre le 19 septembre 1974 et la date d'enregistrement de la présente requête:
(*a*) Meurtres de civils, y compris femmes et vieillards commis de sang

Also about 3,000 persons (many of them civilians), who were in the Turkish occupied areas, are still missing and it is feared that they were murdered by the Turkish army.

(*b*) Wholesale and repeated rapes. Even women of ages up to 80 were savagely raped by members of the Turkish forces. In some areas forced prostitution of Greek Cypriot girls continues to be practised. Many women who remained in the Turkish occupied areas became pregnant as a result of the rapes committed by the Turkish troops.

(*c*) Forcible eviction from homes and land. The Greek Cypriots who were forcibly expelled by the Turkish army from thier homes (about 200,000), as per para. 20 (c) of (the Particulars of) Application No. 6780/74, are still being prevented by the Turkish army to return to their homes in the Turkish occupied areas and are refugees in their own country living in open camps under inhuman conditions. Moreover, the Turkish military authorities continue to expel forcibly from their homes the remaining Greek Cypriot inhabitants in the Turkish occupied areas most of whom are forcibly transferred to concentration camps. They are not even allowed to take with them their basic belongings. Their homes and properties have been distributed amongst the Turkish Cypriots who were shifted from the southern part of Cyprus into the Turkish occupied areas as well as amongst many Turks who were illegally brought from Turkey in an attempt to change the demographic pattern in the Island.

(*d*) Looting by members of the Turkish army of houses and business premises belonging to Greek Cypriots continues to be extensively practised.

(*e*) Robbery of the agriculture produce and livestock, housing units, stocks in stores, in factories and shops owned by Greek Cypriots and of jewellery and other valuables found on Greek Cypriots arrested by the Turkish army continues uninterrupted. The agricultural produce belonging to Greek Cypriots continues to be collected and exported directly or indirectly to markets in several European countries. Nothing belonging to the Greek Cypriots in the Turkish occupied areas has been returned and no compensation was paid or offered in respect thereof.

(*f*) The seizure, appropriation, exploitation and distribution of land, houses, enterprises and industries belonging to Greek Cypriots, as described in para. 20 (f) of the Particulars of Application No. 6780/74 continues.

(*g*) Thousands of Greek Cypriot civilians of all ages and both sexes are arbitrarily detained by the Turkish military authorities in the Turkish occupied areas under miserable conditions. For this froid. Quelque 3.000 personnes (pour la plupart des civils) qui se trouvaient dans la zone occupée par les Turcs sont toujours portées disparues; on craint qu'elles n'aient été massacrées par l'armée turque;

(*b*) Viols en série. Même des femmes de 80 ans ont été sauvagement violées par des soldats de l'armée turque. Dans certaines régions, la prostitution forcée de jeunes filles chypriotes grecques est encore pratiquée. De nombreuses femmes restées dans la zone occupée se sont trouvées enceintes après les viols commis par les soldats turcs;

(*c*) Expulsion de quelque 200.000 Chypriotes grecs de leurs terres et de leurs maisons par l'armée turque (cf. § 20 (c) des Détails de la requête N° 6780/74). L'armée turque les empêche toujours de revenir dans la zone occupée. Devenus des réfugiés dans leur propre pays, ils vivent en camps dans des conditions inhumaines. En outre, les autorités militaires turques continuent à expulser les Chypriotes grecs qui vivent encore dans la zone occupée en enfermant la plupart d'entre eux dans des camps de concentration. Ils ne sont même pas autorisés à emporter leurs affaires personnelles de première nécessité. Leurs maisons et leurs biens ont été distribués aux Chypriotes turcs venus du sud de l'île dans la zone occupée ainsi qu'aux nombreux Turcs amenés illégalement de Turquie pour tenter de modifier la structure de la population de Chypre;

(*d*) Les soldats turcs pillent toujours autant les maisons et les bâtiments commerciaux appartenant aux Chypriotes grecs;

(*e*) Les vols de produits agricoles et de bétail, les appropriations de maisons, le pillage des grands magasins, des usines et des boutiques appartenant aux Chypriotes grecs ainsi que les vols de bijoux et autres objets de valeur trouvés sur eux lors de leur arrestation par l'armée turque continuent. Les produits agricoles appartenant aux Chypriotes grecs continuent d'être récoltés et exportés directement ou indirectement vers plusieurs pays d'Europe. Les Chypriotes grecs résidant dans la zone occupée par les Turcs n'ont recouvré aucun de leurs biens et aucune indemnité ne leur a été versée;

(*f*) Saisie, appropriation, exploitation et distribution de la terre, des maisons, des entreprises et des usines appartenant aux Chypriotes grecs (cf. § 20 (f) des Détails de la requête N° 6780/74) se poursuivent;

(*g*) Des milliers de civils Chypriotes grecs de tous âges et des deux sexes sont détenues arbitrairement dans d'affreuses conditions par les autorités militaires turques dans la zone occupée. De purpose additional concentration camps were established. The report mentioned in ... the observations of the Cyprus Government on the admissibility of Application No. 6780/74 describes the conditions of some cases of such detention. The situation of most of the detainees is desperate.

(*h*) Greek Cypriot detainees and inhabitants in the Turkish occupied areas, including children, women and elderly people continue to be the victims of systematic tortures and of other inhuman and degrading treatment, e.g. wounding, beating, electric shocks, lack of food and medical treatment, etc.

(*i*) Forced labour. A great number of persons detained by the Turkish army, including women, were and still are made during their detention, to perform forced and compulsory labour.

(*j*) Wanton destruction of properties belonging to Greek Cypriots including religious items found in the Greek Orthodox Churches.

(*k*) Forced expatriation of a number of Greek Cypriots living in the Turkish occupied areas, to Turkey.

(*l*) Separation of families. Many families are still separated as a result of some of the crimes described above such as detention and forcible eviction.

4. All the above atrocities were entirely unconnected with any military operations. They were all committed at a time when no military operations or any fighting whatsoever was taking place.

5. The aforementioned atrocities and criminal acts were directed against Greek Cypriots because of their ethnic origin, race and religion. The object was to destroy and eradicate the Greek population of the Turkish occupied areas so as to move therein Turks, thus creating by artificial means a Turkish populated area in furtherance of Turkey's policy for the formation of the so-called 'Turkish Cypriot Federated State'. In pursuance of this policy, the members of the Turkish army who took part in the invasion (about 40,000) and their families have been recently declared as subjects of the illegally and unilaterally proclaimed 'Turkish Cypriot Federated State', i.e. the Turkish occupied areas of Cyprus, with the official blessing of Turkey and have occupied the properties belonging to the Greek Cypriots.

6. No remedy in the Turkish Courts was under the circumstances likely to be effective and adequate for the atrocities and crimes in question. In any case all the above atrocities and crimes were committed under such circumstances which excuse the failure to resort to any domestic remedy for the purposes of Article 26 of the Convention.

7. The situation resulting from Turkey's occupation of the areas in question affected also the rights and freedoms of the Turkish Cypriots in those areas including those who, in furtherance of Tur-

nouveaux camps de concentration ont été ouverts à cette fin. Le rapport mentionné dans ... les observations du Gouvernement de Chypre sur la recevabilité de la requête N° 6780/74 décrit les conditions de cette détention pour certains prisonniers. La situation de la plupart d'entre eux est désespérée;

(*h*) Les détenus et les habitants Chypriotes grecs de la zone occupée, y compris les enfants, les femmes et les vieillards, sont toujours l'objet de tortures systématiques et d'autres traitements inhumains et dégradants comme les sévices corporels, les électrochocs, les privations de nourriture et de soins médicaux, etc.;

(*i*) Travaux forcés. De nombreuses personnes prisonnières de l'armée turque, y compris des femmes, ont été et continuent d'être astreintes à un travail forcé ou obligatoire pendant leur détention;

(*j*) Destruction délibérée de biens appartenant aux Chypriotes grecs, y compris d'objets du culte se trouvant dans les églises orthodoxes grecques;

(*k*) Déportation en Turquie de nombreux Chypriotes grecs habitant dans la zone occupée par les Turcs;

(*l*) Séparation des familles. De nombreuses familles sont encore dispersées à la suite des arrestations et des expulsions dont il est question plus haut.

4. Les atrocités citées sont absolument indépendantes des opérations militaires. Elles ont toutes été commises à un moment où aucune opération militaire ou autre combat n'était engagé.

5. Ces atrocités et ces crimes ont été dirigés contre les Chypriotes grecs en raison de leur origine ethnique, de leur race et de leur religion. L'objectif était d'exterminer la population grecque des territoires occupés afin d'y installer des Turcs et de créer ainsi, artificiellement, un territoire de population turque pour faire progresser la politique de création d'un "Etat fédéré chypriote turc." C'est dans le cadre de cette politique que les membres de l'armée turque qui ont pris part à l'invasion (40.000 environ) et leurs familles ont été récemment déclarés citoyens de "l'Etat fédéré chypriote turc" proclamé illégalement et unilatéralement – et qui n'est autre que l'ensemble des territoires chypriotes occupés – avec la bénédiction officielle de la Turquie et se sont emparés des biens des Chypriotes grecs.

6. Dans de telles circonstances, aucun recours devant les tribunaux turcs ne pouvait être efficace et approprié en ce qui concerne les crimes et atrocités allégués. En tout état de cause, ces crimes et atrocités ont été commis dans des circonstances qui relèvent les victimes de l'obligation d'épuiser les voies de recours internes au sens de l'article 26 de la Convention.

7. L'occupation turque des régions en question a également porté atteinte aux droits et libertés des Chypriotes turcs qui y vivaient, y compris de ceux que, pour servir les objectifs politiques de la Tur-

key's political aims, were shifted thereto from the southern part of Cyprus where they have their homes and properties.

8. All the above atrocities and criminal acts can be proved by evidence including evidence of eye witnesses. Other sources of evidence as to the above matters are international organisations like the United Nations and the International Red Cross.

9. Further particulars of the above violations of human rights, including statements by witnesses, will be made available as soon as possible.

10. It should be mentioned that it was not possible until now to ascertain in full the magnitude of the savage crimes perpetrated by Turkey in the Turkish controlled areas as these areas are still sealed off and the Turkish military authorities do not allow free access to them even by UNFICYP and humanitarian organisations.

b) *Further submissions*

The applicant Government gave further particulars of the above allegations at the oral hearing before the Commission on 22 and 23 May 1975.

II. *Submissions of the Parties as to the admissibility of the applications*

1. *The respondent Government's written observations*

a) In their observations of *21 November 1974* on the admissibility of the first application (No. 6780/74) the respondent Government maintained that this application was inadmissible on the following grounds: non-existence of a properly constituted representation of the Republic of Cyprus; failure to exhaust domestic remedies; lack of Commission's jurisdiction *ratione loci;* and abusive nature of the application. They submitted in particular:

1. The applicant Government were not the Government of Cyprus, but only the leaders of the Greek Cypriot community, and therefore not entitled to represent the State of Cyprus before the Commission. This State was established by the Zurich and London Agreements of 1959, which provided for its joint administration by the Greek and Turkish communities; the Constitution of Cyprus of 1960 also took account of the bi-communal nature of the Republic, and Article 1 of the Treaty of Guarantee of 1960 obliged the Republic to respect the Constitution.

The leaders of the Greek Cypriot community attempted since 1963 by attacks directed against the Turkish community to put an end to the bi-communal nature of the State and set up a *de facto* authority quie, on a fait venir du sud de l'île où ils avaient leur maison et leurs biens.

8. Tous les crimes et atrocités cités peuvent être prouvés, notamment par les dépositions de témoins oculaires. On peut également recueillir le témoignage d'organisations internationales comme les Nations Unies et la Croix Rouge internationale.

9. D'autres précisions sur ces violations des droits de l'homme, y compris des déclarations de témoins, seront communiquées dès que possible.

10. A noter qu'il n'a pas encore été possible de connaître avec exactitude l'ampleur des atrocités commises par les Turcs dans les régions occupées; en effet, celles-ci sont encore fermées, les autorités militaires turques en interdisant l'accès, même à l'UNFICYP et aux organisations humanitaires ..."

b) *Argumentation complémentaire*

Le Gouvernement requérant a précisé les allégations ci-dessus au cours de l'audience contradictoire devant la Commission les 22 et 23 mai 1975.

II. *Argumentation des parties quant à la recevabilité des requêtes*

1. *Observations écrites du Gouvernement défendeur*

a) Dans ses observations en date du 21 novembre 1974 sur la recevabilité de la première requête (N° 6780/74) le Gouvernement défendeur a soutenu que celle-ci était irrecevable pour les motifs suivants: défaut d'existence d'une représentation dûment établie de la République de Chypre; non-épuisement des voies de recours internes; absence de compétence *ratione loci* de la Commission; caractère abusif de la requête introduite. Il a notamment déclaré ce qui suit:

1. Le Gouvernement requérant n'était pas le Gouvernement de Chypre, mais simplement l'ensemble des responsables de la communauté chypriote grecque et n'était donc pas compétent pour représenter l'État chypriote devant la Commission. Cet Etat a été fondé par les accords de Zurich et de Londres signés en 1959. Le principe essentiel à l'origine de ces accords était son administration en commun par les communautés turque et grecque de l'île. La Constitution de la République de Chypre, mise en vigueur en 1960, a été rédigée en tenant compte du caractère bicommunautaire de la République. L'article 1er du Traité de Garantie signé en 1960 stipule que la République de Chypre s'engage à respecter la Constitution.

Les dirigeants de la communauté chypriote grecque, par des attaques dirigées contre la communauté turque, ont tenté depuis 1963 de supprimer le caractère bicommunautaire de l'Etat et ont établi in certain parts of the island. In order to secure its continued existence the Turkish community was forced to withdraw into a number of scattered enclaves where it also set up a *de facto* authority. The existence in practice in the Republic of Cyprus of two autonomous administrations, that of the Greek Cypriot community and that of the Turkish Cypriot community, had been recognised both by the three guaranteeing powers (Greece, United Kingdom and Turkey) in the Geneva Declaration of 30 July 1974 and by the General Assembly of the United Nations in its Resolution 3212 (XXIX) of 1 November 1974. The mission of the United Nations force in Cyprus since 1964 and the negotiations held since 1968 between the two *de facto* administrations also proved this fact.

The respondent Government concluded: the leaders of the Greek Cypriot community who had taken the administration of the State into their hands in violation of the international agreements which established the Republic of Cyprus and of the Cyprus Constitution which was part of those agreements were not entitled to represent this State: neither of the two autonomous Cypriot administrations (Turkish and Greek) was by itself entitled to do so. Moreover, under international law an administration which had illegally seized control of the government machinery but had only succeeded in extending its authority over a part of the territory and a part of the population was not entitled to represent the State concerned.

The respondent Government further contended that the applicant Government acted unconstitutionally in bringing the application: in the absence of a Council of Ministers composed of seven Greek and three Turkish Ministers appointed by the President and Vice-President of the Republic respectively, in accordance with Article 46 and 57 (c) of the Constitution of Cyprus, the decision to seize the Commission was not taken by the organ competent under Article 54 of the Constitution. Moreover, this decision was not approved by the Vice President, as required by Articles 54, 57 and 50 of the Constitution (in this respect the respondent Government referred to two letters of 24 September and 30 October 1974 from the Vice-President to the Commission which were transmitted by the Permanent Representative of Turkey). Lastly, the agents who lodged the application were not appointed in accordance with the Constitution: with regard to the person who signed the application, his appointment as Deputy Permanent Representative had not been submitted to the Vice-President for approval under Article 50, and the person who, as "Minister of Foreign Affairs", confirmed the application had not been appointed Minister in accordance with Article 47.

dans certaines régions de l'île une autorité de fait. La communauté chypriote turque s'est trouvée dans l'obligation de se retirer dans des enclaves éparpillées dans les différentes régions de l'île et d'y établir également une autorité de fait afin de sauvegarder son existence. L'existence *de facto* de deux administrations autonomes dans la Republique de Chypre, celle de la communauté chypriote grecque et celle de la communauté chypriote turque a été explicitement reconnue par les trois Etats garants (Grèce, Royaume-Uni et Turquie) dans la Déclaration de Genève du 30 juillet 1974 et par l'Assemblée Générale des Nations Unies dans sa Résolution 3212 (XXIX) du 1er novembre 1974. La mission des forces des Nations Unies à Chypre depuis 1964, ainsi que les négociations menées depuis 1968 entre les deux administrations de fait, confirment cet état de choses.

Le Gouvernement défendeur conclut: les dirigeants de la communauté chypriote grecque qui se sont emparés de l'administration de l'Etat en violant le système institué par les accords internationaux qui ont donné naisance à la République de Chypre, ainsi que la Constitution de la République qui fait partie de ces accords ne peuvent aucunement représenter la République de Chypre. Aucune des deux administrations chypriotes autonomes (turque et grecque) n'est compétente pour représenter à celle seule la République de Chypre. En outre, d'après la règle bien établie du droit international, une administration qui s'est emparée – en violation du droit – des organes légitimes de l'Etat et qui n'a pu établir son autorité que sur une partie du territoire et sur une partie de la population n'a pas compétence pour représenter ledit Etat.

Le Gouvernement défendeur a en outre allégué que le Gouvernement requérant avait agi anticonstitutionnellement en introduisant la requête: en l'absence d'un Conseil des Ministres composé de sept ministres grecs et de trois ministre turcs nommés par le Président et le Vice-Président de la République, conformément aux articles 46 et 57 (c) de la Constitution de Chypre, la décision de saisir la Commission européenne des Droits de l'Homme n'a pas été adoptée par l'organe compétent au sens de l'article 54 de ladite Constitution. D'autre part, la décision n'a pas été approuvée par le Vice-Président comme l'exigent les articles 54, 57 et 50 de la Constitution (le Gouvernement défendeur s'est référé à cet égard à deux lettres en date du 24 septembre et du 39 octobre 1974 adressées à la Commission par le Vice-Président et transmises par le Représentant Permanent de la Turquie. Enfin, les agents qui ont introduit cette requête n'avaient pas été désignés conformément à la Constitution; quant au signataire de la requête, sa nomination en qualité de Représentant Permanent adjoint n'avait pas été soumise à l'approbation du Vice-Président comme le stipule l'article 50 et le soi-disant Ministre des Affaires Etrangères, qui a confirmé la requête, n'avait pas été nommé à cette fonction conformément aux dispositions de l'article 47 de la Constitution.

2. The respondent Government further maintained that the application was inadmissible under Articles 26 and 27 (3) of the Convention for non-exhaustion of domestic remedies. The Convention constituted an integral part of Turkish law and, under Article 114 of the Constitution, an appeal lay to a court against every act or decision of the administration. However, the respondent Government had no knowledge of any action brought before the Turkish courts in this matter and the applicant Government had failed to comply with Rule 38 (2) of the Commission's Rules of Procedure which states that the applicant shall "provide information enabling it to be shown that the conditions laid down in Article 26 of the Convention have been satisfied".

3. The respondent Government further referred to Articles 1, 19 and 63 of the Convention and argued that the Commission had no jurisdiction *ratione loci* to examine the application as Cyprus did not fall under Turkish jurisdiction. Turkey had not extended her jurisdiction to the island of Cyprus since she had neither annexed a part of the island nor established a military or civil government there. The administration of the Turkish Cypriot community had absolute jurisdiction over part of the island. Moreover, Turkey could not be held liable under Article 63 of the Convention since she was not responsible for the international relations of either the whole or a part of Cyprus.

4. The respondent Government finally referred to the Commission's decision on the admissibility of certain new allegations in the first Greek Case (Yearbook of the European Convention on Human Rights, Vol. VIII, pp. 158–169) and submitted that the present application constituted an abuse of the procedure provided for by the Convention: it was unsubstantiated and contained accusations of a political nature, such as references to the "invasion" and "occupation" of Cyprus by Turkey, which had nothing to do with the purpose of the Convention and could only be intended to foster a campaign of political propaganda against Turkey.

b) In their further observations of *22 January 1975* on the admissibility of the first application the respondent Government maintained the position adopted in their above observations of 21 November 1974.

c) In their observations of *24 April 1975* on the admissibility of the second application (No. 6950/75) the respondent Government submitted that the grounds for inadmissibility set out in their ob-

2. Le Gouvernement défendeur a également soutenu que la requête était irrecevable au regard des articles 26 et 27 (3) de la Convention pour non-épuisement des voies de recours internes; la Convention européenne des Droits de l'Homme fait partie intégrante de la législation turque. L'article 114 de la Constitution stipule que les voies de recours juridictionnelles sont ouvertes contre tout fait et acte de l'administration. Or, le Gouvernement défendeur n'a eu connaissance d'aucune action engagée en la matière devant les tribunaux turcs et le Gouvernement requérant ne s'est pas conformé à l'article 38 (2) du Règlement intérieur de la Commission qui stipule que le requérant doit "fournir les éléments permettant d'établir que les conditions de l'article 26 de la Convention se trouvent remplies".

3. Invoquant ensuite les articles 1, 19 et 63 de la Convention, le Gouvernement défendeur a déclaré que la Commission européenne des Droits de l'Homme n'avait pas compétence *ratione loci* pour examiner la requête introduite contre la Turquie. En effet, l'île de Chypre ne relève pas de la juridiction de la République de Turquie. La Turquie n'a pas étendu sa juridiction à l'île de Chypre, car elle n'a ni annexé une partie de l'île, ni établi un gouvernement militaire ou civil dans une partie de celle-ci. C'est l'administration de la communauté chypriote turque qui exerce une juridiction absolue dans une partie de l'île. D'autre part, il n'est pas possible d'attribuer au Gouvernement turc une responsabilité quelconque en vertu de l'article 63 de la Convention, étant donné que la Turquie n'assure pas les relations internationales de la totalité ou d'une partie de l'île de Chypre.

4. Enfin, le Gouvernement défendeur s'est référé à la décision de la Commission sur la recevabilité de nouvelles allégations dans la première affaire grecque (Annuaire de la Convention européenne des Droits de l'Homme, volume VIII, pp. 158 à 169) en déclarant que la présente requête constitue un abus de la procédure prévue par la Convention: elle n'est pas fondée et contient des accusations de caractère politique, telles que "l'occupation" et "l'invasion" de Chypre par la Turquie, qui n'ont rien à voir avec l'objet de la Convention européenne des Droits de l'Homme. Les accusations de cette nature ne peuvent être destinées qu'à alimenter une campagne de propagande politique contre la Turquie.

b) Dans ses observations complémentaires du *22 janvier 1975* sur la recevabilité de la première requête, le Gouvernement défendeur a maintenu la position adoptée dans ses observations du 21 novembre 1974.

c) Dans ses observations du *24 avril 1975* sur la recevabilité de la deuxième requête (N° 6950/75), le Gouvernement défendeur a déclaré que les motifs d'irrecevabilité invoqués dans ses observations du servations of 21 November 1974 with regard to the first application applied also to the second. They requested the Commission to order the joinder of the two applications under Rule 29 and to declare them inadmissible on the above grounds, in particular on that of the non-existence of a properly constituted representation of the Republic of Cyprus.

2. *The applicant Government's written observations*

a) In their observations of *27 February 1975* on the admissibility of the first application (No. 6780/74) the applicant Government contested the four grounds of inadmissibility, advanced in the respondent Government's observations of 21 November 1974, and submitted in particular:

1. The objection that there existed no properly constituted representation of the Republic of Cyprus had been raised by Turkey in various international forums, including the United Nations, and been consistently rejected. The applicant Government, recognised as the lawful Government of the Republic by the overwhelming majority of its people, had always been so recognised in international relations. Thus, during the 29th Session of the United Nations General Assembly which adopted Resolution 3212 (XXIX) referred to in the respondent Government's observations, Cyprus was represented through the applicant Government and the credentials of this Government's representation were accepted as in the past, all efforts by Turkey to dispute them having failed, and the Minister of Foreign Affairs who signed those credentials was the one who authorised the filing of the present application to the Commission; furthermore, the resolution of the Security Council concerning the United Nations Peace-Keeping Force in Cyprus expressly noted the consent of "the Government of Cyprus", i.e. the applicant Government in the present proceedings. The Committee of Ministers of the Council of Europe had also always recognised the applicant Government as the lawful Government of Cyprus and its appointed representatives as duly representing this Republic; the applicant Government's Minister of Foreign Affairs, who authorised the filing of the present application, acted as Chairman at the Committee's meeting in November 1974, in spite of Turkey's objection.

The applicant Government further submitted that the constitutional irregularities alleged by the respondent Government did not in the circumstances affect the applicant Government's capacity, to represent the Republic of Cyprus internationally. In any event, where an application under Article 24 of the Convention had been referred to the Commission by the Secretary General of the Council

21 novembre 1974 à propos de la première requête s'appliquaient également à la deuxième. Il a demandé à la Commission d'ordonner la jonction des deux requêtes en vertu de l'article 29 et de les déclarer irrecevables pour les motifs précités, en particulier en raison du défaut d'existence d'une représentation dûment établie de la République de Chypre.

2. *Observations écrites du Gouvernement requérant*

a) Dans ses observations du *27 février 1975* sur la recevabilité de la première requête (N° 6780/74), le Gouvernement requérant a contesté les quatre motifs d'irrecevabilité invoqués dans les observations du Gouvernement défendeur en date du 21 novembre 1974 en déclarant en particulier ce qui suit:

1. La Turquie, dans de nombreuses instances internationales, notamment aux Nations Unies, a contesté qu'il y eût une représentation dûment établie de la République de Chypre, mais cette objection a été constamment rejetée. Le Gouvernement requérant, reconnu comme gouvernement légal de la République de Chypre par l'écrasante majorité de la population, n'a cessé d'être reconnu comme tel dans les relations internationales. C'est pourquoi, au cours de la 29ème session de l'Assemblée générale des Nations Unies qui a adopté la Résolution 3212 (XXIX), évoquée dans les observations du Gouvernement défendeur, Chypre était représentée par le Gouvernement requérant et les lettres de créance de ses représentants ont été acceptées comme par le passé; tous les efforts déployés par la Turquie pour les contester ont échoué et le Ministre des Affaires Etrangères qui a signé ces lettres de créances est celui-là même qui a autorisé l'enregistrement de la présente requête devant la Commission; en outre, la résolution du Conseil de sécurité concernant les casques bleus des Nations Unies à Chypre note expressément le consentement du "Gouvernement de Chypre", c'est-à-dire du Gouvernement requérant dans la présente affaire. Le Comité des Ministres du Conseil de l'Europe, lui aussi, a toujours reconnu le Gouvernement requérant comme Gouvernement légitime de Chypre et ses représentants comme représentants légitimes de cette république; le Ministre des Affaires Etrangères du Gouvernement requérant qui a autorisé l'enregistrement de ladite requête, a présidé la réunion du Comité des Ministres de novembre 1974 malgré l'objection de la Turquie.

Le Gouvernement requérant a également soutenu que les irrégularités constitutionnelles alléguées par le Gouvernement défendeur n'affectaient en rien, dans les circonstances actuelles, la capacité du Gouvernement requérant de représenter la République de Chypre dans les relations internationales. En toute hypothèse, lorsqu'une requête est, en vertu de l'article 24 de la Convention, déférée à la Commission par le Secrétaire Général du Conseil de l'Europe, la of Europe, the Commission had no competence to examine the status of the Government bringing this application.

Without prejudice to the above arguments the applicant Government further contended that they were in all respects a lawful Government. The State of Cyprus was established in 1960 and the Constitution continued to function until 21 December 1963 in spite of obstruction by the Turkish Cypriots. The troubles which broke out on that day, following a mere proposal by the President to amend the Constitution, amounted to an armed anti-state action on the part of the Turkish Cypriots who refused to co-operate in the Government; instead, they pursued a policy of partition, first by withdrawing into a number of enclaves over which the Government were prevented to exercise their powers (4.86% of the territory of the Republic) and, following the Turkish invasion, by the formation of a "Turkish Federated State" in Cyprus. This was in line with the expansionist policy pursued by Turkey both before and after the establishment of the Republic of Cyprus, as borne out by various statements of members of the Turkish Government.

In view of the persistent non-participation of the Turkish Cypriots in the Government of the State, the remaining (Greek Cypriot) members of the Government in accordance with the principle "*Salus populi est suprema lex*", deviated from the strict letter of the Constitution in order to keep the essential services of the State in operation. The law of necessity thus applied was in 1964 recognised by the Supreme Court of Cyprus (in the case of the Attorney General of the Republic v. M. Ibrahim and others) as forming part of the Constitution. The Turkish Cypriot judges, who had resumed their functions in 1964 and stayed in office until 1966, followed the Supreme Court's judgment in their own decisions and thereby recognised the lawful existence and functioning of the Government.

The leaders of the coup of 15 July 1974 were not supported by the people of Cyprus nor recognised by any other country, including Turkey. The coup failed and the present Government continued to exercise their functions, recognised internationally and supported by the overwhelming majority of the people. The invasion, and occupation of a part of the territory by Turkey did not, under international law, affect the lawfulness of the Government.

The respondent Government's reference to Mr. Denktash's disapproval of the present proceedings, and of the nomination of the Republic's representatives, constituted a contradiction in terms because, on the one hand, they disputed the existence of a Government of Cyprus and, on the other hand, they invoked constitutional right of the Vice-President of such Government. In any case, Mr. Denktash abstained from exercising his functions in the Government.

Commission n'a pas compétence pour examiner le statut juridique du gouvernement qui introduit cette requête.

Sans préjudice des arguments précités, le Gouvernement requérant a soutenu en outre qu'il était à tous égards un gouvernement légitime. L'Etat de Chypre a été fondé en 1960 et la Constitution a fonctionné jusqu'au 21 décembre 1963 malgré l'obstruction des Chypriotes turcs. Les troubles qui ont éclaté ce jour-là, à la suite d'une simple proposition du Président d'amender la Constitution, représentaient en fait une action armée menée contre l'Etat par les Chypriotes turcs qui refusaient de participer au gouvernement et qui ont au contraire pratiqué une politique de partition en se retirant dans des enclaves sur lesquelles le gouvernement ne pouvait exercer son autorité (4,86% du territoire de la République) et en constituant, à la suite de l'invasion turque, un "Etat fédéré turc", ce qui s'inscrivait dans la politique expansionniste pratiquée par la Turquie avant et après la création de la République de Chypre ainsi qu'il ressort de diverses déclarations de membres du Gouvernement turc.

Le refus persistant des Chypriotes turcs de participer aux affaires de l'Etat ont amené les membres chypriotes grecs du gouvernement, en vertu du principe "*Salus populi est suprema lex*" à s'écarter de la lettre de la Constitution pour assurer les services essentiels. Le principe de nécessité appliqué en la matière a été reconnu en 1964 par la Cour suprême de Chypre (dans l'affaire du Procureur général contre M. Ibrahim et autres) comme partie intégrante de la Constitution. Les juges chypriotes turcs, qui ont repris leurs fonctions en 1964 et continué à les exercer jusqu'en 1966, ont suivi le jugement de la Cour suprême dans leurs propres décisions, reconnaissant par là la légitimité de l'existence et de l'activité du Gouvernement.

Les responsables du coup d'état du 15 juillet 1974 n'ont pas été soutenus par les habitants de Chypre ni reconnus par un autre pays, même la Turquie. Le coup d'état a été un échec et le gouvernement actuel, reconnu dans les relations internationales et soutenu par l'écrasante majorité de la population, continue d'exercer ses fonctions. L'invasion et l'occupation d'une partie du territoire par la Turquie ne portent pas atteinte, en droit international, à la légalité du gouvernement.

La référence du Gouvernement défendeur au refus de M. Denktash de reconnaître la procédure actuelle et la nomination des représentants de la République est contradictoire dans les termes car, d'une part, elle conteste l'existence d'un Gouvernement chypriote et, d'autre part, elle invoque les droits constitutionnels du Vice-Président de ce gouvernement. Quoi qu'il en soit, M. Denktash s'est abstenu d'exercer ses fonctions au sein de ce gouvernement.

Lastly, as stated by the Commission in its decision on the admissibility of Application No. 788/60 (Austria v. Italy, Yearbook IV, pp. 116, 140), a High Contracting Party, when it refers an alleged breach of the Convention to the Commission under Article 24 of the Convention, "is not to be regarded as exercising a right of action for the purpose of enforcing its own rights, but rather as bringing before the Commission an alleged violation of the public order of Europe".

2. In reply to the respondent Government's objection that domestic remedies had not been exhausted, the applicant Government maintained that the respondent Government had failed to indicate any domestic remedy which in the circumstances could be exercised by the victims of the atrocities committed by the Turkish army and other State organs of Turkey, as described in the Particulars of the application, and that they had also failed to show that such remedy would be effective and adequate in the cricumstances.

One could not expect the Greek Cypriot victims of the atrocities committed by the Turkish army, in consequence of a hostile operation ordered by Turkey and directed against the Greek Cypriot community, to visit the enemy country, or to engage lawyers there, in order to raise their complaints in Turkish courts. The surviving victims of these atrocities had either been expelled from the Turkish occupied area or were living in that area, which was sealed off, under continuous insecurity and restriction of movement. Those detained in concentration camps in the occupied area, or in prisons in Turkey, were not during their detention given the chance to seize a court and, in any case, precluded from doing so by the conditions of their detention.

Remedies could moreover not be exercised for fear of repercussions: the life, liberty, honour and property of surviving victims in the occupied area or in Turkey were already under the direct threat of vindictive action by the Turkish authorities and there was a fear of further expansion of the occupation and, possibly, an occupation of the whole island by Turkey.

The atrocities complained of were part of a government policy. No action in a Turkish court could therefore be regarded as an effective remedy.

Furthermore most of these atrocities could not be considered as "acts or decisions of the administration", within the meaning of Article 114 of the Turkish Constitution, against which an appeal lies to a court.

In the circumstances under which the atrocities were committed no information as to the identity of the perpetrators could be obtained apart from the fact that they were members of the Turkish army. This made it impossible to exercise the judicial remedy in question.

Enfin, comme le dit la Commission dans sa décision sur la recevabilité de la requête N° 788/60 (Autriche c/Italie), Annuaire IV, pp. 117, 141), un État contractant, lorsqu'il saisit la Commission en vertu de l'article 24, "ne doit donc pas être considéré comme agissant pour faire respecter ses droit propres, mais plutôt comme soumettant à la Commission une question qui touche à l'ordre public de l'Europe".

2. En réponse à l'objection du Gouvernement défendeur selon laquelle les voies de recours n'avaient pas été épuisées, le Gouvernement requérant a fait valoir que le Gouvernement défendeur avait omis d'indiquer la voie de recours interne ouverte, dans ces circonstances, aux victimes des atrocités commises par l'armée turque et par les autres organes étatiques de la Turquie et décrites dans les "Détails de la requête" et de montrer que cette voie de recours pouvait être en l'occurrence efficace et suffisante.

On ne pouvait attendre des Chypriotes grecs, victimes des atrocités commises par l'armée turque à la suite d'une opération militaire lancée par la Turquie et dirigée contre leur communauté, qu'ils se rendent dans le pays ennemi ou qu'ils engagent des avocats afin de saisir les tribunaux turcs. Les survivants de ces atrocités avaient été chassés de la zone occupée, d'ailleurs interdite, ou y vivaient encore dans des conditions d'insécurité et sans pouvoir se déplacer. Les détenus des camps de concentration des territoires occupés ou ceux des prisons de Turquie n'ont pu, pendant leur détention, saisir un tribunal et ils en étaient de toute façon empêché par les conditions de leur détention.

De plus, les voies de recours ne pouvaient être exercées par peur des représailles: la vie, la liberté, l'honneur et les biens des victimes vivant dans les territoires occupés ou en Turquie étaient déjà directement exposés à une action hostile de la part des autorités turques et l'on craignait une extension de l'occupation turque à l'ensemble de l'île.

Les atrocités incriminées étant un élément de la politique du gouvernement, l'ouverture d'une action devant les tribunaux turcs ne pouvait être considérée comme une voie de recours efficace.

En outre, le plupart de ces atrocités ne pouvaient être considérées, au sens de l'article 114 de la Constitution turque, comme "faits ou actes de l'administration" susceptibles d'un recours en justice.

Les circonstances dans lesquelles ces atrocités ont été commises ont empêché de connaître l'identité de leurs auteurs; on sait seulement qu'ils appartenaient à l'armée turque. De ce fait, l'exercice du droit de recours devenait impossible.

Lastly, no Turkish courts existed in the Turkish occupied area of Cyprus where most of the alleged violations of human rights took place.

3. The applicant Government further submitted that the Commission was competent *ratione loci* to examine the application.

Under Article 19 of the Convention the Commission was competent to ensure the observance of the engagements undertaken by the High Contracting Parties, the principal engagement being the one set out in Article 1.

It was clear from the language and object of Article 1 and from the purpose of the Convention as a whole that the High Contracting Parties were bound to secure the rights and freedoms defined in the Convention to all persons under their actual and exclusive authority, whether that authority was exercised within their own territory or abroad. The application related to violations of human rights committed by Turkey in areas over which she exercised actual authority to the exclusion of any other Government: in the Turkish occupied part of Cyprus, on Turkish vessels and in Turkey.

In the occupied part of Cyprus the actual and exclusive authority was exercised by the Turkish army under the direction of the Turkish Government; indeed, through various official statements and activities, Turkey was treating this area as being under her control and supervision. The Turkish Cypriot community had neither legal nor actual authority over the area.

The operation of the Convention in the occupied part of Cyprus would become ineffective if one accepted the respondent Government's submission that alleged violations of the Convention in that area could not be examined by the Commisssion. It followed from Article 17 that the Convention did not allow such a vacuum in the protection of its rights and freedoms.

Article 63 of the Convention, referred to in the respondent Government's observations, had not been invoked by the applicant Government and was irrelevant to the issue.

4. The applicant Government finally maintained that the application was not abusive, as submitted by the respondent Government. Its only object was to ensure the observance of the Convention by Turkey. The applicant Government alleged specific violations of human rights and had produced evidence of particular instances including statements of witnesses. Expressions like "invasion" or "occupation" had to be used in order to describe the actual conditions under which these violations were committed.

In conclusion the applicant Government requested the Commission to declare the application admissible.

b) In their observations of *10 May 1975* in reply to the respondent Government's observations of 24 April on the admissibility of the

Enfin, il n'y avait pas de tribunaux turcs dans les territoires chypriotes occupés où ont eu lieu la plupart des violations alléguées des Droits de l'Homme.

3. Le Gouvernement requérant a d'autre part soutenu que la Commission était compétente *ratione loci* pour examiner la requête.

En vertu de l'article 19 de la Convention, la Commission est compétente pour assurer le respect des engagements pris par les Hautes Parties contractantes, l'engagement principal étant défini dans l'article 1.

Il est clair, d'après les termes et l'objet de l'article 1 ainsi que d'après l'objectif de la Convention en général, que les Hautes Parties contractantes sont tenues de reconnaître les droits et libertés définis dans ladite Convention à toute personne relevant de leur seule juridiction de fait, que cette juridiction soit exercée à l'intérieur ou à l'extérieur de leur territoire. La requête concerne les violations des droits de l'homme commises par la Turquie dans des régions relevant de sa juridiction de fait, à l'exclusion de tout autre gouvernement: dans la zone de Chypre occupée, sur des navires turcs et en Turquie.

Dans la zone occupée la seule juridiction de fait est exercée par l'armée turque sous la direction du Gouvernement turc; en outre, par diverses déclarations et activités officielles, la Turquie montre bien qu'elle considère ce territoire comme relevant de sa juridiction. La communauté chypriote turque n'a ni pouvoir juridique ni autorité réelle sur ce territoire.

La Convention deviendrait inopérante dans la partie occupée de Chypre si l'on acceptait la thèse du Gouvernement défendeur selon laquelle la Commission n'aurait pas à connaître des violations alléguées de la Convention sur ce territoire. L'article 17 montre que les auteurs de la Convention ont voulu éviter que ne subsiste telle lacune dans la protection des droits et libertés.

L'article 63 de la Convention, dont fait état le Gouvernement défendeur dans ses observations, n'a pas été invoqué par le Gouvernement requérant et n'est pas en l'espèce pertinent.

4. Le Gouvernement requérant a fait enfin valoir que la requête n'était pas abusive comme le soutenait le Gouvernement défendeur. Son seul objet était d'assurer l'observation de la Convention par la Turquie. Il a allégué des violations caractérisées des droits de l'homme en s'appuyant sur des cas précis, y compris des déclarations de témoins. Des expressions comme "invasion" ou "occupation" étaient nécessaires pour décrire valablement les conditions de ces violations.

En conclusion, le Gouvernement requérant a demandé à la Commission de déclarer la requête recevable.

b) Dans ses observations du *10 mai 1975* en réponse à celles du Gouvernement défendeur du 24 avril sur la recevabilité de la deuxièsecond application (No. 6950/75) the applicant Government referred to their above observations of 27 February on the admissibility of the first application as being equally applicable to the second.

3. *Oral submissions of the Parties at the hearing on 22 and 23 May 1975*

The Parties' above observations on the admissibility of the applications were further developed at the hearing before the Commission on 22 and 23 May 1975.

a) *Submissions of the respondent Government*

The respondent Government, replying to the applicant Government's observations of 27 February 1975, submitted in particular:

1. The general rule that a government, which had been recognised by a number of other States and international organisations, could be considered as a lawful government was not applicable in the case of Cyprus whose special international status had to be respected. Since 1963 there were two *de facto* governments in Cyprus, each controlling only a part of the territory, and no "law of necessity" could justify the usurpation of State powers by one of them. The bi-communal nature of the Republic was also respected by the Consultative Assembly of the Council of Europe which since 1964 refused to admit a Cypriot delegation without Turkish Cypriot members.

The non-existence of a lawful Government of Cyprus had prevented Turkey from raising the sufferings of the Turkish Cypriots before the Commission. The Greek Cypriot community, by its policy of Enosis, intended to destroy the independence of Cyprus; the proposed constitutional amendments served this purpose. In 1974 Turkey finally had to intervene, but this was not done in order to divide the island.

It was true that an objection to the validity of a treaty could under Article 46 of the Vienna Convention on the Law of Treaties only be raised by the State whose constitution had not been respected but, in the special case of Cyprus, a violation of the Constitution was at the same time a violation of international agreements and could consequently be raised by Turkey, as a Party to these agreements.

2. The respondent Government did not consider that, under Article 26 of the Convention, they were obliged to show the existence of effective domestic remedies as long as no action had been taken by any of the alleged victims in order to test these remedies. Various remedies were actually available although the Government could not say that the inhabitants of the northern part of Cyprus had by an official announcement been informed of their existence.

Thus, under Article 114 of the Turkish Constitution anyone could me requête (N° 6950/75), le Gouvernement requérant a déclaré que celles qu'il avait formulées le 27 février sur la recevabilité de la première requête s'appliquaient également à la deuxième.

3. *Plaidoiries des Parties à l'audience des 22 et 23 mai 1975*

Les observations précitées des Parties sur la recevabilité des requêtes ont été développées à l'audience devant la Commission les 22 et 23 mai 1975.

a) *Argumentation du Gouvernement défendeur*

Le Gouvernement défendeur, en réponse aux observations du Gouvernement requérant du 27 février 1975, a notamment fait valoir ce qui suit:

1. La règle générale selon laquelle un gouvernement reconnu par un certain nombre d'Etats et d'organisations internationales pouvait être considéré comme légitime ne s'appliquait pas à Chypre dont le statut international particulier devait être respecté. Depuis 1963, il y avait à Chypre, deux gouvernements de fait, chacun ne contrôlant qu'une partie du territoire et aucun "principe de nécessité" ne pouvait justifier l'usurpation des pouvoirs de l'Etat par l'une des deux communautés. Le caractère bicommunautaire de la République a également été reconnu par l'Assemblée consultative du Conseil de l'Europe qui, depuis 1964, refuse d'admettre à ses délibérations une délégation chypriote ne comprenant pas de Chypriotes turcs.

L'absence d'un gouvernement légitime à Chypre a empêché la Turquie de saisir la Commission de la question des souffrances infligées aux Chypriotes turcs. La communauté chypriote grecque a tenté, par sa politique d'Enosis, de mettre fin à l'indépendance de Chypre; les projets d'amendement à la Constitution n'avaient pas d'autre but; la Turquie a dû finalement intervenir en 1974, mais non dans l'intention de diviser l'île.

Il était exact qu'en vertu de l'article 46 de la Convention de Vienne sur le droit des traités, seul l'Etat dont la constitution n'avait pas été respectée pouvait contester la validité d'un traité mais, dans le cas de Chypre, une violation de la Constitution était également une violation des accords internationaux et pouvait donc être évoquée par la Turquie en tant que Partie à ces accords.

2. Le Gouvernement défendeur ne s'est pas estimé tenu par l'article 26 de la Convention de prouver l'existence de voies de recours internes efficaces puisqu'aucune des victimes alléguées n'avait engagé d'action pour les éprouver. Plusieurs voies de recours internes étaient en fait accessibles, bien que le Gouvernement ne pût dire que les habitants du nord de Chypre avaient été officiellement informés de leur existence.

Ainsi, en vertu de l'article 114 de la Constitution turque, toute seize an ordinary, administrative or military court. The acts complained of in the applications were criminal offences under the Penal Code and any alleged victim could lay a criminal charge – in writing or orally and, if necessary, with the help of an interpreter – and become a private party in criminal proceedings at the instance of such charges; however, no criminal charges had been brought. The Public Prosecutor also acted *ex officio* when otherwise informed of a criminal offence but no such proceedings had been instituted on the basis of the applicant Government's allegations.

With regard to any criminal offences committed by Turkish soldiers in Cyprus, Turkish military tribunals, instituted under Article 138 of the Turkish Constitution and composed of independent judges, were competent. Administrative acts could under Article 114 of the Constitution be attacked before the Conseil d'Etat and there was also a higher administrative military tribunal concerning military staff and organisations (Article 140 *in fine* of the Constitution).

b) *Submissions of the applicant Government*

1. With regard to their *ius standi* the applicant Government, referring to their earlier submissions, further observed that no objection was raised by Turkey when they signed and ratified Protocols Nos. 2, 3 and 5 to the Convention in the name of Cyprus. Under international law no distinction was made between constitutional and unconstitutional governments: the title to rule was determined by the fact of actual governing. The applicant Government were recognised by the family of nations and the Commission, in dealing with the issue of representation, should have regard to this practice as reflected, *inter alia*, in the proceedings of the Committee of Ministers of the Council of Europe.

The fact that, as a result of the Turkish occupation, the applicant Government were prevented from exercising their authority over the whole of the territory of the Republic of Cyprus did not under international law effect their right to represent this Republic.

2. The applicant Government further maintained that under Article 26 of the Convention the victim of a violation of the Convention was not obliged to exhaust remedies which were not available in the territory where the violation occurred. Furthermore, as stated by the Commission in Application No. 712/60 (Retimag v. the Federal Republic of Germany, Yearbook IV, pp. 384, 400), "remedies which, although theoretically of a nature to constitute a remedy, do not in reality offer any chance of redressing the damage alleged need not be exhausted".

The multiple violations complained of in the present case constituted an "administrative practice" in the sense of the Commission's case-law, they formed part of a government policy and any appeal personne peut saisir un tribunal ordinaire, administratif ou militaire. Les actes incriminés dans les requêtes étaient des délits au regard du Code pénal et toute victime alléguée pouvait porter plainte – oralement ou par écrit et, le cas échéant ,avec l'aide d'un interprète – et se porter partie civile dans la procédure pénale éventuellement engagée; or, aucune accusation en matière pénale n'avait été formulée. Le Ministère public agit également d'office quand il a connaissance d'une infraction pénale, mais aucune procédure de ce type n'avait été engagée à la suite des allégations du Gouvernement requérant.

Les tribunaux militaires turcs, institués en application de l'article 38 de la Constitution et composés de juges, indépendants, étaient compétents pour connaître de tout délit commis à Chypre par des soldats turcs. Aux termes de l'article 114, les actes administratifs pouvaient être attaqués devant le Conseil d'Etat; il existait aussi un tribunal administratif militaire supérieur pour les organisations et le personnel militaires (article 140 *in fine* de la Constitution).

b) *Argumentation du Gouvernement requérant*

1. Pour ce qui est de son "*ius standi*", le Gouvernement requérant, se référant à ses arguments précédents, a fait également observer que la Turquie n'avait soulevé aucune objection lorsqu'il avait signé et ratifié les Protocoles additionnels N° 2, 3 et 5 à la Convention au nom de Chypre. Le droit international ne distingue pas entre gouvernements constitutionnels et inconstitutionnels: c'est le fait de gouverner effectivement qui en confère le droit. Le Gouvernement requérant était reconnu par la communauté des nations et la Commission devait, pour se prononcer sur sa représentativité, tenir compte de ce fait tel qu'il ressortait notamment des délibérations du Comité des Ministres du Conseil de l'Europe.

Le fait que le Gouvernement requérant ait été empêché, en raison de l'occupation turque, d'exercer sa juridiction sur l'ensemble de l'île n'affectait pas, en droit international, son droit de représenter cette République.

2. Le Gouvernement requérant a encore fait valoir qu'en vertu de l'article 26 de la Convention, la victime d'une violation n'était pas tenue d'épuiser les voies de recours qui ne lui étaient pas ouvertes sur le territoire où s'était produite la violation. En outre, comme l'a déclaré la Commission dans la requête N° 712/60 (Retimag c/ la République Fédérale d'Allemagne, Annuaire IV, pp. 385, 401) "les voies de recours qui, bien que théoriquement de nature à constituer un recours, ne présentent en réalité aucune chance de redresser le grief allégué, n'ont pas besoin d'être épuisées".

Les multiples violations incriminées constituaient une "pratique administrative" au sens de la jurisprudence de la Commission et s'inscrivaient dans la politique d'un gouvernement; tout recours to a higher authority was bound to be ineffective in the circumstances.

3. The applicant Government finally observed with regard to the interpretation of Article 1 of the Convention that this provision did not speak of "territory". This term had been contained in the original draft of the Consultative Assembly of the Council of Europe but later been replaced by the term "jurisdiction" which could be defined as an aspect of sovereignty comprising judicial, legislative and administrative competence.

THE LAW

1. The Commission has considered the respondent Government's four objections to admissibility in the following order:

I. the objection concerning the *locus standi* of the applicant Government;
II. the objection concerning the Commission's competence *ratione loci*;
III. the objection that domestic remedies have not been exhausted; and
IV. the objection that the applications are abusive.

I. *As to the* locus standi *of the applicant Government*

2. The present applications have been introduced under Article 24 of the European Convention on Human Rights which provides that any High Contracting Party may refer to the Commission any alleged breach of the Convention by another High Contracting Party.

The Commission has first considered *ex officio* whether the applications, which were lodged in the name of the Republic of Cyprus, were brought on behalf of Cyprus as a "High Contracting Party", that is to say, whether Cyprus has been, at the time of the introduction of the applications, and continues to be such a Party.

In this connection the Commission has noted the respondent Government's reference to para. 5 of the Geneva Declaration of 30 July 1974 in which Greece, Turkey and the United Kingdom recognised the existence in practice "in the Republic of Cyprus" of "two autonomous administrations", namely that of the Greek Cypriot community and that of the Turkish Cypriot Community. The Commission further notes that the Vice-President of the Republic of Cyprus, Mr. Rauf Denktash, has on 13 February 1975 proclaimed a Turkish Federated State" in Cyprus.

It is clear, however, from the terms of the above declarations that, whatever may have been their legal significance in other respects, they did not affect, and were not intended to affect, the continuing existence of Cyprus as a State and High Contracting Party to the formé auprès d'une instance supérieure était dans ces conditions voué à l'échec.

3. En ce qui concerne l'interprétation de l'article 1 de la Convention, le Gouvernement requérant a fait enfin observer qu'il n'y était pas question de "territoire". Ce terme figurait dans le projet initial de l'Assemblée Consultative du Conseil de l'Europe mais avait été remplacé ultérieurement par "juridiction" qui pouvait se définir comme un élément de souveraineté comprenant les compétences judiciaire, législative et administrative.

EN DROIT

1. La Commission a examiné dans l'ordre suivant les quatre objections du Gouvernement défendeur quant à la recevabilité;

I. Le *locus standi* du Gouvernement requérant;

II. La compétence *ratione loci* de la Commission;

III. Le non-épuisement des voies de recours internes; et

IV. Le caractère abusif des requêtes.

1. *Quant au* locus standi *du Gouvernement requérant*

2. Les présentes requêtes ont été introduites en application de l'article 24 de la Convention européenne des Droits de l'Homme, qui stipule que toute Partie contractante peut saisir la Commission de tout manquement aux dispositions de la Convention qu'elle croira pouvoir être imputé à une autre Partie contractante.

La Commission a d'abord examiné d'office si les requêtes introduites au nom de la République de Chypre l'ont été au nom de Chypre en tant que "Haute Partie contractante" c'est-à-dire si Chypre était Partie contractante au moment de l'introduction des requêtes et si elle continue de l'être.

La Commission a noté à ce sujet la référence du Gouvernement défendeur au paragraphe 5 de la Déclaration de Genève du 30 juillet 1974 dans laquelle, la Grèce, le Royaume-Uni et la Turquie reconnaissent l'existence de fait "dans la République de Chypre" de "deux administrations autonomes", à savoir la communauté chypriote-grecque et la communauté chypriote turque.

La Commission note en outre que M. Rauf Denktash, Vice-Président de la République de Chypre, a proclamé, le 13 février 1975, un "Etat fédéré turc" à Chypre.

Il est cependant clair, d'après les termes des déclarations précitées, quelle qu'en soit la portée juridique dans d'autres domaines, qu'elles ne mettent nullement en cause l'existence de Chypre en tant qu'Etat et Partie à la Convention européenne des Droits de l'Homme. La

European Convention on Human Rights. The Commission is satisfied that this is not disputed by Turkey or any other Party to the Convention.

It follows that the applications cannot be rejected on the ground that they have not been brought in the name of Cyprus as a "High Contracting Party" within the meaning of Article 24.

3. The respondent Government submit, however, that the applicant Government are not the Government of Cyprus but only the leaders of the Greek Cypriot Community who in 1963 have taken the administration of the State into their hands in violation of the London and Zurich Agreements of 1959, the Treaty of Guarantee of 1960, and the Constitution of Cyprus which is a part of those agreements. Under international law the applicant Government are therefore not entitled to represent the Republic of Cyprus.

The Commission, in its examination of this preliminary objection concerning the *ius standi* of the applicant Government in proceedings under Article 24 of the Convention, notes that this Government have nevertheless been and continue to be recognised internationally as the Government of the Republic of Cyprus and that their acts are accepted accordingly in a number of contexts of diplomatic and treaty relations and of the working of international organisations. In this respect the Commission observes in particular:

- that the Security Council of the United Nations, in Resolution 364 (1974) of 13 December 1974 concerning the prolongation of service of the United Nations Peace-Keeping Force in Cyprus, expressly noted the agreement of "the Government of Cyprus" – that is to say, the applicant Government in the present proceedings – and that this Government's consent was similarly recorded in a number of earlier resolutions of the Security Council since 1964 concerning the same matter;
- that representatives of the Republic of Cyprus, appointed by the applicant Government, have continued fully to participate in the Committee of Ministers of the Council of Europe, consistently with Articles 14 and 16 of its Statute, and that the present applications were signed by the then Deputy Permanent Representative (No. 6780/74) and the present Permanent Representative (No. 6950/75) respectively;
- that no objection was raised by any other Party to the Convention, including Turkey, when the applicant Government, acting in the name of the Republic of Cyprus, ratified in 1969 Protocols Nos. 2, 3 and 5 to the Convention and that the applicant Government, as the Government of Cyprus, similarly ratified a number of other international agreements including the European Social Charter.

The Commission therefore concludes that the applicant Government, as constituted at and since the time of lodging the present applications, are to be considered as representing the Republic of

Commission constate que ce point n'est pas contesté par la Turquie ou toute autre Partie à la Convention.

Il s'ensuit que les requêtes ne sauraient être rejetées pour n'avoir pas été introduites au nom de Chypre comme "Haute Partie contractante" au regard de l'article 24.

3. Selon le Gouvernement défendeur, le Gouvernement requérant n'est pas le Gouvernement de Chypre; il ne représenterait que les chefs de la communauté chypriote grecque qui, en 1963, se sont emparés de l'administration de l'Etat en violant les Accords de Londres et de Zurich de 1959, le Traité de Garantie de 1960 et la Constitution de Chypre, qui fait partie de ces accords. De ce fait, en droit international, le Gouvernement requérant ne serait pas compétent pour représenter la République de Chypre.

La Commission, lors de son examen de l'exception préliminaire concernant le *ius standi* du Gouvernement requérant dans la procédure au regard de l'article 24 de la Convention, note que ce Gouvernement est toujours reconnu sur le plan international comme le Gouvernement de la République de Chypre et que ses actes sont acceptés comme tels dans le cadre de relations diplomatiques et contractuelles et dans le fonctionnement des organisations internationales. A ce sujet, la Commission relève en particulier:

- que le Conseil de Sécurité des Nations Unies, dans la Résolution 364 (1974) du 13 décembre 1974 concernant la prolongation du mandat des casques bleus à Chypre, note expressément l'accord du "Gouvernement de Chypre" – c'est-à-dire du Gouvernement requérant dans l'actuelle procédure – et que le consentement de ce Gouvernement a également été enregistré dans certaines résolutions traitant du même sujet adoptées par le Conseil de Sécurité depuis 1964;
- que les représentants de la République de Chypre nommés par le Gouvernement requérant continuent de participer activement aux travaux du Comité des Ministres du Conseil de l'Europe, conformément aux articles 14 et 16 de son Statut, et que les requêtes en question ont été signées respectivement par le Représentant Permanent adjoint précédent (N° 6780/74)et le Représentant Permanent actuel (N° 6950/75);
- qu'aucune objection n'a été soulevée par une autre Partie à la Convention, y compris la Turquie, quand en 1969, le Gouvernement requérant, au nom de la République de Chypre, a ratifié les Protocoles N° 2, 3 et 5 à la Convention et lorsqu'en tant que Gouvernement de Chypre, il a également ratifié d'autres instruments internationaux, notamment la Charte sociale européenne.

La Commission en conclut que le Gouvernement requérant constitué depuis l'introduction des requêtes, doit être considéré comme représentatif de la République de Chypre pour la procédure visée à

Cyprus also for the purpose of proceedings under Article 24, and any subsequent proceedings under Article 28, of the Convention.

4. The respondent Government further contend that the applicant Government acted unconstitutionally in bringing the present applications: in the absence of a Council of Ministers constituted in conformity with Article 46, the decision to seize the Commission has not been taken by the organ competent under Article 54 of the Constitution; moreover, this decision has not been approved by the Vice-President, as required by Articles 49 and 57 of the Constitution (in this respect the respondent Government refer to two letters of 24 September and 30 October 1974 from the Vice-President to the Commission which were transmitted by the Permanent Representative of Turkey); lastly the agents who lodged the applications were not appointed in accordance with Articles 47 and 50 of the Constitution.

The Commission. even assuming that an inconsistency with the Constitution of Cyprus of 1960 as alleged by the respondent Government could be relevant for the validity of the applications, finds that regard must be had not only to the text of this Constitution but also to the practice under it, especially since 1963. In this respect the Commission notes that a number of international legal acts and instruments, which were drafted in the course of the above practice and presented on behalf of the Republic of Cyprus, have, as stated above, been recognised in diplomatic and treaty relations, both by Governments of other States and by organs of international organisations including the Council of Europe.

5. The Commission also considers that regard must be had to the purpose of Article 24 of the present Convention and that the protection of the rights and freedoms of the people of Cyprus under the Convention should consequently not be impaired by any constitutional defect of its Government.

6. The Commission therefore concludes that the present applications have been validly introduced on behalf of the Republic of Cyprus.

II. *As to the Commission's competence* ratione loci

7. The respondent Government further contend that the Commission has no jurisdiction *ratione loci* to examine the applications, insofar as they relate to alleged violations of the Convention in the island of Cyprus. They submit that, under Article 1 of the Convention, the Commission's competence *ratione loci* is limited to the examination of acts alleged to have been committed in the national territory of the High Contracting Party concerned; Turkey has not extended her jurisdiction to Cyprus or any part thereof, nor can she be held liable, under Article 63 of the Convention, for any acts committed there.

l'article 24 et pour toute procédure ultérieure visée à l'article 28 de la Convention.

4. Le Gouvernement défendeur soutient en outre que le Gouvernement requérant a agi anticonstitutionnellement en introduisant les présentes requêtes: qu'en l'absence d'un Conseil des Ministres constitué conformément à l'article 46, la décision de saisir la Commission n'a pas été prise par l'organe compétent défini à l'article 54 de la Constitution; que cette décision n'a pas été approuvée par le Vice-Président comme le stipulent les articles 49 et 57 de la Constitution (le Gouvernement défendeur se réfère à ce sujet aux deux lettres du 24 septembre et du 30 octobre 1974 envoyées par le Vice-Président à la Commission par l'entremise du Représentant Permanent de la Turquie), et qu'enfin, les agents qui ont introduit les requêtes n'ont pas été nommés conformément aux articles 47 et 50 de la Constitution.

La Commission, même en supposant qu'une incompatibilité avec la Constitution de Chypre de 1960 puisse influer sur la validité des requêtes, comme le prétend le Gouvernement défendeur, estime qu'il faut non seulement tenir compte du texte de cette Constitution, mais aussi de son application pratique, en particulier depuis 1963. Elle note à cet égard que certains actes et instruments juridiques internationaux, rédigés au cours de cette application et présentés au nom de la République de Chypre, ont été reconnus, comme il est dit plus haut, dans les relations diplomatiques et contractuelles, à la fois par d'autres Etats et par des organisations internationales, y compris le Conseil de l'Europe.

5. La Commission estime également qu'il faut tenir compte de l'objet de l'article 24 de la Convention et que la protection des droits et libertés garantis au peuple de Chypre par la Convention ne doit donc pas être compromise par un éventuel vice constitutionnel de son Gouvernement.

6. La Commission conclut donc que les requêtes ont été valablement introduites au nom de la République de Chypre.

II. *Quant à la compétence* ratione loci *de la Commission*

7. Le Gouvernement défendeur soutient d'autre part que la Commission n'est pas compétente *ratione loci* pour examiner les requêtes pour autant qu'elles traitent de violations alléguées de la Convention dans l'île de Chypre. Il déclare, en invoquant l'article 1 de la Convention, que la compétence *ratione loci* de la Commission est limitée à l'examen des actes censés avoir été commis sur le territoire national des Hautes Parties contractantes concernées; la Turquie n'a pas étendu sa juridiction à Chypre ou à une partie quelconque de son territoire et ne peut être tenue pour responsable, au regard de l'article 63 de la Convention, d'actes commis dans ce pays.

8. In Article 1 of the Convention, the High Contracting Parties undertake to secure the rights and freedoms defined in Section 1 to everyone "within their jurisdiction" (in the French text: "relevant de leur juridiction"). The Commission finds that this term is not, as submitted by the respondent Government, equivalent to or limited to the national territory of the High Contracting Party concerned. It is clear from the language, in particular of the French text, and the object of this article, and from the purpose of the Convention as a whole, that the High Contracting Parties are bound to secure the said rights and freedoms to all persons under their actual authority and responsibility, whether that authority is exercised within their own territory or abroad. The Commission refers in this respect to its decision on the admissibility of Application No. 1611/62 – X. v. the Federal Republic of Germany – Yearbook of the European Convention on Human Rights, Vol. VIII, pp. 158–169 (at pp. 168–169).

The Commission further observes that nationals of a State, including registered ships and aircraft, are partly within its jurisdiction wherever they may be, and that authorised agents of a State, including diplomatic or consular agents and armed forces, not only remain under its jurisdiction when abroad but bring any other persons or property "within the jurisdiction" of that State, to the extent that they exercise authority over such persons or property. Insofar as, by their acts or omissions, they affect such persons or property, the responsibility of the State is engaged.

9. The Commission does not find that Article 63 of the Convention, providing for the extension of the Convention to other than metropolitan territories of High Contracting Parties, can be interpreted as limiting the scope of the term "jurisdiction" in Article 1 to such metropolitan territories. The purpose of Article 63 is not only the territorial extension of the Convention but its adaptation to the measure of self-government attained in particular non-metropolitan territories and to the cultural and social differences in such territories; Article 63 (3) confirms this interpretation. This does not mean that the territories to which Article 63 applies are not within the "jurisdiction" within the meaning of Article 1.

10. It follows from the above interpretation of Article 1 that the Commission's competence to examine the applications, insofar as they concern alleged violations of the Convention in Cyprus, cannot be excluded on the grounds that Turkey, the respondent Party in the present case, has neither annexed any part of Cyprus nor, according to the respondent Government, established either military or civil government there.

It remains to be examined whether Turkey's responsibility under the Convention is otherwise engaged because persons or property in Cyprus have in the course of her military action come under her actual authority and responsibility at the material times. In this

8. A l'article 1 de la Convention, les Hautes Parties contractantes reconnaissent les droits et libertés définis au Titre I à toute personne "relevant de leur juridiction". La Commission estime que ce terme ne se limite pas comme le déclare le Gouvernement défendeur, au seul territoire national des Hautes Parties contractantes en cause. Il ressort du libellé, notamment de la version française, et de l'objet dudit article ainsi que du but de la Convention tout entière que les Hautes Parties contractantes sont tenues d'assurer ces droits et libertés à toute personne relevant effectivement de leur autorité et de leur responsabilité, que cette autorité s'exerce sur leur territoire ou à l'étranger. La Commission rappelle à ce sujet sa décision sur la recevabilité de la requête N° 1611/62 – X. c/ la République Fédérale d'Allemagne – Annuaire de la Convention européenne des Droits de l'Homme, volume VIII, pp. 158–169 (pp. 168–169).

La Commission note en outre que les ressortissants d'un Etat, y compris les navires et aéronefs enregistrés, relèvent partiellement de sa juridiction où qu'ils se trouvent, et que les représentants d'un Etat, y compris les agents diplomatiques ou consulaires et les forces armées, non seulement demeurent sous sa juridiction quand ils sont à l'étranger, mais font que "relèvent de la juridiction" de cet Etat l'ensemble des personnes et des biens pour autant qu'ils exercent leur autorité sur ces personnes ou ces biens. La responsabilité de l'Etat est engagée dans la mesure où, par leurs actes ou omissions, ils portent atteinte à ces biens ou à ces personnes.

9. La Commission ne pense pas que l'article 63 de la Convention, qui prévoit d'en étendre l'application à d'autres territoires que les territoires métropolitains des Hautes Parties contractantes, puisse être interprété comme limitant la portée du terme "juridiction", figurant à l'article 1, aux territoires métroplitains. Le but de l'article 63 est non seulement l'extension territoriale de la Convention, mais aussi son adaptation au degré d'autonomie atteint par tels ou tels territoires non-métropolitains et aux différences socio-culturelles qu'ils présentent; l'article 63 (3) confirme cette interprétation. Cela ne signifie donc pas que les territoires visés par l'article 63 ne relèvent pas de la "juridiction" au sens de l'article 1.

10. Il résulte de cette interprétation de l'article 1 que la compétence de la Commission pour examiner les requêtes dans la mesure où elles concernent des violations alléguées de la Convention à Chypre ne saurait être écartée sous prétexte que la Turquie, Partie défenderesse en l'espèce, n'a ni annexé une partie de l'île, ni, selon le Gouvernement défendeur, établi dans ladite partie un gouvernement militaire ou civil.

Il reste à examiner si la responsabilité de la Turquie au regard de la Convention est engagée par ailleurs du fait que des personnes ou respect it is not contested by the respondent Government that Turkish armed forces have entered the island of Cyprus, operating solely under the direction of the Turkish Government and under established rules governing the structure and command of these armed forces including the establishment of military courts. It follows that these armed forces are authorised agents of Turkey and that they bring any other persons or property in Cyprus "within the jurisdiction" of Turkey, in the sense of Article 1 of the Convention, to the extent that they exercise control over such persons or property. Therefore, insofar as these armed forces, by their acts or omissions, affect such persons' rights or freedoms under the Convention, the responsibility of Turkey is engaged.

III. *As to the exhaustion of domestic remedies*

11. Under Article 26 of the Convention the Commission may only deal with a case after all domestic remedies have been exhausted, according to the generally recognised rules of international law. This rule applies not only in individual applications lodged under Article 25 but also in cases brought by States under Article 24 of the Convention (cf. the Commission's constant case-law and, in particular, its decision on the admissibility of Application No. 788/60 – Austria v. Italy – Yearbook IV, pp. 116–183 [at pp. 148–153]).

The rule requiring the exhaustion of domestic remedies means in principle that remedies, which are shown to exist within the legal system of the responsible State, must be used and exhausted in the normal way before the Commission is seized of a case; on the other hand, remedies which do not offer a possibility of redressing the alleged injury or damage cannot be regarded as effective or sufficient and need not, therefore, be exhausted (cf. the Commission's decision on the admissibility of Application No. 712/60 – Retimag v. the Federal Republic of Germany – Yearbook IV, pp. 384, 400).

12. The respondent Government submit that, under Turkish law, a number of effective remedies are available in criminal, civil, disciplinary and administrative proceedings to persons claiming to be the victims of violations by Turkish authorities of individual rights and freedoms as alleged in the present applications; such remedies can be brought either before the competent judicial authorities in Turkey or before the military courts of the Turkish forces in Cyprus.

13. With regard to the question whether the remedies indicated by the respondent Government can in the circumstances of the present case be considered as effective, the Commission notes that the applicant Government's allegations of large-scale violations of

des biens se trouvant à Chypre sont passés, à la suite de son action militaire, sous son autorité et sa responsabilité effectives à l'époque considérée. A cet égard, le Gouvernement défendeur ne conteste pas l'entrée à Chypre de forces armées turques opérant sous sa seule autorité et selon les règles régissant la structure et le commandement de ces forces armées, y compris la mise en place de tribunaux militaires. Il s'ensuit que ces forces armées sont des représentants de la Turquie qui font que "relèvent de la juridiction" de l'ensemble des autres biens ou personnes se trouvant à Chypre, au sens de l'article 1 de la Convention pour autant qu'ils exercent leur autorité sur ces personnes ou ces biens. En conséquence, dans la mesure où ces forces armées, par leurs actes ou omissions, portent atteinte aux droits et libertés reconnus à ces personnes par la Convention, la responsabilité de la Turquie est engagée.

III. *Quant à l'épuisement des voies de recours internes*

11. Aux termes de l'article 26 de la Convention, la Commission ne peut connaître d'une affaire qu'après l'épuisement des voies de recours internes tel qu'il est entendu selon les principes de droit international généralement reconnus. Cette règle s'applique non seulement aux requêtes individuelles introduites en vertu de l'article 25, mais aussi aux affaires introduites par des Etats en vertu de l'article 24 (cf. jurisprudence constante de la Commission et en particulier sa décision sur la recevabilité de la requête N° 788/60 – Autriche c/Italie – Annuaire IV, pp. 116–183 (pp. 148–153).

La règle de l'épuisement des voies de recours internes signifie en principe que les voies de recours qu'offre manifestement le système juridique de l'Etat responsable doivent être utilisées et épuisées par la voie normale avant que la Commission ne soit saisie; d'autre part, les voies de recours qui ne permettent pas de redresser le dommage ou le grief allégué ne sauraient être considérées comme efficaces ou suffisantes et n'ont donc pas besoin d'être épuisées (cf. décision de la Commission sur la recevabilité de la requête N° 712/60 – Retimag c/ la République Fédérale d'Allemagne – Annuaire IV, pp. 385, 401).

12. Le Gouvernement défendeur déclare qu'en droit turc, plusieurs voies de recours efficaces sont ouvertes, en matière pénale, civile, disciplinaire et administrative, aux personnes qui, comme en l'espèce, allèguent des violations de leurs droits et libertés individuels par les autorités turques; ces voies de recours peuvent être exercées soit devant les instances judiciaires compétentes de Turquie, soit devant les tribunaux militaires turcs de Chypre.

13. Pour ce qui est de savoir si les voies de recours indiquées par le Gouvernement défendeur peuvent en l'espèce être considérées comme efficaces, la Commission note que les allégations du Gouvernement requérant sur les multiples violations des droits de l'homme

human rights by Turkish authorities in Cyprus relate to a military action by a foreign power and to the period immediately following it. It is clear that this action has deeply and seriously affected the life of the population in Cyprus and, in particular, that of the Greek Cypriots who were living in the northern part of the Republic where the Turkish Troops operated. This is especially shown by the very great number of refugees who are at present in the south of the island.

14. In these circumstances the Commission finds that remedies which, according to the respondent Government, are available in domestic courts in Turkey or before Turkish military courts in Cyprus could only be considered as effective "domestic" remedies under Article 26 of the Convention with regard to complaints by inhabitants of Cyprus if it were shown that such remedies are both practicable and normally functioning in such cases. This, however, has not been established by the respondent Government. In particular, the Government have not shown how Article 114 of the Constitution of Turkey can extend to all the alleged complaints or how any proceedings could be effectively handled given the very large number of these complaints.

15. The Commission therefore does not find that, in the particular situation prevailing in Cyprus since the beginning of the Turkish military action on 20 July 1974, the remedies indicated by the respondent Government can be considered as effective and sufficient "domestic remedies" within the meaning of Article 26 of the Convention. It follows that the applications cannot be rejected for non-exhaustion of domestic remedies in accordance with Articles 26 and 27 (3).

IV. *As to whether the applications are abusive*

16. The respondent Government finally submit that the applications constitute an abuse of the procedure provided for by the Convention in that they are unsubstantiated and contain accusations of a political nature, such as references to the "invasion" and "occupation" of Cyprus by Turkey.

17. The Commission has already held in a previous case (decision on the admissibility of certain new allegations in the First Greek Case, Yearbook XI, pp. 730, 764) that the provision of Article 27 (2), requiring the Commission to declare inadmissible any application that it considers abusive, is confined to individual petitions under Article 25 and therefore inapplicable to inter-State applications under Article 24 of the Convention. It follows that the present applications cannot be rejected under the said provision.

18. The Commission notes, however, that the respondent Govern-

commises par les autorités turques à Chypre portent sur l'intervention militaire d'une puissance étrangère et sur la période immédiatement postérieure à cette intervention. Il est clair que celle-ci a profondément et gravement perturbé la vie de la population de Chypre, en particulier celle des Chypriotes grecs vivant dans le nord de la République, théâtre de l'intervention. On en a la preuve dans le grand nombre de réfugiés qui se trouvent actuellement dans le sud de l'île.

14. Dans ces conditions, la Commission estime que les voies de recours offertes, selon le Gouvernement défendeur, par les tribunaux militaires turcs de Chypre ou par ceux de Turquie, ne pourraient être considérées comme des voies de recours "internes" efficaces au sens de l'article 26 de la Convention pour les griefs des habitants de Chypre que s'il était démontré que ces voies de recours sont à la fois accessibles et efficaces. Or, cette preuve n'a pas été apportée par le Gouvernement défendeur qui n'a pas démontré que l'article 114 de la Constitution de la Turquie était applicable à la totalité des griefs en question ni que ces griefs auraient pu, étant donné leur nombre, être valablement examinés par les tribunaux.

15. La Commission ne pense donc pas, dans la situation que connaît Chypre depuis le 20 juillet 1974, début de l'intervention militaire turque, que les voies de recours indiquées par le Gouvernement défendeur puissent être considérées comme des "voies de recours internes" efficaces et suffisantes au sens de l'article 26 de la Convention. Il s'ensuit que les requêtes ne sauraient être rejetées pour non-épuisement des voies de recours internes en vertu des articles 26 et 27 (3).

IV. *Quant au caractère abusif des requêtes*

16. Le Gouvernement défendeur soutient enfin que les requêtes constituent un abus de la procédure définie par la Convention en ce qu'elles ne sont pas fondées et contiennent des accusations de caractère politique comme les mots d'"invasion" et d'"occupation" de Chypre par la Turquie.

17. La Commission a déjà estimé dans une précédente affaire (décision sur la recevabilité de certaines nouvelles allégations dans la première affaire grecque, Annuaire XI, pp. 730–764) que la disposition de l'article 27 (2) enjoignant à la Commission de déclarer irrecevable toute requête qu'elle considère comme abusive se limite aux requêtes individuelles visées à l'article 25 et qu'elle est donc inapplicable aux requêtes interétatiques visées à l'article 24 de la Convention. Il s'ensuit que les présentes requêtes ne peuvent être rejetées en vertu de cette disposition.

18. La Commission note cependant que le Gouvernement défen-

ment, by inviting the Commission to reject the applications as abusive, invoke a general principle according to which the right to bring proceedings before an international instance must not be abused. They consider that such a principle has been recognised in the Commission's above decision in the First Greek Case.

In that decision the Commission, "assuming that such a general principle exists and is applicable to the institution of proceedings within the framework of the Convention", found that "the alleged political element of the new allegations, even if established, is not such as to render them 'abusive' in the general sense of the word" (*loc. cit.*).

As regards the present applications the Commission does not accept either of the contentions of the respondent Government that they are an abuse of the Convention process. The Commission, even assuming that it is empowered on general principle to make such a finding, considers that the applicant Government have, at this stage of the proceedings, provided sufficient particularised information of alleged breaches of the Convention for the purpose of Article 24. The Commission further considers that the terms in which the applicant Government have characterised the Turkish intervention in Cyprus cannot be regarded as "abusive" in the general sense of the word.

Now therefore the Commission, without prejudging the merits of the case,

DECLARES THE APPLICATIONS ADMISSIBLE.

ANNEX

Parties' representatives at the hearing before the Commission on 22 and 23 May 1975

Applicant Government

Mr. Criton G. Tornaritis	Q.C., Attorney General
Mr. Constantinos Pilavachi	Permanent Representative to the Council of Europe
Mr. Loukis Loukaides	Senior Counsel, Agent of the applicant Government

Respondent Government

Prof. Dr. Ilhan Unat	Professeur of International Private Law, University of Ankara, Agent of the respondent Government
Prof. Dr. Bülent Nuri Esen	Professor of Constitutional Law and

deur, en invitant la Commission à rejeter les requêtes comme abusives, invoque un principe général selon lequel le droit de saisir une instance internationale ne doit pas donner lieu à des abus. Il estime que ce principe a été reconnu dans la décision de la Commission dans la première affaire grecque.

Dans cette décision, la Commission, "en supposant que ce principe général existe et s'applique à l'introduction d'une action dans le cadre de la Convention", estime que "l'élément politique des allégations nouvelles, même s'il était établi, ne rendrait pas ces allégations abusives au sens général de ce terme" (*loc. cit*).

En ce qui concerne les présentes requêtes, la Commission n'accepte aucune des assertions du Gouvernement défendeur selon lesquelles elles constitueraient un recours abusif au mécanisme de la Convention. La Commission, à supposer qu'elle soit habilitée d'une façon générale à se prononcer à cet égard, considère que le Gouvernement requérant a fourni, au stade actuel de la procédure, assez de précisions sur les manquements allégués aux dispositions de la Convention dont traite l'article 24. Elle estime en outre que les termes par lesquels le Gouvernement requérant a qualifié l'intervention turque à Chypre ne sauraient être considérés comme "abusifs" au sens habituel du mot.

Par ces motifs et tout moyen de fond étant réservé, la Commission

DECLARE LES REQUETES RECEVABLES.

ANNEXE

Représentants des Parties à l'audience devant la Commission les 22 et 23 mai 1975

Gouvernement requérant

M. Criton G. Tornaritis	Q.C., Attorney General
M. Constantinos Pilavachi	Représentant Permanent auprès du Conseil de l'Europe
M. Loukis Loukaides	Senior Counsel, Agent du Gouvernement requérant

Gouvernement défendeur

Prof. Dr. Ilhan Unat	Professeur de droit international privé, Université d'Ankara, Agent du Gouvernement défendeur
Prof. Dr. Bülent Nuri Esen	Professeur de droit constitutionnel et

	Human Rights, University of Ankara
Prof. Dr. Mahmut Belik	Professor of International Law, University of Istanbul
Prof. Dr. Edip Çelik	Professor of International Law, University of Istanbul
Prof. Dr. Feyyaz Gölcüklü	Professor of Penal Law and Legal Procedure, University of Ankara
Prof. Dr. Seref Gözübüyük	Professor of Administrative Law, University of Ankara
Mr. Sabri Yirmibesoglu	Adviser
Mr. Nejat Aydin	Minister Plenipotentiary, Head of the Council of Europe Department, Ministry of Foreign Affairs
Mr. Ecmel Barutçu	Minister Plenipotentiary, Head of the Cyprus and Greece Department, Ministry of Foreign Affairs
Mr. Erdil K. Akay	Counsellor of Embassy, Deputy Permanent Representative to the Council of Europe
Mr. Erdim Tüzel	Head of Section, Department of Council of Europe, Ministry of Foreign Affairs
Mr. Hüseyin Pazarci	Associate Professor of International Law, University of Ankara

	des droits de l'homme, Université d'Ankara
Prof. Dr. Mahmut Belik	Professeur de droit international, Université d'Istanbul
Prof. Dr. Adip Celik	Professeur de droit international, Université d'Istanbul
Prof. Dr. Feyyaz Gölcöklü	Professeur de droit pénal et de procédure judiciaire, Université d'Ankara
Prof. Dr. Seref Gözübüyük	Professeur de droit administratif, Université d'Ankara
M. Sabri Yirmibesoglu	Conseiller
M. Nejat Aydin	Ministre plénipotentiaire, Chef du département du Conseil de l'Europe au Ministère des Affaires étrangères
M. Ecmel Barutçu	Ministre plénipotentiaire, Chef du département de Chypre et de la Grèce au Ministère des Affaires étrangères
M. Erdil K. Akay	Conseiller d'Ambassade, Représentant Permanent adjoint auprès du Conseil de l'Europe
M. Erdim Tüzel	Chef de section, département du Conseil de l'Europe au Ministère des Affaires étrangères
M.Hüseyin Pazarci	Chargé de cours de droit international, Université d'Ankara.

CHAPTER II

INDIVIDUAL APPLICATIONS

A.

Introduction

On 31 December 1974, the eighteen Member States of the Council of Europe had ratified the Convention and thirteen had recognised the Commission's competence to receive individual applications: Austria, Belgium, Denmark, the Federal Republic of Germany, Iceland, Ireland, Italy, Luxembourg, the Netherlands, Norway, Sweden, Switzerland and the United Kingdom.

In 1975, 466 individual applications were lodged with the Commission, as against 445 in 1974, 442 in 1973 and 644 in 1972. The Commission took 373 decisions on the admissibility as against 422 in 1974, 476 in 1973 and 417 in 1972.

Between 5 July 1955, the date on which the right of individual petition first came into effect and 31 December 1975, 7.313 applications (and 14 inter-State applications) were lodged with the Commission and it took 4,348 decisions on the admissibility of individual applications.

4 individual applications were declared admissible in 1975, in all 131 individual applications and 13 inter-State applications were declared admissible making a total of 144 applications. The list of applications declared admissible during 1975 is reproduced in Chapter II of Part One, p. 44.

(i) *Among the applications which were still pending before the Commission at 31 December 1974,* i.e. which had been communicated to the Respondent Contracting Parties for their observations on admissibility, the following 7 applications were declared inadmissible: Application No. 6202/73 (X and Y v. the Netherlands) in March 1975, Application No. 6231/73 (X v. the United Kingdom) and Application No. 6166/73 (X v. the Federal Republic of Germany) in May 1975, Application No. 5949/72 (X v. Austria), No. 6541/74 (X v. the Federal Republic of Germany) and No. 6621/74 (X v. the Federal Republic of Germany) in July 1975 and Application No. 5164/72 (X v. the Federal Republic of Germany) in October 1975.

One application was struck off the list: Application No. 6201 (X v. the United Kingdom) in July 1975.

The two following applications were declared admissible: Application No. 6538/74 (Sunday Times v. United Kingdom) on 21 March 1975 and No. 6232/73 (König v. the Federal Republic of Germany) on 27 May 1975.

CHAPITRE II

REQUETES INDIVIDUELLES

A.

Introduction

Au 31 décembre 1975, les 18 Etats membres du Conseil de l'Europe avaient ratifié la Convention et treize avaient accepté la compétence de la Commission en matière de requêtes individuelles, à savoir: Autriche, Belgique, Danemark, République Fédérale d'Allemagne, Islande, Irlande, Italie, Luxembourg, Pays-Bas, Norvège, Suède, Suisse et Royaume-Uni.

En 1975, la Commission a été saisie de 466 requêtes individuelles contre 445 en 1974, 442 en 1973 et 644 en 1972. Elle a rendu 373 décisions sur la recevabilité des requêtes contre 422 en 1974, 476 en 1973 et 417 en 1972.

Entre le 5 juillet 1955, date à partir de laquelle a commencé à s'exercer le droit de recours individuel et le 31 décembre 1975, la Commission a été saisie de 7.313 requêtes individuelles (et de 14 requêtes étatiques), elle a rendu 4.348 décisions sur la recevabilité des requêtes individuelles.

Au cours de l'année 1975, 4 requêtes individuelles ont été déclarées recevables, soit au total 144 requêtes dont 131 requêtes individuelles et 13 requêtes étatiques.

La liste des requêtes individuelles déclarées recevables au cours de l'année 1975 figure au Chapitre II de la Première Partie, p. 45.

(i) *Parmi les requêtes pendantes devant la Commission au 31 décembre 1974*, c'est-à-dire celles qui avaient été précédemment communiquées aux Parties Contractantes pour qu'elles fassent connaître leurs observations sur leur recevabilité, 7 ont été déclarées irrecevables; il s'agit des requêtes N° 6202/73 (X. et Y. c/Pays-Bas) en mars 1975, N° 6231/73 (X. c/Royaume-Uni) et N° 6166/73 (X. c/République Fédérale d'Allemagne) en mai 1975, N° 5949/72 (X. c/Autriche), N° 6541/74 (X. c/République Fédérale d'Allemagne) et N° 6621/74 (X. c/République Fédérale d'Allemagne) en juillet 1975 et N° 5164/72 (X. c/République Fédérale d'Allemagne) en octobre 1975.

Une requête a été rayée du rôle à savoir la requête N° 6201 (X. c/Royaume-Uni) en juillet 1975.

Deux requêtes ont été déclarées recevables; il s'agit des requêtes N° 6538/74 (Sunday Times c/Royaume-Uni) le 21 mars 1975 et N° 6232/73 (König c/République Fédérale d'Allemagne) le 27 mai 1975.

The remaining applications were still pending before the Commission on 31 December 1975: No. 6452/74 (X v. Italy), No. 5573/72 (X v. the Federal Republic of Germany), No. 5670/72 (X v. the Federal Republic of Germany), No. 5113/72 (X v. the United Kingdom), No. 6210/73 (X v. the Federal Republic of Germany), No. 6614/74 (X v. the Federal Republic of Germany).

Furthermore, between the applications communicated to the respondent Contracting Parties before 31 December 1973[1] and thus pending before the Commission on 31 December 1974, the following applications were declared inadmissible: No. 5574/72 and No. 5264/71 (X v. the United Kingdom). The other applications are thus still pending before the Commission, i.e. Applications No. 5727/72, No. 5744/72, No. 5872/72, No. 5884/72, No. 6056/73, No. 6144/73 and No. 6258/73 all against the United Kingdom.

(ii) During 1975, 22 applications were communicated to the respondent Contracting Parties pursuant to Rule 40 of the Commission's Rules of Procedure. Among these, the two following were declared inadmissible: No. 5935/72 (X v. the Federal Republic of Germany) on 30 September 1975 and No. 7011/75 (X v. Denmark) on 3 October 1975.

The following two applications were declared admissible: No. 6301/73 (X v. the Netherlands) on 30 September 1975 and No. 6833/74 (Marckx v. Belgium) on 29 September 1975.

The following 18 applications were thus still pending before the Commission on 31 December 1975: No. 6281/73 (X v. the Federal Republic of Germany), No. 6751/74 (X v. Belgium), No. 6087/73 (X v. Austria), No. 6224/73 (X v. the United Kingdom), No. 6306/73 (X v. Italy), No. 6701/74 (X v. Austria), No. 6878/75 (X v. Belgium), No. 6965/75 (X v. Austria), No. 5947/72 (X v. the United Kingdom), No. 6825/74 (X v. Iceland), No. 6289/73 (X v. Ireland), No. 6697/74 (X v. Belgium), No. 6959/75 (X v. the Federal Republic of Germany), No. 6989/75 (X v. Belgium), No. 7070/75 (X v. the Federal Republic of Germany), No. 6205/73 (X v. the United Kingdom), No. 6998/75 (X v. the United Kingdom), No. 7163/75 (X v. the Federal Republic of Germany).

Decisions included in this chapter are set out in the same way as in earlier volumes:

- Section B contains the texts of the decisions on admissibility;

- Section C gives summaries of decisions whose texts are contained in Section B.

It is to be noted that the summaries are only intended to facilitate reference to the jurisprudence of the Commission, and are not a

[1] See Yearbook, Vol. XVII, p. 146

Les requêtes suivantes étaient encore pendantes devant la Commission au 31 décembre 1975: N° 6452/74 (X. c/Italie), N° 5573/72 (X. c/République Fédérale d'Allemagne), N° 5670/72 (X. c/République Fédérale d'Allemagne), N° 5113/72 (X. c/Royaume-Uni), N° 6210/73 (X. c/République Fédérale d'Allemagne), N° 6614/74 (X. c/République Fédérale d'Allemagne).

En outre, des requêtes qui étaient pendantes devant la Commission le 31 décembre 1974 alors qu'elles avaient été communiquées aux Parties Contractantes mises en cause le 31 décembre 1973[1], les requêtes N° 5574/72 et N° 5264/71 (X. c/Royaume-Uni) ont été déclarées irrecevables. Les autres requêtes sont encore pendantes devant la Commission, à savoir les requêtes N° 5727/72, N° 5744/72, N° 5872/72, N° 5884/72, N° 6056/73, N° 6144/73 et N° 6258/73, toutes contre le Royaume-Uni.

(ii) Au cours de l'année 1975, 22 requêtes ont été communiquées aux Parties Contractantes mises en cause, conformément à l'article 40 du Règlement intérieur de la Commission. Parmi celles-ci, 2 ont été déclarées irrecevables: N° 5935/72 (X. c/République Fédérale d'Allemagne) le 30 septembre 1975 et N° 7011/75 (X. c/Danemark) le 3 octobre 1975.

Deux requêtes ont été déclarées recevables à savoir N° 6301/73 (X. c/Pays-Bas) le 30 septembre 1975 et N° 6833/74 (Marckx c/Belgique) le 29 septembre 1975.

Les 18 requêtes suivantes restaient donc encore pendantes devant la Commission le 31 décembre 1975: N° 6281/73 (X. c/République Fédérale d'Allemagne), N° 6751/74 (X. c/Belgique), N° 6087/73 (X. c/Autriche), N° 6224/73 (X. c/Royaume-Uni), N° 6306/73 (X. c/Italie), N° 6701/74 (X. c/Autriche), N° 6878/75 (X. c/Belgique), N° 6965/75 (X. c/Autriche), N° 5947/72 (X. c/Royaume-Uni), N° 6825/74 (X. c/Islande), N° 6289/73 (X. c/Irlande), N° 6697/74 (X. c/Belgique), N° 6959/75 (X. c/République Fédérale d'Allemagne), N° 6989/75 (X. c/Belgique), N° 7070/75 (X. c/République Fédérale d'Allemagne), N° 6205/73 (X. c/Royaume-Uni), N° 6998/75 (X. c/Royaume-Uni), N° 7163/75 (X. c/République Fédérale d'Allemagne).

Les décisions incluses dans le présent chapitre de l'Annuaire sont présentées selon le même système que dans les volumes précédents:

- la Section B de ce chapitre contient le texte des décisions sur la recevabilité des requêtes;
- la Section C contient les sommaires des décisions dont le texte est reproduit à la section B.

Il est évident que ces indications d'ordre technique ont pour but de permettre au lecteur de consulter plus aisément la jurisprudence

[1] Voir Annuaire XVII, p. 147.

commentary on, nor an interpretation of, the Commission's decisions.

B.

Texts of selected decisions

Application No. 6166/73

Andreas BAADER, Holger MEINS, Ulrike Marie MEINHOF, and Wolfgang GRUNDMANN *against* the FEDERAL REPUBLIC OF GERMANY

Decision of 30 May 1975

SUMMARY OF THE FACTS

When he lodged his application, Mr. Baader was serving a sentence imposed on an earlier conviction. The other applicants were in detention on remand. They are all suspected of belonging to a criminal organisation known as the "Red Army Fraction" or "Baader-Meinhof Gang".

On 12 June 1972 the investigating judge (*Ermittlungsrichter*) of the Federal Court (*Bundesgerichtshof*) made the following order concerning the applicants Baader and Meins:

1. The accused (*Beschuldigten*) may only have visits from their parents.
2. The correspondence of the accused (in and out going) is restricted to correspondence with parents and official authorities.
3. The accused may order newspapers and journals only through the prison authorities.

This order has in the meantime been amended to the effect that the accused may also order books through their defence counsels.

On 20 June 1972 the investigating judge of the Federal Court ordered the same restrictions with regard to Ulrike Meinhof.

On 20 October 1972 the District Court ordered the same restrictions for the applicant Grundmann.

The appeal lodged against these decisions were all rejected (U. Meinhof had merely protested against restrictions on correspondence). In its decisions on these appeals, the Federal Court pointed out that Baader had already been freed by force on 14 May 1970 and that similar plans to free other members of the group were known to the authorities.

This being so, the restrictions complained of were necessary. In fact, no other way could be found of preventing the applicants from de la Commission et ne constituent ni un commentaire, ni une interprétation des décisions de la Commission.

B.

Textes des décisions sélectionnées

Requête No 6166/73

Andreas BAADER, Holger MEINS, Ulrike Marie MEINHOF et Wolfgang GRUNDMANN *contre* la REPUBLIQUE FEDERALE D'ALLEMAGNE

Décision du 30 mai 1975

RESUME DES FAITS

Lors de l'introduction de sa requête, M. Baader était détenu en exécution d'une condamnation antérieure. Les autres requérants se trouvaient en détention préventive. Ils sont tous soupçonnés d'appartenir à une organisation criminelle connue sous le nom de "Fraction de l'Armée Rouge" ou de "Bande Baader-Meinhof".

Le 12 juin 1972, le juge d'instruction (*Ermittlungsrichter*) près la Cour Fédérale a pris la décision suivante relativement à MM. Baader et Meins:

1. Les inculpés seront uniquement autorisés à recevoir la visite de leurs parents.
2. La correspondance des inculpés sera réduite à un échange de courrier avec leurs parents et les autorités.
3. Les inculpés ne pourront commander des journaux et revues que par l'intermédiaire de l'administration pénitentiaire.

Cette décision a depuis lors été modifiée en ce sens que les inculpés peuvent également se procurer des livres par l'intermédiaire de leurs avocats.

Le 20 juin 1972, le juge d'instruction a pris des dispositions restrictives identiques à l'égard d'Ulrike Meinhof.

Le 20 octobre 1972, le tribunal cantonal compétent a lui aussi pris des décisions identiques à l'égard de Grundmann.

Les recours formés contre ces décisions ont tous été rejetés (U. Meinhof avait exclusivement contesté les restrictions de correspondance). Dans les décisions rendues sur ces recours, la Cour Fédérale a relevé que Baader avait été déjà libéré le 14 mai 1970 par la force des armes et que des plans de libération d'autres membres du groupe étaient connus.

Pour ces motifs, les restrictions mises en cause étaient nécessaires. Il n'était pas possible, en effet, d'empêcher autrement les abus de making improper use of visits, mail or the exchange of documents of all kinds to prepare for further escapes.

On 14 March 1973, the Federal Constitutional Court rejected the constitutional appeals lodged by all the applicants, having first decided to consider them together.

The Court held that the measures complained of were not unconstitutional. It did, however, point out that the general restrictions imposed by the decisions complained of were not yet final from the point of view of either procedure or substance (*weder formelle noch materielle Rechtskraft*).

This being so, the investigations judge in the Federal Court (in the case of Grundmann, the District Court) was obliged to grant exceptions from these measures, whenever warranted by the circumstances. He was also obliged to consider, at regular intervals, whether the circumstances which originally justified these general restrictions were still obtained or whether, on the contrary, the situation had changed, rendering these measures unnecessary.

As for Grundmann's appeal against the isolation imposed on him, the Constitutional Court decided that the applicant had not exhausted his available remedies.

Summary of the applicants' complaints

The applicants allege that the measures in question exceed the purpose of detention on remand. They are of the opinion that these measures aim at isolating permanently political prisoners from other detainees and persons. The authorities thus create a status of a political prisoner whose rights are reduced in comparison to other prisoners.

They allege that the isolation from the outside world is supplemented by an isolation within the prison. They are allegedly excluded from the prison community life and some of them are taken handciffed to the recreation ground out in the open air.

They state that their defence counsels have a difficult stand because they have been globally defamed by the General Attorney (*Generalbundesanwalt*) who allegedly called them accomplices to the criminal organisation. Those barristers who have publically denounced the mental torture by isolation are now themselves subject to criminal prosecution.

The applicants are of the opinion that the above-mentioned decisions given by the German courts against them violate Articles 3, 6, 8 and 10 of the Convention.

visites, d'utilisation du courrier ou d'échange de documents de toutes sortes qui pourraient être commis dans le cadre de la préparation d'évasions.

Le 14 mars 1973, la Cour Constitutionnelle Fédérale a rejeté, après les avoir joints, les recours constitutionnels formés par tous les requérants.

La Cour a estimé que les mesures incriminées n'étaient pas contraires à la Constitution. Elle a toutefois souligné que les décisions générales mises en cause n'avaient pas définitivement acquis force de droit (*weder formelle noch materielle Rechtskraft*).

Le juge d'instruction près la Cour Fédérale (ou le tribunal cantonal dans le cas de Grundmann) était dès lors tenu d'accorder des dérogations à ces mesures, chaque fois que de telles dérogations paraissaient justifiées par les circonstances de fait. Le juge d'instruction était par ailleurs également obligé d'examiner à intervalles réguliers si les circonstances rendant nécessaires les mesures générales de restriction se trouvaient toujours réunies ou si, au contraire, la situation s'était modifiée en sorte que de telles mesures ne se trouvaient plus justifiées.

En ce qui concerne enfin le grief de Grundmann relatif à son isolement, la Cour Constitutionnelle a déclaré que le requérant n'avait pas épuisé les voies de recours préalables sur ce point.

Résumé des griefs des requérants

Les requérants prétendent que les mesures en question sont inconciliables avec l'objet et la fonction de la détention préventive. Elles visent, selon eux, à isoler de façon permanente les prisonniers politiques des autres détenus et des autres personnes en général. Les autorités créent ainsi un statut du prisonnier politique dont les droits se trouvent réduits par rapport aux autres détenus.

Ils soulignent que cet isolement du monde extérieur se double d'un isolement à l'intérieur même de la prison puisqu'ils sont disent-ils, exclus de la vie sociale de cette prison. Certains prisonniers politiques seraient même soumis à un véritable isolement acoustique de toute activité humaine dans les locaux spéciaux.

Les requérants font valoir par ailleurs que leurs avocats se trouvent dans une situation difficile suite aux déclarations de l'Avocat Général (*Generalbundesanwalt*) qui aurait traité ceux-ci de complices d'une organisation criminelle. Les avocats qui ont dénoncé publiquement la torture morale constituée par l'isolement se trouvent au reste eux-mêmes soumis à des poursuites judiciaires.

Les requérants estiment que les décisions déjà citées prises à leur encontre par les tribunaux allemands violent les articles 3, 6, 8 et 10 de la Convention.

Proceedings before the Commission

The Commission decided on 17 July 1974 to communicate the application to the Federal Government for observations on admissibility.

The respondent Government was consequently invited to submit their observations by 20 September 1974. After an extension of this time-limit until 25 October 1974, the observations were received at the end of that month.

The applicants were invited by letter of 7 November 1974 to submit their observations in reply before 10 December 1974. Their counsels had already announced in a letter of 9 October 1974 that they intended to submit further information and that the applicants had started a hunger strike. By letter of 18 December 1974 the applicants' counsels requested an extension of the time-limit stating that in view of the applicants' hunger strike it was not possible to prepare the reply. An extension was granted until 20 January 1975. On 23 January 1975 the applicants' counsels requested another extension of the time-limit. They stated that the Federal Attorney (*Generalbundesanwalt*) considered to change the conditions of the applicants' detention. Such changes, so they said, might give reason no longer to pursue the application. They added that the applicant Meins had died on 9 November 1974 and that his application was thereby settled. Another extension of the time-limit was granted until 28 February 1975. As no communication was received by that date the Secretary informed the applicants' counsels on 16 April 1975 that the case would be put before the Commission in the present state of the file.

Summary of the Federal Government's observations regarding the admissibility of the application

The Government details the crimes imputed to the applicants and the Baader-Meinhof Gang in general in an account of the facts which is intended to illustrate this extremely dangerous character. The most important incidents are as follows:

On 31 October 1968, Baader was found guilty of arson and sentenced to 3 years imprisonment. On 14 May 1970, U. Meinhof and three accomplices succeeded in freeing him by armed force.

Subsequently, the applicants carried out various hold-ups, bank raids, and other crimes, assisted by other members of the gang. When Grundmann was arrested a policeman was fatally wounded by a shot fired by one of the group.

(*Traduction*)

Procédure devant la Commission

La Commission a décidé le 17 juillet 1974 de porter la présente requête à la connaissance du Gouvernement Fédéral afin de lui permettre de présenter des observations sur la recevabilité.

Le Gouvernement a ainsi été invité à présenter par écrit avant le 20 septembre 1974 ses observations sur la recevabilité de la requête. Cette échéance a été repoussée au 25 octobre 1974 et le mémoire du Gouvernement est parvenu à la fin du mois d'octobre.

Par lettre du 7 novembre 1974, les requérants ont alors été invités à soumettre leurs observations en réponse avant le 10 décembre 1974. Dans une lettre du 9 octobre, leurs avocats avaient déjà indiqué leur intention de produire des renseignements complémentaires. Ils informaient également la Commission d'une grève de la faim entamée par les requérants. Le 18 décembre 1974, ces mêmes avocats ont demandé une prorogation de délai en faisant valoir que la grève de la faim de leurs clients rendait impossible la préparation des observations en réponse. L'échéance a été reportée au 20 janvier 1975. Le 23 janvier 1975, les avocats ont sollicité un nouveau report d'échéance. Signalant que l'Avocat Général envisageait une modification des conditions de détention des requérants, ils indiquaient que de telles modifications pourraient motiver un retrait de la requête. Ils ajoutaient que Meins était décédé le 9 novembre 1974 et que sa requête se trouvait ainsi éteinte. Une prorogation de délai au 28 février 1975, fut accordée. A l'échéance de ce délai, aucune communication n'était cependant parvenue. Par lettre du 16 avril 1975, le Secrétaire a alors informé les avocats des requérants que l'affaire serait soumise à la Commission sur base du dossier constitué par les parties à cette date.

Résumé des observations du Gouvernement Fédéral sur la recevabilité de la requête

Dans un exposé des faits, le Gouvernement fait tout d'abord un relevé des crimes imputables aux requérants et, d'une façon générale, à la Bande Baader-Meinhof. Ce relevé doit mettre en lumière le caractère extrêmement dangereux des requérants. Les éléments suivants doivent en être soulignés.

Le 31 octobre 1968, Baader a été reconnu coupable du crime d'incendie volontaire et condamné à 3 ans de maison de réclusion. Le 14 mai 1970, il a été libéré par une intervention armée d'U. Meinhof assistée de 3 complices.

Par la suite, les requérants ont procédé à divers hold-ups, attaques de banques et autres crimes, avec l'aide d'autres membres de la bande. Lors de l'arrestation de Grundmann, un policier a été mortellement blessé par un coup de feu tiré par un membre du groupe.

Numerous persons were killed or seriously injured in bomb incidents for which the Red Army Fraction always claimed responsibility in the press.

Baader and Meins were arrested after an exchange of shots with the police. On her arrest, U. Meinhof's personal belongings were found to contain a home-made bomb and other explosive charges.

The indictment brought against the applicants at the time included the following counts: murder, robbery with violence and forming a criminal association. The Government considers that this survey is sufficient to indicate the dangerous nature of the applicants, who stand accused of the most serious crimes. This danger is all the greater since, in spite of their imprisonment, they are still trying to achieve their aims with the help of members of the gang or of sympathisers.

Liberation of the imprisoned members of the group is one of the declared aims of the Red Army Fraction. Apart from the findings of various courts, the authorities possess a considerable body of evidence relating to preparations for this purpose.

The Federal Government thus contends that the dangerous character of the applicants and the continuation of their activities during their imprisonment justify the restrictions imposed upon them. It should also be noted that these measures are no longer enforced in their original form. It has, in fact, been possible progressively to reduce, and even partly to eliminate, the restrictions imposed on the applicants, particularly since the likelihood that evidence might be concealed or destroyed has lessened as the investigations have proceeded.

It should be noted, however, that the applicants have not made use of all the concessions granted in respect of their conditions of detention. Thus, although since March 1973, they have been allowed to spend an hour a day in the company of a prisoner, other than their co-accused, none of them has done so alleging the risk of being spied on. Nor has any of them asked for special concessions in connection with visits from, or exchange of letters with, persons not suspected of supporting the Red Army Fraction.

The initial decisions of the investigations judge were modified by a court decision of 6 May 1974 in favour of the applicants Baader, Meinhof and Meins. Visits and correspondence are now largely authorised. In Grundmann's case, however, visits and correspondence are still restricted, in principle, to close relatives and the authorities. This does not mean, however, that permission to meet

De nombreuses personnes ont été tuées ou sérieusement blessées lors d'attentats à l'aide d'explosifs, toujours revendiqués auprès de la presse par la faction de l'armée rouge.

Baader et Meins ont été arrêté après un échange de coups de feux avec la police. Lors de l'arrestation de U. Meinhof on a trouvé dans ses bagages personnels une bombe artisanale et deux autres charges explosives.

A cette époque un acte d'accusation avait été établi contre les requérants, à charge desquels étaient notamment retenus les chefs d'inculpation suivants: homicide volontaire, vol qualifié avec violences, association de malfaiteurs. Le Gouvernement conclut que cet exposé de faits établit à suffisance le danger représenté par les requérants, accusés des crimes les plus graves. Ce danger est d'autant plus important que, en dépit de leur détention, il s'efforcent encore en permanence de réaliser leurs objectifs à l'aide de membres de la bande ou de sympathisants.

La libération des membres du groupe emprisonnés constitue au surplus un des objectifs déclarés de la faction de l'armée rouge. Outre les conclusions de différents tribunaux, les autorités disposent ainsi d'un volume considérable de preuves relatives à des préparatifs de libération.

Le Gouvernement Fédéral soutient dès lors que le caractère dangereux des requérants et la poursuite de leurs activités durant leur détention justifient les restrictions qui leur ont été imposées. Il fait observer en outre que ces mesures ne sont plus en vigueur dans leur forme originale. En effet, il a été progressivement possible de réduire voire de supprimer partiellement les restrictions imposées aux requérants en particulier à raison du fait que, avec les progrès de l'instruction, les dangers de voir dissimuler ou détruire des éléments de preuve devenaient plus limités.

Il convient de remarquer cependant que les requérants n'ont pas usé de tous les assouplissements aux conditions de détention qui leur ont été accordés. Ainsi, bien que à partir de mars 1973, ils aient eu la possibilité de passer une heure par jour, avec un autre détenu, à l'exception de leurs co-accusés, aucun des requérants n'a fait usage de cette faculté. Ils ont fait valoir à cet égard le risque d'être espionné. Pareillement aucune demande d'autorisation exceptionnelle n'a jamais été faite pour obtenir la visite ou l'échange de correspondance avec des personnes non suspectes de soutien à la faction de l'armée rouge.

Les premières décisions du juge d'instruction ont été modifiées par décision judiciaire du 6 mai 1974, en faveur des requérants Baader, Meinhof et Meins. Les visites et la correspondance sont désormais autorisées dans une large mesure. Visites et correspondance sont au contraire encore limitées en principe aux proches parents et aux autorités en ce qui concerne Grundmann. Ceci other persons may not be granted under certain circumstances. The conditions of Grundmann's imprisonment have also been relaxed in other ways, particularly with regard to the purchase of newspapers, periodicals and books. He has not so far availed himself of the opportunity offered to contact the prison staff, in particular the social workers, chaplains and the prison psychologist.

The Government points out here that the conditions of imprisonment are not identical for all the applicants. The applicant Meinhof is thus authorised to spend four hours every day with Miss Ensslin, one of her co-accused. To all intents and purposes, the applicant Meins is free to spend his daily hour of exercise in the open air with other persons in detention and on remand but it appears that he has never taken advantage of this possibility. Baader and Grundmann, on the other hand, are obliged to spend their periods of open-air exercise alone. Baader may, however, watch television for two hours every morning in the company of a prison officer.

The Government further claims that the applicants have sufficient contact with the outside world. It cites Baader as an example. Apart from visits from his mother twice a month, Baader sees his lawyers, with whom he confers for several hours, at least twice a week. The situation of the other applicants is not very different.

It is also untrue that the applicants are acoustically isolated from the world around them. Admittedly, they are not permitted for reasons of security to participate in the group activities of the other prisoners. Religious and medical assistance is, however, available and they keep in touch with world events through visits, radio and the press. Generally speaking, they were not treated more harshly than any other dangerous prisoner suspected of crimes of equal gravity.

The Government also rejects the assertion that the applicants' lawyers are being prosecuted for maligning the state (*Staatsverleumdung*). The fact is that several of the Red Army Fraction's lawyers are now suspected of complicity or other offences.

In conclusion, the application should be declared manifestly ill-founded even if it is not found inadmissible for failure to exhaust the domestic remedies.

THE LAW

1. The applicant Holger Meins died while the case was being dealt with by the Commission, but this fact did not automatically

n'exclut toutefois pas l'octroi de certaines autorisations de rencontrer d'autres personnes. Grundmann bénéficie d'ailleurs d'autres allègements des conditions de détention, notamment pour la commande de quotidiens, de périodiques et de livres. Il n'a pas, à ce jour usé de la faculté qui lui est offerte d'entrer en contact avec le personnel pénitentiaire et notamment les assistants sociaux, les aumôniers et le psychologue de la prison.

Le Gouvernement souligne à ce sujet que les conditions de détention ne sont pas identiques pour tous les requérants. Ainsi la requérante Meinhof est-elle autorisée à passer quotidiennement quatre heures avec une de ses co-accusés, Mlle Ensslin. Le requérant Meins peut pratiquement passer son heure d'exercices extérieurs quotidiens en compagnie d'autres personnes détenues à titre préventif. Il n'a, semble-t-il, jamais fait usage de cette possibilité. Baader et Grundmann, au contraire, doivent passer seuls leur temps d'exercice au grand air. Baader peut toutefois suivre les programmes télévisés durant deux heures tous les matins en présence d'un membre du personnel.

Le Gouvernement soutient en outre que les requérants ont suffisamment de contact avec le monde extérieur. Il cite le cas de Baader à titre d'exemple. Outre les visites bi-mensuelles de sa mère, ce requérant reçoit au minimum 2 fois par semaine ses avocats avec lesquels il confère durant plusieurs heures. La situation des autres requérants n'est pas très différente.

Il est par ailleurs erroné, selon le Gouvernement, que les requérants soient isolés acoustiquement de toute activité humaine. Sans doute ne peuvent-ils participer aux activités de groupe des détenus, pour des raisons de contrôle. Mais ils peuvent disposer d'une assistance religieuse et médicale et sont au courant des événements du monde extérieur par l'intermédiaire des visites, des émissions de radio et de la presse. D'une façon générale, les requérants ne seraient donc pas traités plus durement que tout autre prisonnier dangereux soupçonné d'avoir commis des crimes aussi graves.

Le Gouvernement réfute également l'assertion selon laquelle les avocats des requérants seraient poursuivis pour atteinte au crédit de l'Etat (..). (*Staatsverleumdung*). La vérité est que plusieurs de ces avocats de la fraction de l'armée rouge sont devenus suspects de complicité criminelle ou d'autres délits.

En conclusion, la requête devrait être déclarée manifestement mal fondée dans la mesure où elle ne serait pas déjà irrecevable pour non-épuisement des voies de recours internes.

(*Traduction*)

EN DROIT

1. Le requérant Holger Meins est décédé au cours de l'instance devant la Commission. Sa requête ne se trouvait pas automatique-

dispose of his complaint. On the contrary, it would have been for his legal successor to decide whether to maintain his complaint or allow it to be struck off the list. However, no communication was received from this legal successor nor did the Commission seek to clarify this situation.

The Commission in fact considered that, since Holger Meins' complaint is identical with those made by the other applicants, no separate decision was necessary and it dealt with his complaint in the same way as if it had been maintained by his legal successor. In the following reasoning, therefore, no distinction is made between him and the other applicants.

2. According to Article 26 of the Convention it is a precondition of any individual petition that all domestic remedies must have been exhausted before the Commission can deal with the application concerned. The respondent Government has claimed that the applicants did not exhaust legal remedies available to them under German law in relation to certain of their complaints.

However, each applicant has appealed to the Federal Constitutional Court in respect of various aspects of his complaints and there might therefore be doubt as to the effectiveness of any further appeal by an applicant in respect of other aspects of his complaints which have already been rejected in similar cases.

The Commission further considers that it need not go further into this question as in any event the application must be rejected as manifestly ill-founded for the reasons set out below.

3. The applicants alleged that as "political prisoners" they were being subjected to the torture of isolation and that they were cut off from contacts both inside and outside the prison. They also claimed that it was being made difficult if not impossible for their defence lawyers to protect the rights to which they are entitled under the German Constitution or which are guaranteed them by the Convention.

With respect to the latter allegation the Commission finds that the applicants' representatives were clearly not prevented from lodging a detailed application. On the other hand they failed to produce any reply to the exhaustive statement made by the respondent Government regarding the admissibility of the application although they were given adequate opportunity to file an answer in that repeated extensions of the time-limit were granted to them. In their requests for extensions of the time-limits the applicants' representatives never claimed that it had been made impossible for them to reply. It must therefore be found that the whole of the facts as stated by the respondent Government were accepted by the applicants without substantiated contradiction.

With regard to the applicants' allegation that as "political ment éteinte de ce fait. Il appartenait au contraire à son ou ses ayant-droits de décider de maintenir la requête ou d'en autoriser la radiation du rôle. Aucune communication n'a toutefois été reçue des ayants-droits et la Commission n'a pas cherché à clarifier la situation à cet égard.

En fait, la Commission a estimé qu'aucune décision distincte n'était nécessaire, puisque les griefs d'Holger Meins sont identiques à ceux des autres requérants. Elle a examiné sa requête comme si elle avait été maintenue par les ayants-droits. Dans le raisonnement ci-après, aucune distinction n'a dès lors été faite entre la requête présentée par Holger Meins et celles des autres requérants.

2. En vertu de l'article 26 de la Convention, la Commission ne peut être saisie d'une requête individuelle qu'après l'épuisement des voies de recours internes. Le Gouvernement défendeur a fait valoir que, pour certains griefs, les requérants n'avaient pas épuisé les voies de recours disponibles en droit allemand.

Chacun des requérants s'est toutefois pourvu devant la Cour Constitutionnelle Fédérale à propos de divers aspects de ses griefs. On peut dès lors avoir de sérieux doutes quant à l'efficacité de tout nouveau recours présenté par un requérant sur d'autres aspects de ses griefs, déjà rejetés dans des cas similaires.

La Commission estime par ailleurs superflu d'approfondir cette question, la requête devant en toute hypothèse être rejetée pour défaut manifeste de fondement, conformément aux raisons exposées ci-après.

3. Les requérants exposent que, en tant que prisonniers politiques, ils ont été soumis à la torture de l'isolement et privés de tout contact tant à l'intérieur de la prison qu'avec le monde extérieur. Il aurait en outre été pratiquement impossible à leurs avocats d'assurer la défense des droits qui leur sont reconnus par la Constitution allemande ou garantis par la Convention.

Sur ce dernier point, la Commission constate que les défenseurs des requérants n'ont nullement été empêchés de présenter une requête détaillée. Par contre, ils n'ont produit aucune réponse aux observations très fouillées du Gouvernement sur la recevabilité de la requête, bien qu'ils en aient eu amplement l'occasion puisque l'échéance pour la production d'une telle réponse a été reportée à diverses reprises. Au reste, en demandant des reports de l'échéance, les défenseurs n'ont jamais prétendu être dans l'impossibilité de soumettre des observations en réponse. Il faut en conclure que les faits, tels qu'ils ont été exposés par le Gouvernement, ne font l'objet d'aucune contestation substantielle de la part des requérants.

En ce qui concerne le grief des requérants selon lequel ils auraient prisoners" they are being subjected to torture by isolation, the Commission finds first of all that, according to the unchallenged statement made by the respondent Government, all the applicants are charged with grave offences, including murder, attempted murder, robbery and membership of a criminal association. The applicants are thus not in custody because of their political convictions but because they are suspected of offences dangerous to the community. For this reason they cannot be regarded as "political prisoners".

According to the statement of the respondent Government, the measures attacked in this application were applied for the purpose of making their detention secure. In this connection the respondent Government has stressed, *inter alia,* that once before Andreas Baader had been freed from custody by force of arms, that he and Holger Meins resisted arrest by using firearms, that a policeman was fatally wounded when the applicant Grundmann was arrested, and that the applicant Meinhof was carrying a home-made bomb and two other explosives when she was arrested. According to the statement made by the respondent Government, Ulrike Meinhof also had in her possession at the time of her arrest a document emanating from Gudrun Ensslin, who had been imprisoned earlier, dealing, *inter alia,* with the seizure of hostages in order to free imprisoned members of the so-called Baader-Meinhof or "Red Army" Group.

The fact that Andreas Baader was freed by the use of force is not challenged in the application nor are the other facts mentioned in the above paragraph. The Commission thus finds that these facts can be regarded as established. The circumstances described show that the applicants are particularly dangerous and, combined with the further unchallenged statement made by the respondent Government concerning proposals and in some cases attempts to free the prisoners, they indicate the necessity for guarding against attempts by the applicants to break out of prison.

According to the undisputed statement made by the respondent Government the security measures complained of have since been relaxed. Each applicant has been allowed, since March 1973, to spend one hour every day with another prisoner. Besides this they have opportunities for contacts with spiritual and medical advisers. They are not subject to sensory isolation in sound-proof cells. From radio and newspapers they know what is happening in the outside world and Baader and Meinhof are even allowed to watch television.

Apart from visits by relatives they have close contacts with the outside world in the form of numerous visits from a large number of lawyers. Except in the case of Grundmann, restrictions on their mail été soumis, en tant que prisonniers politiques, à la torture par isolement, la Commission relève en premier lieu que tous les requérants sont inculpés de crimes particulièrement graves et notamment de meurtre, tentative de meurtre, vol qualifié et association de malfaiteurs. Ceci résulte des observations non contestées du Gouvernement. Les requérants ne sont donc pas détenus en raison de leurs opinions politiques, mais parce qu'ils sont soupçonnés d'avoir commis des infractions représentant un danger social. A ce titre, ils ne peuvent être considérés comme des "prisonniers politiques".

Selon le Gouvernement défendeur, les mesures attaquées dans cette affaire ont été mises en oeuvre afin de rendre la détention des requérants parfaitement sûre. Le Gouvernement fait valoir, à ce sujet, que Andreas Baader a été antérieurement libéré par la force des armes, que Holger Meins, s'est opposé à son arrestation en utilisant une arme à feu, qu'un policier a été mortellement blessé au cours de l'arrestation de Grundmann, que Meinhof, enfin, transportait une bombe artisanale et deux charges explosives lorsqu'elle a été arrêtée. Il ressort également des observations du Gouvernement qu'Ulrike Meinhof possédait lors de son arrestation un document rédigé par Gudrun Ensslin, détenue auparavant, et traitant d'une prise d'otages en vue de la libération de divers membres de la Bande Baader-Meinhof ou "Groupe de l'Armée Rouge".

La libération armée d'Andreas Baader n'est pas contestée dans la requête. Les autres faits mentionnés au paragraphe précédent ne le sont pas davantage. Ces faits peuvent donc être considérés comme établis. Ces différents éléments prouvent que les requérants sont dangereux. Si on les rapproche des propositions et tentatives de libération des prisonniers mentionnées par le Gouvernement et non contestées, ils permettent de constater la nécessité de mesures de garde destinées à prévenir des tentatives d'évasion.

Ainsi qu'il ressort des explications non contredites du Gouvernement, les mesures de sécurité mises en cause ont été progressivement assouplies. Depuis le mois de mars 1973, les requérants sont individuellement autorisés à passer une heure par jour avec un autre détenu. Ils peuvent avoir des contacts avec des médecins et des conseillers spirituels. Ils ne sont pas soumis à un isolement sensoriel dans des cellules insonorisées. Les journeaux et la radio leur permettent de connaître les événements extérieurs. Baader et Meinhof sont même autorisés à regarder la télévision.

Outre les visites des parents, leurs contacts avec le monde extérieur comprennent de multiples visites d'un grand nombre d'avocats. Sauf dans le cas de Grundmann, les restrictions de correspondance have largely been removed. Even if it is assumed that their mail is confined to communicating with relatives and official authorities, it must not be overlooked that, after the decision given by the Federal Constitutional Court on 14 March 1973, it has been possible for them to apply for exemptions from the general restrictions on correspondence. The applicants have not alleged that they have made any such requests which have been arbitrarily rejected.

The Commission therefore holds that in the present case the restrictions placed on the rights guaranteed by Article 8 (1) and Article 10 (1) of the Convention are permissible measures that were necessary for the prevention of disorder or crime within the meaning of paragraphs 2 of Articles 8 and 10.

An examination by the Commission of the complaints as they have been submitted does for the above reasons not disclose any appearance of a violation of Articles 3, 6 (1) and (2), 8 (1) or 10 (1) of the Convention.

It follows that the application is manifestly ill-founded within the meaning of Article 27 (2) of the Convention.

For these reasons, the Commission

DECLARES THE APPLICATION INADMISSIBLE.

Application No. 6231/73

Ilse HESS *against* the UNITED KINGDOM

Final Decision of 28 May 1975

I. THE FACTS

The *facts* presented by the parties and apparently not in dispute between them may be summarised as follows:

The applicant is a German citizen, born in 1900 and at present residing in Hindelang (Federal Republic of Germany). She is represented by Mr. Engelhardt, a barrister practising in Nuremberg. Her application concerns the detention of her husband, Rudolf Hess, in the Allied Military Prison in Berlin-Spandau.

The applicant's husband was born in 1894 in Alexandria (Egypt). In 1925 he became Hitler's private secretary and "deputy of the Führer" of the Nazi party in 1933. In December of the same year he was made Minister without portfolio. On 10 May 1941 he made a solo flight from Augsburg to the United Kingdom and landed by parachute near Glasgow in Scotland bringing peace proposals. These proposals were rejected and he was made a prisoner.

ont été largement supprimées. Même si l'on admet que leur courrier est limité en principe aux communications avec les parents et les autorités, il convient de ne pas oublier que depuis la décision du 14 mars 1973 de la Cour Constitutionnelle Fédérale, les requérants ont la possibilité de demander des dérogations au système des restrictions générales de correspondance. Les requérants n'ont pas prétendu avoir formulé de telles demandes de dérogations qui auraient été arbitrairement rejetées.

La Commission estime dès lors que les restrictions imposées en l'espèce aux droits garantis par les articles 8 § 1 et 10 § 1 de la Convention constituent des mesures autorisées, nécessaires à la défense de l'ordre et à la prévention des infractions pénales au sens des paragraphes 2 des articles 8 et 10.

Un examen des griefs tels qu'ils ont été présentés ne permet donc pas à la Commission de déceler une apparence de violation des articles 3, 6 § 1, 8 § 1 ou 10 § 1 de la Convention.

Il s'ensuit que la requête est manifestement mal fondée au sens de l'article 27 § 2 de la Convention.

Par ces motifs, la Commission

DECLARE LA REQUETE IRRECEVABLE.

Requête No 6231/73

Ilse HESS *contre* le ROYAUME-UNI

Décision finale du 28 mai 1975

(*Traduction*)

I. EN FAIT

Les *faits* de la cause, tels qu'ils ont été présentés par les parties et qui ne sont apparemment pas contestés par elles, peuvent se résumer ainsi:

La requérante, citoyenne allemande née en 1900, est domiciliée à Hindelang (République Fédérale d'Allemagne). Elle est représentée par Me Engelhardt, avocat exerçant à Nuremberg. Sa requête concerne la détention de son époux, Rudolf Hess, à la Prison militaire interalliée de Berlin-Spandau.

L'époux de la requérante est né en 1894 à Alexandrie (Egypte). Il devient le secrétaire privé de Hitler en 1925 et l'"adjoint du *Führer*" dans le parti nazi en 1933. En décembre de la même année, il est promu ministre sans portefeuille. Le 10 mai 1941, porteur de propositions de paix, il s'envole seul d'Augsbourg pour le Royaume-Uni où il atterrit en parachute près de Glascow en Ecosse. Ces propositions sont repoussées et il est fait prisonnier.

In the autumn of 1945 he was brought to Nuremberg and prosecuted before the International Military Tribunal. He was acquitted of the charges of war crimes and crimes against humanity but found guilty of conspiracy to wage aggressive war and crimes against peace. By judgment of 30 September and 1 October 1946 he was condemned to life imprisonment. Together with six other principal defendants who had been given prison sentences by the International Military Tribunal he was transferred on 18 July 1947 to the Allied Military Prison in Berlin-Spandau. Spandau Prison is located in the British sector of Berlin and is guarded in monthly turns by the United States of America, France, the United Kingdom and the Union of Soviet Socialist Republics.

Since the release of the last of the other Nazi prisoners from Spandau on 1 October 1966 Rudolf Hess has been in solitary confinement in a building capable of holding 600 prisoners. Since this time the applicant and her son have increased their efforts to obtain his release on humanitarian grounds.

They have received considerable support and encouragement from most Governments in Western Europe and the United States Government expressing the opinion that Rudolf Hess should be released. The applicant submits that the Soviet Government insist on their veto against the Western efforts to release Rudolf Hess.

Complaints

The applicant alleges a violation of Articles 3 and 8 of the Convention.

She complains that her right to family life is being violated by the long and inhuman detention of her husband. She argues that although her husband has not been condemned to solitary confinement he remains the only prisoner in Spandau Prison since 1968.

She further complains that Rudolf Hess has not been permitted to see the contents of his files concerning the proceedings before the International Military Tribunal or publications relating to his case. He has never been given any submissions which his lawyer made to the Control Council, the European Commission of Human Rights and the United Nations.

The applicant is of the opinion that the United Kingdom is responsible for the detention of her husband and therefore also for a continued violation of the Convention on Human Rights. She argues that the Convention on Human Rights also applies to the

En automne 1945, il est amené à Nuremberg et traduit devant le Tribunal militaire international, qui l'acquitte pour ce qui est des chefs d'accusation de crimes de guerre et de crimes contre l'humanité, mais le déclare coupable d'avoir conspiré pour mener une guerre d'agression et avoir commis des crimes contre la paix. Par arrêt des 30 septembre et 1er octobre 1946, il est condamné à l'emprisonnement à vie. Le 18 juillet 1947, il est transféré à la Prison militaire interalliée de Berlin-Spandau, en même temps que six autres accusés principaux condamnés à des peines de prison par le Tribunal militaire international. La prison de Spandau est située dans le secteur britannique de Berlin et elle est gardée, selon un roulement mensuel, par les Etats-Unis d'Amérique, la France, le Royaume-Uni et l'Union des Républiques Socialistes Soviétiques.

Depuis la libération, le 1er octobre 1966, du dernier des autres nazis incarcérés à Spandau, Rudolf Hess se trouve dans la situation d'un détenu soumis au régime de l'emprisonnement cellulaire dans un bâtiment pouvant abriter 600 détenus. Depuis cette date, la requérante et son fils ont intensifié leurs efforts pour obtenir sa relaxation pour des raisons humanitaires.

Leurs efforts ont été fortement appuyés et encouragés par la plupart des gouvernements d'Europe occidentale et le gouvernement des Etats-Unis a exprimé l'opinion que Rudolf Hess devrait être relâché. La requérante soutient que le gouvernement soviétique s'obstine à s'opposer aux efforts des Occidentaux pour libérer Rudolf Hess.

Griefs

La requérante allègue une violation des articles 3 et 8 de la Convention.

Elle se plaint de ce que son droit au respect de sa vie familiale est violé par la longue et inhumaine détention de son mari. Elle fait valoir que son mari, qui n'a pourtant pas été condamné à l'emprisonnement cellulaire, demeure depuis 1968 le seul détenu à la prison de Spandau.

Elle se plaint en outre que Rudolf Hess n'ait pas été autorisé à prendre connaissance de son dossier concernant la procédure devant le Tribunal militaire international, ni d'aucune des publications se rapportant à son affaire. Il n'a jamais reçu communication d'aucun des mémoires soumis par son avocat au Conseil de contrôle, à la Commission européenne des Droits de l'Homme et aux Nations-Unies.

La requérante estime que le Royaume-Uni est responsable de la détention de son époux et se rend donc coupable d'une violation prolongée de la Convention des Droits de l'Homme. Elle soutient que la Convention s'applique aussi à l'interprétation de l'Accord conclu interpretation of the Agreement of 8 August 1945 concluded in London between the Governments of the United Kingdom, the United States of America, France and the Union of Soviet Socialist Republics. She states that her husband has served long enough and claims that the Commission should press the United Kingdom to step up its efforts to secure renegotiation of the Four Power Agreement over Berlin in order to obtain the release of Rudolf Hess. If this is not possible within three months then the United Kingdom should release him when it is next responsible for his custody.

II. *Proceedings before the Commission*

On 19 December 1973 a preliminary examination of the admissibility of the application was carried out by a single member of the Commission, appointed as Rapporteur under Rule 45 of the Commission's Rules of Procedure (old version). His report was considered by the Commission on 5 April 1974 and the Commission in a partial decision declared inadmissible the applicant's allegations concerning the London Agreement of August 1945 and her husband's conviction at the Nuremberg trial. The Commission considered these complaints to be outside its competence, *ratione temporis*.

Furthermore, the Commission examined the applicant's complaint that her rights to family life were being violated by the long and inhuman detention of her husband. In particular, the Commission had regard to Article 3 of the Convention in connection with the action affecting the applicant which took place outside the United Kingdom territory and decided, in accordance with Rule 46, 2 (b) of the Rules of Procedure (old version), to give notice of this part of the application to the respondent Government and to invite the Government to submit its observations in writing on the question of admissibility. On 11 June 1974 the Acting President of the Commission, having regard to the United Kingdom Government's request of 7 June 1974 decided that the time limit for the submission of their observations on the admissibility should be extended by three weeks. The Government submitted observations on 16 July 1974 and the applicant's reply was filed on 29 August 1974.

On 7 October 1974 the Commission again examined the question of admissibility and in accordance with the last paragraph of Rule 46 (2) of the Rules of Procedure (old version), invited the respondent Government to submit further observations in writing on the admissibility of the application. The Government submitted their further observations on 13 December 1974. The applicant's comments upon the further observations on admissibility of the respondent Government arrived on 17 and 24 February 1975.

à Londres le 8 août 1945 entre les gouvernements du Royaume-Uni, des Etats-Unis d'Amérique, de la France et de l'Union des Républiques Socialistes Soviétiques. Elle déclare que son mari a purgé sa peine suffisamment et demande que la Commission engage le Royaume-Uni à multiplier ses efforts pour arriver à une renégociation de l'accord quadripartite sur Berlin afin d'obtenir la libération de Rudolf Hess. Si le Royaume-Uni n'y parvient pas dans un délai de trois mois, il devra libérer le détenu lorsque ce sera son tour d'assurer la garde de la prison.

II. *Procedure devant la Commission*

Le 19 décembre 1973, un membre unique de la Commission, nommé Rapporteur conformément à l'article 45 du Règlement intérieur de la Commission (ancienne version), a procédé à un examen préalable de la recevabilité de la requête. La Commission a examiné le rapport de ce membre le 5 avril 1974 et, par une décision partielle, a déclaré irrecevables les allégations de la requérante concernant l'Accord de Londres d'août 1945 et la condamnation de son époux au procès de Nuremberg. La Commission a estimé que ces griefs ne relevaient pas de sa compétence *ratio temporis*.

La Commission a examiné de surcroît le grief de la requérante selon lequel la longue et inhumaine détention de son mari viole son droit au respect de sa vie familiale. Elle a notamment considéré l'article 3 de la Convention en liaison avec les mesures affectant la requérante qui s'appliquent hors du territoire britannique et décidé, conformément à l'article 46, par. 2 (b), de son Règlement intérieur (ancienne version), de donner connaissance de cette partie de la requête au gouvernement défendeur et de l'inviter à présenter par écrit ses observations sur la question de la recevabilité. Le 11 juin 1974, le Président en exercice de la Commission, faisant droit à la requête du gouvernement du Royaume-Uni du 7 juin 1974, a décidé de prolonger de trois semaines le délai imparti à celui-ci pour présenter ses observations sur la recevabilité. Le gouvernement défendeur a présenté ses observations le 16 juillet 1974 et les observations formulées en réponse par la requérante ont été enregistrées le 29 août 1974.

Le 7 octobre 1974, la Commission a procédé à un nouvel examen de la question de la recevabilité et a, conformément au dernier paragraphe de l'article 46, par. 2, de son Règlement intérieur (ancienne version), invité le gouvernement défendeur à présenter par écrit des observations complémentaires sur la recevabilité de la requête, ce que le gouvernement a fait le 13 décembre 1974. La requérante a présenté en réponse ses observations les 17 et 24 février 1975.

III. *Submissions of the Parties on admissibility*

1. The *respondent Government* states, firstly, that, without prejudice to any issue which might arise under the Convention they entirely agree that the applicant's husband, Rudolf Hess, should be released. There has, however, been no evidence of any change in the Soviet Government's negative attitude on this question.

The Government, however, maintain that the matter at issue does not fall within the jurisdiction of the United Kingdom, within the meaning of Article 1 of the Convention.

The Government next consider the applicant's allegations in relation to Article 8 of the Convention. They find that her complaint under that Article is raised only on the basis that there is a pre-existing violation of Article 3 by the continued detention of her husband. The Government reserve the right to make further submissions in that regard if it appears that another issue remains in respect of Article 8.

Turning to the historical background of the case the Government state that after the unconditional surrender of the German High Command on 8 May 1945 the Governments of the United Kingdom, the United States of America and the Union of Soviet Socialist Republics, and the Provisional Government of the French Republic assumed supreme authority with respect to Germany.

For the purpose of occupation, Germany was divided into four zones and a special Berlin area. The Berlin area was jointly occupied by the armed forces of the Four Powers.

The supreme authority was exercised by the four Commanders-in-Chief acting together as a body. They constituted a supreme organ of control called the Control Council. Under the general discretion of the Control Council an Inter-Allied Governing Authority (*Kommandatura*) was established. It consisted of four Commandants, one from each Power appointed by their respective Commanders-in-Chief to direct jointly the administration of the "Greater Berlin" area.

The Government point out that in accordance with Article 29 of the Charter of the International Military Tribunal the Control Council directed the Allied Kommandatura Berlin to select and provide prison facilities with full quadripartite administration and supervision. In compliance with this directive, the Allied Kommandatura established Spandau Allied Prison. Supreme executive authority over Spandau Allied Prison was vested in the Allied Kommandatura itself. The executive authority consisted of four governors acting by unanimous decisions. Each of the governors is the delegate and the representative of one of the Four Powers.

III. *Argumentation des Parties concernant la recevabilite*

1. Le *gouvernement défendeur* déclare tout d'abord qu'indépendamment de toute question qui pourrait se poser sous l'angle de la Convention, il est entièrement d'accord pour dire que le mari de la requérante, Rudolf Hess, devrait être libéré. Cependant, rien ne permet d'escompter un quelconque changement dans l'attitude négative du gouvernement soviétique à cet égard.

Le gouvernement soutient qu'en l'espèce, la question en litige ne relève pas de la jurisdiction du Royaume-Uni au sens de l'article 1er de la Convention.

Le gouvernement examine ensuite les allégations de la requérante sous l'angle de l'article 8 de la Convention. Il constate que le grief se rapportant à cet article repose uniquement sur l'existence supposée d'une violation préalable de l'article 3 du fait de la détention prolongée du mari de la requérante. Il se réserve le droit de présenter d'autres arguments à cet égard s'il appert qu'il subsiste à propos de l'article 8 un autre point litigieux.

. Passant au contexte historique de l'affaire, le gouvernement déclare qu'après la capitulation sans condition du Haut Commandement allemand le 8 mai 1945, les gouvernements du Royaume-Uni, des Etats-Unis d'Amérique et de l'Union des Républiques Socialistes Soviétiques, ainsi que le gouvernement provisoire de la République française, ont été investis de l'autorité suprême en Allemagne.

L'Allemagne fut alors divisée en quatre zones d'occupation, plus le secteur spécial de Berlin qui fut occupé conjointement par les forces armées des quatre Puissances.

Le pouvoir suprême fut exercé par les quatre Commandants en chef agissant de concert dans le cadre d'un organe suprême de contrôle appelé le Conseil de Contrôle. Par décision collective du Conseil de Contrôle fut créée une "Autorité de gouvernement interalliée" (*Kommandatura*), qui se composait de quatre Commandants, un pour chaque puissance, nommés par leurs Commandants en chef respectifs pour assurer conjointement l'administration du "Grand Berlin".

Le gouvernement souligne que, conformément à l'article 29 du Statut du Tribunal militaire international, le Conseil de Contrôle chargea la *Kommandatura* interalliée de Berlin de choisir des installations et de se munir d'établissements pénitentiaires en prévoyant pour ceux-ci une administration et une surveillance quadripartites. Conformément à cette directive, la *Kommandatura* interalliée désigna la prison de Spandau comme prison interalliée. La direction suprême de la prison de Spandau fut confiée à la *Kommandatura* elle-même. L'organe de direction comprend quatre gouverneurs dont chacun est le délégué et le représentant de l'une des quatre Puissances et qui doivent prendre leurs décisions à l'unanimité.

On 20 March 1948, the Chief of the Soviet Military Administration in Germany withdrew from the Control Council and the Control Council thereupon ceased to exercise its functions.

In compliance with the Commission's request contained in the letter by its Secretary dated 14 October 1974 the respondent Government submit further observations relating to the question how far and in what manner and on what legal basis was contact and co-operation maintained after the breakdown of the Control Council machinery between the Four Powers and their representatives in Germany in matters affecting their responsibilities.

In this connection, the Government recall that the legal basis for this contact was the supreme authority with respect to Germany which was assumed jointly by the Four Powers in 1945. The Government give various examples of the quadripartite co-operation and meetings, e.g. co-operation in the Berlin Air Safety Centre and in Spandau Prison, meeting of the Four Powers in New York and of the Council of Foreign Ministers in Paris in 1949 concerning arrangements and agreements of persons and goods and communications between the zones of Germany and Berlin, conferences on Germany of the Four Foreign Ministers in Berlin in 1954, and in Geneva in 1955 and 1959. Commenting on the applicant's observations the Government state that it is not correct to say, as does the applicant, that as from 20 March 1948 the Four Powers divided the former jurisdiction of the Control Council, the three Western Powers being responsible for West Berlin and the Soviet Union for East Berlin. The Government stress that the Four Powers continue to have rights and responsibilities in respect of both the Western and the Soviet Sectors of Berlin and Germany as a whole. These rights and responsibilities were reflected in the Quadripartite Agreement of 3 September 1971, which concerns the whole of Berlin. Concerning Spandau Prison, the continuance of the quadripartite administration since 20 March 1948 has not been a matter of voluntary arrangement. These rights and responsibilities for Germany are not dependent on any agreement between the Four Powers which regulated their exercise and are not invalidated by any breach of any such agreements since those rights and responsibilities as a whole derive from the joint assumption in 1945 of supreme authority with respect to Germany. The Government emphasize that the maintenance of the rights and responsibilities of the Four Powers has been and is a matter of great importance, for example in respect of access to Berlin.

Continuing with the historical outline of the rights and responsibilities of the Four Powers in Germany, the Government explain that on 21 September 1949 the Federal Republic of Germany came

Le 20 mars 1948, le Chef de l'administration militaire soviétique en Allemagne se retira du Conseil de Contrôle, qui cessa alors d'exercer ses fonctions.

Comme la Commission le lui avait demandé dans la lettre de son Secrétaire en date du 14 octobre 1974, le gouvernement défendeur a présenté des observations complémentaires sur le point de savoir dans quelle mesure, de quelle manière et sur quelle base juridique furent maintenus, après l'effondrement du mécanisme du Conseil de Contrôle, les contacts et la coopération entre les quatre Puissances et leurs représentants en Allemagne pour les questions relevant de leur compétence commune.

A cet égard, le gouvernement rappelle que le fondement juridique de ces contacts était l'autorité suprême exercée conjointement par les quatre Puissances, depuis 1945, sur l'Allemagne. Il cite plusieurs exemples de coopération et de réunions quadripartites: la coopération à l'Office de Sécurité aérienne de Berlin, et à la prison de Spandau, la réunion des quatre Puissances à New York et du Conseil des Ministres des Affaires Etrangères à Paris en 1949 à propos de la circulation des personnes et des biens et de l'échange d'informations entre les zones d'occupation de l'Allemagne et de Berlin, les conférences sur l'Allemagne réunissant les quatre Ministres des Affaires Etrangères à Berlin en 1954 et à Genève en 1955 et 1959. Le gouvernement déclare qu'il est inexact de dire, comme le fait la requérante dans ses observations, qu'à partir du 20 mars 1948, les quatre Puissances se sont partagé les pouvoirs juridictionnels antérieurement assurés par le Conseil de Contrôle, les trois puissances occidentales prenant en charge Berlin-Ouest et l'Union Soviétique Berlin-Est. Il souligne que les quatre Puissances continuent d'avoir des droits et des responsabilités concernant les secteurs tant occidentaux que soviétique de Berlin et l'Allemagne dans son ensemble. Ces droits et responsabilités ont trouvé leur expression dans l'Accord quadripartite du 3 septembre 1971, qui porte sur la totalité de Berlin. En ce qui concerne la prison de Spandau, le maintien depuis le 20 mars 1948 de l'administration quadripartite ne provient pas d'un arrangement volontaire. Ces droits et responsabilités ne dépendent pas d'un accord entre les quatre Puissances qui réglementerait leur exercice et ne sont invalidés par aucune violation d'un quelconque accord quadripartite puisqu'ils proviennent dans leur ensemble de l'exercice en commun par les quatre Puissances depuis 1945 de l'autorité suprême en Allemagne. Le gouvernement souligne que le maintien des droits et responsabilités des quatre Puissances a toujours été, et demeure, une question d'une grande importance, par exemple en ce qui concerne l'accès à Berlin.

Continuant à retracer l'historique des droits et des responsabilités des quatre Puissances en Allemagne, le gouvernement explique que, lorsque la République Fédérale d'Allemagne est née le 21 septembre into being and all authority exercised by the respective Commanders-in-Chief of the forces of occupation of the three Western Powers in Germany was transferred to three High Commissioners who continued to maintain contact with the corresponding Soviet authority on the Four Power matters.

On 8 October 1949 the Soviet Military Governor announced the decision of the Soviet Government to transfer to the Provisional Government of the German Democratic Republic the functions of administration which had belonged to the Soviet Military Administration and to establish a Soviet Control Commission charged with the control of the fulfilment of the Potsdam and other joint decisions of the Four Powers in respect of Germany.

The Government further state that later the three Western High Commissioners and the Soviet High Commissioner became the Ambassadors of the Western Governments in Bonn, and of the Union of Soviet Socialist Republics in East Berlin respectively.

In their further observations on admissibility the Government explain that these events took place on the entry into force of the Bonn-Paris Conventions and the abolition of the Allied High Commission in Bonn in accordance with the Tripartite Agreement on the Exercise of Retained Rights in Germany of October 1954 as far as the three Western Powers are concerned and with regard to the Soviet Union with the abolition of the Soviet High Commissioner in Germany and the establishment of an Embassy of the Soviet Government in East Berlin in connection with the conclusion of the Treaty of 20 September 1955 between the Soviet Union and the German Democratic Republic.

The respondent Government point out that the rights retained by the Soviet Union have since 1955 been exercised by the Soviet Ambassador in the Eastern Sector of Berlin and not by the Soviet Ambassador in Bonn. Consequently, in 1971 and 1972 negotiations took place in the Allied Control Council Building in the American Sector of Berlin between the British, French and US Ambassadors in Bonn and the Soviet Ambassador in the Eastern Sector of Berlin.

According to the Government, the four Ambassadors have continued to exercise in Germany the rights and responsibilities retained by their countries.

Following their withdrawal from the Control Council, the Soviet authorities similarly ceased on 1 July 1948 to participate in the Allied Kommandatura Berlin. The Soviet authorities continued, however, on a Four Power basis to participate in the work of the Berlin Air Safety Centre which carries out its functions in accordance with the rules and instructions issued by the Allied Control Authority and in particular the Flight Rules for Aircraft Flying in Air

1949, tous les pouvoirs exercés par les Commandants en chef respectifs des forces d'occupation des trois puissances occidentales en Allemagne furent transférés à trois Hauts-Commissaires qui, pour les questions relevant de la compétence des quatre Puissances, sont restés en contact avec leur homologue soviétique.

Le 8 octobre 1949, le Gouverneur militaire soviétique fit part de la décision de son gouvernement de transférer au gouvernement provisoire de la République Démocratique Allemande les fonctions d'administration détenues jusqu'alors par l'administration militaire soviétique et de créer une commission soviétique de contrôle chargée de veiller à l'exécution de l'accord de Potsdam et des autres décisions à propos de l'Allemagne prises conjointement par les quatre Puissances.

Le gouvernement déclare en outre que, plus tard, les trois Hauts-Commissaires occidentaux et le Haut-Commissaire soviétique devinrent ambassadeurs respectivement des gouvernements occidentaux à Bonn et de l'Union des Républiques Socialistes Soviétiques à Berlin-Est. Dans ses observations complémentaires sur la recevabilité de la requête, le gouvernement explique que ceci coïncide, pour ce qui est des trois puissances occidentales, avec l'entrée en vigueur des Conventions de Bonn et de Paris, et la suppression de la Haute Commission interalliée de Bonn conformément à l'Accord tripartite d'octobre 1954 concernant l'exercice des droits que se réservent en Allemagne les trois puissances occidentales et, pour ce qui est de l'Union Soviétique, que ceci coïncide avec la suppression du Haut-Commissariat soviétique en Allemagne et la création d'une ambassade soviétique à Berlin-Est, à l'occasion de la signature du traité du 20 septembre 1955 entre l'Union Soviétique et la République Démocratique Allemande.

Le gouvernement défendeur souligne que les droits que l'Union Soviétique s'est réservés sont, depuis 1955, exercés par l'ambassadeur soviétique à Berlin-Est et non par l'ambassadeur soviétique à Bonn. C'est pourquoi les négociations de 1971 et de 1972 eurent lieu au siège du Conseil de Contrôle Interallié, dans le secteur américain de Berlin entre les ambassadeurs britannique, français et américain à Bonn et l'ambassadeur soviétique à Berlin-Est.

Selon le gouvernement, les quatre ambassadeurs ont continué à exercer en Allemagne les droits et responsabilités que leurs pays s'étaient réservés.

A la suite de leur retrait du Conseil de Contrôle, les autorités soviétiques ont également cessé, le 1er juillet 1948, de participer à la *Kommandatura* interalliée de Berlin. Elles ont néanmoins continué à participer, sur une base quadripartite, au fonctionnement de l'Office de Sécurité aérienne de Berlin qui exerce ses fonctions selon les règles et instructions définies par l'Autorité de contrôle interalliée, et notamment les Règles de vol du 22 octobre 1946 applicables

Corridors in Germany and Berlin Control Zone of 22 October 1946. In their further observations the Government submit that in relation to Spandau Allied Prison the executive authority consisting of the four governors continued to control and manage the prison in accordance with the Prison Regulations. Changes concerning the administration of the prison have only been made by the unanimous decision of the representatives of the Four Powers in Germany or by the unanimous decision of the four governors. The Government state that it is incorrect to speak, as does the applicant, of when the United Kingdom "next becomes due to exercise supervision of the allied prison in Spandau" because the administration and supervision of the prison is at all times quadripartite, including the responsibility for providing the military guard. The Government stress that, notwithstanding the withdrawal or abstention of the Soviet Government from the Control Council or the Kommandatura, the Four Powers continued and continue jointly to administer and supervise the Spandau Prison. The responsibility for the prison at Spandau, and for the continued imprisonment of Rudolf Hess, is a responsibility which is exercised by the United Kingdom as part of the joint responsibility with the three other Powers. Since 1962, contacts about Four Powers matters, including the prison, have taken place between the Allied authorities of the Western Sectors of Berlin and the Soviet Embassy in East Berlin.

Answering the Commission's question of the United Kingdom's participation in the prison administration, the Government in their further observations point out that the day to day "civil administration" of the prison is directed by the Governors appointed by the Four Powers, and their Instructions are carried out by the warders appointed by the Four Powers and other prison staff appointed by the Four Governors. The other staff consist of secretaries, cooks, electricians, domestic staff, a medical orderly, a boilerman and a porter.

The salaries of the Governors and the warders are paid in the first instance by the government which appoints them, but the German authorities pay either as a direct charge on the Berlin Budget or through Occupation Costs the salaries of the Governors and the warders as well as the cost of the food, upkeep and cleaning of the prison except for the cost of food, provided by the Soviet authorities when they are in the chair, and for the cost of the salaries of the Soviet Governor and warders.

The Government further state that the British personnel employed in the prison administration are: the British Governor, a Chief Warder, and 4 warders. The other three Powers appoint similar numbers. In addition, the Commandant of the British Sector and aux aéronefs empruntant les couloirs aériens au-dessus de l'Allemagne et de la zone de contrôle de Berlin. Dans ses observations complémentaires, le gouvernement fait valoir qu'en ce qui concerne la prison interalliée de Spandau, l'organe de direction, composé des quatre gouverneurs, a continué à la diriger et à la gérer conformément au règlement de la prison. Toutes les décisions apportant des modifications à l'administration de la prison ont été prises à l'unanimité, soit par les représentants des quatre Puissances en Allemagne, soit par les quatre gouverneurs. Le gouvernement déclare qu'il est inexact de parler, comme le fait la requérante, du moment où le Royaume-Uni "est appelé à assurer à son tour la surveillance de la prison interalliée de Spandau", car l'administration et la surveillance de la prison sont en tout temps quadripartites, y compris lorsqu'il s'agit d'assurer la garde militaire. Le gouvernement souligne que, nonobstant le retrait du gouvernement soviétique du Conseil de Contrôle et de la *Kommandatura*, les quatre Puissances ont continué et continuent d'administrer et de surveiller conjointement la prison de Spandau. La charge de l'administration de la prison et la charge du maintien en détention de Rudolf Hess sont assumées par le Royaume-Uni conjointement avec les trois autres Puissances. Depuis 1962, des contacts ont lieu, pour les questions relevant de la compétence des quatre Puissances, y compris la prison, entre les autorités interalliées des secteurs occidentaux de Berlin et l'ambassade soviétique à Berlin-Est.

En réponse à la question de la Commission sur la participation du Royaume-Uni à l'administration de la prison, le gouvernement souligne, dans ses observations complémentaires, que l'"administration civile" quotidienne de la prison incombe aux gouverneurs nommés par les quatre Puissances et que les instructions des gouverneurs sont exécutées par les gardiens nommés par les quatre Puissances et le reste du personnel pénitentiaire est nommé par les quatre gouverneurs. Ce personnel comprend les secrétaires, les cuisiniers, les électriciens, le personnel domestique, un infirmier, un préposé à la chaufferie et un portier.

Les salaires des gouverneurs et des gardiens sont payés en premier lieu par le gouvernement qui les nomme, mais les autorités allemandes paient, soit par imputation directe sur le budget de la ville de Berlin, soit au titre des frais d'occupation, les salaires des gouverneurs et des gardiens, ainsi que la nourriture et les frais d'entretien et de nettoyage de la prison, sauf la nourriture fournie par les autorités soviétiques lorsque vient leur tour de présider, et les salaires du gouverneur et des gardiens soviétiques.

Le gouvernement déclare en outre que le personnel britannique chargé de l'administration de la prison comprend: le gouverneur britannique, un gardien chef et quatre gardiens. Les trois autres puissances nomment le même nombre d'employés. Le Commandant his Legal Adviser have responsibilities. The Deputy and other members of British Military Government also have in practice political responsibility for advising on the administration of the prison.

In connection with the conditions of the prisoner as regards his right to receive visitors or his detention, the Government in their further observations submit that the duty roster for the warders does not vary with the month. Consequently, during the month in which the United Kingdom provides the military guard the warders of all Four Powers carry out their duties in accordance with the same roster as in any other month. The Government stress that the quadripartite administration and supervision does not vary with the rotation of the military guard and the chairmanship among the Four Governors.

With respect to the admissibility of the application, the Government submit that the handing over of Rudolf Hess by the United Kingdom for trial by the International Military Tribunal was prior to the Convention and is not relevant to the admissibility of that part of the complaint which is now being considered.

In reply to the applicant's observations, the Government emphasize that the question at issue is the admissibility of the application and not any issue as to whether obligations under the Convention or under other international Agreements have priority.

The Government stress that where a State Party to the Convention exercises power, not by virtue of its individual sovereignty but solely in exercise of an independent joint authority, such power is not a power exercisable within its jurisdiction in the sense of Article 1. The obligation under that article does not extend to the present case where the United Kingdom Government can only act as a part of a quadripartite authority in concert with the three Powers concerned, and subject to engagements which it assumed towards those Powers prior to its ratification of the Convention. The Government in their further observations maintain that the rights and responsibilities of the Four Powers for Germany did not and do not derive from the sovereignty of the United Kingdom. According to the Government, it is therefore not a question of a restriction by Four Powers agreements of the exercise by the United Kingdom of its sovereignty, as the applicant states, but of the rights and responsibilities of the Four Powers which derive not from the sovereignty of each of them but from the joint assumption of supreme authority in 1945 with respect to Germany. In the Government's du secteur britannique et son conseiller juridique exercent aussi des responsabilités à cet égard. Enfin, le commandant en second et les autres membres du commandement militaire britannique ont également, en pratique, la responsabilité politique de donner des conseils sur l'administration de la prison.

En ce qui concerne les conditions de détention du prisonnier, et notamment son droit de recevoir des visiteurs ou sa détention elle-même, le gouvernement fait valoir, dans ses observations complémentaires, que le tableau de service des gardiens ne varie pas d'un mois à l'autre. En conséquence, durant le mois pendant lequel le Royaume-Uni assure la garde militaire de la prison, les gardiens des quatre Puissances exécutent leurs fonctions conformément au même tableau de service que les autres mois. Le gouvernement insiste sur le fait que l'administration et la surveillance quadripartites ne varient ni avec le changement par roulement de la garde militaire, ni avec la présidence assurée à tour de rôle par les quatre gouverneurs.

S'agissant de la recevabilité de la requête, le gouvernement fait valoir que la remise de Rudolf Hess par le Royaume-Uni au Tribunal militaire international en vue de son jugement est antérieure à la date de l'entrée en vigueur de la Convention et n'a donc aucun rapport avec la question de la recevabilité de la partie de la requête maintenant examinée.

En réponse aux observations de la requérante, le gouvernement fait remarquer que la question qui se pose est celle de la recevabilité de la requête et non pas celle de savoir quelles sont, des obligations découlant de la Convention ou d'autres accords internationaux, celles qui ont la priorité.

Le gouvernement souligne que lorsqu'un Etat Partie à la Convention exerce un pouvoir, non pas en vertu de sa souveraineté individuelle, mais uniquement dans le cadre d'une instance mixte indépendante, ce pouvoir ne relève pas de sa juridiction au sens de l'article 1er. L'obligation stipulée dans cet article ne concerne pas la présente affaire, où le gouvernement du Royaume-Uni ne peut agir qu'en tant que membre d'une instance quadripartite et en accord avec les trois autres Puissances concernées, et en respectant les engagements qu'il a souscrits vis-à-vis de ces Puissances avant de ratifier la Convention. Dans ses observations complémentaires, le gouvernement soutient que les droits et responsabilités des quatre Puissances en ce qui concerne l'Allemagne n'ont pas découlé, et ne découlent pas, de la souveraineté du Royaume-Uni. Selon lui, il ne s'agit donc pas ici d'une restriction que les accords entre les quatre Puissances apporteraient à l'exercice par le Royaume-Uni de sa souveraineté, comme le déclare la requérante, mais plutôt de la limitation des droits et responsabilités des quatre Puissances, qui découlent non pas de la souveraineté de chacun d'eux, mais du fait opinion, the applicant is therefore wrong in law in arguing on the basis of the sovereignty of the United Kingdom.

The Government further point out that in the present case the exercise of power takes place outside the territory of the United Kingdom and in relation to a person not her national. In this connection the Government refer to the reasons for the award in the *Salem* case where the tribunal said that in the same measure as the responsibility of a State is restricted, that is to say as the State could not act in a free and independent manner, the liability of the State must also be restricted. They also refer to the decision in Application No. 235/56, Yearbook II, p. 256, in which the Commission applied the same principle. The Government is of the opinion that the applicant's comments on the Salem case do not affect the pertinence of the statement of the tribunal. According to the Government, the present case is not one where the United Kingdom possesses sovereign authority, but one where the United Kingdom participates only in the exercise of a joint authority exercisable by itself and other sovereign states.

The Government finally, and in the alternative, refer to Article 63 of the Convention and submit that it is apparent that in the absence of a specific notification under Article 63, the territorial application of Article 1 of the Convention is limited to the metropolitan territory of the State Party in question. Therefore the Convention cannot extend to Berlin. In this respect the Government quote the decision in Application No. 1065/61, Yearbook IV, p. 260, where the Commission said that the guarantee of the rights and freedoms defined in Section 1 of the Convention applied only within the limits of time and space recognised by the Contracting States.

In this connection, the Government submit, referring to their original declaration under Article 25 of 4 January 1966, that Berlin is not a territory to which this declaration extends.

The Government conclude that the applicant's complaint of a violation of Articles 3 and 8 of the Convention is incompatible with the Convention and request the Commission to declare the application inadmissible under Article 27 (2) of the Convention.

2. The *applicant* submits in reply that the respondent Government are concerned solely with questions of competence and that they do therefore not deny a violation of Article 3 of the Convention by the continued detention of Rudolf Hess, and a further violation of Article 8 by preventing the applicant from living with her husband. In this connection the applicant submits that in applying Article 8 of the Convention the problems of Article 3 must be examined as separate preliminary questions.

qu'ils ont assumé conjointement en 1945 l'autorité suprême en Allemagne. De l'avis du gouvernement, la requérante n'est donc pas fondée en droit à arguer de la souveraineté du Royaume-Uni.

Le gouvernement souligne en outre qu'en l'espèce, l'exercice du pouvoir a eu lieu hors du territoire du Royaume-Uni et à propos d'une personne qui n'était pas un ressortissant britannique. Il renvoie à cet égard aux attendus de la sentence arbitrale rendue dans l'affaire *Salem*, où le tribunal a déclaré que, dans la mesure où la souveraineté d'un Etat se trouve limitée, c'est-à-dire où l'Etat ne ne peut agir librement et indépendamment, la responsabilité se trouve aussi nécessairement limitée. Le gouvernement renvoie aussi à la décision rendue à propos de la requête N° 235/56, Annuaire II, p. 257, où la Commission a appliqué le même principe. Le gouvernement estime que les observations de la requérante sur l'affaire Salem n'enlèvent rien à la pertinence de la déclaration du tribunal. Il fait valoir qu'en l'espèce, le Royaume-Uni ne possède pas une autorité souveraine, et qu'il ne fait que participer à l'exercice d'une autorité qu'il partage avec d'autres Etats souverains.

Enfin, et subsidiairement, le gouvernement renvoie à l'article 63 de la Convention en faisant valoir qu'il apparaît qu'en l'absence d'une notification précise comme le prévoit ledit article, l'application territoriale de l'article 1er de la Convention est limitée au territoire métropolitain de l'Etat Partie en question. La Convention ne saurait donc s'étendre à Berlin. A cet égard, le gouvernement cite la décision rendue au sujet de la requête N° 1065/61, Annuaire IV, p. 261, où la Commission a déclaré que la reconnaissance des droits et libertés définis au titre 1 de la Convention ne vaut que dans les limites de temps et d'espace tracées par les Etats contractants.

A cet égard, le gouvernement fait valoir, en se référant à sa première déclaration faite le 4 janvier 1966 conformément à l'article 25, que Berlin n'est pas un territoire où s'applique cette déclaration.

Le gouvernement conclut que le grief invoqué par la requérante d'une prétendue violation des articles 3 et 8 de la Convention est incompatible avec la Convention et prie en conséquence la Commission de déclarer la requête irrecevable en application de l'article 27, par. 2, de la Convention.

2. La *requérante* fait valoir en réponse que le gouvernement défendeur ne se préoccupant que de questions de compétence, il faut en conclure qu'il ne nie point que la détention prolongée de Rudolf Hess constitue une violation de l'article 3 de la Convention et qu'il y ait aussi violation de l'article 8 du fait que la requérante ne peut pas vivre avec son mari. A cet égard, la requérante soutient qu'avant d'étudier la question de l'application de l'article 8 de la Convention, il faut soumettre à un examen séparé les problèmes relatifs à l'article 3.

The applicant recalls that the severity of sentences imposed by the International Military Tribunal may not be increased. Nevertheless, for several years, the sentence has been unlawfully enforced as one of solitary confinement.

In this regard, the applicant states that the respondent Government, in conjunction with the governments of the United States of America, France and the Soviet Union, is in 1975 – that is to say within the temporal jurisdiction of the Commission – holding in detention in Spandau and has been holding in solitary confinement for 8 years a man who has been kept continuously in detention for over 33 years. According to the applicant, the Commission is competent to rule on this application.

The applicant stresses that the Soviet Union's right to play a part in the Control Council's decisions ceased *de jure* when they withdrew voluntarily on 20 March 1948. Since then, the Four Powers have divided the former jurisdiction of the Control Council, the three Western Powers being responsible for West Berlin and the Soviet Union for East Berlin; only Berlin as a whole remains under Four Power control. Spandau Prison is in West Berlin which is the area under the jurisdiction of the three Western Powers. The Western Powers continued to allow the Soviet Union to administer Spandau. The applicant considers that this was a purely voluntary arrangement with no legal obligation. The release of Rudolf Hess is therefore a matter to be decided by the three Western Powers alone. The applicant requests accordingly that the United Kingdom shall take all suitable measures, in conjunction with the other three custodial powers to release Rudolf Hess, or the United Kingdom shall release Rudolf Hess when next it becomes due to exercise supervision of the Allied Prison in Spandau should such an agreement not be achieved within 3 months. It is the applicant's contention that authority in the prison is exercised by the state whose turn of custodial duty it is. The applicant furthermore submits that Spandau Prison is surrounded by sovereign territory belonging to the sphere of influence of the Soviet Union which alone continues to oppose Rudolf Hess' release and is consequently primarily to blame for the situation constituting a violation of human rights. The applicant requests the United Kingdom to ensure that Rudolf Hess be permitted to return to her in Hindelang without interference from other States or their officials.

The applicant further submits that the United Kingdom is in no way limited in the exercise of its sovereignty by the conclusion of international treaties, such as the London Agreement of 8 August 1945. According to the applicant, the continuation of quadripartite responsibility in Spandau Prison may at least be attributed to a

La requérante rappelle que bien qu'il ne soit pas permis d'aggraver les peines prononcées par le Tribunal militaire international, la peine infligée à son mari est, depuis plusieurs années, illégalement aggravée en emprisonnement cellulaire.

A cet égard, la requérante déclare que le gouvernement défendeur, conjointement avec les gouvernements des Etats-Unis d'Amérique, de la France et de l'Union Soviétique, détient à Spandau en 1975 – c'est-à-dire à une époque où la Commission est compétente – sous le régime de l'emprisonnement depuis huit ans un homme déjà incarcéré depuis plus de 33 ans. Selon la requérante, la Commission est donc compétente pour statuer sur cette requête.

La requérante souligne que le droit pour l'Union Soviétique de participer aux décisions du Contrôle a pris fin *de jure* lorsque ce pays s'est volontairement retiré du Conseil le 20 mars 1948. Depuis lors, les quatre Puissances se sont partagé la compétence antérieure du Conseil de Contrôle, les trois puissances occidentales étant maintenant responsables de Berlin-Ouest et l'Union Soviétique de Berlin-Est, seule, la ville de Berlin en tant qu'ensemble demeure sous le contrôle conjoint des quatre Puissances. Or, la prison de Spandau se trouve à Berlin-Ouest, zone relevant de la jurisdiction des trois puissances occidentales, lesquelles continuent à autoriser l'Union Soviétique à administrer Spandau. La requérante estime que c'est là un arrangement purement volontaire qui n'entraîne aucune obligation juridique. La libération de Rudolf Hess est donc une question qui est à trancher par les trois Puissances occidentales seules. La requérante demande en conséquence que le Royaume-Uni prenne, en collaboration avec les trois autres Puissances gardiennes, toutes mesures appropriées pour libérer Rudolf Hess ou, s'il ne peut arriver à un accord sur ce sujet avec les autres Puissances dans un délai de trois mois, qu'il libère Rudolf Hess quand son tour viendra d'assurer la surveillance de la prison interalliée de Spandau. Elle soutient que l'autorité sur la prison appartient à l'Etat dont c'est le tour de la garder. Elle fait valoir par ailleurs que la prison de Spandau est entourée d'un territoire souverain appartenant à la sphère d'influence de l'Union Soviétique qui, seule, continue à s'opposer à la libération de Rudolf Hess et est donc principalement à blâmer pour cette situation qui constitute une violation des droits de l'homme. Elle demande au Royaume-Uni de veiller à ce que Rudolf Hess puisse la rejoindre à Hindelang sans que d'autres Etats ou leurs fonctionnaires n'interviennent.

La requérante fait valoir en outre que le Royaume-Uni n'est nullement limité dans l'exercice de sa souveraineté par la conclusion de traités internationaux comme l'Accord de Londres du 8 août 1945. Selon elle, en effet, le maintien d'une autorité quadripartite sur la prison de Spandau peut à tout le moins être imputé à l'acte voluntary act on the part of the United Kingdom in assuming supreme authority and the United Kingdom cannot maintain that it became involved in quadripartite responsibility without having accomplished an act of foreign policy falling within the exercise of its state sovereignty. The applicant states that if the United Kingdom had decided against sharing in the Four-Powers rights, the rights in respect of Germany as a whole and Berlin at least would be exercised only by the other three powers, nor would Rudolf Hess have been brought before the International Military Tribunal against the United Kingdom's will. According to the applicant, the fact that the United Kingdom has entered into international treaty obligations is irrelevant, since there are voluntary treaties serving purposes of co-ordination, in no way affecting national sovereignty. The applicant is of the opinion that otherwise any state could escape from the treaty obligations of the Convention by concluding treaties contrary to human rights.

The applicant consequently concludes that the United Kingdom is entitled to withdraw from the London Agreement of 8 August 1945 if the Soviet Union insists in its refusal to release Rudolf Hess since his continued detention violates the Human Rights Convention and international law. Such withdrawal would terminate the London Agreement and also deprive the continued detention of Rudolf Hess in Spandau Prison of its legal foundation. He would then have to be returned to the victorious power which handed him over to the Four Power Alliance, namely the United Kingdom, which finally could fulfil its obligations under the Convention.

The applicant submits that there are three points to contradict the respondent Government's opinion that power exercised by a State Party to the Convention through a joint authority is not a power exercisable within its jurisdiction in the sense of Article 1 of the Convention:

(a) The conclusion of an international treaty, in this case the London Agreement of 8 August 1945, does not impair the sovereignty of any of the Contracting Parties.

(b) No State may evade its obligations under the Human Rights Convention by contracting obligations towards other States.

(c) Obligations contracted on the basis of equality can be rescinded if they are contrary to mandatory provisions of international law (*jus cogens*), as in this case where they violate human rights.

The applicant emphasizes that as long as the United Kingdom claims jurisdiction to convict and detain Rudolf Hess the standards of the Human Rights Convention must be applied to this exercise of sovereignty.

volontaire du Royaume-Uni consistant à assumer l'autorité suprême et cet Etat ne peut pas prétendre qu'il participe à ce pouvoir de sa souveraineté étatique. La requérante déclare que si le Royaume-Uni n'avait pas décidé d'assumer sa part des droits des quatre Puissances, les droits concernant l'Allemagne en général et Berlin ne seraient exercés que par les trois autres Puissances, et Rudolf Hess n'aurait pas été traduit devant le Tribunal militaire international contre la volonté du Royaume-Uni. Selon la requérante, le fait que le Royaume-Uni ait contracté des obligations en vertu de traités internationaux ne doit pas entrer en ligne de compte en l'espèce, puisqu'il s'agit de traités volontaires qui n'ont qu'un objectif de coordination et n'affectent nullement la souveraineté nationale des Etats contractants. La requérante estime qu'autrement, un Etat pourrait échapper aux obligations que lui impose la Convention en concluant des traités contraires aux droits de l'homme.

La requérante conclut que, si l'Union Soviétique persiste dans son refus de libérer Rudolf Hess, le Royaume-Uni est fondé à dénoncer l'Accord de Londres du 8 août 1945 puisque la détention prolongée de Hess viole la Convention des Droits de l'Homme et les principes du droit international. Cette dénonciation mettrait fin à l'Accord de Londres et ôterait aussi tout fondement juridique à la prolongation de la détention de Rudolf Hess à la prison de Spandau. Il faudrait alors que l'intéressé soit rendu à la puissance victorieuse qui l'a livré aux quatre Puissances alliées, autrement dit au Royaume-Uni qui pourrait ainsi satisfaire enfin aux obligations que lui impose la Convention.

La requérante soutient que trois arguments peuvent être invoqués à l'encontre de l'opinion du gouvernement défendeur selon laquelle le pouvoir exercé par un Etat partie à la Convention dans le cadre d'une instance mixte ne relève pas de sa juridiction au sens de l'article 1er de la Convention:

(a) La conclusion d'un traité international, en l'occurrence l'Accord de Londres du 8 août 1945, ne diminue en rien la souveraineté de l'une des Parties Contractantes.

(b) Aucun Etat ne peut se soustraire aux obligations que lui impose la Convention des Droits de l'Homme en contractant des obligations envers d'autres Etats.

(c) Les obligations contractées sur un pied d'égalité peuvent être annulées si elles sont contraires aux règles impératives du droit international (*jus cogens*), comme c'est le cas dans la présente affaire, où ces obligations violent les droits de l'homme.

La requérante souligne que, tant que le Royaume-Uni se déclare compétent pour condamner et incarcérer Rudolf Hess, les règles de la Convention des Droits de l'Homme doivent s'appliquer à cet exercice de la souveraineté.

With respect to the Salem case the applicant submits that these principles cannot be applied in the present case since Egypt, unlike the United Kingdom where the sovereignty is unrestricted, did not enjoy equal rights but was in a position of a subordinate colony, dependent on higher authority.

Turning to the Commission's decision in Application No. 235/56, the applicant submits that the composition of the Restitution Courts, like that of the mixed courts in the Salem case, was based on a relationship of superiority and subordination, namely that between the occupying power and the occupied power whose sovereignty was restricted.

The applicant considers that both cases cannot be regarded as valid precedents since the sovereignty of the United Kingdom is not restricted in the same way as that of Egypt at the time of the Salem award or the Federal Republic at the time of the Commission's decision of 10 June 1958 in Application No. 235/56.

With respect to the fact that Rudolf Hess is detained outside the United Kingdom's territory, the applicant submits that this in no way diminishes the obligations of the United Kingdom under the Human Rights Convention. In this connection she stresses that the United Kingdom as a sovereign State handed Rudolf Hess over to the Nuremberg Tribunal and has since that time been responsible for ensuring that the sentence is executed in accordance with human rights. The imprisonment of Hess is partly the result of a British sovereign act which continues to have repercussions outside the United Kingdom itself. The present case cannot therefore be compared with the Congo case (Application No. 1065/61, Decisions 6, p. 49).

The applicant further submits that the release of Rudolf Hess by one of the Four Powers would, in fact, violate their Agreement of 8 August 1945. The Declaration of Human Rights of 10 December 1948 and the Convention on Human Rights of 4 November 1950 and customary international law, however, constitute a kind of Magna Carta taking priority over all domestic and inter-State agreements. The Agreement of 8 August 1945 must be construed in accordance with the Declaration of Human Rights and the Convention on Human Rights.

The applicant next explains the effects of mandatory international law (*jus cogens*). She considers that this law cannot be altered by Contracting States but can only be changed by a new international norm of the same nature. According to her any treaty whose content violates mandatory international law is void and any treaty that conflicts with new provisions of international law, lapses. The applicant states that the relevant rules are set out in the Vienna

En ce qui concerne l'affaire Salem, la requérante soutient que les principes définis à cette occasion ne sauraient s'appliquer en l'espèce puisque, contrairement au Royaume-Uni où la souveraineté n'est pas limitée, l'Egypte ne jouissait pas alors de droits de même étendue, mais se trouvait dans la situation d'une colonie subordonnée à une autorité supérieure.

Quant à la décision rendue par la Commission sur la requête N° 235/56, la requérante fait valoir que la composition des Cours de Restitution, comme celle des tribunaux mixtes compétents dans l'affaire Salem, était fondée sur des rapports de supériorité et de subordination entre la puissance occupante et la puissance occupée dont la souveraineté était limitée.

La requérante estime qu'aucune de ces deux affaires ne peut être considérée comme un précédent valable puisque la souveraineté du Royaume-Uni n'est pas limitée comme l'était celle de l'Egypte à l'époque où la sentence arbitrale a été rendue dans l'affaire Salem ou celle de la République Fédérale lorsque la Commission a rendu sa décision du 10 juin 1958 sur la requête N° 235/56.

Quant au fait que Rudolf Hess soit détenu hors du territoire du Royaume-Uni, la requérante fait valoir que cela ne diminue nullement les obligations qu'impose au Royaume-Uni la Convention des Droits de l'Homme. Elle souligne à cet égard que le Royaume-Uni a, en tant qu'Etat souverain, remis Rudolf Hess au Tribunal de Nuremberg et est chargé depuis lors de s'assurer que la peine infligée est exécutée dans le respect des droits de l'homme. La détention de Hess résulte en partie d'un acte souverain du Royaume-Uni qui continue à avoir des effets hors du territoire de cet Etat. La présente affaire ne peut donc pas se comparer à l'affaire du Congo (Requête N° 1065/61, Recueil de Décisions 6, p. 49).

La requérante indique par ailleurs que la libération de Rudolf Hess par l'une des quatre Puissances violerait en fait leur Accord du 8 août 1945. Cependant, la Déclaration Universelle des Droits de l'Homme du 10 décembre 1948, la Convention européenne des Droits de l'Homme du 4 novembre 1950 et le droit coutumier international constituent une sorte de "Grande Charte" qui prime tout accord national ou interétatique. L'Accord du 8 août 1945 doit être interprété conformément à la Déclaration des Droits de l'Homme et à la Convention des Droits de l'Homme.

La requérante expose ensuite les effets des règles impératives du droit international (*jus cogens*). Elle estime que ces règles ne sauraient être modifiées par les Etats contractants mais seulement par une nouvelle norme internationale de même nature. D'après elle, tout traité violant les règles impératives de droit international est nul et non avenue et tout traité qui entre en conflit avec des dispositions nouvelles du droit international devient par là même caduc. La

Convention on the Law of Treaties 1969. This Convention has not yet come into force but, in the applicant's submission, these rules embody valid customary international law. In support of this view the applicant states that none of the delegations taking part in the Vienna conferences challenged the existence of mandatory international law.

The applicant further submits that the Charter of the United Nations requires all Member States, and that includes the Four Powers, to co-operate for the guarantee of human rights. This obligation must prevail over any obligations arising out of other previous or subsequent international agreements. The United Nations Charter can be regarded as a norm capable of establishing *jus cogens*.

As far as the "enemy State" provisions of Article 107 of the United Nations Charter are concerned, the applicant considers that they only apply to measures taken against enemy States, but not against individuals. The legal position of individuals guaranteed by the United Charter and by international law remain unchanged and shall be safeguarded even in the case of war.

The applicant next points out that, in order to give concrete form to the Universal Declaration of Human Rights two Covenants were adopted by the General Assembly on 16 and 19 December 1966, one of them was the International Covenant on Civil and Political Rights (Civil Rights Covenant). In Article 7 of this Covenant as well as in Article 5 of the Universal Declaration of Human Rights 1948 and in Article 3 of the European Convention on Human Rights 1950 inhuman punishment is expressly forbidden. In the applicant's opinion this fact confirms that these stipulations form part of the *jus cogens*.

The applicant lists a number of circumstances which, when taken together, can be said to constitute inhuman punishment. She reaches the conclusion that at the latest in 1966, when Rudolf Hess began his period of solitary confinement, continued enforcement of his sentence began to constitute cruel, inhuman punishment. To that extent enforcement of his sentence also violates mandatory rules of international law. This means, according to the applicant, that one of the Four Powers is no longer under an obligation to join in enforcing the sentence. The applicant emphasises that in accordance with the present state of development of human rights the three Western Powers should draw the attention of the USSR to the way in which international law is violated by the present conditions of enforcement in Spandau Prison.

In the very last alternative, the applicant presents part of Dr. Blumenwitz' opinion as an expression of her own views. In this requérante déclare que les règles applicables à cet égard figurent dans la Convention de Vienne de 1969 sur le droit des traités qui, certes, n'est pas encore entrée en vigueur mais ne fait, d'après elle, que codifier le droit international coutumier déjà en vigueur. A l'appui de sa thèse, la requérante fait valoir qu'aucune des délégations ayant pris part aux conférences de Vienne n'a contesté l'existence des règles impératives du droit international.

La requérante indique de plus que la Charte des Nations Unies exige de tous les Etats membres, et ceci inclut les quatre Puissances en cause, qu'ils collaborent à la protection des droits de l'homme. Cette obligation doit l'emporter sur toute autre obligation née d'un accord international antérieur ou postérieur. Or, la Charte des Nations Unies peut être considérée comme une norme constitutive du *jus cogens*.

En ce qui concerne les dispositions sur l' "Etat ennemi" de l'article 107 de la Charte des Nations Unies, la requérante estime qu'elles ne s'appliquent qu'aux mesures prises contre un Etat et non à celles prises contre un individu. La situation juridique que garantissent à l'individu la Charte des Nations Unies et le droit international demeure inchangée et doit être protégée même en cas de guerre.

La requérante souligne ensuite qu'afin de donner une expression concrète à la Déclaration universelle des Droits de l'Homme, l'Assemblée Générale des Nations Unies a adopté les 16 et 19 décembre 1966 deux Pactes dont l'un est le Pacte international relatif aux droits civils et politiques (Pacte relatif aux droits civils). Or, l'article 7 de ce Pacte, de même que l'article 5 de la Déclaration universelle des Droits de l'Homme de 1948 et l'article 3 de la Convention européenne des Droits de l'Homme de 1950, interdisent expressément les peines inhumaines, ce qui, d'après la requérante, confirme bien que ces stipulations font partie du *jus cogens*.

La requérante énumère un certain nombre de circonstances dont on peut dire, lorsqu'elles sont cumulées, qu'elles constituent une peine inhumaine. Elle parvient à la conclusion qu'au plus tard en 1966, au moment où Rudolf Hess s'est trouvé dans la situation d'un détenu soumis au régime de l'emprisonnement cellulaire, son maintien en détention a commencé à constituer une peine cruelle et inhumaine. Dans cette mesure aussi, son maintien en détention viole les règles impératives du droit international, ce qui veut dire, selon la requérante, que l'une des quatre Puissances n'est plus tenue de contribuer à faire exécuter la peine. La requérante souligne que, vu l'état actuel d'évolution des droits de l'homme, les trois Puissances occidentales doivent attirer l'attention de l'U.R.S.S. sur les violations du droit international qu'entraînent les conditions actuelles de détention à la prison de Spandau.

Enfin, et subsidiairement, la requérante présente une partie de l'opinion du Dr. Blumenwitz comme traduisant son propre point de respect she recalls that according to the principle of "*nullum crimen, nulla poena sine lege*" no one can be held guilty of an offence on account of any act or omission which did not constitute an offence under national or international law at the time when it occurred. She submits that in spite of the fact that before 1945 this principle was not universally acknowledged by States as a principle of international law it cannot be contended that the reprehensibility of preparing and conducting a prohibited war was so strongly felt that retroactive punishment would be permissible. The abandonment of the principle "*nullum crimen sine lege*" must be seen as a mis-application of law in war time conditions rather than a general conviction of what was right and just. In support of this view the applicant refers to the development of this principle after 1945, for example in the Geneva Convention of 1949. She concludes on this point that, taken as a whole, it would seem that Rudolf Hess' conviction for a crime against peace is incompatible with the above principle and violates human rights.

The applicant considers that today, at any rate, the general principle of law contained in the Civil Rights Covenant requires an accused or convicted person to be given the benefit of any subsequent relaxation in the law or any new consideration that may come to light.

With regard to the proceedings before the International Military Tribunal the applicant considers that Rudolf Hess' right to a "fair trial" was violated. In this respect she refers to the defence memorandum submitted to the International Military Tribunal on 19 November 1945 and to an article published on 5 October 1946 in "*The Economist*". She submits that the judgment is based on serious irregularities and therefore is contrary to international law; the same applies to its enforcement.

The applicant contends that, contrary to the view hitherto held by the European Commission of Human Rights, the sentence of the International Military Tribunal is not unimpeachable, since mandatory international law takes precedence over the judgment of the International Military Tribunal.

The applicant concludes that the proper point of departure for consideration of the factual and legal situation is, however, not the handing over of Rudolf Hess to the International Military Tribunal but the continued enforcement, contrary to human rights, of sentence after the United Kingdom's accession to the Convention. The legal instrument by which the sentence enforcement contrary to international law is justified is not relevant. The Member States cannot argue, for example, that a code of criminal procedure offending against human rights and forming the basis of the present treatment of prisoners was enacted before the state concerned vue. Elle rappelle à cet égard qu'en vertu du principe "*nullum crimen, nulla poena sine lege*", nul ne peut être tenu pour coupable d'une infraction en raison d'un acte ou d'une omission qui ne constituait pas une infraction en droit national ou international à l'époque où il a été commis. Elle fait valoir que même si, avant 1945, ce principe n'était pas universellement reconnu par les Etats comme un principe de droit international, on ne saurait néanmoins soutenir que le caractère répréhensible qui s'attache à la préparation et à la conduite d'une guerre interdite a été ressenti assez vigoureusement pour autoriser une peine rétroactive. L'abandon du principe "*nullum crimen sine lege*" doit être considéré comme une mauvaise application de la loi en temps de guerre plutôt que comme une conviction générale de ce qui était bien et juste. A l'appui de cette idée, la requérante se réfère à l'évolution de ce principe après 1945, telle qu'elle se concrétise par exemple dans la Convention de Genève de 1949. Elle conclut à cet égard que, prise globalement, la condamnation de Rudolf Hess du chef de crime contre la paix est incompatible avec le principe précité et viole les droits de l'homme.

La requérante estime qu'aujourd'hui en tout cas, le principe général de droit inscrit dans le Pacte relatif aux droits civils et politiques exige qu'un inculpé ou un condamné soit admis à bénéficier d'un adoucissement ultérieur de la loi ou de tout élément nouveau susceptible d'apparaître.

En ce qui concerne la procédure devant le Tribunal militaire international, la requérante estime que le droit de Rudolf Hess à un "procès équitable" a été violé. Elle renvoie à cet égard au mémoire soumis à ce Tribunal par la défense le 19 novembre 1945 et à un article publié le 5 octobre 1946 dans "*The Economist*". Elle soutient que le jugement est entaché de graves irrégularités et, à ce titre, contraire au droit international et que le même raisonnement vaut pour l'exécution dudit jugement.

La requérante affirme que, contrairement au point de vue exprimé jusqu'ici par la Commission européenne des Droits de l'Homme, la condamnation prononcée par le Tribunal militaire international n'est pas inattaquable puisque les règles impératives du droit international l'emportent sur le jugement du Tribunal.

La requérante conclut que le point de départ approprié pour l'examen des aspects de fait et de droit de la situation n'est toutefois pas la remise de Rudolf Hess au Tribunal militaire international, mais son maintien en détention, contraire aux droits de l'homme, après l'adhésion du Royaume-Uni à la Convention. L'instrument juridique invoqué pour justifier que l'exécution de la peine est contraire au droit international n'a pas à entrer en ligne de compte ici. Un Etat membre ne saurait faire valoir, par exemple, qu'un code de procédure pénale qui porterait atteinte aux droits de l'homme et constituerait la base du traitement actuel des détenus, a été proacceded to the Human Rights Convention; they are bound to adjust the old law to the new circumstances.

The fact that, in principle, responsibility for Spandau Prison lies with the Four Powers – and not with the one actually exercising that responsibility at any particular time – is a natural consequence of the collective notion of quadripartite responsibility and in no way alters the fact that the United Kingdom carries its share of responsibility.

The applicant requests the Commission to declare the present application admissible.

IV. THE LAW

Besides alleging violations of the Convention the applicant submits that the United Kingdom is obliged to release Rudolf Hess according to provisions of international agreements in the field of human rights, which in her opinion are a part of international *jus cogens*. However, the Commission is only competent to decide on the basis of the Convention.

The Commission is of the opinion that in the present case the point at issue is whether or not the subject matter of the complaint is a matter within the jurisdiction of the United Kingdom within the meaning of Article 1 of the Convention. Article 1 provides that: "The High Contracting Parties shall secure to everyone within their jurisdiction the rights and freedoms defined in Section I of this Convention".

The Commission first observes that in the present case the exercise of authority by the respondent Government takes place not in the territory of the United Kingdom but outside its territory, in Berlin. As the Commission has already decided, a State is under certain circumstances responsible under the Convention for the actions of its authorities outside its territory, (decision of 25 September 1965 on the admissibility of Application No. 1611/62, X v. the Federal Republic of Germany, Yearbook VIII, page 158 (168)). The Commission is of the opinion that there is in principle, from a legal point of view, no reason why acts of the British authorities in Berlin should not entail the liability of the United Kingdom under the Convention. The question therefore arises whether the Commission, in the particular circumstances of this case, is competent to receive an application against the United Kingdom in respect of the continued imprisonment of Rudolf Hess.

For the purposes of determining the obligations of the United Kingdom under Article 1 of the Convention, the Commission recalls that Spandau Allied Prison was established by the Allied Kommandatura Berlin in compliance with a directive of the Control mulgué avant qu'il n'adhère à la Convention des Droits de l'Homme, car il est tenu d'adapter sa législation antérieure aux circonstances nouvelles.

Le fait qu'en principe, ce soient les quatre Puissances qui ont la responsabilité de la prison de Spandau – et non pas la puissance qui exerce effectivement cette responsabilité à un moment donné – est une conséquence naturelle de la notion collective de responsabilité quadripartite et ne change rien au fait que le Royaume-Uni assume sa part de cette responsabilité.

En conséquence, la requérante demande à la Commission de déclarer sa requête recevable.

IV. EN DROIT

Outre qu'elle allègue diverses violations de la Convention, la requérante fait valoir que le Royaume-Uni est obligé de libérer Rudolf Hess pour se conformer aux dispositions des accords internationaux conclus en matière de droits de l'homme et qui font, à son avis, partie du *jus cogens* international. La Commission n'est cependant compétente que pour statuer sur la base de la Convention.

La Commission estime qu'en l'espèce, le point litigieux est la question de savoir si l'objet de la requête relève ou non de la juridiction du Royaume-Uni au sens de l'article 1er de la Convention. Cet article est ainsi rédigé: "Les Hautes Parties Contractantes reconnaissent à toute personne relevant de leur juridiction les droits et libertés définis au Titre I de la présente Convention".

La Commission relève tout d'abord qu'en l'occurrence, le gouvernement défendeur exerce son autorité non pas au Royaume-Uni même, mais en dehors de son territoire, à Berlin. Comme l'a déjà déclaré la Commission, il existe certaines circonstances où un Etat est responsable, au titre de la Convention, des actes accomplis par ses autorités en dehors de son territoire (décision du 25 septembre 1965 sur la recevabilité de la requête N° 1611/62, X. contre la République Fédérale d'Allemagne, Annuaire 8, page 159 (169)). La Commission estime qu'en principe, il n'y a, du point de vue juridique, aucune raison pour que les actes des autorités britanniques à Berlin n'engagent pas le responsabilité du Royaume-Uni sur le terrain de la Convention. La question se pose donc de savoir si, vu les circonstances de l'espèce, la Commission a compétence pour connaître d'une requête dirigée contre le Royaume-Uni et concernant le maintien en détention de Rudolf Hess.

Aux fins de déterminer les obligations qu'impose au Royaume-Uni l'article 1er de la Convention, la Commission rappelle que la prison interalliée de Spandau a été établie par la *Kommandatura* interalliée de Berlin conformément à une directive du Conseil de

Council. This followed from the assumption in 1945 of supreme authority by the Four Powers with respect to Germany. The supreme authority over the prison was vested in the Allied Kommandatura. The executive authority consists of four governors acting by unanimous decisions. Each of the governors is the delegate and the representative of one of the Four Powers.

The rights and obligations arising out of the agreements between the Four Powers concerning Spandau Prison continued to be in force after the withdrawal of the Soviet Union from the Kommandatura. This fact is not disputed by any of the parties.

In regard to the administration of the prison, the Commission notes that changes therein can only be made by the unanimous decision of the representatives of the Four Powers in Germany or by the unanimous decision of the Four Governors. Administration and supervision is at all times quadripartite, including the day to day "civil administration" of the prison and the responsibility for providing the military guard. The instructions of the Governors are carried out by warders appointed by the Four Powers and other prison staff appointed by the Four Governors. The quadripartite administration and supervision does not vary with the rotation of the military guard and the chairmanship among the Four Governors.

The Commission concludes that the responsibility for the prison at Spandau, and for the continued imprisonment of Rudolf Hess, is exercised on a Four Power basis and that the United Kingdom acts only as a partner in the joint responsibility, which it shares with the three other Powers.

The Commission is of the opinion that the joint authority cannot be divided into four separate jurisdictions and that therefore the United Kingdom's participation in the exercise of the joint authority and consequently in the administration and supervision of Spandau Prison is not a matter "within the jurisdiction" of the United Kingdom, within the meaning of Article 1 of the Convention.

The conclusions by the respondent Government of an agreement concerning Spandau prison of the kind in question in this case could raise an issue under the Convention if entered into when the Convention was already in force for the respondent Government. The agreement concerning the prison, however, came into force in 1945. Moreover, a unilateral withdrawal from such an agreement is not valid under international law.

It follows that the application is incompatible *ratione personae* within the meaning of Article 27 (2) of the Convention.

For these reasons, the Commission

DECLARES THIS APPLICATION INADMISSIBLE.

Contrôle, après que les quatre Puissances eurent assumé, en 1945, l'autorité suprême en Allemagne. La direction suprême de la prison a été confiée à la *Kommandatura* interalliée. L'organe de direction de la prison comprend quatre gouverneurs qui doivent prendre leurs décisions à l'unanimité et où chacun est à la fois le délégué et le représentant de l'une des quatre Puissances.

Les droits et obligations nés des accords entre les quatre Puissances sur la prison de Spandau ont subsisté après le retrait de l'Union Soviétique de la *Kommandatura*. Ce fait n'est contesté par aucune des parties.

En ce qui concerne l'administration de la prison, la Commission relève que des modifications ne peuvent yêtre apportées que par décision unanime des représentants des quatre Puissances en Allemagne ou des quatre gouverneurs. L'administration et la surveillance de la prison sont en tout temps quadripartites, y compris l'"administration civile" quotidienne de celle-ci et la responsabilité d'assurer la garde militaire. Les instructions des gouverneurs sont exécutées par les gardiens nommés par les quatre Puissances et par le reste du personnel pénitentiaire, nommé par les quatre gouverneurs. L'administration et la surveillance quadripartites de la prison ne varient ni avec le changement par roulement de la garde militaire, ni avec la présidence assumée à tour de rôle par les quatre gouverneurs.

La Commission en conclut que la charge de l'administration de la prison de Spandau et la responsabilité du maintien en détention de Rudolf Hess sont assumées sur une base quadripartite et que le Royaume-Uni agit uniquement dans le cadre de l'autorité qu'il partage avec les trois autres Puissances.

La Commission estime que cette autorité conjointe ne peut être fractionnée en quatre compétences distinctes et qu'en conséquence, la participation du Royaume-Uni à l'exercice de cette autorité et donc à l'administration et à la surveillance de la prison de Spandau, n'est pas une question "relevant de la juridiction" du Royaume-Uni au sens de l'article 1er de la Convention.

La conclusion par le gouvernement défendeur d'un accord concernant la prison de Spandau, analogue à celui dont il est question ici, pourrait poser un problème sous l'angle de la Convention, si elle intervenait après la date d'entrée en vigueur de la Convention à l'égard dudit gouvernement. Or, l'accord incriminé est entré en vigueur en 1945. En outre, une dénonciation unilatérale de cet accord ne serait pas valable en droit international.

Il s'ensuit que la requête est incompatible *ratione personae* au sens de l'article 27, par. 2, de la Convention.

Par ces motifs, la Commission

DECLARE LA REQUETE IRRECEVABLE.

Application No. 6232/73

Eberhard KÖNIG *against* the FEDERAL REPUBLIC OF GERMANY

Decision of 27 May 1975

(*Translation*)

Submissions of the Parties

A. *Submissions of the respondent Government*

The Government of the Federal Republic of Germany, noting that the applicant had unsuccessfully seized the Federal Constitutional Court of the two measures against which he was complaining before the Commission, did not dispute the admissibility of the application in respect of Article 26 of the Convention (exhaustion of domestic remedies).

On the other hand, the Government denied that the proceedings instituted by the applicant were concerned with civil rights and obligations. It concluded that the application was not compatible with the provisions of the Convention, since Article 6 (1) did not apply to these proceedings.

As a subsidiary argument, the Government maintained that the application was manifestly ill-founded, since the length of the proceedings had not, in view of the circumstances, exceeded a reasonble period of time.

When dealing with the same point in its memorial of 17 October 1974, the Government referred to the decision of the European Court of Human Rights in the Ringeisen case (Judgment of 16 July 1971). It pointed out that, according to that judgment, civil rights and obligations were involved in "proceedings the result of which is decisive for private rights and obligations". The application of Article 6 could not therefore be restricted to the legal relationships which constituted the subject of the dispute in a strictly legalistic view, but must be extended to those legal relations which were directly (*unmittelbar*) affected by the outcome of the legal dispute. It sufficed if the latter were relations in private law. Relations in public law not directly affecting (*unmittelbare Auswirkungen*) private rights or obligations could not be considered under Article 6 (1).

The legal proceedings taken by the applicant concerned the withdrawal of authorisation to run a private hospital (under Section 53 read in conjunction with Section 30 of the Industrial Code – *Gewerbeordnung*) and the withdrawal of authorisation to practise medicine (under Section 5 of the Federal Code on the Practice of Medicine – *Bundesärzteordnung*). Both cases, therefore, concerned the legal relations between the applicant and the administrative authorities acting in virtue of their powers under public law. Private contracts

Requête No 6232/73

Eberhard KÖNIG *contre* la REPUBLIQUE FEDERALE D'ALLEMAGNE

Décision du 27 mai 1975

Argumentation des Parties

A. *Argumentation du Gouvernement mis en cause*

Le Gouvernement de la République Fédérale d'Allemagne constate que le requérant a saisi sans succès la Cour Constitutionnelle Fédérale des deux mesures dont il se plaint devant la Commission. En conséquence, il déclare ne pas contester la recevabilité de la requête au regard de l'article 26 de la Convention (épuisement des voies de recours internes).

En revanche, le Gouvernement conteste que les procès introduits par le requérant aient pour objet des droits et obligations de caractère civil. Il en conclut que la requête est incompatible avec les dispositions de la Convention, l'article 6, par. 1er, étant inapplicable à ces procès.

En ordre subsidiaire, le Gouvernement soutient que la requête serait manifestement mal fondée, la durée des procès n'ayant pas dépassé, eu égard aux circonstances, un délai raisonnable.

Sur le même point, dans son mémoire du 17 octobre 1974, le Gouvernement se réfère à la décision de la Cour européenne des Droits de l'Homme dans l'affaire Ringeisen (arrêt du 16 juillet 1971). Il relève que, selon cet arrêt, des droits et obligations de caractère civil sont en cause dans "toute procédure dont l'issue est déterminante pour des droits et obligations de droit privée". L'applicabilité de l'article 6 ne serait donc pas limitée aux rapports de droit qui, au sens juridique strict, constituent l'objet exclusif du litige, mais son application devrait être étendue aux rapports de droit qui seraient influencés directement (*unmittelbar*) par l'issue du procès. Il suffirait que ces derniers rapports soient des rapports de droit privé. Ne tomberaient pas dans le domaine de l'article 6, par. 1er, des rapports de droit public qui ne produiraient pas des effets directs (*unmittelbare Auswirkungen*) sur des droits et obligations de caractère privé.

Les procès intentés par le requérant concernent, l'un le retrait de l'autorisation d'exploiter une clinique privée, ordonné sur la base des paragraphes 53 et 30 combinés de la "*Gewerbeordnung*", l'autre, le retrait de l'autorisation d'exercer la profession de médecin basé sur le paragraphe 5 de la "*Bundesärzteordnung*". Les deux procès ont donc pour objet des rapports de droit entre le requérant et des autorités administratives ayant agi en vertu de compétences de droit public. Des contrats de droit privé entre le requérant et ses patients made by the applicant with his patients were not directly affected (*gestaltet*) by these decisions. Private law contracts could be concluded only by persons authorised to practise medicine or run a private hospital. In this sense a certain connection existed between the disputed legal relations in public law and any legal relations under private law. However, such a connection could not be taken into consideration for the purposes of delimiting the legal relations in question. A distinction between private law and public law disputes would cease to be meaningful if, for the purposes of such a distinction, it was always necessary to consider whether a disputed position under public law was a requisite for any permissible subsequent conclusion or performance of certain types of contract under private law. Were this so, it would have to be accepted, for instance, that a dispute over an alien's residence permit also concerned "civil rights and obligations" if, in the event of such a permit being refused, an employment contract could not be concluded or performed. The same would apply to a dispute over the passing of an examination or the award of a diploma, if, without such a qualification, the person concerned could not engage in a particular occupation involving the conclusion of private law contracts.

The Government then considered earlier rulings by the European Commission and Court of Human Rights and referred to a number of decisions in which the Commission had denied the relevance of Article 6 of the Convention to applications concerning the resignation of a substitute judge appointed for a limited period, the admission of an applicant to the profession of lawyer, and the right to enter and reside in a specific country.

As to the Court's precedents, the Government pointed out that, in its judgment in the Ringeisen case, the Court had not accepted the opinion of the majority of the Commission on the applicability of Article 6 (1). But neither had it endorsed the opinion of the minority. It had considered it decisive that the decision objected to by the applicant had a determining effect on the conclusion of a contract of sale, and hence on relations in civil law.

The Ringeisen judgment had been interpreted in that way by the Austrian Constitutional Court in proceedings concerning a building permit, in which the dispute was over the obligation to pay a sum of money required by the public works authorities as a guarantee.

The Government, proceeding to examine the two authentic versions of the Convention, maintained that the English text, which threw little light on the matter, should correspond to the French text which permitted a clear distinction between public and private law and was therefore of particular importance from the point of view of interpretation. Furthermore, there could be no difference in meaning ne seraient pas touchés (*gestaltet*) directement par ces décisions. Sans doute des contrats de droit privé ne peuvent être conclus que par ceux qui sont autorisés à exercer la profession de médecin ou à exploiter une clinique. Il y a donc, en ce sens, une certaine connexité entre les rapports de droit public litigieux et des rapports éventuels de droit privé. Une telle connexité ne saurait toutefois être prise en considération dans la délimitation des rapports de droit concernés. La distinction entre litiges de droit privé et litiges de droit public perdrait toute signification si, pour cette distinction, on devait tenir compte de ce qu'une situation litigieuse de droit public constitue la condition préalable pour la conclusion ou l'exécution de contrats de droit privé. S'il en était autrement, on devrait admettre, par exemple, que le procès portant sur l'autorisation de séjour d'un étranger concernerait des "droits et obligations de caractère civil" au cas où, en raison du refus de l'autorisation, un contrat de travail ne pourrait pas être conclu ou exécuté. Il en serait de même d'un procès portant sur l'admission à un examen ou la délivrance d'un diplôme dans les cas où une certaine qualification serait requise pour l'accès à une profession dans l'exercice de laquelle des contrats de droit privé seraient conclus.

Abordant l'étude de la jurisprudence de la Commission et de la Cour européennes des Droits de l'Homme, le Gouvernement mentionne certaines décisions par lesquelles la Commission a refusé l'application de l'article 6 de la Convention à des requêtes mettant en cause la démission d'un juge suppléant nommé à temps, l'admission d'un requérant à la profession d'avocat, le droit d'entrer et de résider dans un pays déterminé.

Pour ce qui est de la jurisprudence de la Cour, le Gouvernement expose que celle-ci, dans son arrêt dans l'affaire Ringeisen, n'a pas suivi, il est vrai, la doctrine de la majorité de la Commission sur l'applicabilité de l'article 6, par. 1er. Mais elle n'a pas non plus suivi l'opinion de la minorité de la Commission. Elle a considéré comme décisif que la décision critiquée par le requérant était déterminante pour la conclusion d'un contrat de vente, donc pour des rapports de droit civil.

C'est en ce sens que l'arrêt Ringeisen a été interprété par la Cour Constitutionnelle de l'Autriche dans un litige concernant une affaire de permis de construire, dans laquelle la contestation portait sur l'obligation de verser, à titre de garantie, un cautionnement exigé par l'administration des travaux publics.

Passant à l'examen des deux versions authentiques de la Convention, le Gouvernement expose que le texte anglais, qui ne jette que peu de lumière sur la question, doit correspondre au texte français, qui permet une distinction nette entre le droit public et le droit privé et qui revêt, en conséquence, une importance particulière pour l'inprétation. Au demeurant, l'expression "droits et obligations de between "civil rights and obligations" and "private law", otherwise the reference to civil rights and obligations alongside criminal charges would become incomprehensible. Article 6 (1) need have stated no more than: "In the determination of any charge against him, everyone is entitled to a hearing within a reasonable time by an independent and impartial tribunal".

A study of the preparatory work on the Convention also led to the conclusion that the terms "civil rights and obligations" should be understood to mean "private rights". Originally, the terms "rights and obligations in a suit of law" in the English text had corresponded to the words *"droits et obligations de caractère civil"* in the French version. It was only shortly before the signature of the Convention in Rome that a committee of legal experts had inserted the terms "civil rights and obligations" when making a number of stylistic and translation corrections. Apparently that change had been made to bring the English text more closely into line with the French text, without altering the latter.

More recently, the terms "rights and obligations in a suit of law" had been included in Article 14 of the 1966 United Nations Covenant on civil and political rights. The French text of the Covenant was identical to that of Article 6 (1) of the European Convention. When comparing the Covenant and the Convention, the Committee of Experts had expressed the opinion that Article 14 of the Covenant concerned only the sphere of private law disputes, whereas the English wording "in a suit of law" had a wider connotation.

If the aim of Article 6 (1) were considered, it became clear that it was necessary to determine the concept "civil rights and obligations" independently. As confirmed by the Commission in a decision on 2 October 1964, and again in the Ringeisen case, the text could not be interpreted as being merely a reference to the national law of the High Contracting Parties. That view was consistent with the aim of the Convention, which was to create a common basis of Human Rights and guarantees whose effects could not be altered by the High Contracting Parties. Nevertheless the need to refer to the legal systems of the various States should not be overlooked. Such reference was essential to an understanding of the rules derived from common traditions. If the possible interpretations of Article 6 (1) were examined from that angle, "civil right" had to be understood as meaning "private right". That was the only conception which permitted the establishment of uniform criteria. On the basis of the national law of the States, Article 6 (1) would be applicable to any dispute which, under that law, could be brought before a court. The field of application of the text could then be altered in national legislation which would be able to restrict the field of application of the procedural guarantees in the Convention simply by amending national procedural law.

caractère civil", ne peut avoir une signification différente de "droit privé". S'il en était autrement, la référence aux droits et obligations de caractère civil, à côté des accusations en matière pénale deviendrait incompréhensible. Il aurait suffi de dire à l'article 6, par. 1er: "Toute personne a droit à ce que sa cause soit entendue dans un délai raisonnable par un tribunal indépendant et impartial".

L'historique de l'élaboration de la Convention conduit à son tour à la conclusion que les termes "droits et obligations de caractère civil" doivent être interprétés dans le sens de "droits privés". A l'origine, dans le texte anglais, les termes "*rights and obligations in a suit of law*" correspondaient aux mots "droits et obligations de caractère civil" de la version française. Ce n'est que la veille de la signature de la Convention à Rome qu'un comité d'experts juridiques, procédant à certaines corrections de forme et de traduction, inséra les termes "*civil rights and obligations*". Cette modification a, semble-t-il, été faite pour adapter plus exactement le texte anglais au texte français, sans modifier celui-ci.

Plus récemment, les termes "*rights and obligations in a suit of law*" ont été repris à l'article 14 du Pacte des Nations Unies de 1966, relatif aux droits civils et politiques. Le texte français de ce Pacte est identique à celui de l'article 6, par. 1er, de la Convention européenne. Or, le Comité d'experts, en comparant le Pacte et la Convention, a exprimé l'opinion que l'article 14 du Pacte ne concerne que le domaine des litiges de droit privé, bien que la formulation anglaise, "*in a suit of law*", soit plus large.

Si l'on envisage le but de l'article 6, par. 1er, on s'aperçoit de la nécessité de déterminer de manière autonome la notion de droits et obligations civils. Le texte ne peut pas être interprété comme une simple référence au droit national des Hautes Parties Contractantes. C'est d'ailleurs en ce sens que la Commission s'est exprimée dans une décision du 2 octobre 1964, et à nouveau dans l'affaire Ringeisen. Cela correspond au but de la Convention, qui est de créer une base commune des droits de l'homme et de garanties dont les effets ne peuvent être modifiés par les Hautes Parties Contractantes. La nécessité d'un recours aux ordres juridiques des différents Etats ne doit pas, pour autant, être méconnue. Ce recours est inévitable lorsqu'on veut comprendre les règles dérivées des traditions communes. Si l'on examine les possibilites d'interprétation de l'article 6, par. 1er, sous cet angle, on doit entendre le droit civil dans le sens de droit privé. Seule cette conception permet d'établir des critères uniformes. Si l'on se référait au droit national des Etats, l'article 6, par. 1er, serait applicable à tout litige qui, selon ce droit, pourrait être porté devant un tribunal. Le domaine d'application du texte pourrait alors être modifié par les législateurs nationaux qui auraient la faculté de limiter le domaine d'application des garanties procédurales conventionnelles en modifiant simplement leur propre droit procédural.

The concept of civil rights and obligations had to be understood as a concept of substantive law. Article 6 (1) required the existence in national legislation of a judicial procedure in the cases to which it referred.

The Government did not believe that its conception could be criticised for being based exclusively on continental law. The concept of civil rights and obligations was not unknown in Anglo-Saxon law. An agreement between the Federal Republic of Germany and the United Kingdom on the mutual recognition and enforcement of legal decisions in civil and commercial cases, contained the following clarification: "This Agreement shall not apply to cases coming under fiscal, customs and administrative law". One would be justified in inferring from this the existence in English law of a system of private law, covering, *inter alia*, the following fields: law of contract, of tort, of property and of trusts.

The Government, referring to the Ringeisen judgment, admitted that Article 6 (1) could cover disputes which came under public law in the respondent State. That could also apply in cases where it was not objectively evident whether a particular legal situation came under public or private law, e.g. the legal relations between a private person and the authorities in the matter of gas supply, health services, etc. Nevertheless, even if looked at from that angle, Article 6 (1) was not applicable in the case under consideration. The granting or refusal of authorisation to practise medicine or to run a private hospital undoubtedly came under public law. In that respect, it did not matter whether the administrative decision had any effect on private law relations. Otherwise, a decision concerning an examination result, for instance, would be covered by Article 6. The same would apply to the issue of a building permit, since the conclusion of contracts with the architect and the builder depended on it. To a certain extent there would always be a connection with private law. But the argument could not be taken that far. Despite their connections with private law, the administrative appeals lodged by the applicant did not concern civil rights and obligations and therefore they were not covered by Article 6 (1).

As to the length of the proceedings pending before the administrative courts in Frankfurt and Darmstadt, the respondent Government briefly summed up the developments in its memorial of 17 October 1974 and reserved the right to submit detailed observations if the application were not dismissed as manifestly ill-founded. Nevertheless, in that eventuality, the Government stated that it would not urge that the application should be dismissed as manifestly ill-founded in so far as it concerned the withdrawal from the applicant of authorisation to run his private hospital; with regard to the with-

La notion de droits et obligations civils doit être comprise comme une notion de droit matériel. L'article 6, par. 1er, exige l'existence, dans les législations nationales, d'une procédure judiciaire dans les cas qu'il énonce.

Le Gouvernement ne croit pas que sa conception encourt le reproche de se fonder exclusivement sur le droit continental. La notion des droits et obligations de caractère civil n'est pas étrangère au droit anglo-saxon. Ainsi, dans un accord entre la République Fédérale d'Allemagne et le Royaume-Uni relatif à la reconnaissance mutuelle et à l'exécution des décision judiciaires dans les affaires civiles et commerciales, la clarification suivante a été insérée: "Cet accord n'est pas applicable aux affaires relevant du droit fiscal, douanier et administratif". Il en résulte qu'il devrait être possible de constater, dans le droit anglais, l'existence d'un véritable droit privé recouvrant notamment les domaines suivants: *law of contracts, torts, property, trust.*

En se référant à l'arrêt Ringeisen, le Gouvernement admet que l'article 6, par. 1er, peut couvrir des contestations qui, dans l'Etat mis en cause, relèvent du droit public. Il pourra en être ainsi dans les cas où l'appartenance d'une situation juridique au droit public ou au droit privé ne s'impose pas objectivement, par exemple dans les relations juridiques entre l'individu et les autorités portant sur la distribution de gaz, la prestation de soins, etc. par contre, même envisagé sous cet angle, l'article 6, par. 1er, n'est pas applicable dans la présente affaire. L'octroi ou le refus de l'autorisation d'exercer la profession de médecin ou de diriger une clinique appartiennent indubitablement au droit public. Il n'importe, à cet égard, que la décision administrative ait produit des effets sur des relations de droit privé. Sinon, la décision sur le résultat d'un examen, par exemple, tomberait sous l'empire de l'article 6. Il en serait de même de la délivrance d'un permis de construire, puisque la conclusion des contrats avec l'architecte et l'entrepreneur en dépend. D'une certaine manière il y aura toujours un rapport avec le droit privé. Mais on ne saurait aller jusque là. Les recours administratifs introduits par le requérant, malgré leurs rapports avec le droit privé, ne concernent pas des droits et obligations de caractère civil et ne tombent donc pas sous l'article 6, par. 1er.

Au fond et quant à la durée des procès pendants devant les tribunaux administratifs de Francfort et de Darmstadt, le Gouvernement mis en cause, dans son mémoire du 17 octobre 1974, a exposé sommairement le déroulement des procédures, en se réservant de présenter des observations détaillées au cas où la requête ne serait pas rejetée pour cause d'incompatibilité. Néanmoins, dans cette éventualité, le Gouvernement a déclaré ne pas vouloir conclure au rejet de la requête pour défaut manifeste de fondement, pour autant qu'elle visait le retrait de l'autorisation de diriger la clinique du redrawal of authorisation to practise medicine, however, the Government did consider that the application should be dismissed as manifestly ill-founded.

At the hearing of the parties on 27 May 1975, the respondent Government dealt at some length with the particular features of the procedure before German administrative courts. After making a number of concrete observations on the actual proceedings and reserving the right to submit further observations if need be, the Government concluded that the application as a whole should be dismissed, since no violation of the Convention had been established.

B. *The applicant's submissions*

In his memorial replying to the submissions of the Federal Republic of Germany, the applicant's lawyer said that, contrary to the Government's contention, Article 6 (1) also applied to legal relations which, under German law, came within the jurisdiction of administrative courts. He put forward a number of arguments in support of his view:

- Administrative jurisdiction was exercised by independent courts, distinct from the administrative authorities;
- The German text of the Convention, which spoke of "*zivilrechtliche Ansprüche*", did not correspond to the authentic texts (English and French), since it restricted their scope;
- The preparatory work on the Convention showed that the German terminology implied an inadmissible restriction;
- The interpretation proposed by the Government, which held that only civil and criminal courts were concerned, was not possible because of the importance of the text under examination in the catalogue of procedural rights mentioned in Articles 5 to 7 of the Convention;
- Lastly, a teleological interpretation would support the argument that the protection of civil rights (*bürgerliche Rechte*) against acts by the administrative authorities had to be guaranteed within a reasonable time. Such acts would affect the person concerned in the same way as civil or criminal proceedings. In the present case, the applicant's livelihood was at stake. He had been prohibited from running his private hospital since 12 April 1967 and he had been engaged in legal action against that decision since 10 November 1967. He had been forbidden to practise his profession as a doctor since 12 May 1971, and he had been fighting that decision in the courts since 21 October 1971.

At the hearing on 27 May 1975, the applicant's lawyer, also referring to the Ringeisen case, said that the Court had endorsed the opinion of the majority of the Commission and ruled that the two parties to a dispute did not have to be private persons before Article 6 (1) of the Convention could apply to a case. The wording of Article quérant. Au contraire, en ce qui concerne le retrait de l'autorisation d'exercer la profession de médecin, le Gouvernement concluait au rejet de la requête pour défaut manifeste de fondement.

A l'audience contradictoire du 27 mai 1975, le Gouvernement mis en cause a consacré certains développements aux particularités de la procédure devant les tribunaux administratifs allemands. Tout en ajoutant quelques observations concrètes sur les procédures litigieuses et en se réservant de les compléter en cas de besoin le Gouvernement a conclu au rejet de la requête dans son ensemble, une violation de la Convention n'étant pas établie.

B. *Argumentation du requérant*

Dans son mémoire en réponse, l'avocat du requérant expose que, contrairement à la thèse défendue par le Gouvernement de la République Fédérale d'Allemagne, l'article 6, par. 1er, s'applique aussi à des rapports juridiques qui, selon le droit allemand, rentrent dans la compétence des tribunaux administratifs. A l'appui de sa conception, il développe certains arguments:

- La juridiction administrative est exercée par des tribunaux indépendants, distincts des autorités administratives;
- Le texte allemand de la Convention, qui parle de "*zivilrechtliche Ansprüche*", ne correspondrait pas aux textes authentiques (anglais et français), dont il restreindrait la portée;
- Il résulterait des travaux préparatoires à la Convention que la terminologie allemande impliquerait une restriction inadmissible;
- L'interprétation proposée par le Gouvernement, selon laquelle les tribunaux civils et les tribunaux pénaux seraient seuls visés, serait exclue par la place que le texte sous examen occupe dans le catalogue des droits d'ordre procédural mentionnée aux articles 5 à7 de la Convention;
- Finalement, l'interprétation téléologique appuyerait la thèse selon laquelle la défense des droits civils (*bürgerliche Rechte*) contre les interventions de l'administration devrait être assurée dans un délai raisonnable. De telles interventions entraîneraient pour la personne concernée les mêmes effets que des procès civils ou pénaux. Dans le cas présent, les moyens d'existence du requérant seraient en jeu. Depuis le 12 avril 1967, l'exploitation de sa clinique lui est interdite et, depuis le 10 novembre 1967, il attaque en justice cette interdiction. Depuis le 12 mai 1971, l'exercice de sa profession de médecin lui est défendu et, depuis le 21 octobre 1971, il attaque en justice cette défense.

A l'audience du 27 mai 1975, l'avocat du requérant, en se référant à son tour à l'affaire Ringeisen, constate que la Cour, confirmant en cela l'opinion de la majorité de la Commission, a jugé qu'il n'est pas nécessaire, pour que l'article 6, par. 1er, de la Convention s'applique à une contestation, que les deux parties au litige soient des personnes

6 (1) covered all proceedings whose outcome was decisive for private rights and obligations. And the judgment continued: "The character of the legislation which governs how the matter is to be determined (civil, commercial, administrative law, etc.) and that of the authority which is invested with jurisdiction in the matter (ordinary court, administrative body, etc.) are therefore of little consequence". Therefore, according to the applicant, the respondent Government had no grounds for maintaining that proceedings before the German administrative courts were concerned with legal relations in public law and that private law contracts between the applicant and his patients were not directly affected. In the case in point, it was his existence which was at stake. The prohibition imposed on him by the administrative authorities had the same effects on his existence as those of a civil or criminal action.

The applicant further argued that if one went to the heart of the matter, the accusations made against him, which had led first to the withdrawal of authorisation to run his private hospital and subsequently to the withdrawal of authorisation to practise medicine, amounted to a charge in a criminal case.

Lastly, the applicant summarised the opinion of the minority of the Commission presented before the Court in the Ringeisen case. He concluded from this that civil rights and obligations were at stake.

THE LAW

1. The applicant complains of the slowness of the proceedings he instituted before the administrative courts in Frankfurt and Darmstadt, concerning, respectively, the withdrawal of authorisation to run a private hospital owned by him and the withdrawal of authorisation to practise medicine. He alleges violations of Article 6 (1) of the Convention by virtue of which "... in the determination of his civil rights and obligations or of any criminal charge against him, everyone is entitled to a fair and public hearing within a reasonable time by an independent and impartial tribunal ...".

2. The Commission notes, first of all, that the applicant is not facing a criminal charge.

3. It considers, however, that it has to be established whether the applicant's right to manage his private hospital and practise medicine are civil rights within the meaning of Article 6 (1) of the Convention. In that context, it is necessary, in particular to determine whether the right to conclude and perform contracts for the provision of services in the exercise of a profession and the right to manage a

privées. Le libellé de l'article 6, par 1er, couvre toute procédure dont l'issue est déterminante pour des droits et obligations de caractère privé. Et l'arrêt continue: "Peu importent dès lors la nature de la loi suivant laquelle la contestation doit être tranchée (loi civile, commerciale, administrative, etc.) et celle de l'autorité compétente en la matière (juridiction de droit commun, organe administratif etc.)." C'est donc sans fondement, d'après le requérant, que le Gouvernement mis en cause affirme que devant les tribunaux administratifs allemands la discussion porte sur des rapports de droits qui trouvent leur base dans des compétences de droit public et que des contrats de droit privé du requérant avec ses malades ne seraient pas touchés directement. Dans le cas concret, c'est son existence qui est en jeu. L'interdiction des autorités par l'intermédiaire de l'administration, produit à l'égard de l'existence de l'intéressé les mêmes effets qu'un procès civil ou une poursuite pénale.

Poursuivant son argumentation, le requérant estime que, si l'on va au fond des choses, les reproches formulés contre lui et qui ont entraîné d'abord le retrait de l'autorisation de diriger sa clinique et ensuite le retrait de l'autorisation d'exercer la profession de médecin, ont ni plus ni moins le caractère d'une accusation en matière pénale.

Finalement, le requérant résume l'opinion de la minorité de la Commission présentée devant la Cour dans l'affaire Ringeisen. Il en conclut que des droits et obligations de caractère civil sont en jeu.

EN DROIT

1. Le requérant se plaint de la lenteur des procédures qu'il a introduites devant les tribunaux administratifs de Francfort et de Darmstadt et qui sont respectivement dirigées contre le retrait de l'autorisation de diriger la clinique dont il est le propriétaire, et contre le retrait de l'autorisation d'exercer la profession de médecin. Il allègue une violation de l'article 6, par. 1er, de la Convention, aux termes duquel "toute personne a droit à ce que sa cause soit entendue (...) dans un délai raisonnable, par un tribunal (... qui décidera, soit des contestations sur ses droits et obligations de caractère civil, soit du bien-fondé de toute accusation en matière pénale dirigée contre elle ...".

2. La Commission constate, tout d'abord, que le requérant ne se trouve pas sous le coup d'une accusation en matière pénale.

3. Elle estime, en revanche, que la question se pose de savoir si le droit pour le requérant de diriger la clinique dont il est propriétaire et celui d'exercer la profession de médecin relèvent du domaine des droits civils, au sens de l'article 6, par. 1er, de la Convention. Dans ce conteste, il s'agit en particulier de déterminer si le droit de conclure et d'exécuter des contrats de prestation de service dans le cadre

hospital, as an attribute of the right to own such an establishment, are civil rights within the meaning of the said article.

4. The Commission recalls that its constant practise has been to rule that the concept of "civil rights and obligations" is an autonomous concept "which must be interpreted independently of the rights existing in the law of the High Contracting Parties, even though the general principles of ... domestic law ... must necessarily be taken into consideration in any such interpretation" (Application No. 1931/63, Yearbook No. XII, p. 223, Coll. No. 15, p. 8). That principle has been upheld in many decisions, including that of 19 July 1968 on the admissibility of applications Nos. 3436 to 3438/67 (Yearbook XI (I), pp. 601 to 607).

The Commission upheld the same principle before the European Court of Human Rights in the Neumeister case (cf. Publications of the European Court of Human Rights, Series A, p. 29).

5. The Commission does not find any general and decisive criterion in the Ringeisen judgment whereby to decide whether a specific right or obligation is a "civil" right or obligation. The judgment does make it clear, however, that Article 6 (1) of the Convention applies to administrative proceedings also, if these are decisive for relations in civil law between the applicant and third parties (cf. European Court of Human Rights, Ringeisen Case, Series A, Paragraph 94).

6. Having made a preliminary examination of the information and submissions presented by the parties, the Commission is of the opinion that the applicant's complaints raise difficult questions concerning the applicability of Article 6 (1) of the Convention, particularly with regard to the concept of "civil rights and obligations". It considers that the problems raised by these complaints are so complex that they cannot be settled without an examination of the merits. These complaints cannot therefore be regarded as being incompatible *ratione materiae* with the provisions of the Convention, within the meaning of Article 27 (2).

Nor can the application be declared inadmissible because it is manifestly ill-founded within the meaning of Article 27 (2) of the Convention, with regard to the length of the proceedings complained of under Article 6 (1) of the Convention.

Now, therefore, the Commission, without prejudice to the merits,

DECLARES THE APPLICATION ADMISSIBLE.

de l'exercice d'une profession et le droit de gestion d'un établissement hospitalier, comme attribut du droit de propriété sur cet établissement, sont des droits civils au sens du même article.

4. La Commission rappelle que, de jurisprudence constante, elle a jugé que la notion de "droits et obligations de caractère civil" est une notion autonome "qu'il faut interpréter indépendamment des droits internes des Hautes Parties Contractantes, même si les principes généraux du droit interne ... doivent nécessairement être pris en considération lors d'une telle interprétation" (Requête N° 1931/63, Annuaire XII, p. 213, Rec. 15, p. 8). Ce principe a été maintenu dans de nombreuses décisions, notamment dans celle du 19 juillet 1968 sur la recevabilité des requêtes N° 3436 à 3438/67 (Annuaire XI (I), pp. 601 à 607).

La Commission a maintenu le même principe devant la Cour européenne des Droits de l'Homme dans l'affaire Neumeister (cf. Publications de la Cour européenne des Droits de l'Homme, Série A, p. 29).

5. La Commission ne croit pas trouver dans l'arrêt Ringeisen un critère général décisif pour résoudre la question de savoir si un droit ou une obligation déterminés sont ou non de caractère civil. Il ressort cependant de cet arrêt, que l'article 6, par. 1er, de la Convention s'applique même à des procédures administratives, lorsque ces procédures sont déterminantes pour des rapports de caractère civil entre le requérant et des tiers (cf. Cour européenne des Droits de l'Homme, Affaire Ringeisen, Série A, par. 94).

6. Après avoir procédé à un examen préliminaire des informations et des arguments soumis par les parties, la Commission estime que les griefs formulés par le requérant soulèvent des questions difficiles à propos de l'applicabilité de l'article 6, par. 1er, de la Convention, en particulier quant à la notion des "droits et obligations de caractère civil". Elle est d'avis que les problèmes posés par lesdits griefs sont d'une telle complexité qu'il ne saurait être statué à leur sujet qu'après un examen au fond. Ces griefs ne peuvent donc pas être considérés comme incompatibles *ratione materiae* avec les dispositions de la Convention, au sens de son article 27, par. 2.

La requête ne peut pas non plus être déclarée irrecevable comme étant manifestement mal fondée au sens de l'article 27, par. 2, de la Convention, en ce qui concerne la durée des procédures incriminées sous l'angle de l'article 6, par. 1er, de la Convention.

Par ces motifs et tout moyen de fond étant réservé, la Commission

DECLARE LA REQUETE RECEVABLE.

Application No. 6301/73

X *against* the NETHERLANDS

Decision of 30 September 1975

...

(*Translation*)

THE FACTS

The *facts* of the case may be summarised as follows:

The applicant is a Netherlands citizen, born on ... 1924 and resident at Eindhoven.

By a decision of ... June 1968, the Cantonal Court ("*Kantonrechter*") of Amersfoort complied with a request from the applicant's wife by ordering his temporary admission to a home for the mentally ill at Amersfoort. It does not appear that the applicant was given a hearing by the court on this occasion. In any case, no provision for a hearing of this kind was made in the Insane Persons Act (*Krankzinnigenwet*) of 1884 before it was amended by the Act of 28 August 1970.

Following a further request, the District Court ("*Arrondissements – Rechtbank*") of Utrecht, by decision of .. December 1968, ordered the applicant to be confined for a year.

His confinement was further extended by a decision of the District Court of Utrecht of .. December 1969.

On .. August 1970, the applicant was moved to the institution Psychiatrische Inrichting at Eindhoven.

On .. January 1971, .. December 1971, .. December 1972 and .. December 1973, the District Court of 's Hertogenbosch extended the period of the applicant's confinement for a further year. On each occasion the court based its decision on a statement by the doctor attached to the establishment giving reasons why the applicant ought to remain there. As is permitted under Dutch law, it did not give the applicant a hearing.

On .. February 1973 the applicant sent a request for his discharge to the Public Prosecutor.

After seeking the opinion of the institution's doctor, the Public Prosecutor refused the request on .. May 1973 without referring it to the court, as he is entitled to do in certain cases under Section 29 of the Insane Persons Act.

In April 1974 the applicant was discharged. However, he was committed again in December 1974.

Complaints

The applicant's *complaints* can be summarised as follows:

– He considers that he was detained in an arbitrary manner.

Requête No 6301/73

X. *contre* les PAYS-BAS

Décision du 30 septembre 1975

EN FAIT

Les *faits* de la cause peuvent se résumer comme suit:

Le requérant, ressortissant néerlandais né le ... 1924, est domicilié à Eindhoven.

Par décision du .. juin 1968, le juge cantonal d'Amersfoort a fait droit à une requête de l'épouse du requérant en autorisant l'admission provisoire de celui-ci dans un établissement pour malades mentaux à Amersfoort. Il ne semble pas que le requérant ait à cette occasion été entendu par le juge. Une telle audition n'était au reste pas prévue par la loi sur les déficients mentaux (*Krankzinnigenwet*) de 1884 avant les amendements introduits par la loi du 28 août 1970 en portant modification.

Par décision du .. décembre 1968, le tribunal d'arrondissement d'Utrecht a autorisé, à la suite d'une nouvelle requête, l'internement pour la durée d'un an.

L'internement a été à nouveau prolongé par décision du tribunal d'arrondissement d'Utrecht en date du .. décembre 1969.

Le .. août 1970, le requérant a été transféré dans l'établissement Z. Psychiatrische Inrichting à Eindhoven.

Les .. janvier 1971, .. décembre 1971, ..décembre 1972 et .. décembre 1973, le tribunal d'arrondissement de Bois-le-Duc a prolongé d'un an la durée de l'internement. Le tribunal s'est à chaque fois basé sur une déclaration motivée du médecin rattaché à l'établissement, qui estimait nécessaire de prolonger l'internement. Il n'a par ailleurs pas entendu le requérant, conformément à une faculté qui lui est ouverte par la loi.

Le .. février 1973, le requérant a adressé une requête au procureur, visant à obtenir sa mise en liberté.

Après avoir demandé l'avis du médecin de l'institution, le procureur a rejeté la requête le .. mai 1973, sans en référer au tribunal, ainsi que l'article 29 de la loi concernant les malades mentaux le lui permet dans certains cas.

Au cours du mois d'avril 1974, le requérant a été remis en liberté. Il a néanmoins été interné à nouveau en décembre 1974.

Griefs

Les *griefs* du requérant peuvent se résumer comme suit:

– Il estime avoir été maintenu en détention de façon arbitraire.

– He maintains that he was not informed of the court decisions by which his confinement was prolonged.

Proceedings before the Commission

On 16 March 1975 the Commission decided, in accordance with Rule 42 (3) (b) of its Rules of Procedure, that notice of the application should be given to the Netherlands Government in order that the latter could submit its observations in writing on the admissibility of the application.

The observations were produced on 4 June 1975 and were forwarded to the applicant; in a letter dated 16 June 1975 he gave notice of his intention to let his application stand.

The Government's written observations

1. In its observations, the *Government* submitted that the applicant had been committed to a psychiatric home by virtue of an order issued by a court in accordance with Section 12 of the Insane Persons Act ("*Krankzinnigenwet*"). His confinement had then been prolonged several times in accordance with Section 24 of the Same act. This was not in itself contrary to the provisions of Article 5 (1) (e) and (4) of the Convention for the Protection of Human Rights and Fundamental Freedoms, because:

(a) detention was expressly authorised by paragraph 1 (e) of Article 5;
(b) the applicant was committed according to the procedure prescribed by law and his detention was therefore in conformity with the provisions of the second sentence of paragraph 1 of Article 5;
(c) the applicant's detention was authorised by law and he was deprived of his liberty only after the judge had made an order to that effect, so that there were no grounds for relying on paragraph 4 of Article 5, which gives a person already deprived of liberty the right to take proceedings before a court;

(d) the extension of the applicant's confinement was authorised by a court under the terms of Sections 22, 23 and 24 of the Insane Persons Act and insofar as paragraph 4 of Article 5 of the Convention was applicable here, Netherlands legislation complied with the provision in question on this point.

2. The fact that the patient was not informed of the court decisions did not constitute a breach of the Convention either, for the following reasons:

(a) Paragraph 4 of Article 5 did not specify what form court proceedings were to take whereas, if the authors of the Convention

- Il affirme n'avoir pas eu connaissance des décisions de justice par lesquelles son internement a été prolongé.

Procédure devant la Commission

Le 16 mars 1975, la Commission a décidé, en application de l'article 42, par. 2 (b), de son Règlement intérieur, de porter la requête à la connaissance du Gouvernement des Pays-Bas pour que celui-ci présente par écrit ses observations sur la recevabilité.

Ces observations ont été produites le 4 juin 1975 et communiquées au requérant qui, par lettre du 16 juin 1975, a manifesté son intention de maintenir sa requête.

Observations écrites du Gouvernement

1. Dans ses observations, *le Gouvernement* fait valoir que le requérant a été placé dans un établissement psychiatrique en vertu d'une autorisation judiciaire délivrée conformément à l'article 12 de la loi concernant les malades mentaux ("*Krankzinnigenwet*"). Conformément à l'article 24 de cette même loi, son internement a été prolongé plusieurs fois. Cela n'est pas, en soi, contraire aux dispositions de l'article 5, paragraphes 1 (e) et 4, de la Convention de Sauvegarde des Droits de l'Homme et des Libertés fondamentales:

(a) le placement est expressément autorisé en vertu de l'article 5, paragraphe 1 (e);
(b) le placement s'est fait selon la procédure prévue par la loi et est donc conforme aux dispositions de l'article 5, paragraphe 1, deuxième phrase;

(c) le placement s'est fait par autorisation judiciaire. La privation de la liberté n'a eu lieu qu'*après* que le juge eut donné l'autorisation de ce faire. Il n'y a donc pas de raison d'invoquer l'article 5, paragraphe 4, qui prévoit un recours devant le tribunal lorsqu'il y a déjà privation de liberté;
(d) la prolongation de l'internement se fait, conformément aux articles 22, 23 et 24 de la loi concernant les malades mentaux, en vertu d'une autorisation judiciaire. Dans la mesure où l'article 5, paragraphe 4, de la Convention peut jouer un rôle en la matière, la législation néerlandaise satisfait sur ce point à la disposition en question.

2. La non-signification des décisions judiciaires au patient ne constitue pas, par ailleurs, une violation de la Convention:

(a) le texte de l'article 5, paragraphe 4, ne prescrit pas la forme que doit revêtir le recours devant le tribunal. Si les auteurs de la Conhad thought it necessary to provide procedural safeguards, they would have done so expressly in the text of the Convention.

(b) The head of the establishment to which the person concerned was committed was informed of the court decisions and could judge whether it was reasonable to inform the patient thereof, on the basis of the way in which his illness was progressing. This arrangement, which departed from the general legal rules, must be seen in the context of the particularly delicate relationships involved. Those who devised it proceeded on the assumption that difficulties might well arise if a patient were informed of a court decision without the assurance that this reaction could be dealt with adequately.
(c) The reason given under (b) also applied to the court's discretion to decide whether the patient should be given a hearing before the issue or extension of a confinement order.

3. In the Government's opinion, the fact that the Public Prosecutor did not forward the patient's request for discharge to the court did not constitute a breach of the Convention either, for the following reasons:
(a) According to the procedure laid down in Sections 22, 23 and 24 of the Insane Persons Act the court reconsidered at regular intervals whether a patient's confinement was lawful. If, after the most recent court decision, the patient's state of health changed in such a way as no longer to justify his being confined, he might, according to the act, be discharged by three different procedures:
   i. discharge as a result of a written statement made by the doctor in charge (Section 28);
   ii. discharge by the court at the request of the patient or of a relation or connection (Section 29);
   iii. discharge by order of the Public Prosecutor or, on his recommendation, by the court (Section 30).
(b) The latitude left to the Public Prosecutor in proceeding under Section 29 of the Insane Persons Act must be seen in the context of the safeguards already mentioned and was justified by the specific nature of patients' applications. Although as a rule each request must be taken seriously, the risk of their being completely unfounded was particularly large. Indeed, the application was very often the outcome of the patient's mental disorder.

(c) A provision such as Section 29 of the act, whose purpose it was, out of respect for the legitimate interests of the ordinary citizen, to protect the courts against a flood of manifestly ill-founded applications, was the counterpart to Article 27 (2) of the Convention. Only if the notion of "manifestly inadmissible" ("*klaar-*

vention avaient estimé nécessaire de prévoir des garanties sur le plan de la procédure, ils les auraient prévues expressément dans le texte de la Convention;

(b) les décisions judiciaires sont communiquées à la direction de l'établissement où est placé l'intéressé. Celle-ci peut juger, sur la base de l'évolution de la maladie chez le patient, s'il est raisonnable de lui communiquer la décision judiciaire. Ce règlement, qui s'écarte des règles juridiques générales, doit être vu dans le contexte des relations particulièrement délicates auxquelles il s'applique. Ceux qui l'ont conçu sont partis de l'idée qu'en communiquant une décision judiciaire à un patient sans être sûr de pouvoir suffisamment faire face à ses réactions, on s'expose à des difficultés;

(c) les remarques du point (b) s'appliquent aussi à la liberté qui revient au juge de décider si le patient peut être entendu avant la délivrance de l'autorisation d'internement ou de la prolongation d'une telle autorisation.

3. Le fait que le procureur du roi n'a pas transmis au juge les requêtes présentées par l'intéressé en vue de sa remise en liberté ne constitue pas non plus, de l'avis du Gouvernement, une violation de la Convention.

(a) les procédures prévues aux articles 22, 23 et 24 de la loi concernant les malades mentaux garantissent un examen régulier par le juge, de la légalité de l'internement d'un malade. Si, après la dernière décision judiciaire, l'état de santé du patient devient tel qu'il n'est plus justifié de poursuivre l'internement la mise en liberté peut, selon la loi, se faire de trois façons:
   i. mise en liberté sur déclaration écrite du médecin responsable (article 28);
   ii. mise en liberté par le juge à la demande du patient ou d'un parent ou allié (article 29);
   iii. mise en liberté sur l'ordre du procureur du roi ou, par son entremise, par le juge (article 30);

(b) la marge d'appréciation accordée au procureur du roi dans la procédure de l'article 29 de la loi concernant les malades mentaux doit être vue dans le contexte des garanties précitées, et s'explique par le caractère spécifique des requêtes émanant des patients. Bien que, en principe, chaque demande doive être prise au sérieux, le risque de requêtes sans fondement aucun est particulièrement grand. Souvent, la requête aura même son origine dans les troubles mentaux dont souffre le patient;

(c) un règlement comme celui de l'article 29 de la loi qui vise, dans le respect des intérêts légitimes des justiciables, à protéger les tribunaux d'un afflux de requêtes manifestement non fondées est le pendant de l'article 27, paragraphe 2, de la Convention. Ce n'est que si l'on donne, dans la pratique, à la notion de "mani-

blijkelijk niet voor inwilliging vatbaar") were given an excessively wide interpretation could there be any question of an unlawful act within the meaning of Article 5 (1) (e) of the Convention. The Government had not yet found any case where the Public Prosecutor had made an interpretation that was mistaken or too wide in applying Section 29 of the Insane Persons Act.

4. Lastly, the Government considered that the facts on which the application was based confirmed the above. The request for discharge made by the applicant on .. February 1973 had not been forwarded to the court by the Public Prosecutor because, according to the medical practitioner who advocated its rejection, there had been no change in the patient's state of health. Shortly before, on .. December 1972, the court of 's Hertogenbosch had made an appraisal of his state of health when, in a decision of the same date, it extended the order committing the applicant to a psychiatric home for a further year, in pursuance of Section 24 of the Insane Persons Act. The documents submitted to the Commission clearly showed that, in this particular case, the provisions of the law had been scrupulously respected.

It was significant that the medical reports drawn up between 1968 and 1973 were largely similar, which showed that the illness had evolved extremely slowly. The Public Prosecutor's decision not to ask the court to settle the question – of which, incidentally, the applicant was informed – was, therefore, fully justified in the Government's opinion.

5. In view of the above, the Netherlands Government considered that the application must be found inadmissible under Article 27 (2) of the Convention as manifestly ill-founded.

THE LAW

The applicant, who was confined in pursuance of an order made by a court on the basis of the Netherlands Insane Persons Act, considers that he is being arbitrarily detained.

He complains that he was not informed of the decisions by which his confinement was several times extended and that he was not allowed a hearing by a court.

The Commission has examined the entire application with reference to Article 5 of the Convention.

Firstly the Commission observes that the confinement order of which the applicant complains was made for one of the reasons listed in and authorised by Article 5 (1) (e) of the Convention. However, the question whether, in this particular case, confinement was compatible with this provision raises various difficulties connected with festement irrecevable" ("*klaarblijkelijk niet voor inwilliging vatbaar*") une interprétation exagérément large qu'il pourrait être, question d'un acte irrégulier dans le contexte de l'article 5, paragraphe 1 (e), de la Convention. Le Gouvernement n'a encore constaté aucune interprétation erronée ou trop large par le procureur du roi dans l'application de l'article 29 de la loi concernant les malades mentaux.

4. Le Gouvernement estime enfin que les faits sur lesquels se base la requête confirment ce qui précède. La demande de mise en liberté introduite le .. février 1973 n'a pas été présentée par le procureur du roi au tribunal parce que l'état de santé de l'intéressé, selon le médecin traitant qui conseillait le refus, ne s'était pas modifié. Peu de temps auparavant, le .. décembre 1972, le tribunal de Bois-le-Duc avait évalué cet état de santé lorsque, en vertu de l'article 24 de la loi concernant les malades mentaux, il prolongea d'un an – par décision portant cette date – l'autorisation de séjour dans un établissement psychiatrique. Il ressort clairement des documents soumis à la Commission que les dispositions légales ont été soigneusement respectées en l'espèce.

Fait significatif, les déclarations médicales rédigées dans la période 1968–1973 concordent largement. Cela montre que l'évolution de la maladie fut très lente. C'est pourquoi la décision du procureur du roi – d'ailleurs communiquée au requérant de ne pas prier le tribunal de trancher la question est pleinement justifiée aux yeux du Gouvernement.

5. Le Gouvernement des Pays-Bas estime, vu ce qui précède, que la requête doit être déclarée irrecevable, parce qu'elle est manifestement mal fondée, en vertu de l'article 27, paragraphe 2, de la Convention.

EN DROIT

Interné en vertu d'une autorisation délivrée par un juge sur base de la loi néerlandaise concernant les déficients mentaux, le requérant s'estime en détention arbitraire.

Il se plaint de n'avoir pas eu connaissance des décisions par lesquelles son internement à été prolongé à plusieurs reprises et de n'avoir pas eu la possibilité d'être entendu par un juge.

La Commission a procédè à un examen d'ensemble de la requête sous l'angle de l'article 5 de la Convention.

La Commission observe en premier lieu que la détention dont se plaint le requérant a été ordonnée pour l'une des causes prévues et autorisées par l'article 5, par. 1 (e), de la Convention. La question de savoir si, dans le cas d'espèce, l'internement est compatible avec cette disposition, soulève néanmoins diverses difficultés liées notamthe meaning of the expression "lawful detention" and the extent of the obligation to observe the "procedure prescribed by law" when some part or parts of this procedure may be waived by the court.

Secondly, the Commission recalls that, according to paragraph 4 of Article 5 which applies, *inter alia*, to persons of unsound mind who are detained in accordance with sub-paragraph (e) of paragraph 1, "everyone who is deprived of his liberty by arrest or detention shall be entitled to take proceedings by which the lawfulness of his detention shall be decided speedily by a court and his release ordered if the detention is not lawful".

In the case in point, the applicant was not in practise able to apply to the District Court for his release under Section 29 of the aforementioned act, since the Public Prosecutor decided not to forward his request to the competent judge.

Again, do the decisions made annually by the court represent a means of checking the lawfulness of detention by means of the proceedings prescribed by the Convention? This question raises various difficulties connected with the interpretation of paragraph of Article 5. In particular, it is important to decide whether, when the District Court authorised extension of the applicant's confinement, it was really a court within the meaning of the above provision and afforded the individual sufficient sageguards, having regard to the special nature of the case (cf. European Court of Human Rights, De Wilde, Ooms and Versyp Cases ("Vagrancy" Cases) – Judgment of 18 June 1971, para. 76 and 78).

In view of the above, the Commission finds that the problems raised in the case in point are complex enough for their solution to require consideration of the merits of the case.

The applicant's complaints cannot therefore be rejected as manifestly ill-founded, within the meaning of Article 27 (2) of the Convention.

The Commission also observes that there is no other obstacle to these complaints as regards either jurisdiction or admissibility.

Now, therefore, the Commission

DECLARES THE APPLICATION ADMISSIBLE.

ment à la signification de l'expression "détention régulière" ainsi qu'à l'étendue de l'obligation de respect des "voies légales" lorsque certaines d'entre elles peuvent être écartées par le juge.

La Commission rappelle par ailleurs que, selon le paragraphe 4 de l'article 5 qui vaut entre autres pour les malades mentaux détenus en vertu de l'alinéa (e) du paragraphe 1, "toute personne privée de sa liberté par arrestation ou détention a le droit d'introduire un recours devant un tribunal, afin qu'il statue à bref délai sur la légalité de sa détention et ordonne sa libération si la détention est illégale".

En l'espèce, le requérant n'a pu effectivement demander sa mise en liberté au tribunal d'arrondissement, en application de l'article 29 de la loi précitée. Le procureur du roi a, en effet, décidé de ne pas transmettre sa requête au juge compétent.

Les décisions annuelles de ce tribunal satisfont-elles par ailleurs à l'exigence d'un contrôle de légalité ouvert sur recours? Cette question soulève diverses difficultés liées à l'interprétation du paragraphe 4 de l'article 5. Il importe en particulier de déterminer si, lorsqu'il a autorisé la prolongation de la détention du requérant, le tribunal d'arrondissement était effectivement un tribunal au sens de ladite disposition, offrant des garanties suffisantes à l'individu, eu égard à la nature particulière de la cause (cf. Cour européenne des Droits de l'Homme, Affaires De Wilde, Ooms et Versyp, décision du 28 mai 1970, par. 76 et 78).

A la lumière de ces considérations, la Commission estime que les problèmes qui se posent en l'espèce se révèlent assez complexes pour que leur solution doive relever de l'examen du fond de l'affaire.

Les griefs du requérant ne sauraient dès lors être rejetés pour défaut manifeste de fondement, au sens de l'article 27, par. 2, de la Convention.

La Commission observe par ailleurs que ces griefs ne se heurtent à aucune autre cause d'incompétence ou d'irrecevabilité.

Par ces motifs, la Commission

DECLARE LA REQUETE RECEVABLE.

Application No. 6538/74

TIMES NEWSPAPERS LTD., THE SUNDAY TIMES and Mr. HAROLD EVANS *against* the UNITED KINGDOM

Decision of 21 March 1975

. . .

THE FACTS

The application was introduced on 19 January 1974 by Mr. Harold Evans, a United Kingdom citizen, born in 1928 and resident in London. He is the Editor of The Sunday Times, being a weekly newspaper which is published and owned by Times Newspaper Ltd. He made the application both in his personal capacity and as Editor of The Sunday Times (hereafter called the third applicant), on behalf of The Sunday Times as a group of journalists (hereafter called the second applicant), and on behalf of Times Newspapers Limited (hereafter called the first applicant).

The application was registered on 26 February 1974 in the name of all three applicants who are represented in these proceedings by Mr. Antony Whitaker, Legal Manager of Times Newspapers Limited.

The facts of the case, as they have been presented by the parties, may be summarised as follows:

The applicants' claim is that an injunction, issued by the High Court and upheld by the House of Lords, to restrain them from publishing an article in The Sunday Times dealing with thalidomide children and the settlement of their compensation claims in the United Kingdom constituted a breach of Article 10 of the Convention.

The background and the facts of the application as they were presented to the Commission in the form of a 156-page loose-leaf printed report by The Sunday Times headed "The Thalidomide Children and the Law", and as they have been set out in the report of the proceeding in the House of Lords, may be stated as follows:

"(a) Between 1958 and 1961 Distillers Co. (Biochemicals) Ltd. ("Distillers") manufactured and marketed in the United Kingdom drugs which contained an ingredient known as thalidomide which had initially been produced by a German manufacturing company. The drugs were prescribed as sedatives for, among others, expectant mothers. In the year 1961 a number of mothers to whom the drugs had been administered gave birth to children suffering from severe physical deformities. In the same year Distillers withdrew all drugs containing thalidomide from the market.

Requête No 6538/74

TIMES NEWSPAPERS LTD., THE SUNDAY TIMES et M. Harold EVANS *contre* le ROYAUME-UNI

Décision du 21 mars 1975

. . . (*Traduction*)

EN FAIT

La requête a été introduite le 19 janvier 1974 par M. Harold Evans, citoyen du Royaume-Uni, né en 1928 et domicilié à Londres. Le requérant est le rédacteur en chef du Sunday Times, hebdomadaire édité par son propriétaire, la Times Newspapers Ltd. M. Evans a présenté la requête à la fois en sa qualité personnelle de rédacteur en chef du Sunday Times (appelé ci-après le troisième requérant), au nom du Sunday Times en tant que groupe de journalistes (appelé ci-après le deuxième requérant) et enfin au nom de la Times Newspapers Ltd. (appelée ci-après le premier requérant).

La requête a été enregistrée le 26 février 1974 au nom des trois requérants, que représente dans la procédure devant la Commission, M. Anthony Whitaker, Directeur juridique de la Times Newspapers Ltd.

Les faits de la cause, tels qu'ils sont présentés par les parties, peuvent se résumer ainsi:

Les requérants allèguent que l'ordonnance rendue par la High Court of Justice et confirmée par la Chambre des Lords, leur enjoignant de ne pas publier dans le Sunday Times un article traitant des enfants victimes de la thalidomide au Royaume-Uni et du règlement des demandes d'indemnisation constitue une violation de l'article 10 de la Convention.

L'historique et les faits concernant la requête, tels que le Sunday Times les a présentés à la Commission, sous forme d'un rapport imprimé sur 156 pages de feuilles détachées et intitulé "The Thalidomide Children and the Law", (Les enfants victimes de la thalidomide face à la loi) et tels que le compte-rendu de la procédure devant la Chambre des Lords les a établis, peuvent être exposés comme suit:

"(a) Entre 1958 et 1961, la Distillers Co. (Biochemicals) Ltd. (ci-après dénommée la "Distillers") a fabriqué et mis sur le marché au Royaume-Uni des médicaments dans la composition desquels entrait une substance connue sous le nom de thalidomide, et initialement fabriquée par une entreprise allemande. Ces médicaments étaient prescrits comme sédatifs, pour les femmes enceintes notamment. Au cours de l'année 1961, un certain nombre de mères à qui ces médicaments avaient été prescrits ont donné naissance à des enfants présentant des difformités physiques graves. Au cours de la même année, la Distillers a retiré du marché tous les médicaments contenant de la thalidomide.

(b) Following that withdrawal, claims were made against Distillers in respect of the malformed children on the basis that the cause of the deformities was the effect on the foetus of thalidomide administered to the mother during pregnancy. Actions were also brought in respect of persons alleged to have suffered peripheral neuritis as a result of the use of the drugs. Between the years 1962 and 1966 the parents of 70 of the deformed children issued writs against Distillers on behalf of the children and on their own behalf alleging, *inter alia,* negligence in the production, manufacture and marketing of the drugs containing thalidomide. Distillers by their defences in each of the actions denied, *inter alia,* that they had been negligent and put in issue the legal basis of the claims. Extensive particulars of the claims were sought and given.

(c) Following negotiations between the parties' legal advisers, on February 19, 1968, Hinchcliffe J. approved terms of settlement in 62 cases involving living malformed children on the basis that Distillers paid 40 per cent of the amount of damages to which each plaintiff would have been entitled if wholly successful in the proceedings. On July 30, 1969, by agreement between the parties, Hinchcliffe J. assessed damages in two representative actions on the assumption of full liability on the part of Distillers (S. v. Distillers Co. (Biochemicals) Ltd [1970] 1 W.L.R. 114). Subsequently, damages in a further 56 out of the total of 62 cases were agreed and approved by the court. Of the remaining four cases, it was agreed in the case of one child that the deformities were not caused by thalidomide; one child died before the amount of damages could be approved by the court; and in two actions the amount of damages is still being negotiated.

(d) Of the other eight actions brought prior to 1968, three were included in the settlement of 1968 but, since the children concerned had died before the date of settlement, the approval of the court was not required and the cases were not listed with the 62 actions brought before the court. The writs in the remaining five actions were not issued within the limitation period of three years, and accordingly those cases were not included in the 1968 settlement.

(e) Following the settlement of the actions in 1968 and the statement made in court on behalf of Distillers on that occasion, further claims were made against Distillers by the parents and guardians of other deformed children. In 261 cases leave to issue writs out of time was granted *ex parte* by the court on various dates pursuant to the Limitation Act 1963. These actions and the additional five actions referred to in paragraph (d) remained pending before the Court. In

(b) Après ce retrait, la Distillers a été l'objet de demandes d'indemnisation présentées au nom des enfants difformes et fondées sur ce que leurs difformités étaient dues à l'effet sur le foetus de la thalidomide administrée à la mère pendant la grossesse. Des actions ont aussi été intentées au nom de personnes censées avoir souffert de névrites des nerfs périphériques du fait de l'absorption de ces médicaments. Entre 1962 et 1966, les parents de 70 des enfants difformes ont introduit une instance contre la Distillers au nom de leurs enfants et en leur nom propre, en alléguant notamment une négligence dans la production, la fabrication et la commercialisation des médicaments contenant de la thalidomide. Pour sa défense, dans chacune des actions intentées contre elle, la Distillers a notamment nié avoir fait preuve de négligence et contesté le fondement juridique des actions intentées contre elle. D'amples détails concernant les griefs invoqués ont été demandés et fournis.

(c) A l'issue de négociations entre les conseils juridiques des parties, le juge Hinchcliffe a, le 19 février 1968, approuvé les conditions d'un règlement de 62 cas portant sur des enfants difformes vivants, selon lesquelles la Distillers versait 40% du montant des dommages et intérêts auxquels aurait eu droit chacun des plaignants s'il avait pleinement gagné son procès. Le 30 juillet 1969, à la suite d'un accord entre les parties, le juge Hinchcliffe a évalué les dommages et intérêts à verser dans deux cas représentatifs, dans l'hypothèse d'une pleine responsabilité de la Distillers (S. v. Distillers Co. Biochemicals) Ltd. [1970] 1 W.L.R. 114). Ultérieurement, les parties se sont entendues sur le montant des dommages à accorder dans 56 cas sur 62, montant approuvé par le tribunal. Pour les quatre cas restants, il a été admis que pour le premier, les difformités de l'enfant n'avaient pas été provoquées par la thalidomide; dans le deuxième, l'enfant est mort avant que le tribunal ait pu approuver le montant des dommages et intérêts et dans les deux dernières actions, le montant des dommages et intérêts fait encore l'objet de négociations.

(d) Sur huit autres actions intentées avant 1968, trois faisaient partie du règlement de 1968 mais les enfants concernés étant décédés avant la date du règlement, l'approbation du tribunal n'a pas été requise et ces affaires ne figurent pas dans les 62 portées devant le tribunal. Pour les cinq actions restantes, l'instance n'ayant pas été introduite dans le délai légal de trois ans, elles n'ont pas été incluses dans le règlement de 1968.

(e) A la suite du règlement de ces affaires en 1968 et de la déclaration faite à cette occasion devant le tribunal au nom de la Distillers, de nouvelles actions en réparation ont été intentées contre la Distillers par les parents et tuteurs d'autres enfants difformes. Dans 261 cas, le tribunal a accordé de lui-même, à des dates diverses, l'autorisation de déposer l'acte introductif d'instance en dehors du délai légal en application de la loi de 1963 sur les délais (Limitation Act 1963).

addition to the 266 pending actions, claims on behalf of a further 123 children and their parents were advanced against Distillers but by agreement between the parties no writs were issued.

(f) In the latter part of 1971, Distillers, with a view to settlement of the 389 outstanding claims, put forward a scheme to establish a charitable trust fund to be administered for the benefit of the deformed children but subject to the condition that it was accepted by all the plaintiffs. The parents of all but five of the children concerned accepted the scheme and the terms of settlement offered by Distillers. The refusal of the parents of five children to agree to the scheme resulted in an application being made to the court to remove them from the office of next friend and to appoint the Official Solicitor in their respective places. On March 22, 1973, Hinchcliffe J. granted the application and substituted the Official Solicitor as next friend in each case. On April 12, 1972, the Court of Appeal (Lord Denning M.R., Edmund Davies and Lawton L. JJ.) reversed the decision of Hinchcliffe J. and reinstated each of the parents as next friend (*In re Taylor's Application* [1972] 2Q.B. 369).

(g) Following the decision of the Court of Appeal in *In re Taylor's Application*, the five parents remained unwilling to accept the proposed scheme for establishing a charitable trust and this accordingly did not proceed. Further without prejudice negotiations ensued, however, with a view to reaching a settlement of the 389 claims and on June 29, 1972, Distillers put forward fresh proposals for settlement of the claims."

The facts relating to children born between 1959 and 1962 and alleged to have been deformed as a result of their mothers having taken thalidomide as a tranquilliser or sleeping pill in pregnancy, had been reported regularly in The Sunday Times since 1967. In 1971/72 the paper decided to campaign for these children more directly and forcefully, in a series of investigative and leading articles. A number of such articles appeared and apparently brought about response at different stages from the public, Parliament, press and television, the City of London and also Distillers. The latter, who had always denied negligence, had made it clear that they would regard any comment or inquiry on the cases as contempt of court, but in 1973 nevertheless put forward a new settlement offer which was considerably above the original offers.

One of the proposed settlements was analysed by The Sunday Times of 24 September 1972 in an article headed: "Our Thalidomide Children: A Cause for National Shame" and at the end of this article

Ces affaires plus les cinq actions mentionnées au paragraphe (d) sont pendantes devant le tribunal. En sus des 266 actions pendantes, des demandes de réparation ont été présentées au nom de 123 autres enfants et de leurs parents mais, à la suite d'un accord intervenu entre les parties, aucun acte introductif d'instance n'a été déposé.

(f) Dans la dernière partie de 1971, afin de régler les 389 demandes de réparation en suspens, la Distillers proposa de créer un fonds de secours au bénéfice des enfants difformes en posant comme condition que cette solution soit acceptée par tous les plaignants. Tous les parents des enfants concernés sauf cinq, acceptèrent le projet et les conditions de règlement offertes par la Distillers. Le refus des parents de ces cinq enfants entraîna la présentation au tribunal d'une requête tendant à leur enlever la qualité de curateurs *ad litem* et à faire nommer à leur place l'Official Sollicitor. Le 22 mars 1972, le juge Hinchcliffe fit droit à la demande et, dans chaque affaire, remplaça les parents par l'Official Sollicitor comme curateur *ad litem* des enfants. Le 12 avril 1972, la Cour d'Appel (Lord Denning, premier Président, MM. Edmund Davies et Lawton, conseillers) annulèrent la décision du juge Hinchcliffe et rétablirent chacun des parents comme curateurs *ad litem* (*In re Taylor's Application* [1972] 2Q.B. 369).

(g) Après la décision de la Cour d'Appel dans l'*affaire Taylor* précitée, les cinq couples de parents persistèrent dans leur refus d'accepter la création d'un fonds de secours, projet qui n'eut donc pas de suite. Néamoins, et sous toutes reserves, les négociations se poursuivirent pour parvenir à un règlement des 389 actions en réparation et, le 29 juin 1972, la Distillers formula de nouvelles propositions de règlement."

Depuis 1967, le Sunday Times a régulièrement rendu compte des faits concernant les enfants nés entre 1959 et 1962 et dont les malformations seraient dues à l'absorption par leur mère, pendant la grossesse, de tranquillisants ou de somnifères contenant de la thalidomide. En 1971–1972, ce journal décida de faire plus directement et plus vigoureusement campagne pour ces enfants en publiant à leur sujet une série d'enquêtes et d'éditoriaux. Un certain nombre de ces articles ont effectivement paru et ont apparemment suscité des réactions à différents niveaux, dans le public, au Parlement, dans la presse, et à la télévision, dans le milieu des affaires et aussi chez la Distillers. Cette dernière, qui a toujours nié avoir fait preuve de négligence, fit clairement savoir qu'elle considérait tout commentaire ou toute enquête sur ces affaires comme un "mépris de la Cour" (*contempt of Court*), mais la société n'en fit pas moins en 1973 une nouvelle offre de règlement, qui dépassait de beaucoup ses premières propositions.

Le Sunday Times analysa l'une des offres de règlement dans un article paru le 24 septembre 1972, intitulé "Our Thalidomide Children: A cause for National Shame" (Nos enfants victimes de la thalithe newspaper announced that it intended next to publish a long article tracing the history of the tragedy and the manufacture and testing of thalidomide in 1958–61. It was this future article whose publication was subsequently enjoined by order of the High Court.

The proceedings in the High Court were preceded by an exchange of letters in September and October 1972 between the Solicitor-General and the Attorney-General on the one side and Mr. Harold Evans on the other side relating to the publication in question. Following the publication of the article on compensation on 24 September, Distillers had made a formal complaint to the Attorney-General claiming that the article constituted contempt of court in view of the litigation still outstanding. However, by letter of 9 October 1972 the Attorney-General informed the Legal Adviser to Times Newspapers Ltd., that he did not propose to take action over the matter already published and suggested that a copy of the proposed article should be sent to Distillers.

On 11 October 1972, The Sunday Times was informed by the Attorney-General's Office that representations had been made on behalf of Distillers and that the Attorney-General had decided to apply to the High Court for an injunction to restrain publication of this article. On 12 October the Attorney-General issued a writ against Times Newspapers Ltd.

The hearing before the High Court of Justice Queens Bench Division, took place from 7 to 9 November 1972. On 17 November 1972 the Court decided that publication should not be allowed and that the injunction should be granted. The Divisional Court, presided over by Lord Widgery, found that the proposed article constituted contempt of court in that its avowed purpose was to persuade Distillers to pay more, or to settle for a higher figure than they would otherwise have been minded to settle for. The means by which this result was intended to be achieved was not by supplying the children's advisers with additional and valuable information, but by supplying that information to the public so that public opinion might be brought to bear on Distillers' attitude to this case. In a matter of "contempt of court" the court's concern was with ensuring that justice should be administered impartially in the court. Unilateral comment prior to the conclusion of the court hearing might prevent the due and impartial administration of justice in three principal ways: (1) it might affect and prejudice the mind of the tribunal itself even where, as in civil cases nowadays, juries were employed less and less; (2) it might affect witnesses who were to be called, and (3) it might prejudice the free choice and conduct of a party himself, causing that party to abandon his claim or to settle his claim for a lower figure than he would otherwise have been prepared to accept. As regards the argument that there were two comdomide: une honte pour le pays), et où il annonçait *in fine* son intention de publier prochainement un long article retraçant l'historique de la tragédie et de la fabrication et des essais de la thalidomide de 1958 à 1961. C'est ce futur article dont la High Court of Justice ultérieurement, par une Ordonnance, interdit la publication.

La procédure devant la High Court of Justice fut précédée, en septembre et octobre 1972, d'un échange de lettres entre d'une part, le Solicitor-General et l'Attorney-General et d'autre part, M. Harold Evans à propos de cette publication. Après la parution de l'article concernant l'indemnisation, le 24 septembre, la Distillers adressa une protestation officielle à l'Attorney-General en prétendant que l'article en question pouvait être qualifié de "contempt of Court" compte tenu de ce que la justice était saisie de l'affaire. Toutefois, par lettre du 9 octobre 1972, l'Attorney-General informa le conseiller juridique de Times Newspapers Ltd. qu'il n'avait pas l'intention de réagir à propos des articles déjà parus mais il suggérait d'envoyer à la Distillers une copie de l'article en cours de préparation.

Le 11 octobre 1972, les services de l'Attorney-General informèrent le Sunday Times que des protestations avaient été formulées au nom de la Distillers et que l'Attorney-General avait décidé de solliciter de la High Court of Justice une ordonnance tendant à empêcher la publication de cet article. Le 2 octobre, l'Attorney-General signifiait une assignation à la Times Newspapers Ltd.

L'audience devant la Queens Bench Division de la High Court eut lieu du 7 au 9 novembre 1972. Le 17 novembre 1972, la Divisional Court décidait de ne pas autoriser la publication des articles et de faire droit à la demande d'ordonnance. La Cour, présidée par Lord Widgery, estima que l'article proposé constituait un acte de "*contempt of court*" en ce sens que son but avoué était d'inciter la Distillers à verser une réparation plus importante ou à offrir un montant plus élevé qu'elle n'en aurait eu autrement l'intention. Pour aboutir à ce résultat, le journal se proposait non pas de fournir aux conseillers juridiques des enfants des renseignements complémentaires intéressants, mais de fournir ces renseignements au public, de façon que l'opinion publique pèse sur l'attitude de la Distillers dans cette affaire. En matière de "*contempt of court*", le souci du tribunal est de s'assurer que la justice peut être rendue de manière impartiale. Or, si l'une des parties se livre unilatéralement à des commentaires avant la fin du procès, cela peut nuire à la bonne administration et à l'impartialité de la justice de trois manières principales: (1) cela peut gêner et modifier l'opinion du tribunal lui-même, même si le recours aux juges se fait de plus en plus rare, comme c'est le cas de nos jours en matière civile; (2) cela peut avoir un effet sur les témoins qui doivent être cités et (3) cela peut nuire à la liberté de choix et d'attitude d'une partie en l'amenant à renoncer à ses prétentions ou à accepter un arrangement pour un montant plus faible que celui peting public interests, namely the protection of the administration of justice on the one hand, and the right of the public to be informed on the other, the Divisional Court held, that it was not for a court to balance such competing public interests which was an administrative rather than a judicial function. Furthermore, the issue in the present case was not whether the full story of thalidomide should be told or withheld for all times, but whether it should be told now rather than after the determination of the pending cases. There was no public interest in immediate disclosure which could possibly outweigh the public interest in preventing the application of pressure to the parties to pending litigation. The Court concluded that publication of the article complained of would create a serious risk of interference with Distillers' freedom of action in the litigation and it would therefore be a clear contempt.

Times Newspapers Ltd. appealed against this judgment to the Court of Appeal which heard the case on 30 January and 1 and 2 February 1973. On 18 February 1973 the Court of Appeal composed of Lord Denning, Master of the Rolls, Lord Justice Phillimore and Lord Justice Scarman unanimously reversed the order of the Divisional Court for principally two reasons:

Firstly, the prohibition of unilateral comment applied only when litigation was pending and was actively in suit before the courts, and there had to appear to be a real and substantial danger of prejudice. However, in the present case, writs had been issued in 266 cases in 1968. In one case a statement of claim had been filed and a defence delivered in 1969, and in many cases, by agreement, no pleadings had been served. Nothing more had been done in these actions. The article which the Sunday Times proposed to publish drew attention to the moral responsibility of Distillers for all the 451 children, not merely the 266 who had issued writs. It did not prejudice pending litigation because that litigation was dormant and had been so for years. Although the article might have been intended to bring pressure to bear on Distillers to increase their offer, that pressure was legitimate in view of the fact that these claims ought have been settled a long time ago and on generous terms.

Secondly, the House of Commons had debated the whole subject on 29 November 1972 and these debates had been published. There had been two articles in the Daily Mail which in effect reproduced the article prepared for The Sunday Times and banned by the order of the Divisional Court. Although it was a different matter for Parliament to discuss a subject than for newspapers, the subjudice qu'elle eût été disposée à accepter autrement. Quant à la thèse selon laquelle il y aurait en présence deux aspects contradictoires de l'intérêt public, à savoir la sauvegarde de l'administration de la justice et le droit du public à être informé, la Cour a décidé qu'il n'appartient pas à un tribunal de mettre en balance ces deux aspects concurrents de l'intérêt public et qu'il s'agit là d'une question plus administrative que judiciaire. De surcroît, la question n'est pas, en l'espèce, de savoir s'il faut divulguer ou cacher à tout jamais l'histoire intégrale de la thalidomide, mais s'il faut la raconter maintenant plutôt qu'après qu'une décision judiciaire soit intervenue sur les affaires en instance. Or, aucun intérêt public exigeant la révélation immédiate de cette histoire ne saurait l'emporter sur l'intérêt public d'empêcher toute pression sur les parties à un procès en cours. La Cour en a conclu que la publication de l'article incriminé créerait un risque grave de violation de la liberté d'action de la Distillers dans le procès et constituerait par là même un acte de "contempt of court" manifeste.

La Times Newspapers Ltd. recourut contre cette décision auprès de la Cour d'Appel, qui entendit l'affaire le 30 janvier et les 1er et 2 février 1973. Le 18 février 1973, la Cour d'Appel composée de Lord Denning, premier Président, et de MM. Phillimore et Scarman, conseillers, a à l'unanimité, annulé l'Ordonnance de la *Divisional Court* principalement pour deux raisons:

Tout d'abord, l'interdiction de se livrer unilatéralement à des commentaires ne vaut que lorsqu'une action est pendante et qu'un procès est effectivement en cours devant les tribunaux et qu'il semble y avoir un danger réel et substantiel de préjudice. Toutefois, en l'espèce, les assignations à comparaître avaient été signifiées en 1968 pour 266 affaires; dans l'un des cas, une demande avait été déposée et un mémoire de la défenderesse avait été notifié en 1969, mais dans bien des cas, par accord entre les parties, aucune conclusion n'avait été déposée. Les choses n'étaient pas allées plus loin dans ces actions. L'article que le Sunday Times se proposait de publier attirait l'attention du public sur la responsabilité morale de la Distillers pour 451 enfants au total, et pas seulement les 266 qui avaient introduit une instance. L'article ne préjugeait pas d'une affaire en cours puisque l'affaire était en sommeil et ceci, depuis des années. L'article cherchait peut-être à faire pression sur la Distillers pour l'amener à augmenter ses offres d'indemnisation mais pareille pression était légitime car les demandes de réparation auraient dû être réglées depuis longtemps et selon des conditions généreuses.

Deuxièment, la Chambre des Communes avait débattu de la question le 29 novembre 1972 et le compte rendu des débats avait été publié. Par ailleurs, deux articles parus dans le Daily Mail reproduisaient en fait l'article prévu pour le Sunday Times et interdit par l'Ordonnance de la *Divisional Court*. Certes, la situation est différente lorsqu'une question fait l'objet d'un débat ou seulement lorsqu'elle rules applied in the Houses of Parliament and in the courts should be broadly in line. To attempt to maintain the injunction in the face of what had been said in Parliament would mean that the courts were seeking to impose a standard at variance with that imposed by Parliament. In the light of the newspaper comment which had followed the debate it would be unfair discrimination to prohibit the defendants by injunction from publishing the article.

It appears that, although the Court of Appeal had refused the Attorney-General leave to appeal against their judgment to the House of Lords, the Attorney-General appealed successfully against this refusal and the hearing of his main arguments before Lords Reid, Morris of Borth-y-Gest, Diplock, Simon of Glaisdale, and Cross of Chelsea began in May 1973. On 18 July 1973 the Law Lords issued their judgment unanimously allowing the Attorney-General's appeal from the appeal court ruling on the following grounds:

Generally, the law of contempt of court was founded entirely on public policy. It was not there to protect the private rights of parties to a litigation or prosecution. It was there to prevent interference with the administration of justice and should be limited to what was reasonably necessary for that purpose. Public policy generally required a balancing of interests which might conflict. Freedom of speech should not be limited to any greater extent than was necessary but it could not be allowed where there would be a real prejudice to the administration of justice. The due administration of justice required first, that all citizens should have unhindered access to the constitutionally established courts of criminal or civil jurisdiction for the determination of disputes as to their legal rights and liabilities; secondly, that they should be able to rely upon obtaining in the courts the arbitrament of a tribunal which is free from bias against any party and whose decision will be based upon those facts only that have been proved in evidence adduced before it in accordance with the procedure adopted in courts of law; and thirdly that, once the dispute had been submitted to a court of law, they should be able to rely upon there being no usurpation by any other person of the function of that court to decide it according to law.

On the other hand, the public interest in freedom of discussion stemmed from the requirement that members of a democratic society should be sufficiently informed that they might influence intelligently the decisions which might affect themselves. The public had a permanent interest in the general administration of justice and the general course of the law. But, as regards particular litigadonne lieu à une discussion dans la presse, mais il faudrait, lorsqu'il s'agit d'affaires pendantes, assurer dans l'ensemble la conformité des règles qu'applique le Parlement et de celles qu'appliquent les tribunaux. Tenter de maintenir l'Ordonnance face à ce qui a été dit au Parlement reviendrait à dire que les tribunaux cherchent à imposer une règle différente de celle établie par le Parlement. Vu les commentaires de la presse sur les débats au Parlement, ce serait une discrimination injuste que d'interdire aux défendeurs, par Ordonnance du tribunal, la publication de l'article incriminé.

Il appert qu'après le refus opposé par la Cour d'Appel d'autoriser l'Attorney-General à interjeter appel de sa décision devant la Chambre des Lords, l'Attorney-General après avoir recouru avec succès contre ce refus, put faire entendre, à partir de mai 1973, ses principaux arguments devant les Lords Reid, Morris of Borth-y-Gest, Diplock, Simon of Glaisdale et Cross of Chelsea. Le 18 juillet 1973, les "*law lords*" ont, à l'unanimité, fait droit au recours de l'Attorney-General contre la décision de la Cour d'Appel, et ceci pour les motifs suivants:

D'une manière générale, les règles du "*contempt of court*" sont entièrement fondées sur des motifs d'ordre public. Leur but n'est pas de sauvegarder les droits particuliers des parties à un procès ou à une poursuite pénale. Elles visent à empêcher toute ingérence dans l'administration de la justice et doit se borner à ce qui est raisonnablement nécessaire pour parvenir à cet objectif. L'ordre public requiert généralement un équilibre entre des intérêts qui peuvent être contradictoires. La liberté d'expression ne doit pas être limitée plus qu'il n'est nécessaire, mais elle devrait céder devant le danger d'un préjudice réel dans l'administration de la justice. Une bonne administration de la justice exige: premièrement, que tous les citoyens puissent accéder sans entraves aux tribunaux constitutionnellement établis, tant en matière civile que pénale, pour que soient tranchés les différends concernant leurs droits et obligations; deuxièmement, que tous les citoyens puissent compter trouver auprès des tribunaux l'arbitrage d'un juge dépourvu de tout préjugé à l'égard de l'une ou l'autre partie et qui fondera sa décision sur les seuls faits établis par les moyens de preuve qui lui auront été présentés conformément à la procédure adoptée en matière judiciaire; et troisièmement, qu'une fois le litige soumis à un tribunal, tous les citoyens puissent compter qu'aucune autre personne n'usurpera le rôle du tribunal de trancher le litige conformément à la loi.

D'un autre côté, l'intérêt public de jouir de la liberté de discussion vient de la nécessité, pour les membres d'une société démocratique, d'être suffisamment informés pour pouvoir exercer une influence intelligente sur les décisions susceptibles de les affecter. Les citoyens ont certes un intérêt permanent à voir en général la justice bien administrée et la loi bien appliquée. Mais en ce qui concerne un procès tion, society, through its political and legal institutions, had established the relevant law as a continuing code, and had further established courts of law to make the relevant decisions on the basis of such law. The paramount interest *pendente lite* was that legal proceedings should progress without interference. Once the proceedings were concluded, the balance of public interest shifted. The paramount interest of the public then was that it should be fully apprised, of what has happened and hear unhampered debate on whether the law, procedure and institutions which it had ordained had operated satisfactorily. There was one particular situation where the law might strike the balance between the competing interest either way but in fact struck it in favour of freedom of discussion. This was true where a matter was already under public debate when litigation supervened which the continuance of the debate might interfere with. However, this applied only where the discussion might, as an incidental *but not intended* by-product, cause some likelihood of prejudice to a person who happens to be a litigent.

In the present case, the projected article was avowedly written with the purpose and object of arousing public sympathy with, and support for, the claims that were being made and in order to bring pressure upon Distillers to pay more. In the pending litigation one of the issues was whether Distillers had been negligent. The projected article had gone too far because, with much elaboration of facts and suggestions, while not asserting a settled conclusion, it, in effect, conveyed the message to all who would read the article that an examination of the issue as to negligence showed that there was a considerable case that could be presented against Distillers. It was not possible to say, that there was no contempt of court because the litigation in which it was seeking to interfere was "dormant". Even though no procedural step in the actions was being currently taken, the parties were in negotiation towards a settlement; and interference with such negotiation, by holding one of the parties up to obloquy in order to cause him to abandon some position which the law vouchsafed him, would amount to interference with the due course of justice, since the due course of justice included negotiation towards a settlement on the basis of the ordained law. It would be setting a bad example to discourage the settlement of civil actions by suspending the right of the parties to any remedy for contempt of court, so long as negotiations for a settlement were pending. In these circumstances the Divisional Court had been right in granting the injunction and nothing that had happened since had altered that position. In particular, the discussions in Parliament had not done so as these concentrated almost entirely on the moral obligation of Distillers. There was therefore no need to consider whether, if members of Parliament had taken it on themselves to discuss the donné, la Société a, grâce à ses institutions politiques et juridiques, fixé la législation nécessaire sous forme d'un code permanent, après quoi elle a créé les tribunaux chargés de statuer en se fondant sur cette législation. Dans une affaire en instance de jugement, l'intérêt primordial est que la procédure judiciaire progresse sans ingérence de qui que ce soit. Une fois la procédure terminée, l'équilibre se modifie puisque l'intérêt primordial des citoyens est alors qu'ils soient pleinement informés de ce qui s'est passé et que puisse être discuté librement devant eux le point de savoir si la loi, la procédure et les institutions dont ils ont ordonné la création ont fonctionné de manière satisfaisante. Il est un cas particulier où la loi pourrait faire pencher la balance soit en faveur de l'un soit en faveur de l'autre des intérêts concurrents, mais où, en fait, elle donne l'avantage à la liberté de discussion: lorsqu'une question fait déjà l'objet d'un débat public au moment où s'ouvre un procès que la poursuite du débat pourrait perturber. Ceci ne se produit toutefois que lorsque le débat pourrait incidemment, *mais non intentionnellement*, causer un tort éventuel à une personne qui se trouve être un plaideur.

En l'espèce, l'article projeté était ouvertement écrit avec l'intention et dans le but de susciter la sympathie et l'appui du public en faveur des demandes en réparation adressées à la Distillers et de faire pression sur cette société pour qu'elle consente à payer davantage. Dans les procès en instance, l'un des points litigieux était de savoir si la Distillers avait fait preuve de négligence. Or l'article projeté allait trop loin, en ce sens que, sans toutefois conclure, il accumulait des faits et des suggestions qui induisaient tout lecteur à penser qu'en examinant la question d'une négligence éventuelle, on pouvait formuler contre la Distillers de sérieux griefs. On ne saurait dire qu'il n'y a pas eu ingérence dans le procès du fait que l'affaire visée par l'article était "en sommeil". En effet, quand bien même aucune mesure de procédure n'était en cours à ce moment, les parties n'en étaient pas moins en train de négocier pour arriver à un règlement; or, toute tentative d'influencer cette négociation, en exposant l'une des parties à la vindicte publique pour l'obliger à abandonner certaines des positions que la loi lui garantit, reviendrait à perturber la bonne administration de la justice puisque cette administration inclut les négociations pour arriver à un règlement sur la base de ce que prescrit la loi. Ce serait donner un mauvais exemple que de décourager le règlement de procès civils en suspendant le droit des parties à toute voie de recours contre un acte de "*contempt of court*", tant que les négociations pour un règlement sont en cours. Dans ces conditions, la *Divisional Court* a eu raison de faire droit à la demande d'ordonnance et aucun événement ultérieur ne permet de modifier cette position. Les débats au Parlement notamment n'ont rien modifié puisqu'ils tournaient presque exclusivement autour des obligations morales de la Distillers. Il n'y a donc nul besoin legal issues in the case, that fact ought to have affected the attitude of the Courts to similar discussion in the Press.

On 25 July 1973 the Law Lords made an order that the cause be remitted to the Divisional Court with a direction to grant an injunction in the following terms: "That the defendants, Times Newspapers Ltd. by themselves, their servants, agents or otherwise, be restrained from publishing or causing or authorising or procuring to be published or printed any article or matter which prejudges the issues of negligence, breach of contract or breach of duty, or deals with the evidence relating to any of the said issues arising in any actions pending or imminent against Distillers Company (Biochemicals) Ltd. in respect of the development, distribution or use of the drug 'thalidomide', with liberty to apply to that court."

Complaints

The applicants complained that the decision of the House of Lords and the principles upon which it is founded amounted to a violation of the right to freedom of expression within the meaning of Article 10 of the Convention.

They considered that in the twelve years since the thalidomide tragedy occurred there had been no public discussion of its causes and that, on present information, this prohibition would continue for several more years. This was a classic case where the English interpretation of the laws of contempt – in contrast to that of a number of other countries – was contrary to the public interest and a breach of Article 10 of the Convention.

They asked the Commission to direct, alternatively to request, the United Kingdom Government to introduce legislation over-ruling the decision of the House of Lords and bringing the law of contempt into line with the Convention.

Proceedings before the Commission

The Commission examined the application on 28 May 1974. It decided to give notice thereof to the United Kingdom Government and to invite the parties, in accordance with Rule 46, 2 (b) of the Rules of Procedure (now Rule 42, 2 (b)), to submit written observations on its admissibility. The Commission further indicated that these observations should also deal with the question which of the applicants, if any, should be regarded as the proper party in these d'examiner si, lorsque les parlementaires ont pris sur eux de discuter des problèmes juridiques de l'affaire, cela aurait dû modifier l'attitude des tribunaux à l'égard d'un débat analogue dans la presse.

Le 25 juillet 1973, les *"law lords"* ordonnèrent le renvoi de l'affaire devant la *Divisional Court* en chargeant cette dernière d'émettre une ordonnance ainsi libellée: que le défendeur, la Times Newspapers Ltd. s'abstienne elle-même et ses préposés, de publier, ou de provoquer, d'autoriser ou de faciliter la publication ou l'impression de tout article ou texte préjugeant des questions de négligence, de violation de contrat ou de manquement à une obligation, ou qui ait trait aux moyens de preuve relatifs à l'une des questions qui se posent dans les actions dirigées contre la Distillers Company (Biochemicals) Ltd., en instance ou sur le point d'être introduites, et concernant la mise au point, la distribution ou l'emploi de la substance appelée "thalidomide"; les intéressés ont faculté de s'adresser à ce tribunal.

Griefs

Les requérants se plaignent que la décision de la Chambre des Lords et les principes sur lesqueles elle s'appuie constituent une violation du droit à la liberté d'expression, au sens de l'article 10 de la Convention.

Ils estiment que, dans les 12 ans qui ont suivi la tragédie de la thalidomide, cette affaire n'a fait l'objet d'aucun débat public et que, vu les informations dont on dispose, cette situation d'interdit se poursuivra pendant plusieurs années encore. Il s'agit là d'un cas classique où, contrairement à celle d'un certain nombre d'autres pays, l'interprétation anglaise du droit sur le *"contempt of court"* est contraire à l'intérêt public et constitue une violation de l'article 10 de la Convention.

Les requérants demandent à la Commission d'ordonner ou de demander au Gouvernement du Royaume-Uni de faire adopter une législation qui annulerait la décision de la Chambre des Lords et mettrait le droit relatif au *"contempt of court"* en harmonie avec la Convention.

Procédure devant la Commission

La Commission a examiné la requête le 28 mai 1974. Elle a décidé de la communiquer au Gouvernement du Royaume-Uni d'inviter celui-ci conformément à l'article 46,2 b du Règlement intérieur (devenu à présent l'article 42, 2 b), à soumettre ses observations écrites sur la recevabilité. La Commission a indiqué de surcroît que ces observations devraient aussi aborder la question de savoir si les requérants éventuels doivent être, vu l'article 25 de la Convention, proceedings, having regard to the terms of Art. 25 of the Convention.

The United Kingdom Government submitted their written observations on 23 September 1974 and the applicant's counsel replied on 3 December 1974.

In a letter preceding the submission of their written observations on admissibility, the Government informed the Secretary of the Commission that they wished to make available to the Commission, as an annex to their observations, the draft article which had been the subject of the domestic proceedings.

The Government stated that it would make this draft article available to the Commission on certain conditions relating to its use in any decision or report of the Commission. The Commission subsequently decided on 8 October 1974 that, as a matter of principle, it could not accept any conditions regarding the use in its decisions or reports of documentary material submitted other than those relating to the confidentiality of any proceedings before it.

In view of the Commission's decision, the Government then made the draft article available to the Commission while expressing the hope that regard would be had to the desirability of restricting references to the details of the draft article in any decision or report of the Commission (letter of 11 November 1974).

In their reply of 3 December 1974 to the written observations of the Government, the applicants drew the attention of the Commission to the report of a government-appointed committee charged with a comprehensive review of the law of contempt which was shortly to be published but not yet available at the date of their reply. They reserved the right to rely on the recommendations for the reform of the law of contempt made by that committee. The Report of the Committee on Contempt of Court (Cmnd. 5794, hereafter cited as the report of the Phillimore Committee) was submitted to the Commission by the applicants on 13 December 1974.

Submissions of the parties

A. *The respondent Government*

In their observations on admissibility the Government cited the decision of the Commission concerning application No. 290/57 (Yearbook 1960, p. 214), where the Commission had held that in a case submitted under Article 25 the Commission could examine the compatibility of domestic legislation with the Convention only with respect to its application to a person, non-governmental organisation or group of individuals and only insofar as its application was alleged to constitute a violation of the Convention in regard to the applicant person, organisation or group in question, while it was not considérés comme ayant qualité pour être parties dans cette affaire.

Le Gouvernement du Royaume-Uni a soumis ses observations écrites le 23 septembre 1974 et l'avocat des requérants y a répondu le 3 décembre 1974.

Dans une lettre antérieure à l'envoi des ses observations écrites sur la recevabilité, le Gouvernement a informé le Secrétaire de la Commission de son désir de communiquer à la Commission, en annexe à ses observations, le projet d'article qui a fait l'objet de poursuites sur le plan interne.

Le Gouvernement a déclaré qu'il ne communiquerait ce projet d'article à la Commission que sous certaines conditions concernant l'emploi qu'en fera la Commission dans ses décisions ou ses rapports. La Commission a ultérieurement décidé, le 8 octobre 1974, que, théoriquement, elle ne saurait, en ce qui concerne l'usage dans ses décisions ou ses rapports du matériel d'information qui lui est soumis, accepter d'autres conditions que celles concernant le caractère confidentiel des procédures engagées devant elle.

Compte tenu de ces décisions, le Gouvernement a alors communiqué le projet d'article à la Commission, tout en exprimant l'espoir que celle-ci tiendrait compte de l'opportunité de limiter, dans toute décision qu'elle prendrait ou rapport qu'elle ferait, les références aux détails de l'article (lettre du 11 Novembre 1974).

Le 3 décembre 1974, dans leur réponse aux observations écrites du demandeur, les requérants ont attiré l'attention de la Commission sur le rapport qu'élabore actuellement la Commission gouvernementale chargée de réviser l'ensemble de la législation sur le "mépris de la Cour", rapport qui doit paraître prochainement mais n'était pas encore disponible le 3 décembre. Les requérants se réservaient le droit de se prévaloir des recommandations que fera cette Commission pour réformer la législation en la matière. Le 13 décembre 1974, le rapport de la Commission gouvernementale sur le "mépris de la Cour" (Cmnd. 5794, ci-après dénommé rapport de la Commission Phillimore).

Argumentation des Parties

A. *Le Gouvernement défendeur*

Dans ses observations sur la recevabilité, le Gouvernement a cité la décision de la Commission concernant la requête N° 290/ 57 (Annuaire 1960, p. 215), où la Commission déclare que, dans une requête introduite en vertu de l'article 25, elle ne peut examiner la conformité d'une loi nationale avec la Convention que pour autant que cette loi est applicable à une personne physique, une organisation non gouvernementale ou un groupe de particuliers et seulement dans la mesure où son application aurait entraîné une violation de la Convention au préjudice de cette personne physique, de cette organisacompetent to examine *in abstracto* the question of the conformity of domestic legislation with the provisions of the Convention. The Government thought the principles set out in this decision were relevant both to the question of the proper party in the present application and to the scope of the application.

As to the *proper party* the Government explained that the injunction granted by the House of Lords applied to "Times Newspapers Ltd. by themselves, their servants, agents or otherwise". They concluded that, save to the extent that the application was made by or on behalf of the first applicant, it was incompatible with the Convention *ratione personae* and therefore inadmissible under Article 27 (2). The second applicant had no natural or legal personality or corporate entity and was therefore not entitled to make an application under Article 25 (1). The third applicant had not proposed to publish the draft article on his own behalf or otherwise than in the Sunday Times. He was therefore only concerned as the servant or agent of the first applicant and had no interest or capacity separate from that of the first applicant so as to enable him to claim to be a victim of a violation of the Convention in respect of the decision of the House of Lords.

As to the *scope of the application* the Government explained that they considered it inadmissible under Article 27 (2) insofar as it related to any matter other than the specific decision of the House of Lords to grant an injunction. In particular, the Government submitted that the application was inadmissible insofar as it related to the principles upon which the decision of the House of Lords was founded. The domestic law applicable in the present case was not statute or other legislation, but common law. However, no distinction should be drawn between statutes or legislation on the one hand and the rules of the common law on the other hand in view of the above-cited jurisprudence of the Commission. Both were normative and both were to be distinguished from the application of the law in particular instances. The principle that an abstract problem relating to the compatibility of the domestic law with the provisions of the Convention could not be decided by the Commission or the Court (reference to the de Becker Case, Yearbook 1962, p. 320) therefore also applied to the common law.

The Government submitted further that the law of contempt of court in force in England and Wales, as it had been applied in the present case was in line with the provisions of the Convention. Art. 10 of the Convention was to be read as a whole, and its para. 2 expressly accepted conditions and restrictions to the right of freedom of expression when they were necessary "for maintaining the authority and impartiality of the judiciary". Such conditions and restriction ou de ce groupe de particuliers; que la Commission n'est pas compétente pour examiner *in abstracto* si une loi est conforme aux dispositions de la Convention. Le Gouvernement estime qu'en l'espèce, les principes établis par cette décision sont applicables tant à la question de la qualité des requérants qu'à celle de l'objet même de la requête.

Pour ce qui est de la *qualité des requérants*, le Gouvernement a expliqué que l'Ordonnance rendue par la Chambre des Lords s'appliquait au "Times Newspapers Ltd. lui-même et à ses préposés". Il en a conclu que, sauf dans la mesure où elle est présentée par le premier requérant ou en son nom, la requête est entachée d'incompatibilité *ratione personae* avec la Convention et est à ce titre, irrecevable au sens de l'article 27 (2). Le deuxième requérant n'étant en effet ni une personne physique, ni une personne morale ou un corps constitué, n'est pas, en vertu de l'article 25 (1), habilité à présenter une requête. Le troisième requérant ne se proposait pas de publier le projet d'article pour son propre compte autrement que dans le Sunday Times. Aussi n'était-il concerné qu'en sa qualité de préposé du premier requérant et n'a donc pas intérêt et qualité distincts de ceux du premier requérant pour se prétendre victime d'une violation de la Convention du fait de la décision de la Chambre des Lords.

Quant à *l'objet même de la requête*, le Gouvernement a expliqué qu'il estime la requête irrecevable au sens de l'article 27 (2) pour autant qu'elle concerne une question autre que la décision spécifique de la Chambre des Lords de faire droit à la demande d'ordonnance. Le Gouvernement prétend notamment que la requête est irrecevable pour autant qu'elle concerne les principes sur lesquels se fonde la décision de la Chambre des Lords. Le droit national applicable en l'espèce n'est pas une disposition légale ou une autre forme de législation, mais le "*common law*". Toutefois, compte tenu de la jurisprudence précitée de la Commission, aucune distinction ne doit être faite entre droit écrit et "*common law*". Tous deux sont normatifs et tous deux doivent être distingués de l'application de la loi à des cas particuliers. Le principe selon lequel un problème abstrait concernant la conformité du droit national avec les dispositions de la Convention ne saurait être tranché par la Commission ou la Cour (renvoi à l'affaire de Becker, Annuaire 1962, p. 321) s'applique donc aussi au "*common law*".

Le Gouvernement fait valoir de plus que la législation sur le "mépris de la Cour" en vigueur en Angleterre et au Pays de Galles et telle qu'elle a été appliquée en l'espèce est conforme aux dispositions de la Convention. Il faut lire l'article 10 de la Convention comme un tout et le paragraphe 2 de cet article reconnaît expressément que le droit à la liberté d'expression peut être soumis à des conditions et à des restrictions lorsqu'elles sont nécessaires "pour garantir l'autorité tions were also necessary to ensure the right to a fair trial for which provision was made in Article 6 of the Convention. The law of contempt of court had the same object.

In the present case, the Lords of Appeal had given full recognition to the capacity of the law of contempt to restrict freedom of speech and to the necessity of balancing the public interest in preserving freedom of speech with the public interest in preserving the authority and impartiality of the judicial function and judicial process. Extensive extracts from the speeches in the House of Lords were quoted by the Government in order to support this view. The Government submitted that it was apparent that, in their examination of the content and object of the law of contempt, the Lords had expressly considered and applied the principles defined in Article 10 of the Convention. They had stayed within the margin of appreciation allowed to States (Application No. 1167/61, Yearbook 1963, p. 204) when they had come to the conclusion that in the present case there was contempt of court because the article in question contained matter which prejudged the issue of pending litigation or was likely to cause public prejudgment of that issue. The Government maintained that there were sound reasons for this conclusion. From amongst the considerations that had prompted the House of Lords they cited the following as being the most essential:

(a) Even though no procedural step was currently being taken the litigation in which the article intended to interfere could not be considered as "dormant". The parties were in negotiations towards a settlement on the basis of ordained law. The due course of justice included such negotiation, and interference with it therefore amounted to interference with the due course of justice.

(b) The material to which the injunction applied consisted in the main of detailed evidence and argument intended to show that Distillers had not exercised due care to see that thalidomide was safe before they had put it on the market. That the article was in a different category than earlier publications on thalidomide because it included evidence relating to the issue of liability had also been admitted by the third applicant. Now, this very issue was one of the main subjects of the pending litigation. The article constituted contempt of court because it discussed prejudicially the facts and merits of Distillers' defence to the charge of negligence brought against them in the actions before these have been determined by the court or the actions disposed of by settlement.

The Government therefore submitted that the application of the law in the United Kingdom in the present case accorded with Article et l'impartialité du pouvoir judiciaire". Ces conditions et restrictions sont aussi nécessaires pour garantir le droit à un procès équitable prévu à l'article 6 de la Convention. La législation sur le "mépris de la Cour" a le même objet.

En l'espèce, les Lords ayant statué en appel ont pleinement admis la possibilité pour la législation sur le "mépris de la Cour" de restreindre la liberté de parole et ont reconnu la nécessité de maintenir l'équilibre entre l'intérêt public de garantir la liberté d'expression et l'intérêt public de garantir l'autorité et l'impartialité de la fonction judiciaire et de la marche de la justice. A l'appui de sa thèse, le Gouvernement cite de longs extraits des discours prononcés devant la Chambre des Lords. Il fait valoir qu'il est manifeste qu'en étudiant la teneur et l'objet de la législation sur le "mépris de la Cour", les Lords ont expressément envisagé et appliqué les principes définis à l'article 10 de la Convention. Ils sont demeurés dans les limites de la marge d'appréciation laissée aux Etats (voir requête N° 1167/61, Annuaire 1963, p. 204) lorsqu'ils en sont arrivés à la conclusion qu'il y a bien eu, en l'espèce, "mépris de la Cour" du fait qu'une partie de l'article en question préjugeait de l'issue de l'instance ou était susceptible d'inciter le public à en préjuger. Le Gouvernement soutient que cette conclusion est très valablement étayée. Parmi les considérations qui ont inspiré la Chambre des Lords, il cite les plus importantes, à savoir:

(a) Quand bien même aucune mesure de procédure n'est en cours pour l'instant, le procès dans lequel l'article se proposait de s'immiscer ne saurait être considéré comme "en sommeil". Les parties, en effet, négocient pour parvenir à un règlement sur la base de ce que prescrit la loi. Cette négociation fait partie de la bonne marche de la justice et s'interposer dans ces négociations équivaut donc à entraver la bonne marche de la justice.

(b) Le document faisant l'objet de l'injonction comprenait pour l'essentiel un volumineux dossier et une argumentation tendant à montrer que la Distillers n'avait pas fait preuve de la diligence nécessaire pour s'assurer de l'innocuité de la thalidomide avant de la mettre sur le marché. Le troisième requérant a aussi reconnu que l'article incriminé différait des publications antérieures sur la thalidomide, parce qu'il contenait des données concernant le problème de la responsabilité, problème qui est précisément l'un des objets principaux de l'action en instance. L'article constituait bel et bien un "mépris de la Cour" puisqu'il examinait à titre préjudiciel les faits et le bien-fondé des moyens de défense excipés par la Distillers pour répondre à l'accusation de négligence portée contre elle, et ceci avant que le tribunal ait statué à ce propos ou que les actions aient pris fin par un règlement.

Le Gouvernement fait donc valoir qu'en l'espèce, l'application de la loi au Royaume-Uni est conforme à l'article 10 de la Convention,

10 of the Convention and accordingly the application was manifestly ill-founded and should be declared inadmissible under Article 27 (2) of the Convention.

B. *The applicant's observations in reply*

In their observations in reply of 3 December 1974 the applicants first took up the Government's argument concerning the proper party of the application. They submitted that it was wrong to confine the *locus standi* before the Commission to the first applicant because only "Times Newspapers Ltd. by themselves, their servants, agents or otherwise" had been mentioned in the injunction. They cited the *Acrow (Automation) Ltd. v. Rex Chainbelt* case (1971) as authority that not only those expressly named by an injunction were under an obligation to comply with it and were in contempt if they did not do so, but also anyone who, knowing of its existence, did anything to frustrate it. Referring to the publicity the injunction concerning the thalidomide article had received both in England and abroad they doubted that any newspaper, magazine or book publisher or any distributor of foreign publications in England was not as fully bound by the injunction as Times Newspapers Ltd. itself. Moreover, the injunction was not confined to the draft article but covered any publication of the same kind, and not only in the Sunday Times or in the course of any particular individual's employment by Times Newspapers Ltd. There were plans for the publication of a book on thalidomide and those at the Sunday Times who were involved in the thalidomide investigation had a desire to continue their research, whether in public or private, and whether as professional journalists or as private individuals. Any apparent absence of concrete proposals to publish should be treated by the Commission exclusively as evidence of a willingness on the part of the applicants to obey the law for the time being, though they considered it as unsatisfactory and unacceptably restrictive. The same was true with regard to the refusal by the third applicant to make comments or give details which were forbidden by the injunction, although he had been invited and pressed to do so in England and in the United States and had been heavily criticised for acquiescing in what the critics regarded as censorship, without he or the Sunday Times being able to make any effective reply. But an applicant could not be expected to show himself prepared to break the law in order to qualify to make an application to the Commission. It would be wholly against the spirit of the Convention to introduce such an element into its jurisprudence. The applicants therefore submitted that Mr. Harold Evans in his personal capacity and the staff of the Sunday Times que la requête est donc manifestement mal fondée et doit être irrecevable conformément à l'article 27 (2) de la Convention.

B. *Réponse des requérants*

Dans leur réponse du 3 décembre 1974, les requérants examinent d'abord l'argumentation du Gouvernement concernant la qualité nécessaire pour présenter la requête. Ils prétendent qu'il est erroné de limiter au premier requérant la possibilité de se pourvoir devant la Commission, du fait que l'ordonnance du tribunal ne mentionnait que le "Times Newspapers Ltd. lui-même et ses préposés". Ils invoquent l'affaire *Acrow (Automation) Ltd. c. Rex Chainbelt* (1971) pour montrer que ce ne sont pas seulement les personnes expressément désignées dans une ordonnance qui sont tenues de s'y conformer, à peine de se rendre coupables de "mépris de la Cour", mais aussi toute personne qui, connaissant l'existence de cette ordonnance, fait quoi que ce soit pour en empêcher l'exécution. Evoquant la publicité faite autour de l'ordonnance concernant l'article sur la thalidomide tant en Angleterre qu'à l'étranger, les requérants se demandent même si tout éditeur de journaux, revues ou livres ou tout distributeur de publications étrangères en Angleterre n'était pas tout aussi pleinement lié par l'ordonnance que le Times Newspapers Ltd. lui-même. En outre, l'ordonnance ne se bornait pas à interdire le projet d'article lui-même mais concernait toute publication du même genre et pas seulement celle que ferait le Sunday Times ou un particulier employé par le Times Newspapers Ltd. Il était prévu de publier un ouvrage sur la thalidomide et ceux qui, au Sunday Times, se sont occupés de l'enquête sur cette substance désiraient poursuivre leurs recherches, à titre public ou privé, à titre de journalistes professionnels ou de particuliers. La Commission ne doit considérer l'absence apparente de propositions concrètes concernant la publication de cet ouvrage que comme une preuve de la bonne volonté des requérants de se conformer à la loi pour le moment, tout en estimant qu'elle n'est pas satisfaisante et qu'elle présente un caractère restrictif inacceptable. Il en est de même du refus par le troisième requérant de faire des commentaires ou de fournir des détails que lui interdisait l'ordonnance du tribunal, alors qu'il a été invité de façon pressante à le faire, tant en Angleterre qu'aux Etats-Unis, et fait l'objet de violentes critiques pour s'être soumis à ce que les critiques qualifient de censure, sans que ni lui, ni le Sunday Times, ne puissent y répondre convenablement. Mais on ne saurait attendre d'un requérant qu'il se montre disposé à violer la loi pour pouvoir présenter une requête à la Commission. La Commission irait tout à fait à l'encontre de l'esprit de la Convention en introduisant un tel élément dans sa jurisprudence. Les requérants font donc valoir que M. Harold Evans en sa qualité propre, et le personnel du Sunday as a group of journalists had also a *locus standi* before the Commission.

The applicants did not accept the distinction which had been drawn by the Government in their observations between the specific decision of the House of Lords on the one hand and the principles upon which it was founded on the other hand, the compatibility of the latter with the Convention allegedly being an abstract question falling outside the competence of the Commission. The applicant considered this distinction as being unreal, capricious and as leading to absurd results. The principle that the Commission could not give a decision "*in abstracto*" meant that it could not decide a hypothetical question unrelated to the issue before it. It was open to the Government to argue that an application *in abstracto* was being made if the applicants sought a ruling from the Commission that Article 10 had been violated in some respect not dealt with by the decision of the House of Lords, e.g. that the English law of contempt curtailed their freedom to publish elsewhere than in England or the question whether the injunction operated *in rem* or *in personam*. But in the present case there was no application *in abstracto* to the Commission. The issue between the applicants and the United Kingdom concerned the compatibility of those principles of the law of contempt involved in and necessary to the decision of the House of Lords with the Convention, to the extent that such principles and their operation inhibited the applicants from voicing both orally and in writing the results of their research into, and their opinions about, the drug thalidomide and the behaviour of those who had manufactured it. The applicants submitted that the principles involved and their application were inseparable, the principles being incapable of formulation except in relation to the particular facts. In their opinion, the Commission should therefore give full consideration to all the principles discussed in the House of Lords and the lower Courts if it was to make an adequate appreciation and proper assessment of the applicant's case.

The applicants further stated that they could not accept the Government's view that the application was manifestly ill-founded. They thought that the restrictions of English law of contempt on freedom of expression as laid down by the decision of the House of Lords went far beyond what was necessary in a democratic society and fell well outside the national authorities' margin of appreciation under Article 10 of the Convention.

Firstly, the decision of the House of Lords was not as plainly and unambiguously correct as the Government wanted to make it appear. It could not be overlooked that it was directly opposed to the unanimous decision of the Court of Appeal to permit the publication

Times, en tant que groupe de journalistes, ont également le droit de se pourvoir devant la Commission.

Les requérants n'admettent pas la distinction que fait dans ses observations le Gouvernement, entre d'une part la décision précise de la Chambre des Lords et d'autre part les principes sur lesquels elle est fondée, principes dont la conformité avec la Convention serait censée être une question abstraite ne relevant pas de la compétence de la Commission. Les requérants estiment que cette distinction est chimérique et fantaisiste et qu'elle aboutit à des résultats absurdes. Le principe selon leque la Commission ne peut pas émettre une décision "*in abstracto*" signifie en réalité qu'elle ne peut pas trancher une question hypothétique n'ayant aucun lien avec l'affaire qui lui est soumise. Le Gouvernement aurait certes eu toute latitude de faire valoir qu'il s'agissait d'une requête *in abstracto* si les requérants avaient cherché à faire dire à la Commission que l'article 10 avait été violé en un point que n'abordait pas la décision de la Chambre des Lords, par exemple que la législation anglaise sur le "mépris de la Cour" les privait de leur liberté de publier des articles ailleurs qu'en Angleterre ou s'ils avaient posé à la Commission la question de savoir si l'ordonnance opérait in rem ou in personam. Mais en l'occurrence, aucune requête *in abstracto* n'a été présentée à la Commission. Le point en litige entre les requérants et le Royaume-Uni porte sur la conformité avec la Convention des principes de la législation sur le "mépris de la Cour" sur lesquels doit s'appuyer la décision de la Chambre des Lords, dans la mesure où ces principes et leur mise en oeuvre ont empêché les requérants d'exprimer verbalement ou par écrit, les résultats de leurs enquêtes sur la thalidomide et leurs opinions sur le comportement des fabricants de cette substance. Les requérants font valoir que l'on ne peut séparer les principes de leur application, les principes ne pouvant être formulés autrement qu'en relation avec des faits précis. A leur avis donc, pour apprécier et évaluer convenablement l'affaire, la Commission devrait tenir pleinement compte de tous les principes analysés tant à la Chambre des Lords que dans les juridictions inférieures.

Les requérants déclarent en outre ne pouvoir accepter le point de vue du Gouvernement que la requête est manifestement mal fondée. Ils estiment en effet que les restrictions qu'impose à la liberté d'expression la législation anglaise sur le "mépris de la Cour", et telles que les a établies la décision de la Chambre des Lords, vont bien au-delà de ce qui est nécessaire dans une société démocratique et excèdent de beaucoup la marge d'appréciation laissée aux autorités nationales en vertu de l'article 10 de la Convention.

Premièrement, la décision rendue par la Chambre des Lords n'est pas aussi nettement opportune que le Gouvernement veut bien le dire. Il ne faut pas oublier en effet qu'elle est totalement opposée à la décision prise à l'unanimité par la Cour d'appel d'autoriser la of the draft article. One of the judges of the Court of Appeal, Lord Phillimore, had been invited by the Government to lead a Committee of Inquiry into the law of contempt, whose report and recommendations were shortly to be published.

Secondly, the Lords had failed to give proper weight in their speeches to such factors as the independence of the judiciary, the lack of any public discussion of the causes of the thalidomide tragedy, the lack of any official inquiry into the matter and especially to the time factor. The decision of the House of Lords was made over ten years after proceedings by parents in the thalidomide actions had first been commenced and nearly twenty years after the drug had first been developed. The unfairness of the decision also consisted in that it effectively enabled a single litigant to silence comment on the issues involved in his case for as long as he cared to pursue it. Presently, there was only one action still in existence, but others, e.g. between Distillers and their insuring underwriters, could come up and the matter could easily drag on indefinitely.

Thirdly, a comparison with the laws of other democratic countries showed that it was possible for justice to be properly administered where much more freedom of expression was tolerated.

Fourthly, a reform of the law of contempt was being considered in the United Kingdom and important recommendations regarding the principles that had been applied in the present case were contained in the report of the Phillimore Committee.

The applicants therefore submitted that their application should be held admissible by the Commission.

THE LAW

1. The Commission has first considered the question which of the applicants, if any, can be regarded as the proper party or parties in the present case.

The respondent Government have submitted that, insofar as the injunction granted by the House of Lords applied to "Times Newspapers Ltd. by themselves, their servants, agents or otherwise", it was only the first applicant who was the proper party in this case having regard to Article 25 (1) of the Convention. The second applicant had no natural or legal personality or corporate entity and was therefore not entitled to make an application under Article 25. The second and third applicants had not proposed to publish the draft article on their own behalf or otherwise than in The Sunday Times and had therefore no interest or capacity separate from that of the first applicant in respect of the injunction concerned. There-publication de l'article projeté. C'est d'ailleurs l'un des conseillers à la Cour d'appel, Lord Phillimore, que le Gouvernement a invité à présider une Commission d'enquête sur la législation relative au "mépris de la Cour"; le rapport et les recommandations de cette Commission paraîtront prochainement.

Deuxièmement, les Lords n'ont pas dans leurs discours accordé le poids qu'il convient à des facteurs comme l'indépendance du pouvoir judiciaire, l'absence totale de débat public sur les causes de la tragédie de la thalidomide, l'absence de toute enquête officielle sur la question et notamment sur le facteur temps. La décision de la Chambre des Lords est intervenue plus de 10 ans après que les parents des victimes de la thalidomide aient entamé des poursuites et près de vingt ans aprés la mise au point de cette substance. L'injustce de la décision réside aussi en ce qu'elle permet pratiquement à un plaideur de faire taire tout commentaire sur les points litigieux de son affaire aussi longtemps qu'il plaît de poursuivre l'affaire devant la justice. Il n'existe, pour l'instant qu'une seule action encore en instance, mais d'autres peuvent être engagées, par exemple entre la Distillers et ses assureurs, si bien qu'il est facile de faire indéfiniment traîner l'affaire.

Troisièmement, la comparaison avec les législations d'autres pays démocratiques montre qu'il est possible d'administrer convenablement la justice tout en tolérant une liberté d'expression beaucoup plus grande.

Quatrièmement, une réforme de la législation sur le "mépris de la Cour" est à l'étude au Royaume-Uni et le rapport de la Commission Phillimore contient d'importantes recommandations concernant les principes qui ont été appliqués en l'espèce.

Les requérants soutiennent donc que la Commission doit déclarer leur requête recevable.

EN DROIT

1. La Commission a d'abord examiné le point de savoir quels sont ceux des requérants qui peuvent être considérés comme ayant qualité pour être parties dans la présente affaire.

Le Gouvernement défendeur a soutenu que, pour autant que l'ordonnance décernée par la Chambre des Lords, s'adresse à la "Times Newspapers Ltd. elle-même et à ses préposés", seul le premier requérant a qualité pour présenter une requête à la Commission, conformément à l'article 25, (1) de la Convention; que le deuxième requérant n'étant ni une personne physique, ni une personne morale, ni une entité constituée corporativement, il n'est pas habilité à présenter une requête au sens de l'article 25; que les deuxième et troisième requérants n'ayant pas proposé de publier le projet d'article pour leur propre compte ou ailleurs que dans le Sunday Times, ils n'ont pas un intérêt ou une qualité distincts de celle du premier requérant fore, the application was incompatible *ratione personae* insofar as it was submitted by the second and third applicants.

The applicants have submitted that they were all proper parties in the present proceedings. The injunction was not confined to the draft article but covered any publication of the same kind, and not only in The Sunday Times or in the course of any particular individual's employment by Times Newspapers Ltd. Indeed, there were plans for the publication of a book on thalidomide and those journalists at The Sunday Times who were involved in the thalidomide investigation wished to continue their research and to publish the results, whether as professional journalists or as private individuals. Furthermore, the third applicant had been personally criticised in public for acquiescing in what the critics regarded as censorship without having been able to defend himself effectively. Therefore, both he personally and as Editor of The Sunday Times and The Sunday Times as a group of journalists were entitled under Article 25 of the Convention to bring the present case before the Commission.

The relevant passage in Article 25 (1) provides as follows:

"The Commission may receive petitions addressed to the Secretary-General of the Council of Europe from any person, non-governmental organisation or group of individuals claiming to be the victim of a violation by one of the High Contracting Parties of the rights set forth in this Convention ...".

In order to come within the terms of this provision, two conditions must be satisfied: the claimant must fall within any of the categories of petitioners mentioned in Article 25 and he must *prima facie* be able to claim to be a victim of a breach of the Convention.

As regard the *first applicant* it is clear that both conditions are satisfied, and this is not in dispute between the parties. Times Newspapers Ltd. is a legal person under English law, a company with corporate capactiy and limited liability, created by registration under the relevant statute. As such it falls clearly within one of the categories of petitioners set out in Article 25 of the Convention as a "non-governmental organisation". Furthermore, it was the party in the domestic proceedings concerned in the present case and the injunction granted by the House of Lords expressly applies to it. It follows that the first applicant may clearly claim to be a victim of a breach of Article 10 of the Convention notwithstanding the fact that it possesses legal and not natural personality (cf. also decisions on the admissibility of Applications No. 2690/65, T.V. Televizier v. the Netherlands, Yearbook IX, p. 512 and No. 5178/71, De geillustreeren ce qui concerne l'ordonnance incriminée. En conséquence, la requête est incompatible *ratione personae* avec la Convention pour autant qu'elle est présentée par les deuxième et troisième requérants.

Les requérants ont fait valoir quant à eux qu'ils avaient tous qualité pour être parties dans la présente affaire. L'ordonnance du tribunal ne se limitait pas en effet au projet d'article, mais concernait toute publication du même genre, et non seulement dans le Sunday Times ou dans le cadre d'une activité particulière au service de la Times Newspapers Ltd. Il était même prévu, en fait, la publication d'un livre sur la thalidomide et les journalistes qui, au Sunday Times, se sont occupés de l'enquête sur la thalidomide, souhaitaient poursuivre leurs recherches et en publier les résultats, soit en leur qualité de journalistes professionnels, soit en tant que particuliers. De plus, le troisième requérant a fait personnellement l'objet d'attaques dans le public pour s'être conformé à ce que les critiques considèrent comme une censure, et n'avoir pas su se défendre convenablement. Aussi considère-t-il que lui-même, tant personnellement qu'en sa qualité de rédacteur en chef du Sunday Times, et que le Sunday Times, en tant que groupe de journalistes, sont tous deux habilités en vertu de l'article 25 de la Convention, à porter la présente affaire devant la Commission.

Le passage pertinent de l'article 25 (1) est ainsi conçu:

"La Commission peut être saisie d'une requête adressée au Secrétaire Général du Conseil de l'Europe par toute personne physique, toute organisation non gouvernementale ou groupe de particuliers, qui se prétend victime d'une violation par l'une des Hautes Parties Contractantes des droits reconnus dans la présente Convention . . .".

Pour satisfaire aux prescriptions de cet article, deux conditions doivent être remplies: le demandeur doit entrer dans l'une des catégories de requérants mentionnés à l'article 25 et il doit, selon un premier examen, pouvoir se prétendre victime d'une violation de la Convention.

Pour ce qui est du *premier requérant*, il est clair que les deux conditions sont remplies, ce qui n'est d'ailleurs pas contesté entre les parties. La Times Newspapers Ltd. est une personne morale en droit anglais, une société dont la responsabilité limitée dotée de la capacité juridique et créée selon enregistrement conformément à la loi. En cette qualité, il est clair qu'il rentre dans l'une des catégories de requérants énumérées à l'article 25 de la Convention sous le nom d'"organisation non gouvernementale". De surcroît il s'agit de la partie dans la procédure nationale incriminée et l'ordonnance décernée par la Chambre des Lords la vise expressément. Il s'ensuit que le premier requérant peut sans aucun doute se prétendre victime d'une violation de l'article 10 de la Convention, nonobstant le fait qu'il est doté de la personnalité morale et non pas physique (voir aussi Décisions sur la recevabilité des requêtes N° 2690/65, T.V.

de Pers N.V. v. the Netherlands, Collection of Decisions 44, p. 13).

As regards the *second applicant* it is clear that The Sunday Times as a printing product, owned and published by the first applicant, does not as such fall within any of the categories of petitioners set forth in Article 25 of the Convention, nor can it claim as such to be a victim of a breach of Article 10.

However, in the present case, the application has been introduced by "The Sunday Times as a group of journalists". The name "Sunday Times" thus simply describes a group of individuals who are claiming themselves, as journalists, to be victims of a breach of Article 10. In these circumstances the Commission finds that the second applicant also falls within the categories of petitioners mentioned in Article 25 of the Convention provided that the individual members of the group have been identified.[1] The Commission is further satisfied that the members of this group of journalists have put forward a reasonable claim to be victims of a violation of Article 10 of the Convention by alleging that the injunction in question prevents them from continuing, in whatever capacity, their investigative journalism concerning the drug thalidomide, including their plans to publish a book on the matter.

Finally, the *third applicant* brought the application in his personal capacity and as editor of The Sunday Times. It is clear that Mr. Harold Evans as a natural person falls within the categories of petitioners included in Article 25 of the Convention. The Commission also finds that he has put forward a reasonable claim to be a victim of a violation of Article 10 of the Convention by alleging that he is prevented, as editor of the Sunday Times and in his personal capacity, to make comments or give details which the injunction forbids, and from replying to criticism aimed at him for feeling bound by that injunction.

It follows that, for the reasons given, all three applicants are to be regarded as proper parties under Article 25 of the Convention in the present case. In arriving at this conclusion the Commission sees no need to determine the full effect of the injunction at the present stage of the procedure, nor does it seem relevant to the Commission whether or not the claims of the first, second and third applicants to be victims of a violation of Article 10 of the Convention are independent from each other.

2. The Commission has next considered the admissibility of the application under Article 10 of the Convention which protects, subject to certain limitations, the right to freedom of expression.

[1] On 12 April 1975 counsel for the applicants informed the Commission that the journalists concerned are MM. Harold Evans, Phillip Knightley, Bruce Page and Ms Elaine Potter.

Televizier c/Pays-Bas, Annuaire IX, p. 513 et N° 5178/71, de Geillustreerde Pers N.V. c/ Pays-Bas, Recueil de décisions 44, p. 13).

En ce qui concerne le *deuxième requérant*, il est clair qu'en tant qu' imprimé, propriété du premier requérant et édité par lui, le Sunday Times ne rentre dans aucune des catégories de requérants énumérés à l'article 25 de la Convention et ne peut pas, comme tel, se prétendre victime d'une violation de l'article 10.

En l'espèce toutefois, la requête a été présentée par le "Sunday Times en tant que groupe de journalistes". L'appellation "Sunday Times" désigne donc simplement un groupe de particuliers qui se prétendent, en tant que journalistes, victimes d'une violation de l'article 10. Dans ces conditions, la Commission estime que le deuxième requérant rentre aussi dans les catégories mentionnées à l'article 25 de la Convention, à condition que les membres individuels du groupe soient identifiés.[1] La Commission admet que les membres de ce groupe de journalistes ont prétendu raisonnablement être victimes d'une violation de l'article 10 de la Convention en alléguant que l'injonction incriminée les empêche de poursuivre, en quelque qualité que ce soit, leurs travaux journalistiques de recherche sur la thalidomide, y compris leur projet de publier un livre sur la question.

Enfin, le *troisième requérant* a introduit la requête en sa qualité personnelle et en tant que rédacteur en chef du Sunday Times. Il est clair que M. Harold Evans rentre, en tant que personne physique, dans l'une des catégories de requérants mentionnées à l'article 25 de la Convention. La Commission estime aussi qu'il prétend raisonnablement être victime d'une violation de l'article 10 de la Convention en alléguant qu'en sa qualité de rédacteur en chef du Sunday Times et à titre personnel, il ne peut ni faire les commentaires ou donner les détails que l'ordonnance du tribunal interdit, ni répondre aux critiques dont il est l'objet parce qu'il se sent lié par cette ordonnance.

Il s'ensuit pour les motifs indiqués que les requérants ont tous trois, en l'espèce, qualité pour présenter une requête conformément à l'article 25 de la Convention. En parvenant à cette conclusion, la Commission ne voit pas la nécessité de déterminer, au stade actuel de la procédure, la totalité des effets de l'ordonnance; il ne lui paraît pas non plus utile de rechercher si les griefs du premier, deuxième et troisième requérants se prétendant victimes d'une violation de l'article 10 de la Convention, sont indépendants les uns des autres.

2. La Commission a ensuite envisagé la recevabilité de la requête sous l'angle de l'article 10 de la Convention qui protège, dans certaines limites, le droit à la liberté d'expression.

[1] Le 12 avril 1975, l'avocat des requérants a informé la Commission que les journalistes concernés sont MM. Harold Evans, Phillip Knightley, Bruce Page et Mlle Elaine Potter.

The respondent Government are of the opinion that the application should be declared incompatible with the Convention insofar as it is directed against the principles of the English law on contempt of court which are at the basis of the House of Lords' decision, this being an abstract question. They have further submitted that any interference with the right to freedom of expression in the present case had been fully justified as having been necessary for maintaining the authority and impartiality of the judiciary within the meaning of paragraph 2 of Article 10. Indeed, in balancing the public interest in preserving freedom of speech with the public interest in preserving the authority and impartiality of the judical function and judicial process, the courts had stayed within the margin of appreciation allowed to them under the Convention when they had come to the conclusion that in the present case there was contempt of court because the article in question contained matters which prejudged the issue of pending litigation or was likely to cause public prejudgment of that issue. For these reasons the application, the scope of which was limited to the specific decision of the House of Lords granting the injunction, was manifestly ill-founded within the meaning of Article 27 (2) of the Convention.

The applicants think that the principles on which the decision of the House of Lords was based must necessarily be included in the examination of the case, and that there is no question of the application being, even partially, of an abstract character. They have further submitted that the interference complained of by them could not be justified under paragraph 2 of Article 10. In their view, and for various reasons indicated, the restrictions of the English law of contempt on freedom of expression as laid down by the decision of the House of Lords went far beyond what was necessary in a democratic society and fell well outside the national authorities' margin of appreciation under Article 10 of the Convention. Their application was therefore not manifestly ill-founded under Article 27 (2) of the Convention.

The Commission finds that there is no doubt that the applicants' freedom of expression has been restricted by the decision of the House of Lords. This is also admitted by the respondent Government. The only question before the Commission is whether in the circumstances of the present case this restriction of the freedom of expression can be justified under Article 10 (2) of the Convention. It is in this contest that the rules of the common law on contempt of court which are at the basis of the injunction enter the scene. In other words, the question before the Commission is whether the rules of contempt of court as applied in the decision of the House of Lords granting the injunction are a ground justifying the restriction under Article 10 paragraph 2. This is not an abstract question in the meaning of the Commission's earlier case law, including the decision on

Le Gouvernement défendeur estime que la requête devrait être déclarée incompatible avec la Convention pour autant qu'elle est dirigée contre les principes du droit anglais sur le "*contempt of court*" qui sont à la base de la décision de la Chambre des Lords, et qu'il s'agit là d'une question abstraite. Le Gouvernement a soutenu d'autre part qu'en l'occurrence, toute restriction à l'exercice du droit à la liberté d'expression était pleinement justifiée comme nécessaire pour garantir l'autorité et l'impartialité du pouvoir judiciaire au sens du paragraphe 2 de l'article 10. Il est certain qu'en mettant en balance l'intérêt public de garantir la liberté d'expression et l'intérêt public de garantir l'autorité et l'impartialité de la fonction judiciaire et de l'administration de la justice, les tribunaux sont bien demeurés dans les limites de la marge d'appréciation que leur laisse la Convention, lorsqu'ils sont parvenus à la conclusion qu'il y avait en l'espèce "*contempt of the Court*" du fait qu'une partie de l'article en question préjugeait de l'issue du procès ou était susceptible d'amener le public à en préjuger. C'est pourquoi la requête, dont l'objet se limite à la décision spécifique de la Chambre des Lords faisant droit à la demande d'ordonnance, serait manifestement mal fondée au sens de l'article 27 (2) de la Convention.

Les requérants sont d'avis que les principes sur lesquels se fonde la décision de la Chambre des Lords doivent nécessairement faire partie de l'examen de l'affaire et que, même en partie, la requête n'a rien d'abstrait. De plus, ils ont soutenu que les restrictions dont ils se plaignent ne sauraient se justifier sous l'angle du paragraphe 2 de l'article 10. Selon eux, pour les diverses raisons indiquées, les restrictions qu'apporte à la liberté d'expression le droit anglais sur le "*contempt of court*", telles que fixées par la décision de la Chambre des Lords, vont bien au-delà de ce qui est nécessaire dans une société démocratique et excèdent de beaucoup la marge d'appréciation laissée aux autorités nationales par l'article 10 de la Convention. Leur requête n'est donc pas manifestement mal fondée au sens de l'article 27 (2) de la Convention.

La Commission estime qu'il ne fait aucun doute que la liberté d'expression des requérants a été restreinte par la décision de la Chambre des Lords, ce que reconnaît d'ailleurs le Gouvernement mis en cause. Le seul point soumis à la Commission est celui de savoir si, en l'espèce, cette restriction de la liberté d'expression peut se justifier sous l'angle de l'article 10 (2) de la Convention. C'est dans ce contexte qu'entrent en jeu les règles de la "*common law*" relative au "*contempt of court*" sur lesquelles se fonde l'ordonnance du tribunal. Autrement dit, la question que doit examiner la Commission est celle de savoir si les règles du "*contempt of court*", telles qu'elles sont appliquées dans la décision de la Chambre des Lords faisant droit à la demande d'ordonnance constituent un motif suffisant pour justifier une restriction selon l'article 10 (2). Ce n'est pas là une

Application No. 290/57 which was cited by the respondent Government.

Article 27 (2) in requiring the Commission to declare inadmissible any application from an individual, a non-governmental organisation or group of individuals which it considers to be manifestly ill-founded, does not permit the Commission at the stage of admissibility, to reject a complaint which cannot be so described (see, for example, decisions on the admissibility of Applications No. 5100 to 5102/71, 5354/72, 5370/72, Five Soldiers v. the Netherlands, Yearbook XV, pp. 508–556, with further references).

In the present case the Commission has carried out a preliminary examination of the information and arguments submitted by the parties. The Commission finds that these raise substantial issues under Article 10 of the Convention whose determination should depend on an examination of their merits. It follows that the application cannot be regarded as manifestly ill-founded within the meaning of Article 27 (2) of the Convention, and no other ground for declaring it inadmissible has been established.

For these reasons, the Commission

DECLARES ADMISSIBLE and retains the application submitted by all three applicants, without in any way prejudging the merits of the case.

Applications No. 6745/74 and No. 6746/74

W, X, Y and Z *against* BELGIUM

Decision of 30 May 1975

. . . (*Translation*)

THE FACTS

The four applicants are represented before the Commission by Mr. D., a lawyer with the Brussels Court of Appeal, by virtue of the procurations delivered 1 August 1974 (X, Y, and Z) and 15 August 1974 (W).

The *Facts* of the case may be summarised as follows:

The applicant W, who was born in 1952 and resides in Brussels, applied to stand as a candidate for the Belgian House of Representatives in the constituency (*arrondissement*) of Mechlin (*Mechelen*) in the parliamentary elections of 10 March 1974.

The applicant X was born in 1950 and is resident in B.; in accordance with Article 116 of the Belgian Electoral Code, he was question asbtraite, au sens où la Commission l'entendait dans une jurisprudence antérieure, notamment dans sa décision sur la requête N° 290/57 citée par le Gouvernement défendeur.

Les dispositions de l'article 27 (2), en exigeant que la Commission déclare irrecevable, lorsqu'elle l'estime manifestement mal fondée, toute requête introduite par un particulier, une organisation non gouvernementale ou un groupe de particuliers, n'autorisent pas la Commission, au stade de l'examen de la recevabilité, à rejeter une requête dont le défaut de fondement ne peut être ainsi qualifié (voir par exemple, les décisions relatives à la recevabilité des requêtes N° 5100 à 5102/71, 5354/72, 5370/72, Cinq militaires c/Pays-Bas, Annuaire XV, pp. 509–559, avec d'autres références).

En l'espèce, la Commission a soumis à un examen préliminaire les faits et les arguments qui lui ont été présentés par les parties et estime qu'ils soulèvent, sous l'angle de l'article 10 de la Convention, des problèmes complexes dont la solution nécessite un examen au fond. Il s'ensuit que la requête ne saurait être rejetée pour défaut manifeste de fondement, au sens de l'article 27 (2) de la Convention. La Commission n'a constaté l'existence d'aucun autre motif d'irrecevabilité de la requête.

Par ces motifs, la Commission

DECLARE RECEVABLE et retient la requête, introduite par les trois requérants, tout moyen de fond étant réservé.

Requêtes No 6745/74 et No 6746/74

W., X., Y. et Z. *contre* la BELGIQUE

Décision du 30 mai 1975

EN FAIT

Les quatre requérants sont représentés devant la Commission par Me D., avocat près la cour d'appel de Bruxelles, en vertu de procurations délivrées le 1er août 1974 (X., Y. et Z.) et le 15 août 1974 (W.).

Les *faits* de la cause peuvent se résumer comme suit:

Le requérant W., né le .. mars 1952, domicilié à Bruxelles, avait posé sa candidature à la Chambre des Représentants belge pour les élections législatives du 10 mars 1974, dans l'arrondissement de Malines.

Le requérant X., né le .. août 1950, domicilié à B. avait, conformément à l'article 116 du Code électoral belge, été désigné par les appointed by the sponsors[1] to lodge the instrument presenting the list of candidates on which W's name appeared.

The applicant Y was born in 1952 and is resident at V. He applied to stand as a candidate for the House of Representatives in the constituency of Louvain in the same parliamentary elections.

The applicant Z was born in 1952 and is resident in G.; she applied to stand as a candidate for the Senate in the same elections and for the same constituency.

However, on .. February 1974 the applications to stand were rejected, W's by the head office in the constituency of Mechlin, Y's and Z's by the head office in the constituency of Louvain by virtue of Article 119 *bis* of the Electoral Code; the grounds for this were that by election day the candidates would not have reached the age required by Articles 50 and 56 of the Constitution and 223 and 224 of the Electoral Code (25 for the House of Representatives and 40 for the Senate).

The applicants appealed against this decision under Article 125 *bis* of the Electoral Code which empowers the Court of Appeal to settle disputes of this nature.

Before the Brussels Court of Appeal, they claimed that there had been a breach of Article 3 of Protocol No. 1 taken together with Article 14 of the Convention.

On .. February 1974, the court issued two judgements, dismissing the applicants' claims on the following grounds:

a. Article 14 of the Convention does not mention discrimination on the grounds of age and there is no reference in Article 3 of Protocol No. 1 to the age at which a candidate may stand;
b. The general principles of law authorise the national legislature to fix the age at which a person may stand for election in view of the degree of maturity desirable for the exercise of the functions of a member of parliament;
c. Article 58 of the Constitution which stipulates that the King's sons or, if he has none, certain royal princes automatically become senators at the age of 18 is not discriminatory since the provision's reasons for this are inherent in the institution of constitutional monarchy.

Under the terms of Article 125 *quater* of the Electoral Code, there is no appeal against decisions of the Court of Appeal on this subject.

[1] An application to stand must be signed by a specific number of sponsors ("*electeurs présentants*"), the number in the constituency of Mechlin being 200. The sponsors appoint one or more of their number to lodge the list of candidates (Article 116 of the Electoral Code).

électeurs présentants[1] pour déposer l'acte de présentation de la liste de candidatures sur laquelle figurait le nom de W.

Le requérant Y., né le .. septembre 1952, domicilié à Vilvorde, avait posé sa candidature à la Chambre des Représentants pour les élections législatives précitées dans l'arrondissement de Louvain.

Lors des mêmes élections, la requérante Z., née le .. janvier 1952, domiciliée à G. avait posé sa candidature au Sénat dans le même arrondissement.

Les candidatures furent cependant écartées le .. février 1974, celle de W. par le bureau principal de l'arrondissement de Malines, celles de Y. et Z. par celui de l'arrondissement de Louvain, en vertu de l'article 119 *bis* du Code électoral, au motif que les candidats n'auraient pas atteint, le jour de l'élection, l'âge requis par les articles 50 et 56 de la Constitution et 223 et 224 du Code électoral (25 ans pour la Chambre des Représentants et 40 ans pour le Sénat).

Les requérants interjetèrent appel de cette décision conformément à l'article 125 *bis* du Code électoral, qui donne compétence à la cour d'appel pour trancher les litiges de ce genre.

Devant la cour d'appel de Bruxelles, ils invoquèrent notamment une violation de l'article 3 du Protocole N° 1 combiné avec l'article 14 de la Convention.

Par deux arrêts en date du .. février 1974, la cour débouta les requérants en se fondant sur les considérations suivantes:

a) L'article 14 de la Convention ne fait pas mention d'une discrimination fondée sur l'âge et dans l'article 3 du Protocole N° 1 il n'est nullement question de l'âge d'éligibilité;
b) Les principes généraux du droit autorisent le législateur national à imposer des conditions d'âge pour l'éligibilité eu égard au degré de maturité qui est souhaitable pour l'exercice d'un mandat parlementaire;
c) L'article 58 de la Constitution qui stipule que les fils du Roi ou à défaut, certains princes royaux sont de droit sénateurs à l'âge de 18 ans ne constitue nullement une discrimination entre citoyens puisque la ratio legis de cette disposition doit être recherchée dans l'institution même de la monarchie constitutionnelle.

Aux termes de l'article 125 quater du Code électoral il n'existe aucun recours contre les arrêts de la cour d'appel en cette matière.

[1] La présentation d'une candidature doit être signée par un certain nombre d'"électeurs présentants" en l'occurrence, pour l'arrondissement de Malines, 2200. Ces électeurs présentants mandatent l'un ou plusieurs d'entre eux pour déposer les listes de candidats (article 116 du Code électoral).

Complaints

The applicants claim that there has been a breach of Article 3 of Protocol No. 1, considered either in isolation or in conjunction with Article 14 of the Convention.

Their submissions may be summarised as follows:

1. They are members of a political party called the "*Jeunes Démocrates*" with a political programme for which, in the applicants' view, the electorate's support could not possibly be canvassed with the same enthusiasm and urgency, if the candidates must be over 25 for the House of Representatives and over 40 for the Senate.

This imposed a restriction on the people's freedom to express its opinion in the choice of the members of the legislative assemblies and the Belgian electoral system was discriminatory in that it imposed certain conditions, which they considered to be exorbitant, on those wishing to stand as candidates.

2. This was further demonstrated by the fact that the King's sons or, if he had none, certain princes automatically become senators at the age of 18 by virtue of Article 58 of the Constitution.

3. Finally, the situation had been made worse by the Act of 1 August 1974 setting up regional institutions in preparation for the Application of Article 107 *quater* of the Belgian Constitution.

This Act set up regional councils for Flanders, Wallonia and Brussels. Whereas the first two councils were made up of senators resident in the regions concerned, the Brussels regional council comprised both the senators resident in the capital and 42 members of the Greater Brussels Council (*Conseil d'agglomération de Bruxelles*). Since it was possible to stand for election to the Greater Brussels Council at the age of 21, this was a source of further discrimination between the members of the Brussels regional council, some of whom (the members of the Greater Brussels Council) need not have reached the age of 40, and the members of the Flanders and Wallonia regional councils, who must all be senators and hence over 40.

THE LAW

1. Having regard to their similarity the Commission hereby decides to join applications 6745/74 and 6746/74.

2. The applicants claim that the difference, created by the Belgian Act of 1 August 1974 between the Brussels regional council on the one hand and the Walloon and Flemish regional councils on the other, as regards the way in which they are formed and their mem-

Griefs

Les requérants allèguent une violation de l'article 3 du Protocole N° 1 soit pris isolément soit combiné avec l'article 14 de la Convention.

Leur argumentation peut être résumée comme suit:

1. Ils sont membres d'un parti politique dénommé "Jeunes Démocrates" qui préconise un programme politique "qu'il serait humainement impossible de faire appuyer avec la même insistance et netteté, dans l'expression du choix des électeurs, si l'on ne peut faire appel qu'à des candidats âgés de plus de 25 ans pour la Chambre des Représentants et de plus de 40 ans pour le Sénat".

Ils estiment que l'expression de l'opinion du peuple sur le choix des membres des assemblées législatives s'en trouverait ainsi limitée et que le système électoral belge serait discriminatoire en imposant aux candidats des conditions d'éligibilité qu'ils jugent exorbitantes.

2. Cela serait d'autant plus évident que les fils du Roi ou à défaut certains princes royaux sont sénateurs de droit à l'âge du 18 ans en vertu de l'article 58 de la Constitution.

3. La discrimination aurait enfin été aggravée depuis le vote de la "loi du 1er août 1974 créant des institutions régionales à titre préparatoire à l'application de l'article 107 *quater* de la Constitution belge".

Cette loi institue des conseils régionaux pour la Flandre, la Wallonie et Bruxelles. Mais, alors que les deux premiers conseils sont composés des sénateurs domiciliés dans chacune de ces régions, le Conseil régional de Bruxelles est composé à la fois des sénateurs habitants la capitale et de 42 membres du conseil d'agglomération de Bruxelles. Or, comme l'âge d'éligibilité pour le conseil d'agglomération n'est que de 21 ans, il en résulterait une autre discrimination entre les membres du conseil régional de Bruxelles dont certains ne sont pas soumis à la condition d'avoir atteint l'âge de 40 ans (les membres du conseil d'agglomération) et les membres des conseils régionaux de Flandre et de Wallonie qui doivent tous être sénateurs et donc avoir atteint l'âge de 40 ans.

EN DROIT

1. Eu égard à la similitude existant entre les requêtes N° 6745/74 et 6746/74 la Commission décide de joindre ces deux requêtes.

2. Les requérants affirment que la différenciation, établie par la loi belge du 1er août 1974 dans le mode de formation et la composition des conseils régionaux entre le conseil régional de Bruxelles d'une part et les conseils régionaux wallon et flamand d'autre part,

bers appointed, constitutes a breach of Article 14 of the Convention in conjunction with Article 3 of Protocol No. 1.

The substance of their claim is that discrimination exists because it is possible to become a member of the Brussels regional council at the age of 21, whereas members of the other two regional councils must be over 40.

However, the Commission recalls that Article 3 of Protocol No. 1 reads as follows:

> "The High Contracting Parties undertake to hold free elections at reasonable intervals by secret ballot, under conditions which will ensure the free expression of the opinion of the people in the choice of the legislature."

The Commission is of the opinion that the term "legislature" must be interpreted in the light of the institutions established by the constitutions of the High Contracting Parties.

In this instance, Article 26 of the Belgian Constitution provides that "legislative power shall be exercised jointly by the King, the House of Representatives and the Senate".

Regional councils have no legislative power in Belgium; they merely give advisory opinions. They may submit regional Bills which do not become law unless they are enacted by Parliament (Sections 4, 5 and 6 of the above-mentioned Act of 1 August 1974). "Hence the national legislature remains supreme and in every way the master of its decisions." (cf. Pierre Wigny: "La loi du 1er août 1974 créant des institutions régionales à titre préparatoire à l'article quater de la Constitution", *Journal des Tribunaux* 1974, p. 633 et seq.)

The Commission is therefore of the opinion that Article 3 of Protocol No. 1 cannot be applied to the way in which regional councils in Belgium are formed, since they exercise no legislative power.

However, the applicants also referred in this connection to Article 14 of the Convention which prohibits discrimination.

The Commission nevertheless recalls that it has consistently held that the principle of non-discrimination is guaranteed only in respect of the rights and freedoms expressly mentioned in the Convention (see Decisions, Application No. 2333/64 v. Belgium, Collection No. 16, p. 58; No. 2145/64, Collection 18, p. 1).

The Commission has accordingly found that Article 3 of Protocol No. 1, on which the applicants relied, was not applicable to their claim.

It follows that Article 14 also cannot apply in this case.

This part of the application is, therefore, incompatible *ratione materiae* with the provisions of the Convention within the meaning of Article 27, paragraph 2.

3. The applicants further complain that their applications to stand in the elections were rejected on account of age limits imposed

constituerait une violation de l'article 14 de la Convention combiné avec l'article 3 du Protocole N° 1.

Ils allèguent en effet une discrimination par le fait qu'il est possible d'accéder au conseil régional de Bruxelles à l'âge de 21 ans alors que, pour accéder aux deux autres conseils régionaux il faut avoir atteint l'âge de 40 ans.

La Commission rappelle cependant que l'article 3 du Protocole N° 1 dispose:

> "Les Hautes Parties Contractantes s'engagent à organiser, à des intervalles raisonnables, des élections libres au scrutin secret, dans les conditions qui assurent la libre expression du peuple sur le choix du corps législatif."

La Commission estime que le terme corps législatif doit être interprété en tenant compte des structures établies par les constitutions des Hautes Parties Contractantes.

En l'occurrence l'article 26 de la Constitution belge dispose que "le pouvoir législatif s'exerce collectivement par le Roi, la Chambre et le Sénat".

Les conseils régionaux ne détiennent pas en Belgique un pouvoir législatif; ils ne donnent que des avis consultatifs. Les lois régionales qu'ils proposent doivent être votées par les chambres législatives (articles 4, 5 et 6 de la loi du 1er août 1974 précitée). "Le législateur national reste donc souverain et entièrement maître de sa décision." (Voir Pierre Wigny: "La loi du 1er août 1974 créant des institutions régionales à titre préparatoire à l'article quater de la Constitution", *Journal des Tribunaux* 1974, p. 633 et suiv.)

La Commission estime par conséquent que l'article 3 du Protocole N° 1 ne peut s'appliquer au mode de formation des conseils régionaux en Belgique, puisque ceux-ci n'exercent pas le pouvoir législatif.

Il est vrai que les requérants ont également invoqué à ce sujet l'article 14 de la Convention, qui prohibe la discrimination.

La Commission rappelle cependant que, selon sa jurisprudence constante, le principe de non-discrimination n'est garanti qu'à l'égard des droits et libertés énoncés dans la Convention (Voir Décisions, requête N° 2333/64 c/Belgique, Recueil 16, p. 58; N° 2145/64, Recueil 18, p. 1).

Or, la Commission a constaté que l'article 3 du Protocole N° 1, invoqué par les requérants, n'était pas applicable au grief formulé par ceux-ci.

L'article 14 ne peut donc pas non plus s'appliquer en l'espèce.

Cette partie de la requête est donc incompatible *ratione materiae* avec les dispositions de la Convention, au sens de l'article 27 § 2.

3. Les requérants se plaignent ensuite du rejet de leurs candidatures aux élections, motivé par les conditions d'âge imposées par la

by the Constitution and by Belgian Act governing candidatures to the House of Representatives and the Senate.

They consider that the minimum ages required (25 for the House and 40 for the Senate) constitute unreasonable conditions, and that this amounts to a restriction on the people's freedom to express its opinion in the choice of the legislature.

This constituted a breach of Article 3 of Protocol No. 1.

The Commission recalls that in some of its decisions it has expressed the view that Article 3 of the Protocol does not guarantee the right to vote as such (Application No. 530/59, Collection 2; Application No. 1065/61, Collection 6, p. 48). In a later decision (Application No. 2728/66, Collection 25, p. 38), it found that the High Contracting Parties' undertaking to hold free elections implied a recognition of universal suffrage, but added that it did not necessarily follow that Article 3 guaranteed to everyone without restriction the right to participate in elections.

On further consideration, the Commission is inclined partially to revise its earlier interpretation of this provision. For it follows both from the preamble and from Article 5 of Protocol No. 1 that the rights set out in the Protocol are protected by the same guarantees as are contained in the Convention itself. It must, therefore, be admitted that, whatever the wording of Article 3, the right it confers is in the nature of an individual right, since this quality constitutes the very foundation of the whole Convention.

It is still necessary to define the substance of this right. In one of the decisions quoted above (Application No. 2728/66), the Commission has already held that the undertaking entered into by the High Contracting Parties in Article 3 of Protocol No. 1 did imply the recognition of universal suffrage. Basing its decision on this second premise, the Commission concludes that Article 3 guarantees, in principle, the right to vote and the right to stand for election to the legislature.

This right, however, is neither absolute nor without limitations. Indeed, Article 3 of Protocol No. 1 stipulates that elections are to be held "under conditions which will ensure the free expression of the opinion of the people in the choice of the legislature". The Commission understands this to mean that states may impose certain restrictions on the right to vote and the right to stand, provided that they are not arbitrary and do not interfere with the free expression of the people's opinion. It is for the Commission to decide, in each particular instance, whether or not this negative condition is fulfilled.

As far as the election of the Belgian legislature is concerned, the Commission first notes that the age limits to which the applicants object are laid down by the Constitution (Articles 50 and 56).

Constitution et par la loi belge pour les candidatures à la Chambre des Représentants et au Sénat.

Ils estiment que les âges minima requis (25 ans pour la Chambre et 40 ans pour le Sénat) constituent des conditions exorbitantes et que la libre expression de l'opinion du peuple sur le choix du corps législatif s'en trouverait ainsi limitée.

Ils allèguent à ce sujet une violation de l'article 3 du Protocole N° 1.

La Commission rappelle que, dans quelques unes de ses décisions, elle a exprimé l'avis que l'article 3 du Protocole additionnel ne consacre pas, comme tel, le droit de vote (requête N° 530/59, Recueil 2; requête N° 1065/61, Recueil 6, p. 48). Dans une décision ultérieure (requête N° 2728/66, Recueil 25, p. 38), elle a constaté que l'engagement pris par les Hautes Parties Contractantes d'organiser des élections libres implique la reconnaissance du suffrage universel. Elle ajoutait "qu'il ne s'ensuit pas que l'article 3 garantisse à toute personne et sans aucune limite le droit de prendre part aux élections".

Après nouvel examen, la Commission se trouve amenée à revenir partiellement sur l'interprétation qu'elle a déjà donnée de cette disposition. Il ressort en effet tant du préambule que de l'article 5 du Protocole N° 1 que les droits énoncés dans ledit Protocole bénéficient des mêmes garanties que ceux qu'énonce la Convention elle-même. Quel que soit le libellé de l'article 3 précité, il faut donc admettre que celui-ci énonce un droit de caractère individuel, ce caractère étant à la base de l'ensemble de la Convention.

Il reste à délimiter le contenu de ce droit. Dans une des décisions précitées (requête N° 2728/66), la Commission a déjà reconnu que l'engagement pris par les Haute Parties Contractantes aux termes de l'article 3 du Protocole N° 1 implique la reconnaissance du suffrage universel. Partant de cette seconde prémisse, la Commission en conclut que ledit article 3 garantit en principe le droit de vote et le droit de se porter candidat lors de l'élection du corps législatif.

Ce droit, toutefois, n'est ni absolu ni illimité. En effet, l'article 3 du Protocole N° 1 précise que les élections doivent être organisées "dans les conditions qui assurent la libre expression de l'opinion du peuple sur le choix du corps législatif". La Commission déduit de ce texte que les Etats peuvent assigner au droit de vote et au droit de se porter candidat certaines limites, pour autant que celles-ci ne soient pas arbitraires et ne portent pas atteinte à la libre expression de l'opinion du peuple. Il appartient à la Commission, saisie d'un cas d'espèce, d'apprécier si cette condition négative est remplie ou non.

S'agissant de l'élection du corps législatif belge, la Commission relève tout d'abord que les conditions d'âge incriminées par les requérants sont prévues par la Constitution (articles 50 et 56).

The minimum age (25) required for those wishing to stand for election to the House of Representatives can obviously not be regarded as an unreasonable or arbitrary condition, or one likely to interfere with the free expression of the opinion of the people in the choice of the legislature.

As for the minimum age required for candidates to the Senate (40) the Commission notes that, under a bicameral system like that in Belgium, the condition affects only one part of the Parliament; those aged under 40 are therefore not prevented from entering Parliament, since they may be elected to the House of Representatives which has the same powers as the Senate and exercises these powers jointly with the latter (Article 26 of the Belgian Constitution). Again, in a bicameral system it is not arbitrary to arrange things so that one house is composed of those who by virtue of their age have acquired greater political experience. The Commission is therefore unable to agree that this circumstance interferes with the free expression of the people's opinion in the choice of the legislature.

Moreover, the age requirements to which the applicants object are the same for every candidate in the elections, whatever his sex, political views etc. The Commission cannot therefore regard them as a source of discrimination.

This part of the application, therefore, is manifestly ill-founded (paragraph 2 of Article 27 of the Convention) as regards Article 3 of Protocol No. 1, taken either in isolation or in conjunction with Article 14 of the Convention.

4. Lastly, the applicants complain that, under the terms of Article 58 of the Belgian constitution, the King's sons or, if he has none, Belgian princes of royal blood in line for the throne automatically become senators at the age of 18 while other citizens cannot stand for the Senate until they have reached the age of 40.

They allege that this constitutes discrimination and hence runs counter to Article 14 taken in conjunction with Article 3 of Protocol No. 1.

Accordingly, it is for the Commission to decide whether the special treatment given in Belgium to the King's sons or other princes constitutes discrimination contrary to Article 14.

Here, the Commission would point out that the Convention was prepared in the context of the Council of Europe whose members were and are either republics or constitutional monarchies.

Reference should therefore be made to the constitutional rules and customs of the said monarchies.

Now, it is one of the traditions of constitutional monarchy in Belgium that princes who are in line for the throne are by law entitled to sit in Parliament.

En ce qui concerne la Chambre des Représentants, l'âge minimum requis pour se porter candidat (25 ans) ne peut manifestement pas être considéré comme une condition exorbitante, arbitraire ou de nature à entraver la libre expression de l'opinion du peuple sur le choix du corps législatif.

Quant à l'âge minimum requis pour se porter candidat au Sénat (40 ans), la Commission constate que dans un système bicaméral comme l'est le système belge, cette condition ne concerne qu'une partie du Parlement; l'accès au Parlement n'est donc pas interdit aux personnes âgées de moins de 40 ans, puisqu'elles peuvent être élues à la Chambre des Représentants, qui a les mêmes pouvoirs que le Sénat et exerce ces pouvoirs collectivement avec lui (article 26 de la Constitution belge). Toujours dans un système bicaméral, il n'est pas arbitraire de prévoir que l'une des chambres est composée de personnes à qui l'âge a permis d'acquérir une plus longue expérience politique. La Commission ne peut donc souscrire à l'idée que cette condition porte atteinte à la libre expression de l'opinion du peuple sur le choix du corps législatif.

On relèvera en outre que les conditions d'âge incriminées par les requérants sont les mêmes pour tous les candidats aux élections, quel que soit leur sexe, leur appartenance politique etc. La Commission ne peut les considérer comme discriminatoires.

Cette partie de la requête est donc manifestement mal fondée (article 27, par. 2, de la Convention), au regard de l'article 3 du Protocole N° 1, pris isolément ou en combinaison avec l'article 14 de la Convention.

4. Les requérants se plaignent enfin du fait qu'en vertu de l'article 58 de la Constitution belge les fils du Roi ou à leur défaut les princes belges de la famille royale appelés à régner sont de droit sénateurs à l'âge de dix-huit ans alors que les autres citoyens doivent avoir atteint l'âge de 40 ans pour pouvoir poser leur candidature au Sénat.

Ils allèguent à ce sujet une discrimination contraire à l'article 14 en combinant cette disposition avec l'article 3 du Protocole N° 1.

Il incombe par conséquent à la Commission d'examiner si la différence de traitement dont jouissent en Belgique les fils du roi ou autres princes constitue une discrimination contraire à l'article 14.

A cet égard la Commission constate que la Convention a été créée dans le cadre du Conseil de l'Europe dont les membres étaient et sont soit des républiques, soit des monarchies constitutionnelles.

Il y a donc lieu de se référer aux règles et traditions constitutionnelles en vigueur dans lesdites monarchies.

Or, le fait que les princes appelés à régner siègent de droit au Parlement fait partie des traditions de la monarchie constitutionnelle belge.

This distinction between some members of the royal family and other citizens is not without justification, since the former are or may be called upon to hold high office which necessitates their becoming acquainted as early as possible with the way in which parliamentary institutions work.

The special treatment given in Belgium to the princes of that branch of the royal family which is in line for the throne is, therefore based on reasonable and objective criteria in terms of the Belgian constitutional system and does not constitute an act of discrimination contrary to Article 14 of the Convention.

Accordingly, this complaint also is manifestly ill-founded as regards Article 14 taken in conjunction with Article 3 of Protocol No. 1.

Now, therefore, the Commission

1. DECIDES TO JOIN APPLICATIONS NO. 6745/74 AND NO. 6746/74

2. DECLARES THE APPLICATIONS INADMISSIBLE.

Application No. 6833/74

Paula MARCKX and others *against* BELGIUM

Final decision of 29 September 1975

...

(*Translation*)

THE FACTS

The *facts* of the case may be summarised as follows:

The applicant Paula Marckx, a journalist by profession, is resident in Antwerp.

She has lodged this application on her own behalf and on that of her illegitimate daughter, Alexandra Marckx, born at Wilrijk on 16 October 1973.

The applicant has legally recognised her child and subsequently adopted her.

The applicant's *complaints* as they stand since the Commission's partial decision of 16 March 1975 (see "Proceedings" below) may be summarised as follows:

1. She claims that her child, being illegitimate, is the victim of a "*capitis diminutio*" as a result of some of the provisions of the Belgian Civil Code governing the status and rights of illegitimate children.

This "*capitis diminutio*" is claimed to be contrary to articles 3 and 8 of the Convention.

Cette différenciation entre certains membres de la famille royale et les autres citoyens n'est pas dépourvue de justification, en raison des hautes fonctions que ces personnes sont appelées ou peuvent être appelées à assumer et qui exigent qu'elles se familiarisent le plus tôt possible avec le fonctionnement des diverses institutions parlementaires.

Le traitement différent dont jouissent en Belgique les princes de la branche de la famille royale appelée à régner est donc fondé sur des critères objectifs et raisonnables dans le cadre du système constitutionnel belge et ne constitue pas une discrimination contraire à l'article 14 de la Convention.

Il s'ensuit que ce grief est également manifestement mal fondé eu égard à l'article 14 combiné avec l'article 3 du Protocole N° 1.

Par ces motifs, la Commission

1. DECIDE DE JOINDRE LES REQUETES N° 6745/74 ET N° 6746/74

2. DECLARE LES REQUETES IRRECEVABLES.

Requête No 6833/74

Paula MARCKX et autres *contre* la BELGIQUE

Décision finale du 29 septembre 1975

. . .

EN FAIT

Les *faits* de la cause peuvent se résumer comme suit:

La requérante, Paula Marckx est journaliste de profession et domiciliée à Anvers.

Elle a introduit la présente requête en son nom et au nom de sa fille naturelle, Alexandra Marckx, née le 16 octobre 1973 à Wilrijk.

La requérante a procédé à la reconnaissance légale de cette enfant et l'a ensuite adoptée.

Les *griefs* de la requérante tels qu'ils subsistent après la décision partielle de la Commission en date du 16 mars 1975 (voir ci-dessous "Procédure") peuvent se résumer comme suit:

1. Elle allègue que son enfant, en tant qu'enfant naturelle, est victime d'une "*capitis diminutio*", de par certaines dispositions du code civil belge régissant le statut et les droits des enfants naturels.

Cette *capitis diminutio* serait contraire aux articles 3 et 8 de la Convention.

In particular, the applicant objects to:

(a) the provisions of the Civil Code that restrict the *rights of succession* of illegitimate children:

Article 756:

"Illegitimate children shall not have the status of heirs: only if they have been legally recognised shall they have any rights to the estate of their deceased father or mother. They shall have no rights to the estate of their father's or mother's relations."

Article 757:

"An illegitimate child's right to the estate of his deceased father or mother shall be as follows: If the father or mother has left any legitimate descendants, an illegitimate child shall be entitled to one-third of the share of the inheritance which he would have had if he had been legitimate; he shall be entitled to one-half of the said share if the father or mother has left no descendants but has surviving ascendants, brothers or sisters, and to three-quarters if the father or mother has no surviving descendants, ascendants, brothers or sisters."

Article 758:

"An illegitimate child shall be entitled to the entire estate if his father or mother has left no relations of a degree entitled to a share in the estate."

(b) Article 908 of the Civil Code, dealing with an illegitimate child's right to *gifts and bequests:*

"Illegitimate children may not receive by donation '*inter vivos*' or by will more than they are entitled to receive by virtue of the section 'Inheritance'."

(c) The provisions in the Civil Code concerning the *establishment of filiation* (Article 334 et sqq. of the Civil Code):

These articles stipulate that filiation of an illegitimate child'-depends on recognition of the child, whereas filiation of a legitimate child is automatic on birth.

2. The applicant claims that the "*capitis diminutio*" of which her illegitimate child is a victim also constitutes unjustified interference with an unmarried mother's private and family life, in breach of articles 3 and 8 of the Convention.

(a) She points out that, when a mother has recognised her child, she may not, under Article 908 of the Civil Code quoted above, make over to it by gift or by will more than a part of her property, that part always being smaller than the share due to a legitimate child.

On the other hand, if a mother does not recognise her child, the child will be regarded as outside the family and the mother may make over her entire property to him.

(b) The applicant also points out that there is only one way for

Elle incrimine plus particulièrement:

(a) les dispositions du code civil qui limitent les *droits successoraux* des enfants naturels:

Article 756:

"Les enfants naturels ne sont point héritiers; la loi ne leur accorde de droits sur les biens de leur père ou mère décédés, que lorsqu'ils ont été légalement reconnus. Elle ne leur accorde aucun droit sur les biens des parents de leur père ou mère.

Article 757:

"Le droit de l'enfant naturel sur les biens de ses père ou mère décédés, est réglé ainsi qu'il suit: Si le père ou la mère a laissé des descendants légitimes, ce droit est d'un tiers de la portion héréditaire que l'enfant naturel aurait eue s'il eût été légitime: il est de la moitié lorsque les père ou mère ne laissent pas de descendants, mais bien des ascendants ou des frères ou soeurs; il est des trois quarts lorsque les père ou mère ne laissent ni descendants ni ascendants, ni frères ni soeurs."

Article 758:

"L'enfant naturel a droit à la totalité des biens, lorsque ses père ou mère ne laissent pas de parents au degré successible."

(b) L'article 908 du code civil qui traite du droit des enfants naturels aux *libéralités* (*donations et testaments*):

"Les enfants naturels ne pourront, par donation entre vifs ou par testament, rien recevoir au delà de ce qui leur est accordé au titre *des Successions*."

(c) les dispositions du code civil concernant *l'établissement de la filiation* (article 334 et suivants du code civil).

Ces articles disposent que l'enfant naturel doit être reconnu pour que sa filiation soit établie, tandis que la filiation de l'enfant légitime est automatiquement établie par sa naissance.

2. La requérante affirme que la "*capitis diminutio*" dont est victime son enfant naturelle constitue également une ingérence injustifiée dans la vie privée et familiale de la mère célibataire, en violation des articles 3 et 8 de la Convention:

(a) Elle relève à cet égard que lorsque la mère reconnaît son enfant, elle ne peut, en vertu de l'article 908 (précité) du code civil, lui léguer par donation ou par testament qu'une partie de ses biens, qui sera toujours inférieure à la part qui revient à un enfant légitime.

Par contre, si la mère ne reconnaît pas son enfant, ce dernier sera considéré comme un étranger à la famille et la mère pourra lui léguer tous ses biens.

(b) La requérante relève également qu'il n'existe qu'un seul her to give her child the same rights as her legitimate child enjoys, namely legitimation.

However, this presupposes that both parents recognise the child and marry (Article 331 of the Civil Code).

The applicant considers that this legislation is humiliating for an unmarried mother and constitutes interference in her private and family life, since she is obliged to marry in order to give her child the same rights as a legitimate child.

3. The applicant complains that there is discrimination between legitimate and illegitimate children and claims that this is in breach of Article 14 of the Convention taken in conjunction with Article 8.

She claims that this discrimination exists both in the provisions of the Belgian Civil Code that govern the way in which filiation is established and in those which specify its effects as regards rights of succession, the right to gifts, the membership of the family, etc.

4. In addition, the applicant claims that there is discrimination between married and unmarried mothers, particularly as regards the establishment of filiation, and points to Article 14 of the Convention taken in conjunction with Article 8.

It is true that the fact that a mother is married confers full rights on her children without their having to take any action in law, whereas unmarried mothers have to take such action, for example recognition of the child and possibly adoption or legitimation.

5. The applicant also complains that she is obliged to comply with certain administrative formalities in order to adopt her child and has to incur certain expenses.

She claims that this constitutes a breach of Articles 3 and 8 of the Convention.

Proceedings

In a partial decision dated 16 March 1975 the Commission declared part of the application inadmissible, deciding, in pursuance of Rule 42 (2) (b) of its Rules of Procedure, that the Government of Belgium should be given notice of the remainder of the application so that it could submit its observations in writing on the admissibility of the application, particularly as regards Article 8 of the Convention taken both singly and in conjunction with Article 14.

On 2 June 1975 the government submitted its observations, which were forwarded to the applicant on 4 June 1975.

On 19 June 1975 the applicant replied with her observations.

On 14 August 1975 the Rapporteur made a preliminary investigation of the application in the light of the parties' observations.

moyen pour conférer à son enfant les mêmes droits qu'à son enfant légitime: la légitimation.

Or, celle-ci suppose la reconnaissance par le père et par la mère et le mariage de ceux-ci (article 331 du code civil).

La requérante estime que cette législation est humiliante pour la mère célibataire et constitue une ingérence dans la vie privée et familiale de celle-ci, puisque, pour conférer à son enfant les mêmes droits qu'à un enfant légitime, elle est obligée de se marier.

3. La requérante se plaint d'une discrimination entre enfants naturels et enfants légitimes et allègue une violation de l'article 14 combiné avec l'article 8 de la Convention.

Cette discrimination existerait tant dans les dispositions du code civil belge qui régissent les modes d'établissement de la filiation que dans celles qui déterminent les conséquences de celle-ci: droits successoraux, droits à des libéralités, étendue de la famille etc.

4. La requérante allègue d'ailleurs également une discrimination entre mères célibataires et mères mariées en ce qui concerne notamment le mode d'établissement de la filiation et invoque à cet égard l'article 14 de la Convention combiné avec l'article 8.

En effet, les mères mariées confèrent à leurs enfants la plénitude des droits sans devoir accomplir d'actes juridiques tandis que les mères célibataires doivent accomplir des actes juridiques tels que la reconnaissance et, éventuellement, l'adoption ou la légitimation.

5. A cet égard la requérante se plaint d'ailleurs également de l'obligation qui lui est faite de se livrer à certaines formalités administratives pour adopter son enfant et de devoir débourser certains frais.

Elle allègue à ce sujet une violation des articles 3 et 8 de la Convention.

Procedure

Par une décision partielle, datée du 16 mars 1975 la Commission a déclaré une partie de la requête irrecevable et a ordonné, en application de l'article 42 § 2 (b) de son Règlement intérieur, que le surplus de la requête soit porté à la connaissance du Gouvernement de la Belgique pour que celui-ci présente par écrit ses observations sur la recevabilité, notamment au regard de l'article 8 de la Convention tant pris isolément que combiné avec l'article 41 de la Convention.

Le Gouvernement a présenté le 2 juin 1975 ses observations qui ont été communiquées à la requérante le 4 juin 1975.

Le 19 juin 1975 la requérante a présenté ses observations en réponse.

Le 14 août 1975, le Rapporteur a procédé à un examen préalable de la requête, à la lumière des observations des parties.

Submissions of the Parties

The submissions of the Parties may be summarised as follows:

I. *With reference to Article 26 of the Convention:*

The respondent Government accepts that there are no domestic remedies of which the applicant can avail herself, since her complaint concerns a legal situation: the "inferior" status of illegitimate children.

II. *With reference to Articles 8 and 3 of the Convention*

A. *The respondent Government* observes that, essentially, the applicant's complaint is that her right to respect for her private and family life has been violated as a result of:

(a) those provisions of the Belgian Civil Code which limit an illegitimate child's rights of succession and rights to gifts and bequests;

(b) the fact that an illegitimate child cannot acquire the same status as a legitimate child except through his mother's marriage and his adoption by both husband and wife, adoption by the mother alone being insufficient in this respect.

However, the Government considers that this complaint must be regarded as *manifestly ill-founded for the following reasons:*

1. The applicant has failed to show that there is any connection between her right to respect for her private and family life and Belgian legislation on inheritance, gifts, recognition of children and adoption.

(a) There is no connection between respect for private and family life and Belgian legislation on an illegitimate child's *rights of succession.*

The reasons why the scope of these rights is limited by legislation in comparison with those of a legitimate child are moral and social ones, the main aim being to protect legitimate families and encourage marriage. It would be illogical to attempt to encourage marriage and at the same time put children born out of wedlock on exactly the same footing as legitimate children.

(b) It is true that, under Article 908[1] of the Civil Code, only illegitimate children who have been recognised are under any restrictions as to their right to receive property from their father or mother by *gift or by will.* These restrictions do not apply to children who have not been recognised; they may receive gifts or bequests in the same way as persons outside the family (without any restrictions if there is no heir entitled to a share). However, the courts have ruled that, if the gift or bequest was made by reason of the parent-child

[1] See "The Facts".

Argumentation des Parties

Les observations des Parties peuvent se résumer comme suit:

I. *Au regard de l'article 26 de la Convention*

Le Gouvernement défendeur admet qu'il n'existe pas de voie de recours interne pouvant être utilisée par la requérante puisque celle-ci se plaint d'une situation légale: la condition "inférieure" des enfants naturels.

II. *Au regard des articles 8 et 3 de la Convention*

A. *Le Gouvernement défendeur* fait observer que la requérante se plaint essentiellement d'une violation de son droit au respect de sa vie privée et familiale qui résulterait:

(a) des dispositions par lesquelles le code civil belge limite les droits successoraux et les droits aux libéralités (donations et testaments) des enfants naturels;

(b) du fait que l'enfant naturel ne pourrait être assimilé à un enfant légitime que par suite du mariage de sa mère et de l'adoption par les époux, l'adoption par la mère seule étant à cet égard insuffisante.

Le Gouvernement estime cependant que ce grief doit être considéré comme étant *manifestement mal fondé aux motifs suivants:*

1. La requérante reste en défaut de démontrer qu'il existe un quelconque rapport entre son droit au respect de sa vie privée et familiale et la législation belge en matière de successions, de libéralités, de reconnaissance et d'adoption.

(a) il n'existe pas de rapport entre le respect de la vie privée et familiale et la législation belge concernant les *droits successoraux* de l'enfant naturel.

Si le législateur a cru devoir limiter l'étendue de ces droits par rapport à ceux d'un enfant légitime, c'est pour des raisons tenant à l'ordre moral et social, et principalement pour protéger la famille légitime et favoriser le mariage. Il serait en effet illogique de vouloir favoriser le mariage et d'assimiler en même temps complètement les enfants nés hors mariage aux enfants légitimes.

(b) D'autre part, il est exact qu'en vertu de l'article 908[1] du code civil, seul l'enfant naturel reconnu est frappé d'une incapacité relative de recevoir, par *donation ou testament,* de son père ou de sa mère (naturel). Certes, cette incapacité ne frappe pas l'enfant non reconnu, qui peut être gratifié comme un étranger (et donc sans limite s'il n'y a pas d'héritier à réserve). Cependant, la jurisprudence admet que si la libéralité a été faite en raison du lien de filiation et

[1] Voir Partie "En fait".

relationship and revealed the existence of that relationship, Article 908 will apply even to a child who has not been recognised.

(c) Neither does the respondent Government see any connection between the *effects of adoption* on the illegitimate child's rights and the right to respect for private or family life.

The Government points out that the applicant claims that her right to respect for private and family life has been disregarded since, in order to confer certain rights on her child she has to recognise her and felt obliged to adopt her, which she considers to be "extremely humiliating".

She also complains of having to comply with administrative formalities in order to adopt her child and claims that under Belgian law adoption is not enough to make the child a member of his mother's family.

It is true that, although adoption confers on the adopted child exactly the same rights as those of a legitimate child as regards the adoptive parent's estate, under Article 365 of the Civil Code the adopted child does not acquire any rights of succession to the property of that parent's relations. On the other hand, there is nothing to prevent the adoptive parent's relations from bequeathing their estate to the adopted child in the event that the adoptive parent pre-deceases them.

In fact, an illegitimate child cannot be put on entirely the same footing as a legitimate child, with the same right to inherit from his parents' relations, except by legitimation, which entails recognition of the child by his father and mother and their marriage (Article 331 of the Civil Code).

Another possible method would be for the applicant and her husband to legitimate the child by adoption. The effect of this would be to give the child the same status and rights as she would have had if she had been born to the adoptive parents in wedlock (Article 370 of the Civil Code).

This legislation encourages the parents of an illegitimate child to marry, since marriage is the essential condition for legitimation, but it is hard to see how this policy can constitute interference with the applicant's private and family life. She is free to remain unmarried and to recognise and adopt her child or not as she wishes.

In the last extremity, if the mother had not recognised her child, the child would have remained outside the family and without any rights. It was precisely in order to improve the situation of children born out of wedlock that the Civil Code made provision for various measures such as voluntary or judicial recognition, adoption and legitimation.

2. The respondent Government considers that in fact the applicant is complaining that the Belgian State confines some of the

révèle l'existence de celui-ci, l'article 908 s'appliquera même à l'enfant non reconnu.

(c) Le Gouvernement défendeur ne voit pas non plus de rapport entre les *effets de l'adoption* sur les droits de l'enfant naturel et le droit au respect de la vie privée ou familiale.

Le Gouvernement relève à cet égard que la requérante prétend que son droit au respect de la vie privée et familiale a été méconnu puisque, pour conférer certains droits à son enfant, elle a dû le reconnaître et se sent obligée de l'adopter, ce qu'elle estime être "fort humiliant".

Elle se plaint également d'avoir à remplir des formalités administratives pour l'adoption de son enfant et allègue que, selon la loi belge, l'adoption ne suffit pas à faire entrer l'enfant dans la famille de sa mère.

En effet, si l'adoption confère à l'adopté des droits identiques à ceux d'un enfant légitime dans la succession de l'adoptant, l'adopté n'acquiert cependant, en vertu de l'article 365 du code civil, aucun droit de succession sur les biens des parents de l'adoptant. On notera toutefois que rien n'empêche les parents de l'adoptant de léguer leurs biens à l'adopté en cas de prédécès de l'adoptant lui-même.

En réalité, une assimilation complète à l'enfant légitime, y compris le droit de succéder aux parents des auteurs de l'enfant, ne pourrait résulter que d'une légitimation de l'enfant naturel, ce qui suppose la reconnaissance par les père et mère et le mariage de ceux-ci (article 331 du code civil).

Une autre solution possible serait la légitimation par adoption, par la requérante et son mari. Celle-ci aurait pour effet de conférer à l'enfant le même statut et les mêmes droits que s'il était né du mariage des adoptants (article 370 du code civil).

Par cette procédure, le législateur encourage le mariage des parents de l'enfant naturel, puisque le mariage est la condition sine qua non de la légitimation, mais on ne voit pas en quoi cette politique constituerait une ingérence dans la vie privée et familiale de la requérante. Celle-ci est libre de rester célibataire, de reconnaître et d'adopter ou non son enfant.

A l'extrême, l'enfant aurait pu rester étranger à sa mère et n'aurait eu aucun droit si celle-ci ne l'avait pas reconnu. C'est précisément en vue d'améliorer la condition de l'enfant né hors du mariage que le code civil prévoit diverses mesures telles que la reconnaissance volontaire ou judiciaire, l'adoption et la légitimation.

2. Le Gouvernement défendeur est d'avis qu'en réalité, la requérante reproche à l'Etat belge de réserver certains effets de la filia-

effects of filiation, such as the status of statutory heir, to children born in wedlock.

She is also complaining that adoption of a child has no effects beyond the first degree in the ascendant line.

It therefore seems that, far from complaining of specific facts constituting interference by a public authority with the applicant's private and family life, the application is nothing less than a fundamental challenge to certain provisions of Belgian family law.

By encouraging the family in the usual meaning of the word, namely a unit made up of parents and their children, if any, Belgian legislation follows the same line as the Convention on Human Rights and many other international instruments.

The Government contends that a study of these instruments, which it cited in its observations, clearly shows that, in an endeavour to protect family life more securely, their intention was to create a close and logical link between the institution of marriage and that of the family.

One is bound to conclude that in this field international legislation gives the term "family" its traditional interpretation as the basic social unit made up of parents united by marriage and their children, if any.

The allegation that some provisions of Belgian law, to which the applicant objects constitute interference with family life is without foundation in as much as, in the case in point, the necessary elements for existence of a "family" within the meaning of the Convention on Human Rights and other international instruments are lacking.

3. The Government adds that in any event, even if it were recognised that in the present case the state had interfered with the applicant's private and family life through the provisions of legislation that are at issue, such interference by the public authority is clearly justified within the meaning of Article 8 (2) by the fact that the legislation is rooted in a concern for morality that is shared by the great majority of the individuals affected by the legislation.

4. Moreover, the respondent Government considers that the applicant's claim that in order to give an illegitimate child rights equivalent to those of a legitimate child, a parent is obliged to legitimate or adopt the child, which she finds humiliating and hence contrary to Article 3 of the Convention on Human Rights, is manifestly ill-founded since there is no provision in Belgian legislation that obliges her to take such action.

tion, tel que la qualité d'héritier légal, aux seuls enfants issus d'une union légitime.

Elle lui reproche également que l'adoption d'un enfant ne produise pas d'effet au-delà du premier degré, dans la ligne ascendante.

Il apparaît ainsi que la requête, loin de se fonder sur l'allégation de faits précis constituant une ingérence de l'autorité publique dans la vie privée et familiale de la requérante, ne constitue en fait qu'une mise en cause fondamentale de certaines dispositions du droit des personnes en Belgique.

Or la législation belge, en favorisant la famille au sens habituel du terme, à savoir une cellule composée des parents et de leurs enfants éventuels, se situe dans la même perspective que celle qui a été adoptée par les auteurs de la Convention des Droits de l'Homme et par de nombreux autres instruments internationaux.

Le Gouvernement affirme que l'examen de ces divers textes internationaux qu'il cite d'ailleurs dans ses observations démontre clairement que leurs auteurs, en s'efforçant de renforcer la protection de la vie familiale, ont voulu associer étroitement et logiquement l'institution du mariage à celle de la famille.

Force est de conclure que, dans ce domaine, la législation internationale interprète le terme "famille" dans son sens classique, à savoir l'unité de base de la société, formée des parents unis par les liens du mariage et leurs enfants éventuels.

L'allégation selon laquelle certaines dispositions de la législation belge, incriminées par la requérante, constitueraient une ingérence dans la vie familiale manque de fondement dans la mesure où, en l'espèce, les éléments indispensables à la constitution du concept de "famille" font défaut au sens de la Convention des Droits de l'Homme et des autres textes internationaux.

3. Le Gouvernement ajoute qu'en toute hypothèse, si l'on reconnaissait qu'il y a dans la présente affaire une ingérence de l'Etat dans la vie privée et familiale de la requérante sur base des dispositions législatives incriminées, il est manifeste que ladite ingérence de l'autorité publique se justifie, au sens de l'alinéa 2 de l'article 8, par le fait que les objectifs poursuivis par les auteurs de cette législation s'inspirent de préoccupations d'ordre moral partagées par la grande majorité des individus appelés à l'observer.

4. D'autre part, le Gouvernement défendeur estime que l'allégation de la requérante, selon laquelle l'obligation de recourir à la légitimation ou à l'adoption en vue de permettre à des enfants naturels de disposer de droits équivalents à ceux d'un enfant légitime, ce qu'elle estime humiliant et par là contraire à l'article 3 de la Convention des Droits de l'Homme, est manifestement mal fondée puisqu'aucune disposition législative belge n'oblige l'intéressée à recourir à ces voies de droit.

B. *The applicant submits:*

1. that Articles 756–758 and 908 of the Civil Code, concerning an illegitimate child's *rights of succession*, constitute a "*capitis diminutio*" for the child.

She points out that an unmarried mother may bequeath the entire disposable portion of her estate to her child by will, provided that she has not recognised him, since in that case filiation is not legally established. The child is then regarded by Belgian law as outside the family, and a single person is entitled to bequeath his property to whomever he wishes.

However, once an unmarried mother has recognised her child, Belgian law intervenes, stipulating that "illegitimate children may not receive by donation '*inter vivos*' or by will more than they are entitled to receive by virtue of the section 'Inheritance'" (Article 908 of the Civil Code.[1]

Under that section, the rights enjoyed by illegitimate children after recognition are substantially less than those enjoyed by legitimate children. An illegitimate child is not an heir in the normal sense and his share in the inheritance is smaller than a legitimate child's (Articles 756 et sqq. of the Civil Code).[2]

Article 908 thus seeks to prevent an illegitimate child from receiving more than his statutory share from parents who have recognised him.

As a result of this restriction on an illegitimate child's right to receive property by gift or by will, the child suffers a "*capitis diminutio*" and the mother is prevented from giving or bequeathing more than his statutory share to a child that she has recognised. This constitutes unjustifiable interference with the mother's private and family life, particularly her right to bequeath or give her property to her own child. No such restriction is placed on a legitimate child or his mother.

2. The applicant acknowledges that under Belgian law there is one way of increasing an illegitimate child's rights, namely *adoption*.

She states that she has just adopted her daughter, for which she had to apply to a notary and spend 4,500 Belgian francs (roughly £55) to set proceedings in motion, although many unmarried mothers are in financial straits.

The police then made enquiries of her neighbours; enquiries of this nature might damage the prospects of improving an illegitimate child's legal status by adoption, for instance as a result of the neighbours' prejudices against unmarried mothers.

[1] See "The Facts".
[2] See "The Facts".

B. *La requérante fait observer:*

1. que les articles 756 à 758 et 908 du code civil concernant les *droits successoraux* de l'enfant naturel constituent une "*capitis diminutio*" infligée à celui-ci.

En effet, une mère célibataire peut léguer par testament tous ses biens disponibles à son enfant, du moment qu'elle ne l'a pas reconnu, puisque dans ce cas la filiation n'est pas légalement établie. L'enfant est alors considéré par la loi belge comme étranger à la famille et un célibataire a le droit de léguer ses biens à qui il le désire.

Cependant, lorsque la mère célibataire a reconnu son enfant la loi belge intervient pour stipuler que "les enfants naturels ne pourront, par donation entre vifs ou par testament, rien recevoir au-delà de ce qui leur est accordé au titre des 'Successions' (article 908 du code civil)".[1]

Or, ce titre accorde à l'enfant naturel reconnu, des droits successoraux nettement inférieurs à ceux des enfants légitimes. L'enfant naturel n'est pas un héritier normal; sa part successorale est inférieure à celle d'un enfant légitime (articles 756 et suivants du code civil).[2]

L'article 908 du code civil a donc justement pour but d'empêcher l'enfant naturel de recevoir plus que cette part légale des parents qui l'ont reconnu.

Cette incapacité relative de recevoir par donation ou testament constitue une "capitis diminutio" infligée à l'enfant naturel et empêche en outre la mère de donner ou de léguer à l'enfant naturel qu'elle a reconnu plus que sa part légale. Ceci constitue une ingérence injustifiable dans la vie privée et familiale de la mère, plus particulièrement dans son droit de léguer ou de donner ses biens à son propre enfant. Une telle incapacité ne frappe ni la mère ni l'enfant légitime.

2. La requérante reconnaît qu'il y a en effet, en droit belge, une possibilité pour accroître les droits d'un enfant naturel: *l'adoption*,

Elle signale qu'elle vient d'adopter sa fille et relève à cet égard qu'elle a dû s'adresser à un notaire et débourser 4.500 francs belges (± 500 FF) pour entamer la procédure alors que beaucoup de mères célibataires ont des difficultés financières.

La police a ensuite procédé à une enquête chez ses voisins alors qu'une telle enquête peut nuire aux chances de pouvoir améliorer le statut juridique d'un enfant naturel par la voie de l'adoption, à cause, par exemple, des préjugés des voisins contre les mères célibataires.

[1] Voir partie "En fait".
[2] Voir partie "En fait".

Moreover, she had to go to a police station to fill in a questionnaire which included the question "Why do you want to adopt the child?".

The police also inspected her flat and investigated her financial situation.

The applicant considers that such an investigation might perhaps be justified in the case of a person wishing to adopt someone else's child but that it is scarcely appropriate that it should be made by the police.

She also maintains that, in the case of an unmarried mother who wishes to improve the legal status of her child by adoption – the only way open to her under Belgian law – while remaining single, such proceedings must be regarded as degrading treatment within the meaning of *Article 3* of the Convention and as unjustified interference with her private and family life within the meaning of *Article 8*.

The applicant points out that the adoption procedure has only limited effects and does not put an illegitimate child on exactly the same footing as a legitimate one, particularly as far as its status with regard to his mother's relations is concerned (eg. rights to maintenance and rights of succession – Articles 364 and 365 of the Civil Code).

Lastly, the applicant reports that in a number of states signatories to the Convention an unmarried mother wishing to improve her child's status is not obliged to recognise and then adopt him. In those countries (France, the Federal Republic of Germany, the Netherlands and the Scandinavian countries) maternal filiation is established in the same way as for legitimate children, i.e. by the birth certificate, in application of the maxim "*mater semper certa est*".

In this context she also refers to the Brussels Convention of 12 September 1962 on the establishment of maternal affiliation of natural children.

3. The application points out that, as the government admits, an illegitimate child can be given the same status as a legitimate one only through legitimation, which presupposes recognition by both father and mother and their marriage (Article 331 of the Civil Code).

An illegitimate child's legal status therefore depends entirely on voluntary acts by the mother and her husband, if any: recognition, adoption, marriage and legitimation through adoption.

In the applicant's submission such legislation makes normal family ties, for example with his mother's relations, precarious and hard to develop for an illegitimate child, and is incompatible with Article 8 of the Convention.

D'autre part, elle a dû se rendre au commissariat de police afin d'y répondre à un questionnaire dans lequel figurait entre autres la question "pourquoi voulez-vous adopter l'enfant?"

La police a en outre procédé à une inspection de son appartement et à une enquête sur ses ressources.

La requérante estime qu'une telle enquête pourrait éventuellement se justifier pour une personne qui désire adopter un enfant étranger mais que néanmoins elle se révèle peu appropriée lorsqu'elle est menée par la police.

D'autre part, elle affirme que dans le cas d'une mère célibataire qui veut, tout en restant célibataire, améliorer le statut légal de son enfant par le moyen de l'adoption – seul moyen qui lui est offert par la législation belge – une telle procédure doit être considérée comme un traitement dégradant, eu égard à *l'article 3* de la Convention et comme une ingérence injustifiée dans sa vie privée et familiale eu égard à *l'article 8*.

La requérante souligne que la procédure d'adoption n'a que des effets restreints et n'assimile pas l'enfant naturel à un enfant légitime, notamment en ce qui concerne son statut vis-à-vis des parents de sa mère (par exemple pour les droits alimentaires et successoraux – articles 364 et 365 du code civil).

Enfin, la requérante signale que dans un grand nombre d'Etats, signataires de la Convention, une mère célibataire soucieuse d'améliorer le statut de son enfant n'a pas à recourir d'abord à la reconnaissance et puis à l'adoption de l'enfant. En effet, dans ces pays (France, République Fédérale d'Allemagne, Pays-Bas, Pays scandinaves) la filiation maternelle est prouvée comme pour les enfants légitimes, par l'acte de naissance en vertu de l'adage "*mater semper certa est*".

Elle cite également à cet égard la Convention de Bruxelles du 12 septembre 1962 relative à l'établissement de la filiation maternelle des enfants naturels.

3. La requérante fait observer que, comme le reconnaît le Gouvernement, un enfant naturel ne peut être assimilé à un enfant légitime que par la légitimation ce qui suppose la reconnaissance par les père et mère et le mariage de ceux-ci (article 331 du code civil).

La situation juridique de l'enfant naturel dépend donc entièrement d'actes de volonté de la mère et d'un éventuel époux de celle-ci: la reconnaissance, l'adoption, le mariage, la légitimation par adoption.

De l'avis de la requérante une telle législation qui rend difficile et précaire l'épanouissement des relations familiales d'un enfant naturel, par exemple avec les parents de la mère, est incompatible avec *l'article 8* de la Convention.

Moreover, such legislation is humiliating for the mother, since marriage is the only way of giving her child a fitting status.

She therefore claims that this constitutes not only a breach of *Article 3* but also unjustified interference with the mother's right to respect for her private and family life (*Article 8*).

4. *As regards the notion of "family"* within the meaning of Article 8 of the Convention, the applicant does not agree with the respondent Government that "family" is synonomous with "legitimate family".

She maintains that, in support of this conclusion, the respondent Government has referred to the texts of several international Convention dealing with two substantially different points.

She states that this is not the interpretation of most commentators on the Convention. On the basis of the Commission's decisions it is possible to state, with Professor Opsahl, that "even if the child is born out of wedlock, its relationship with its natural parents is embraced, in principle, by family life for the purposes of Article 8 as regards both the mother and the father" (texts of the 3rd International Colloquy on the European Convention on Human Rights, p. 211, Manchester 1973).

III. *With reference to Article 14 of the Convention*

A. *The respondent Government* submits that the aim of Belgian legislation is clearly to foster the family, by providing on moral grounds for different treatment for illegitimate children, but that the claim that illegitimate children are subject to discrimination contrary to Article 14 of the Convention is inaccurate.

In order to establish whether or not there is discrimination it is necessary to compare two or more groups or categories of persons and to establish:

1. that one group is treated differently from and less favourably than another;
2. that the difference has no objective or reasonable justification.

The European Court of Human Rights took a decision on this point in its judgement of 23 July 1968 in the case relating to certain aspects of the laws on the use of languages in education in Belgium. Following principles which may be deduced from the judicial practice of a large number of democratic states, it held that the principle of equality of treatment was violated if the distinction had no objective and reasonable justification. The existence of such justification had to be assessed in relation to the aim and effects of the measure under consideration, regard being had to the principles which normally prevailed in democratic societies.

D'autre part, cette législation est humiliante pour la mère puisque le mariage est le seul moyen de conférer un statut convenable à l'enfant.

Ceci constituerait donc non seulement une violation de *l'article 3* mais également une ingérence injustifiée dans le droit de la mère au respect de sa vie privée et familiale (*article 8*).

4. *En ce qui concerne la notion de "famille"* au sens de l'article 8 de la Convention, la requérante ne partage pas l'opinion du Gouvernement défendeur selon laquelle "famille" est synonyme de "famille légitime".

La requérante estime que pour aboutir à cette conclusion le Gouvernement défendeur cite plusieurs textes de Conventions internationales qui traitent deux aspects nettement différents.

Elle signale que cette interprétation n'est pas suivie par la plupart des commentateurs de la Convention. Se basant sur la jurisprudence de la Commission on peut en effet affirmer, comme le fait le Professeur Opsahl, que "les relations entre un enfant né hors mariage et ses parents naturels, c'est-à-dire tant avec son père qu'avec sa mère, sont elles aussi, en principe, couvertes par la notion de 'vie familiale' au sens de l'article 8" (Actes du troisième Colloque international sur la Convention européenne des Droits de l'Homme, p. 279, Bruxelles 1973).

III. *Au regard de l'article 14 de la Convention*

A. *Le Gouvernement défendeur* fait observer qu'il est clair que le législateur belge a voulu favoriser la famille, en réservant un traitement différentiel aux enfants naturels pour des raisons de morale, mais que l'affirmation selon laquelle les enfants naturels seraient victimes d'une discrimination telle qu'elle est prohibée par l'article 14 de la Convention est inexacte.

Pour établir qu'il existe une discrimination ou non, il faut comparer deux ou plusieurs groupes ou catégories de personnes et constater:

1. qu'un groupe est traité différemment et moins favorablement qu'un autre groupe;
2. que ce traitement différentiel est fondé sur des motifs manquant de justification objective et raisonnable.

Dans l'affaire relative à certains aspects du régime linguistique de l'enseignement en Belgique, la Cour européenne des Droits de l'Homme s'est déjà prononcée sur ce sujet dans son arrêt du 23 juillet 1968. Suivant en cela les principes qui se dégagent de la pratique judiciaire d'un grand nombre d'Etats démocratiques, elle retient que l'égalité de traitement est violée si la distinction manque de justification objective et raisonnable. L'existence d'une telle justification doit s'apprécier par rapport au but et aux effets de la mesure considérée, eu égard aux principes qui prévalent généralement dans les sociétés démocratiques.

Similarly, the Court considered that Article 14 was violated when it was clearly established that there was no reasonable proportion between the means employed and the aim sought.

In adopting, like many other countries, measures more favourable to the traditional family born in wedlock, in order to promote the full development of this basic unit, this having been done in agreement with the vast majority of the individuals whose interests it is protecting, Belgium has clearly acted on objective and reasonable grounds of morality and "*ordre public*".

The aforesaid legislation on the rights of succession of illegitimate children gives them a not inconsiderable share in their parents' estate, so that the proportion between the means and the end, adopted as a criterion for judging whether Article 14 of the Convention of Human Rights had been violated, is maintained and protected.

B. *The applicant* observes that the Government does not deny that illegitimate children are treated less favourably than legitimate ones. The differences are apparent both in the methods of establishing filiation and in the implications of filiation for rights of succession etc.

Moreover, this difference in treatment also affects the mother: if she is married, this fact automatically confers full rights on her children, whereas an unmarried mother has to take action in law (recognition and adoption) whose effects are limited compared with those of legitimate filiation.

The applicant contends that there is no objective and reasonable justification for this different, less favourable treatment.

She claims that:

1. It is unjustifiable to seek to promote only one type of family, namely the family created by marriage. An "illegitimate" family is also entitled to the protection due to family life. Illegitimate birth is therefore no reason for discrimination.

2. The difference in treatment between illegitimate and legitimate children is not "necessary for the protection of morals".

"Morals" in the sense of Article 8 (2) are not the same as "morals" in Belgian domestic law, nor do they coincide with Christian sexual morality (see Opsahl, *op. cit.*, p. 212), which is based on an inseparable relationship between marriage and sexual relations.

It is for the Commission to give its own definition of the term "morals", whose meaning is constantly changing. In attempting this, the Commission might base itself on legislation more recent than Belgian law, which as far as the status of children is concerned

De même, la Cour estime que l'article 14 est également violé lorsqu'il est clairement établi qu'il n'existe pas de rapport raisonnable de proportionnalité entre les moyens employés et le but visé.

Le fait que la Belgique, à l'instar de nombreux autres pays, ait adopté des dispositions plus favorables à la famille traditionelle issue du mariage en vue d'assurer le plein épanouissement de cette cellule de base et ce, en accord avec la grande majorité des individus dont elle régit les intérêts, s'appuie manifestement sur des motifs objectifs et raisonnables qui tiennent à la morale et à l'ordre public.

La même législation relative aux droits successoraux des enfants naturels leur accorde une part non négligeable des biens appartenant à leurs parents, de sorte que le rapport de proportionnalité entre les moyens employés et le but visé, tel qu'il sert de critère de jugement dans l'appréciation d'une violation potentielle de l'article 14 de la Déclaration des Droits de l'Homme, est maintenu et sauvegardé.

B. *La requérante* fait observer que le Gouvernement ne conteste pas que les enfants naturels sont traités de façon moins favorable que les enfants légitimes. Les différences se manifestent tant dans les modes d'établissement de la filiation que dans les conséquences de celle-ci, droits successoraux etc. ...

D'autre part, ce traitement différent a également des conséquences pour les mères: les mères mariées confèrent automatiquement à leurs enfants la plénitude des droits tandis que les mères célibataires doivent accomplir des actes juridiques (reconnaissance, adoption) dont les effets sont restreints comparés à ceux de la filiation légitime.

La requérante est d'avis que ce traitement différent et moins favorable est fondé sur des motifs manquant de justification objective et raisonnable.

En effet:

1. Il n'est pas justifié de ne vouloir promouvoir qu'un seul type de famille; la famille issue du mariage. La requérante rappelle à cet égard que la protection due à la vie familiale est également due à la famille dite illégitime. Une naissance illégitime ne justifie donc pas une discrimination.

2. Le traitement différent des enfants naturels et légitimes n'est pas "nécessaire à la protection de la morale."

Le terme "morale" de l'article 8, alinéa 2 ne coïncide pas avec la "morale" du droit interne belge, ni avec la morale chrétienne relative à la sexualité (voir Opsahl, *op. cit.*, p. 280) qui se base sur la relation inséparable entre mariage et sexualité.

Il appartient à la Commission de donner au terme "morale" en constante évolution, sa propre définition. Dans son essai de définition la Commission pourrait s'inspirer des législations plus récentes que le droit belge qui, en ce qui concerne le statut des enfants, still rests very largely on the concepts underlying the 1804 *Code Napoleon* and on early 19th century prejudices.

As examples of more recent legislation the applicant cites that of the Netherlands, the Federal Republic of Germany (the Nichtehelichengesetz of 1969), France (particularly Act No. 72-3 of 3 January 1972), the Scandinavian countries and Italy. In those countries differences between children born in or out of wedlock have been completely or almost completely abolished.

Instead of justifying differential treatment of children according to their parents' marital status on extremely vague "moral" grounds, those countries have decided that such differential treatment is incompatible with the principle of equality of all citizens and can be regarded as fundamentally immoral.

In a pluralist state such as Belgium there is no justification for attempting, by means of the legal status of children, to persuade adults to adopt a single mode of sexual life, namely marriage, as the only "moral" one.

The applicant claims that opinion polls carried out in Belgium and several articles in the press (which have been submitted to the commission) clearly show that the Belgian people do not approve of this discrimination against illegitimate children.

Private bills aimed at giving equal status to all children have been tabled in the Belgian Parliament on several occasions and the previous government worked on a reform of the law on filiation.

3. Even if it is accepted that the aim of this difference in treatment (to protect marriage and the legitimate family) is a commendable one, the means used are ineffective and disproportionate. They are ineffective because they have been powerless to prevent either sexual relations before or outside marriage, illegitimate births or the breakdown of marriages entered into with the aim of giving a child legitimate status.

The applicant is unable to see how depriving an illegitimate child of legal relations with his mother's relatives can foster marriage (freely entered into) and the legitimate family. The provisions of the Civil Code that deal with inheritance lead to the unjustifiable consequence that an illegitimate child who has been recognised is entitled to his mother's or father's entire estate only if they have left no relations of a degree entitled to a share in the estate. Hence it is possible, for example, for a nephew who has never been in touch with the child (to whom he is not related) or with the child's mother to prevent him from inheriting all his mother's property.

The applicant concludes that the means used by Belgian law to foster marriage and the legitimate family were out of proportion to the aim.

repose encore en grande partie sur les concepts du code Napoléon de 1804 et sur les préjugés du début du XIXème siècle.

La requérante, cite parmi les législations récentes celles des Pays-Bas, de la République Fédérale d'Allemagne (Nichtehelichengesetz de 1969), de la France (notamment la loi N° 72-3 du 3 janvier 1972), des pays scandinaves et de l'Italie. Dans ces pays les différences entre enfants nés hors ou dans le mariage ont été totalement ou presque complètement abolies.

Au lieu de justifier par des raisons de "morale" très vagues le traitement différent des enfants selon l'état civil de leurs parents, ces pays ont au contraire jugé qu'un tel traitement différent est incompatible avec l'égalité de tous les citoyens et qu'il peut, au fond, être considéré comme immoral.

Dans un Etat pluraliste tel que la Belgique il est injustifiable de tenter, par le biais du statut des enfants, d'orienter les adultes vers un seul modèle de vie sexuelle, le mariage, qui seul est considéré comme "moral".

La requérante affirme que des sondages d'opinion effectués en Belgique, ainsi que certains articles parus dans la presse (et versés au dossier) démontrent clairement que la population belge n'approuve pas ce traitement discriminatoire des enfants naturels.

D'autre part, à plusieurs reprises, des propositions de loi tendant à accorder un statut égal à tous les enfants ont été introduites au Parlement belge et le Gouvernement précédent a travaillé à une réforme du droit de la filiation.

3. Même si l'on accepte que le but de ce traitement différent est louable (la protection du mariage et de la famille légitime) les moyens employés sont inefficaces et disproportionnés. Ils sont inefficaces parce qu'ils n'ont pu empêcher ni les rapports sexuels pré- ou extra-conjugaux, ni les naissances illégitimes, ni les échecs de mariages qui ont été conclus en vue de donner à un enfant le statut d'enfant légitime.

La requérante ne voit nullement comment on peut promouvoir le mariage (librement conclu) et la famille légitime en privant un enfant naturel de rapports juridiques avec les parents de sa mère. Les dispositions du code civil en matière successorale aboutissent en outre à la conséquence injustifiable qu'un enfant naturel reconnu n'a droit à la totalité des biens de sa mère ou de son père que lorsque ceux-ci ne laissent pas de parents au degré successible. C'est ainsi que, par exemple, un neveu qui n'a jamais eu de contact avec la mère ni avec son enfant (auquel il n'est pas apparenté) peut empêcher l'enfant de recueillir la totalité des biens de sa mère.

La requérante conclut de ce qui précède que les moyens employés par la loi belge pour promouvoir le mariage et la famille légitime sont disproportionnés par rapport au but visé.

THE LAW

1. The applicant claims that certain provisions of the Belgian Civil Code governing the status of illegitimate children, particularly those on their rights of inheritance and their rights to gifts and bequests and those on the establishment of filiation, constitute a "*capitis diminutio*" in the case of illegitimate children.

She also maintains that these provisions represent unjustified interference with an unmarried mother's private and family life.

Lastly, the applicant maintains that the provisions of which she complains discriminate against illegitimate children and unmarried mothers.

In support of the above she cites Articles 3, 8 and 14 of the Convention.

Article 8 of the Convention reads as follows:

> "1. Everyone has the right to respect for his private and family life, his home and his correspondence.
>
> 2. There shall be no interference by a public authority with the exercise of this right except such as is in accordance with the law and is necessary in a democratic society in the interests of national security, public safety or the economic well-being of the country, for the prevention of disorder or crime, for the protection of health or morals, or for the protection of the rights and freedoms of others."

The Commission considers that the right to respect for family life is not confined to "legitimate" families.

It refers to several previous decisions in which it has accepted that relations between a child born out of wedlock and his natural parents, that is to say both his father and his mother, are in principle covered by the term "family life" within the meaning of Article 8 (Applications Nos. 514/59 Yearbook No. III, p. 196, for the mother, 2707/66, Yearbook No. X, p. 320, for the mother, 1475/62, Collection of Decisions No. II, p. 47 for the father and 3100/67, Collection of Decisions No. 31, p. 16 for the father; see also Application No. 2391/64, unpublished).

It also recalls that, in order to ascertain whether in a given case it is appropriate to speak of "family life" within the meaning of Article 8, it has considered not only whether the persons concerned were related but also whether it was in fact possible to point to such a link as can "be considered to establish family life within the meaning of Article 8" (Application No. 3110/67, Yearbook No. XI, p. 494; Applications Nos. 2991/66 and 2992/66, Alam and Singh v. United Kingdom, Yearbook No. X, p. 478).

EN DROIT

1. La requérante allègue que certaines dispositions du code civil belge, relatives au statut des enfants naturels, et plus particulièrement celles qui déterminent leurs droits successoraux et leurs droits à des libéralités (donations et testaments), ainsi que celles qui traitent de l'établissement de la filiation constituent une "*capitis diminutio*" dont seraient victimes les enfants naturels.

Elle allègue également que ces dispositions constitueraient une ingérence injustifiée dans la vie privée et familiale de la mère célibataire.

Enfin, la requérante affirme que, de par les dispositions incriminées, les enfants naturels et les mères célibataires seraient victimes d'une discrimination.

Elle invoque au sujet de ce qui précède les articles 3, 8 et 14 de la Convention.

L'article 8 de la Convention dispose:

> "1. Toute personne a droit au respect de sa vie privée et familiale, de son domicile et de sa correspondance.
>
> 2. Il ne peut y avoir ingérence d'une autorité publique dans l'exercice de ce droit que pour autant que cette ingérence est prévue par la loi et qu'elle constitue une mesure qui, dans une société démocratique, est nécessaire à la sécurité nationale, à la sûreté publique, au bien-être économique du pays, à la défense de l'ordre et à la prévention des infractions pénales, à la protection de la santé ou de la morale, ou à la protection des droits et libertés d'autrui."

La Commission est d'avis que le droit au respect de la vie familiale ne se limite pas aux familles dites "légitimes".

Elle se réfère à plusieurs décisions antérieures dans lesquelles elle a admis que les relations entre un enfant né hors mariage et ses parents naturels, c'est-à-dire tant son père que sa mère, sont elles aussi couvertes, en principe, par la notion de "vie familiale", au sens de l'article 8 (requêtes N° 514/59, Annuaire III, p. 196 (mère), N° 2707/66, Annuaire X, p. 320 (mère), N° 1475/62, Recueil 11, p. 47 (père), N° 3100/67, Recueil 31, p. 16 (père); voir également requête N° 2391/64, non publiée).

Elle rappelle également que pour établir si, dans un cas concret, elle était en présence d'une "vie familiale", au sens de l'article 8, elle a examiné non seulement, s'il existait des liens de parenté mais encore si l'on pouvait constater en fait "un lien qui puisse être considéré comme créant une vie familiale au sens de l'article 8" (Requête N° 3110/67, Annuaire XI, p. 494; requêtes N° 2991/66 et N° 2992/66, Alam et Singh c/Royaume-Uni, Annuaire X, p. 478).

In the present case the Commission finds that between the applicant and her illegitimate child there exists not only a family relationship but also a link which can "be considered to establish family life within the meaning of Article 8 of the Convention". It is sufficient to note in this respect that the applicant has recognised and adopted her child, lives with her and is bringing her up.

2. Having thus disposed of the Government's objection that the applicant's relationship with her illegitimate child has nothing to do with "family life" within the meaning of Article 8 of the Convention, the Commission notes that the application raises a number of complex problems, in particular the following:

(a) Do the provisions of Belgian law that are at issue constitute a "*capitis diminutio*" in the case of the applicant's child, and if so does this "*capitis diminutio*" constitute interference with the right to respect for the child's private and family life? The Commission recalls that the provisions of which the applicant complains are Articles 334 et sqq., 756, 757, 758 and 908 of the Civil Code (for the contents of these articles see the section "The Facts" in this decision).

However, as the Government observes, the restrictions on an illegitimate child's rights as regards inheritance, gifts and bequests are merely a consequence of a general principle stated in *Article 338 of the Civil Code:* "An illegitimate child who has been recognised may not lay claim to the same rights as a legitimate child. His rights of succession shall be governed by the section 'Inheritance'."

(b) Does the "*capitis diminutio*" of which the applicant claims illegitimate children are victims also constitute interference with an unmarried mother's private and/or family life?

The Commission points out that the problem whether or not to recognise her child confronts an unmarried mother with a dilemna:

- If she recognises her child, she may not, under Article 908 of the Civil Code, make over to him, either by gift or by will, more than part of her estate, which part will always be smaller than a legitimate child's share;
- On the other hand, if she does not recognise the child, he will be regarded as outside the family and she may make over all her property to him, but in that case no family relationship will be recognised to exist between the mother and child and he will have no rights, as regards succession for example.

The mother's choice is therefore a very serious one because of the hardship on both sides.

In particular, in order to give her illegitimate child the same rights as a legitimate one, the mother must legitimate him, which in every case presupposes marriage. The Commission considers that it must consider this point "*ex officio*" from the point of view of Article 12 of the Convention, which provides;

En l'espèce la Commission constate qu'il y a entre la requérante et son enfant naturelle non seulement un lien de parenté mais également un lien qui peut "être considéré comme créant une vie de famille au sens de l'article 8 de la Convention". Il suffit de relever à cet égard que la requérante a reconnu et adopté son enfant, qu'elle vit avec elle et l'éduque.

2. Ayant ainsi écarté l'objection du Gouvernement selon laquelle les relations de la requérante avec son enfant naturelle ne relèveraient pas de la "vie familiale", telle qu'elle est visée à l'article 8 de la Convention, la Commission constate que la requête soulève une série de problèmes complexes, et en particulier:

(a) L'enfant de la requérante subit-elle, par l'effet des dispositions belges incriminées, une "*capitis diminutio*" et dans l'affirmative, cette "*capitis diminutio*" constitue-t-elle une ingérence dans le droit au respect de la vie privée et familiale de l'enfant? La Commission rappelle que les dispositions incriminées par la requérante sont les articles 334 et suivants, 756, 757, 758 et 908 du code civil (voir, pour le contenu de ses articles, la partie "En fait de la présente décision).

Toutefois, comme le fait observer le Gouvernement, les limitations que subissent les droits de l'enfant naturel dans le domaine des successions et des libéralités ne sont qu'une conséquence du principe général énoncé à *l'article 338 du code civil:* "L'enfant naturel reconnu ne pourra réclamer les droits de l'enfant légitime. Ses droits sont réglés au titre des successions."

(b) La "*capitis diminutio*" dont seraient victimes les enfants naturels constitue-t-elle également une ingérence dans la vie privée ou/et familiale de la mère célibataire?

La Commission relève à cet égard que la mère célibataire se trouve devant un dilemme: reconnaître l'enfant ou non:

- Lorsque la mère reconnaît son enfant elle ne peut, en vertu de l'article 908 du code civil lui léguer, par donation ou par testament, qu'une partie de ses biens, partie qui sera toujours inférieure à celle d'un enfant légitime;
- par contre, si la mère ne reconnaît pas son enfant ce dernier sera considéré comme un étranger et elle pourra lui léguer tous ses biens mais dans ce cas aucun lien familial ne sera reconnu entre la mère et l'enfant et ce dernier n'aura aucun droit, par exemple sur le plan successoral.

Le choix de la mère est donc un problème grave à cause des inconvénients que présente cette alternative.

En particulier, pour conférer à son enfant naturel les mêmes droits qu'à un enfant légitime, la mère devra légitimer l'enfant ce qui, en toute hypothèse, suppose le mariage. La Commission estime que ce dernier point doit être examiné d'office sous l'angle de l'article 12 de la Convention qui dispose:

"Men and women of marriageable age have the right to marry and to found a family, according to the national laws governing the exercise of this right."

Lastly, the Commission observes that the applicant has complained of the formalities and expense involved in the adoption procedure.

(c) In the event of its being established that Belgian legislation constitutes interference with the private and/or family life of the applicant and/or her child, is such interference justified under Article 8 (2) of the Convention?

The Government does, indeed, maintain that such interference is justified under that provision by the fact that Belgian legislation on this subject is rooted in a concern for morality that is shared by the great majority of the individuals affected by the legislation. It is therefore for the Commission to decide whether this interference, if any, is necessary at present, in a democratic society, for the protection of morals, the prevention of disorder or protection of the freedoms of others, paying due regard where appropriate to the legislation of other states signatories to the Convention and to international instruments on the subject.

(d) Does the Belgian legislation of which the applicant complains constitute a violation of Article 14 of the Convention read in conjunction with Article 8?

Article 14 of the Convention reads;

"The enjoyment of the rights and freedoms set forth in this Convention shall be secured without discrimination on any ground as sex, race, colour, language, religion, political or other opinion, national or social origin, association with a national minority, property, birth or other status."

The applicant claims that there is discrimination between legitimate children and between married and unmarried mothers.

Having noted that the Government admits that under Belgian law there are no domestic remedies open to the applicant against the alleged violations of the Convention, the Commission finds that the questions set forth above are sufficiently complex to warrant an examination of their merits.

It follows that the application cannot be regarded as manifestly ill-founded within the meaning of Article 27 (2) of the Convention and must be considered to be admissible.

For these reasons, the Commission

DECLARES THE APPLICATION ADMISSIBLE.

> "A partir de l'âge nubile, l'homme et la femme ont le droit de se marier et de fonder une famille selon les lois nationales régissant l'exercice de ce droit."

Enfin la Commission rappelle que la requérante se plaint des formalités et du coût de la procédure d'adoption.

(c) A supposer qu'elle soit établie, l'ingérence du législateur belge dans la vie privée et/ou familiale de la requérante et/ou de son enfant est-elle justifiée eu égard au paragraphe 2 de l'article 8 de la Convention?

Le Gouvernement affirme, il est vrai, que cette ingérence est justifiée au sens du paragraphe 2 de l'article 8 par le fait que les objectifs visés par les auteurs de la législation belge en la matière s'inspirent de préoccupations d'ordre moral, partagées par la grande majorité des individus appelés à l'observer. Il appartiendra donc à la Commission de vérifier si l'ingérence éventuelle est actuellement nécessaire, dans une société démocratique à la protection de la morale, de l'ordre et des libertés d'autrui, en tenant compte, le cas échéant, des législations des autres Etats signataires de la Convention et des instruments internationaux en la matière.

(d) La législation belge incriminée constitue-t-elle une violation de l'article 14 de la Convention combiné avec l'article 8?

Aux termes de l'article 14 de la Convention:

> "La jouissance des droits et libertés reconnus dans la présente Convention doit être assurée, sans distinction aucune, fondée notamment sur le sexe, la race, la couleur, la langue, la religion, les opinions politiques ou toutes autres opinions, l'origine nationale ou sociale, l'appartenance à une minorité nationale, la fortune, la naissance ou toute autre situation."

Or, la requérante allègue une discrimination entre enfants légitimes et enfants naturels, ainsi qu'entre mères mariées et mères célibataires.

Ayant pris acte du fait que le Gouvernement admet que la requérante ne dispose en droit belge d'aucune voie de recours interne en ce qui concerne les violations alléguées de la Convention, la Commission est d'avis que les questions énumérées ci-dessus sont suffisamment complexes pour nécessiter un examen au fond.

Il s'ensuit que la requête ne peut être considérée comme manifestement mal fondée, au sens de l'article 27, § 2, de la Convention et qu'elle doit être déclarée recevable.

Par ces motifs, la Commission

DECLARE LA REQUETE RECEVABLE.

C.

Summaries of the decisions

Application manifestly ill-founded (Article 27, para. 2)

Article 27 (2) in requiring the Commission to declare inadmissible any application from an individual, a non-governmental organisation or group of individuals which it considers to be manifestly ill-founded, does not permit the Commission at the stage of admissibility, to reject a complaint which cannot be so described (see, for example, decisions on the admissibility of Applications Nos. 5100 to 5102/71, 5354/72, 5370/72, Five Soldiers v. the Netherlands, Yearbook XV, pp. 508–556, with further references).

In the present case the Commission has carried out a preliminary examination of the information and arguments submitted by the parties. The Commission finds that these raise substantial issues under Article 10 of the Convention whose determination should depend on an examination of their merits. It follows that the application cannot be regarded as manifestly ill-founded within the meaning of Article 27 (2) of the Convention.

(XVIII, p. 202, N° 6538/74)

Civil rights and obligations

It considers, however, that it has to be established whether the applicant's right to manage his private hospital and practise medicine are civil rights within the meaning of Article 6 (1) of the Convention. In that context, it is necessary, in particular, to determine whether the right to conclude and perform contracts for the provision of services in the exercise of a profession and the right to manage a hospital, as an attribute of the right to own such an establishment, are civil rights within the meaning of the said article.

The Commission recalls that its constant practice has been to rule that the concept of "civil rights and obligations" is an autonomous concept "which must be interpreted independently of the rights existing in the law of the High Contracting Parties, even though the general principles of ... domestic law ... must necessarily be taken into consideration in any such interpretation" (Application No. 1931/63, Yearbook No. VII, p. 223, Coll. No. 15,

[1] The summaries of previous decisions of the Commission, classified according to the same present system as in the present volume, appear in Volume II, pp. 474–520; Volume III, pp. 450–468; Volume IV; pp. 408–424; Volume V, pp. 302–314; Volume VI, pp. 630–670; Volume VII, 358–376; Volume VIII, pp. 382–404; Volume IX, pp. 570–610; Volume X, pp. 542–584; Volume XI, pp. 616–678; Volume XII, pp. 332–350; Volume XIII, 1036–1088; Volume XIV, pp. 712–780; Volume XV, pp. 604–656; Volume XVI, pp. 420–458; Volume XVII, pp. 494–528.

C.

Sommaires des decisions[1]

Application territoriale de la Convention

La Commission estime qu'en l'espèce, le point litigieux est la question de savoir si l'objet de la requête relève ou non de la juridiction du Royaume-Uni au sens de l'article 1er de la Convention. Cet article est ainsi rédigé: "Les Hautes Parties Contractantes reconnaissent à toute personne relevant de leur juridiction les droits et libertés définis au Titre I de la présente Convention".

La Commission relève tout d'abord qu'en l'occurrence, le gouvernement défendeur exerce son autorité non pas au Royaume-Uni même, mais en dehors de son territoire, à Berlin. Comme l'a déjà déclaré la Commission, il existe certaines circonstances où un Etat est responsable, au titre de la Convention, des actes accomplis par ses autorités en dehors de son territoire (décision du 25 septembre 1975 sur la recevabilité de la requête N° 1611/62, X. c/la République Fédérale d'Allemagne, Annuaire VIII, p. 159 (169)). La Commission estime qu'en principe, il n'y a, du point de vue juridique, aucune raison pour que les actes des autorités britanniques à Berlin n'engagent pas la responsabilité du Royaume-Uni sur le terrain de la Convention.

... La Commission estime que cette autorité conjointe ne peut être fractionnée en quatre compétences distinctes et qu'en conséquence, la participation du Royaume-Uni à l'exercice de cette autorité et donc à l'administration et à la surveillance de la prison de Spandau, n'est pas une question "relevant de la juridiction" du Royaume-Uni au sens de l'article 1er de la Convention.

(XVIII, p. 147, N° 6231/73)

Compétence de la Commission: *ratione personae* (Article 25)

En ce qui concerne le *deuxième requérant*, il est clair qu'en tant qu'imprimé, propriété du premier requérant et édité par lui, le Suday Times ne rentre dans aucune des catégories de requérants énumérés à l'article 25 de la Convention et ne peut pas, comme tel, se prétendre victime d'une violation de l'article 10.

En l'espèce toutefois, la requête a été présentée par le "Sunday

[1] Les sommaires des décisions antérieures de la Commission, classés suivant le même système que dans le présent volume, figurent au Volume II, pp. 475–521; Volume III, pp. 451–469; Volume IV, pp. 409–425; Volume V, pp. 303–315; Volume VI, pp. 631–671; Volume VII, pp. 359–377; Volume VIII, pp. 383–405; Volume IX, pp. 571–611; Volume X, pp. 543–585; Volume XI, pp. 617–679; Volume XII, pp. 333–351; Volume XIII, pp. 1037–1089; Volume XIV, pp. 713–781; Volume XV, pp. 605–657; Volume XVI, pp. 421–459; Volume XVII, pp. 495–529.

p. 8). That principle has been upheld in many decisions, including that of 19 July 1968 on the admissibility of applications Nos. 3436 to 3438/67 (Yearbook XI (I), pp. 601 to 607).

The Commission upheld the same principle before the European Court of Human Rights in the Neumeister case (cf. Publications of the European Court of Human Rights, Series A, p. 29).

The Commission does not find any general and decisive criterion in the Ringeisen judgment whereby to decide whether a specific right or obligation is a "civil" right or obligation. The judgment does make it clear, however, that Article 6 (1) of the Convention applies to administrative proceedings also, if these are decisive for relations in civil law between the applicant and third parties (cf. European Court of Human Rights, Ringeisen case, Series A, paragraph 94).

Having made a preliminary examination of the information and submissions presented by the Parties, the Commission is of the opinion that the applicant's complaints raise difficult questions concerning the applicability of Article 6 (1) of the Convention, particularly with regard to the concept of "civil rights and obligations". It considers that the problems raised by these complaints are so complex that they cannot be settled without an examination of the merits.

(XVIII, p. 178, N° 6232/70)

Competence of the Commission: *ratione personae* (Article 25)

As regards the *second applicant* it is clear that The Sunday Times as a printing product, owned and published by the first applicant, does not as such fall within any of the categories of petitioners set forth in Article 25 of the Convention, nor can it claim as such to be a victim of a breach of Article 10.

However, in the present case, the application has been introduced by "The Sunday Times as a group of journalists". The name "Sunday Times" thus simply describes a group of individuals who are claiming themselves, as journalists, to be victims of a breach of Article 10. In these circumstances the Commission finds that the second applicant also falls within the categories of petitioners mentioned in Article 25 of the Convention provided that the individual members of the group have been identified.

(XVIII, p. 202, N° 6538/74)

Family Life

The Commission considers that the right to respect for family life is not confined to "legitimate families".

It refers to several previous decisions in which it has accepted that relations between a child born out of wedlock and his natural parents, that is to say both his father and his mother, are in principle

Times en tant que groupe de journalistes". L'appellation "Sunday Times" désigne donc simplement un groupe de particuliers qui se prétendent, en tant que journalistes, victimes d'une violation de l'article 10. Dans ces conditions, la Commission estime que le deuxième requérant rentre aussi dans les catégories mentionnées à l'article 25 de la Convention, à condition que les membres individuels du groupe soient identifiés.

(XVIII, p. 203, N° 6538/74)

Droits et obligations de caractère civil

Elle estime, en revanche, que la question se pose de savoir si le droit pour le requérant de diriger la clinique dont il est propriétaire et celui d'exercer la profession de médecin relèvent du domaine des droits civils, au sens de l'article 6, § 1er, de la Convention. Dans ce contexte, il s'agit en particulier de déterminer si le droit de conclure et d'exécuter des contrats de prestation de service dans le cadre de l'exercice d'une profession et le droit de gestion d'un établissement hospitalier, comme attribut du droit de propriété sur cet établissement, sont des droits civils au sens du même article.

La Commission rappelle que, de jurisprudence constante, elle a jugé que la notion de "droits et obligations de caractère civil" est une notion autonome "qu'il faut interpréter indépendamment des droits internes des Hautes Parties Contractantes, même si les principes généraux du droit interne ... doivent nécessairement être pris en considération lors d'une telle interprétation" (requête N° 1931/63, Annuaire XII, p. 213, Recueil 15, p. 8). Ce principe a été maintenu dans de nombreuses décisions, notamment dans celle du 19 juillet 1968 sur la recevabilité des requêtes N° 3436 à 3438/67 (Annuaire XI (I), pp. 601 à 607).

La Commission a maintenu le même principe devant la Cour européenne des Droits de l'Homme dans l'affaire Neumeister (cf. Publications de la Cour européenne des Droits de l'Homme, Séries A, p. 29).

La Commission ne croit pas trouver dans l'arrêt Ringeisen un critère général décisif pour résoudre la question de savoir si un droit ou une obligation déterminés sont ou non de caractère civil. Il ressort cependant de cet arrêt, que l'article 6, § 1er, de la Convention s'applique même à des procédures administratives, lorsque ces procédures sont déterminantes pour des rapports de caractère civil entre le requérant et des tiers (cf. Cour européenne des Droits de l'Homme, affaire Ringeisen, Série A, § 94).

Après avoir procédé à un examen préliminaire des informations et des arguments soumis par les Parties, la Commission estime que les griefs formulés par le requérant soulèvent des questions difficiles à propos de l'applicabilité de l'article 6, § 1er, de la Convention, en particulier quant à la notion de "droits et obligations de caractère covered by the term "family life" within the meaning of Article 8 (Applications Nos. 514/59 Yearbook No. III, p. 196, for the mother, 2707/66, Yearbook No. X, p. 320, for the mother, 1475/62, Collection of Decisions No. II, p. 47 for the father and 3100/67, Collection of Decisions No. 31, p. 16 for the father; see also Application No. 2391/64, unpublished).

It also recalls that, in order to ascertain whether in a given case it is appropriate to speak of "family life" within the meaning of Article 8, it has considered not only whether the persons concerned were related but also whether it was in fact possible to point to such a link as can "be considered to establish family life within the meaning of Article 8" (Application No. 3110/67, Yearbook No. XI, p. 494; Applications Nos. 2991/66 and 2992/66, Alam and Singh v. United Kingdom, Yearbook No. X, p. 478).

In the present case the Commission finds that between the applicant and her illegitimate child there exists not only a family relationship but also a link which can "be considered to establish family life within the meaning of Article 8 of the Convention".

(XVIII, p. 248, N° 6833/74)

Freedom of expression

The Commission finds that there is no doubt that the applicants' freedom of expression has been restricted by the decision of the House of Lords. This is also admitted by the respondent Government. The only question before the Commission is whether in the circumstances of the present case this restriction of the freedom of expression can be justified under Article 10 (2) of the Convention. It is in this context that the rules of the common law on contempt of court which are at the basis of the injunction enter the scene. In other words, the question before the Commission is whether the rules of contempt of court as applied in the decision of the House of Lords granting the injunction are a ground justifying the restriction under Article 10 (2). This is not an abstract question in the meaning of the Commission's earlier case-law, including the decision on Application No. 290/57 which was cited by the respondent Government.

(XVIII, p. 202, N° 6538/74)

Restrictions to the rights guaranteed by the Convention

The Commission therefore holds that in the present case the restrictions placed on the rights guaranteed by Article 8 (1) and Article 10 (1) of the Convention are permissible measures that were necessary for the prevention of disorder or crime within the meaning of paragraphs 2 of Articles 8 and 10.

An examination by the Commission of the complaints as they have been submitted does for the above reasons not disclose any civil". Elle est d'avis que les problèmes posés par lesdits griefs sont d'une telle complexité qu'il ne saurait être statué à leur sujet qu'après un examen au fond.

(XVIII, p. 179, N° 6232/70)

Droit de vote

Ce droit, toutefois, n'est ni absolu ni illimité. En effet, l'article 3 du Protocole N° 1 précise que les élections doivent être organisées "dans les conditions qui assurent la libre expression de l'opinion du peuple sur le choix du corps législatif". La Commission déduit de ce texte que les Etats peuvent assigner au droit de vote et au droit de se porter candidat certaines limites, pour autant que celles-ci ne soient pas arbitraires et ne portent pas atteinte à la libre expression de l'opinion du peuple. Il appartient à la Commission, saisie d'un cas d'espèce, d'apprécier si cette condition négative est remplie ou non.

(XVIII, p. 237, N° 6745/74, 6746/74)

Liberté d'expression

La Commission estime qu'il ne fait aucun doute que la liberté d'expression des requérants a été restreinte par la décision de la Chambre des Lords, ce que reconnaît d'ailleurs le Gouvernement mis en cause. Le seul point soumis à la Commission est celui de savoir si, eu l'espèce, cette restriction de la liberté d'expression peut se justifier sous l'angle de l'article 10 (2) de la Convention. C'est dans ce contexte qu'entrent en jeu les règles de la "*Common law*" relative au "*contempt of court*" sur lesquelles se fonde l'ordonnance du tribunal. Autrement dit, la question que doit examiner la Commission est celle de savoir si les règles du "*contempt of court*", telles qu'elles sont appliquées dans la décision de la Chambre des Lords faisant droit à la demande d'ordonnance constituent un motif suffisant pour justifier une restriction selon l'article 10 (2). Ce n'est pas là une question abstraite, au sens où la Commission l'entendait dans une jurisprudence antérieure, notamment dans sa décision sur la requête N° 290/57 citée par le Gouvernement défendeur.

(XVIII, p. 203, N° 6538/74)

Requête manifestement mal fondée (Article 27, 2)

Les dispositions de l'article 27 (2), en exigeant que la Commission déclare irrecevable, lorsqu'elle l'estime manifestement mal fondée, toute requête introduite par un particulier, une organisation non gouvernementale on un groupe de particuliers, n'autorisent pas la Commission, au stade de l'examen de la recevabilité, à rejeter une requête dont le défaut de fondement ne peut être ainsi qualifié (voir par exemple, des décisions relatives à la recevabilité des requêtes N°

appearance of a violation of Articles 3, 6 (1) and (2), 8 (1) or 10 (1) of the Convention.

(XVIII, p. 132, N° 6166/73)

Right to vote

This right, however, is neither absolute nor without limitations. Indeed, Article 3 of Protocol No. 1 stipulates that elections are to be held "under conditions which will ensure the free expression of the opinion of the people in the choice of the legislature". The Commission understands this to mean that states may impose certain restrictions on the right to vote and the right to stand, provided that they are not arbitrary and do not interfere with the free expression of the people's opinion. It is for the Commission to decide, in each particular instance, whether or not this negative condition is fulfilled.

(XVIII, p. 236, N° 6745/74 et 6746/74)

Territorial application of the Convention

The Commission is of the opinion that in the present case the point at issue is whether or not the subject matter of the complaint is a matter within the jurisdiction of the United Kingdom within the meaning of Article 1 of the Convention. Article 1 provides that: "The High Contracting Parties shall secure to everyone within their jurisdiction the rights and freedoms defined in Section I of this Convention".

The Commission first observes that in the present case the exercise of authority by the respondent Government takes place not in the territory of the United Kingdom but outside its territory, in Berlin. As the Commission has already decided, a State is under certain circumstances responsible under the Convention for the actions of its authorities outside its territory, (decision of 25 September 1965 on the admissibility of Application No. 1611/62, X v. the Federal Republic of Germany, Yearbook VII, p. 158 (168)). The Commission is of the opinion that there is in principle, from a legal point of view, no reason why acts of the British authorities in Berlin should not entail the liability of the United Kingdom under the Convention.

The Commission is of the opinion that the joint authority cannot be divided into four separate jurisdictions and that therefore the United Kingdom's participation in the exercise of the joint authority and consequently in the administration and supervision of Spandau Prison is not a matter "within the jurisdiction" of the United Kingdom, within the meaning of Article 1 of the Convention.

(XVIII, p. 146, N° 6231/73)

5100 à 5102/71, 5354/72, 5370/72, Cinq militaires c/Pays-Bas, Annuaire XV, pp. 509–559, avec d'autres références).

En l'espèce, la Commission a soumis à un examen préliminaire les faits et les arguments qui lui ont été présentés par les parties et estime qu'ils soulèvent, sous l'angle de l'article 10 de la Convention, des problèmes complexes dont la solution nécessite un examen au fond. Il s'ensuit que la requête ne saurait être rejetée pour défaut manifestede fondement, au sens de l'article 27 (2) de la Convention.

(XVIII, p. 203, N° 6538/74)

Restrictions aux droits garantis par la Convention

La Commission estime dès lors que les restrictions imposées en l'espèce aux droits garantis par les articles 8 § 1 et 10 § 1 de la Convention constituent des mesures autorisées, nécessaires à la défense de l'ordre et à la prévention des infractions pénales au sens des paragraphes 2 des articles 8 et 10. Un examen des griefs tels qu'ils ont été présentés ne permet donc pas à la Commission de déceler une apparence de violation des articles 3, 6 § 1, 8 § 1 ou 10 § 1 de la Convention.

(XVIII, p. 133, N° 6166/73)

Vie familiale

La Commission est d'avis que le droit au respect de la vie familiale ne se limite pas aux familles dites "légitimes".

Elle se réfère à plusieurs décisions antérieures dans lesquelles elle a admis que les relations entre un enfant né hors mariage et ses parents naturels, c'est-à-dire tant son père que sa mère, sont elles aussi couvertes, en principe, par la notion de "vie familiale", au sens de l'article 8 (requêtes N° 514/59, Annuaire III, p. 196 (mère), N° 2707/66, Annuaire X, p. 320 (mère), N° 1475/62, Recueil 11, p. 47 (père), N° 3100/67, Recueil 31, p. 16 (père); voir également requête N° 2391/64, non publiée).

Elle rappelle également que pour établir si, dans un cas concret, elle était en présence d'une "vie familiale", au sens de l'article 8, elle a examiné non seulement, s'il existait des liens de parenté mais encore si l'on pouvait constater en fait "un lien qui puisse être considéré comme créant une vie familiale au sens de l'article 8" (Requête N° 3110/67, Annuaire XI, p. 494; requêtes N° 2991/66 et N° 2992/66, Alam et Singh c/Royaume-Uni, Annuaire X, p. 478).

En l'espèce la Commission constate qu'il y a entre la requérante et son enfant naturelle non seulement un lien de parenté mais également un lien qui peut "être considéré comme créant une vie de famille au sens de l'article 8 de la Convention".

(XVIII, p. 249, N° 6833/74)

Statistical Charts / Tableaux Statistiques

DEVELOPMENT OF THE NUMBER OF DECISIONS AND REPORTS OF THE COMMISSION CONCERNING INDIVIDUAL APPLICATIONS

EVOLUTION DU NOMBRE DE DECISIONS ET DE RAPPORTS DE LA COMMISSION EN MATIERE DE REQUETES INDIVIDUELLES

	1955	1956	1957	1958	1959	1960	1961	1962	1963	1964	1965	1966	1967	1968	1969	1970	1971	1972	1973	1974	1975	Total
Applications registered/ Requêtes enregistrées	138	104	101	96	233	291	344	442	346	293	210	303	445	449	439	379[1]	603[2]	644[3]	442[4]	445	466	7.313
Decisions taken: / Décisions rendues:	89	97	102	48	132	272	236	285	390	306	211	209	571	504	345	457	406	417	476	422	317	6.347
Applications declared *inadmissible* or struck off the list *de plano* / Requêtes déclarées*irrecevables* ou rayées du rôle *de plano*	89	96	100	44	130	268	230	284	338	287	200	186	552	484	327	395	358	385	451	394	320	5.918
Applications declared *inadmissible* or struck off the list after communication to the respondent Government / Requêtes déclarées *irrecevables* ou rayées du rôle après communication au Gouvernement mis en cause		1	2	2	1	1	5	1	32	10	10	18	12	18	17	29	37	20	12	22	14	291
Applications declared *admissible* / Requêtes déclarées *recevables*				2	1	3	1		20	9	1	5	7	2	1	33	11	12	13	6	4	131
Decisions to reject in the course of the examination of the *merits* (Article 29) / *Décisions de rejet* en cours d'examen *au fond* (Article 29)																		1			7	8
Reports to the Committee of Ministers / Rapports au Comité des Ministres[5] On the merits (Article 31) / Au fond (Article 31)					1	1	1	1	2	1	1	3	3	2	1	4	2		3	5		31
On friendly settlement (Article 30) / Règlement amiable (Article 30)											1	1		1				3	1	2		9
For information (case struck off the list) / Pour information (affaires rayées du rôle)												1		1	1		1		1			5
Provisional reports, for information / Rapports provisoires, pour information																		1				1

[1] Including 69 applications introduced by East African Asians against the United Kingdom / Dont 69 requêtes introduites contre le Royaume-Uni par des Asiatiques d'Afrique orientale.

[2] Including 170 applications introduced by East African Asians against the United Kingdom / Dont 170 requêtes introduites contre le Royaume-Uni par des Asiatiques d'Afrique orientale.

[3] Including 126 applications introduced by East African Asians against the United Kingdom / Dont 126 requêtes introduites contre le Royaume-Uni par des Asiatiques d'Afrique orientale.

[4] Including 31 applications introduced by East African Asians against the United Kingdom / Dont 31 requêtes introduites contre le Royaume-Uni par des Asiatiques d'Afrique orientale.

BREAKDOWN OF APPLICATIONS BY RESPONDENT GOVERNMENT
REQUETES PAR GOUVERNEMENT DEFENDEUR

State / Pays	*Date of inception of right of individual application / Date depuis laquelle s'exerce le droit de recours individuel*	1973			1974			1975		
		N[1]	A[2]	Total	N[1]	A[2]	Total	N[1]	A[2]	Total
tria/ riche	3 September 1958/ 3 septembre 1958	65	9	74	30	6	36	26	8	34
gium/ gique	5 July 1955/ 5 juillet 1955	38	15	53	25	7	32	28	13	41
mark/ emark	5 July 1955/ 5 juillet 1955	4	—	4	3	1	4	6	1	7
. Rep. of Germany/ . Féd. d'Allemagne	5 July 1955/ 5 juillet 1955	139	35	174	108	33	141	80	33	113
and/ nde	5 July 1955/ 5 juillet 1955	—	—	—	14	—	14	1	—	1
and/ nde	5 July 1955/ 5 juillet 1955	2	—	2	2	—	2	5	1	6
y/ ie	1 August 1973/ 1 août 1973	5	2	7	15	—	15	11	4	15
embourg/ embourg	28 April 1958/ 28 avril 1958	2	2	4	1	1	2	1	—	1
herlands/ s-Bas	28 June 1960/ 28 juin 1960	12	4	16	8	4	12	4	3	7
way/ vège	10 December 1955/ 10 décembre 1955	—	—	—	1	—	1	5	—	5
den/ de	5 July 1955/ 5 juillet 1955	2	1	3	3	4	7	8	1	9
tzerland/ se	28 November 1974/ 28 novembre 1974	—	—	—	—	—	—	15	15	30
ted Kingdom/ aume-Uni	14 July 1966/ 14 juillet 1966	84[3]	21	105[3]	172	7	179	177	20	197
Total		353	89	442	382	63	445	367	99	466

= Nationals of the respondent State/Ressortissants de l'Etat mis en cause.
= Aliens/Etrangers.
cluding 31 East African Asians/Dont 31 Asiatiques d'Afrique orientale.

INTER-STATE APPLICATIONS (Article 24 of the Convention)
REQUETES ETATIQUES (Article 24 de la Convention)

Case / Affaire	Introduction	Decision as to the admissibility / Décision sur la recevabilité	Report of the Commission / Rapport de la Commission
Greece v. United Kingdom (I) Grèce c/Royaume-Uni (I)	May / mai 1956	June / juin 1956	September / septembre 1958
Greece v. United Kingdom (II) Grèce c/Royaume-Uni (II)	July / juillet 1957	October / octobre 1957	July / juillet 1959
Austria v. Italy Autriche c/Italie	July / juillet 1960	January / janvier 1961	March / mars 1963
Denmark, Norway, Sweden and Netherlands v. Greece (I) Danemark, Norvège, Suède et Pays-Bas c/Grèce (I)	September / septembre 1967 and / et March / mars 1968	January / janvier 1968 and / et May / mai 1968	November / novembre 1969
Denmark, Norway and Sweden v. Greece (II) Danemark, Norvège et Suède c/Grèce (II)	April / avril 1970	July / juillet 1970	October / octobre 1970
Ireland v. United Kingdom (I) Irlande c/Royaume-Uni (I)	December / décembre 1971	October / octobre 1972	
Ireland v. United Kingdom (II) Irlande c/Royaume-Uni (II)	March / mars 1972	October / octobre 1972 (struck off the list / rayée du rôle)	
Cyprus v. Turkey (I) Chypre c / Turquie (I)	19 September / septembre 1974	26 May / mai 1975	
Cyprus v. Turkey (II) Chypre c / Turquie (II)	March / mars 1975	26 May / mai 1975	

APPLICATIONS REGISTERED DURING THE PAST THREE YEARS, CLASSIFIED ACCORDING TO THE NATIONALITY OF THE APPLICANT

REQUETES ENREGISTREES AU COURS DES TROIS DERNIERES ANNEES, SELON LA NATIONALITE DES REQUERANTS, TELLE QU'ILS L'ONT INDIQUEE

Applicants / Requérants	1973	1974	1975
Afghan / Afghan	1	—	—
Algerians / Algériens	3	1	2
Americans / Américains	6	3	1
Argentinian / Argentin	—	1	—
Australians / Australiens	—	—	2
Austrians / Autrichiens	67	31	30
Belgians / Belges	39	27	28
British / Britanniques	91[1]	172	186
Bulgarian / Bulgare	1	—	—
Cameroonian / Camerounais	—	1	—
Canadian / Canadien	—	1	—
Cypriot / Chypriote	—	—	1
Czechoslovakian / Tchécoslovaque	—	—	1
Danes / Danois	4	3	6
Dutch / Néerlandais	14	8	9
Egyptian / Egyptien	—	1	—
French / Français	7	3	3
Gambian / Gambien	1	—	—
Germans / Allemands	145	110	87
Greeks / Grecs	2	—	2
Guyanese / Guyanais	1	—	1
Hungarians / Hongrois	2	—	1
Icelanders / Islandais	—	14	1
Indians / Indiens	—	—	2
Iraqi / Irakien	—	—	1
Irish / Irlandais	6	4	7
Israelis / Israéliens	—	1	1
Italians / Italiens	16	18	26
Jamaicans / Jamaïquains	—	2	—
Lebanese / Libanais	—	—	1
Libyan / Lybien	—	1	—
Luxemburgers / Luxembourgeois	2	1	1
Maltese / Maltais	1	—	—
Moroccans / Marocains	5	3	1
Nigerians / Nigériens	1	1	2
Norwegians / Norvégiens	—	2	5
Pakistanis / Pakistanais	—	—	2
Palestinian / Palestinien	—	1	—
Poles / Polonais	1	3	4
Portuguese / Portugais	2	—	—
Roumanian / Roumain	—	1	—
South-African / Sud-Africain	—	—	1
Spaniards / Espagnols	2	1	2
Swedes / Suédois	2	3	8
Swiss / Suisses	—	1	17
Syrians / Syriens	1	—	1
Togolese / Togolais	1	—	—
Trinidadian / Trinidadien	—	1	—
Tunisians / Tunisiens	—	3	3
Turks / Turcs	4	4	1
Yugoslavs / Yougoslaves	2	3	5
Zairians / Zaïre	—	—	2
Stateless / Apatrides	8	14	7
Uncertain / Indéterminés	4	1	—

[1] Including 31 East African Asians/Dont 31 Asiatiques d'Afrique orientale.

DEVELOPMENT OF THE NUMBER OF APPLICATIONS REGISTERED SINCE THE ESTABLISHMENT OF THE COMMISSION

EVOLUTION DU NOMBRE DE REQUETES ENREGISTREES DEPUIS L'ENTREE EN FONCTION DE LA COMMISSION

Year/ Année	Total number of applications/ Nombre total de requêtes	Applications introduced through a lawyer/ Requêtes introduites par le ministère d'un avocat		Applicants detained or interned/ Requérants détenus ou internés	
		Number/ Nombre	Percentage/ Pourcentage	Number/ Nombre	Percentage/ Pourcentage
1955	138	5	4%	24	17%
1956	104	6	6%	20	20%
1957	101	12	12%	25	25%
1958	96	14	15%	22	24%
1959	233	23	10%	71	30%
1960	291	27	9%	67	23%
1961	344	34	10%	114	33%
1962	442	38	9%	235	53%
1963	346	35	10%	175	50%
1964	293	24	8%	137	47
1965	310	26	8%	164	53%
1966	303	25	8%	143	47%
1967	445	66	15%	219	49%
1968	449	40	9%	253	56%
1969	439	40	9%	206	47%
1970	379[1]	98	23%	133	35%
1971	603[2]	50	8%	194	32%
1972	644[3]	114	18%	237	37%
1973	442[4]	78	18%	202	46%
1974	445	194	44%	125	28%
1975	466	141	30%	227	49%

[1] Including 69 East African Asians/Dont 69 Asiatiques d'Afrique orientale.
[2] Including 170 East African Asians/Dont 170 Asiatiques d'Afrique orientale.
[3] Including 126 East African Asians/Dont 126 Asiatiques d'Afrique orientale.
[4] Including 31 East African Asians/Dont 31 Asiatiques d'Afrique orientale.

CHAPTER III

CASES BROUGHT BEFORE THE EUROPEAN COURT OF HUMAN RIGHTS

A.

Introduction

During 1975 the European Court delivered two judgments.

On 21 February 1975 it delivered a judgment on the Golder case (B) and on 27 October 1975 it delivered a judgment in the National Union of Belgian Police case (C).

A summary of each of these judgments is subsequently reproduced.[1]

B.

Golder case

Judgment of 21 February 1975

By judgment delivered at Strasbourg on 21 February 1975, the European Court of Human Rights held in the Golder case, which concerns the United Kingdom, that there was a breach of the European Convention on two issues. The Court considered that the refusal by the Home Secretary in 1970 to allow Mr. Golder, who was then serving a sentence in Parkhurst Prison, to consult a solicitor with a view to bringing a civil action against a prison officer contravened both Article 6 § 1 and Article 8 of the Convention.

THE FACTS

Mr. Sidney Elmer Golder is a British citizen born in 1923. On 24 October 1969, while he was serving a prison sentence in Parkhurst Prison on the Isle of Wight, a serious disturbance occurred in a recreation area where Mr. Golder happened to be. The following day a prison officer who had been injured while taking part in quelling the disturbance made a statement identifying as one of his assailants "a prisoner whom I know by sight, I think his name is Golder".

[1] The full text of these judgments has been published in Series A of the publications of the Court, volumes 18 and 19, and is available at the Registry of the European Court of Human Rights.

CHAPITRE III

AFFAIRES PORTEES DEVANT LA COUR EUROPEENNE DES DROITS DE L'HOMME

A.

Introduction

Au cours de l'année 1975, la Cour européenne des Droits de l'Homme a prononcé deux arrêts.

Le 21 février 1975, elle a prononcé son arrêt dans l'affaire Golder (B) et le 27 octobre 1975, elle a prononcé son arrêt dans l'affaire Syndicat National de la Police Belge (C).

Un résumé de chacun de ces deux arrêts est reproduit ci-après.[1]

B.

Affaire Golder

Arrêt du 21 février 1975

Par un arrêt prononcé à Strasbourg le 21 février 1975, la Cour européenne des Droits de l'Homme a constaté sur deux points une violation de la Convention européenne dans l'affaire Golder qui concerne le Royaume-Uni. Elle a jugé qu'il y a eu manquement aux exigences tant de l'article 6 § 1 que de l'article 8 en ce que le ministre de l'intérieur a refusé en 1970 d'autoriser M. Golder, détenu à l'époque à la prison de Parkhurst, à intenter une action civile contre un gardien.

EN FAIT

M. Sidney Elmer Golder est un ressortissant britannique né en 1923. Le 24 octobre 1969, alors qu'il purgeait une peine de réclusion à la prison de Parkhurst, dans l'île de Wight, des troubles graves éclatèrent dans un local affecté aux loisirs, où il se trouvait. Le lendemain, un gardien qui avait été blessé en contribuant à réprimer l'émeute fit une déposition identifiant comme l'un de ses agresseurs un détenu qu'il connaissait de vue et qui, croyait-il, s'appelait Golder.

[1] Le texte intégral de ces arrêts a été publié dans la Série A des publications de la Cour, Volumes 18 et 19 et peut être obtenu auprès du Greffe de la Cour européenne des Droits de l'Homme.

Together with other suspects, Mr. Golder was temporarily placed in a segregated part of the prison. He was interviewed by police officers who, on 30 October 1969, warned him that the facts would be reported for consideration whether or not to prosecute him for assault. However, on 5 November 1969 the prison officer qualified his earlier remarks, stating that he was not certain that Mr. Golder had attacked him. Two days later another prison officer reported that Mr. Golder had been in his company during most of the disturbance, without taking any part in it. Mr. Golder was returned to his ordinary cell the same day. No charges were preferred against him.

Fearing that the original statement might adversely affect him, on 20 March 1970 Mr. Golder petitioned the Home Secretary, as required under the Prison Rules 1964, for permission to consult a solicitor with a view to bringing a civil action for defamation against the prison officer concerned. His petition was rejected on 6 April 1970.

Mr. Golder complained to the European Commission of Human Rights in April 1970. He submitted first that the refusal to allow him to consult a solicitor had resulted in his being denied access to a court and had contravened Article 6 § 1 under which, he maintained, a right of access to the courts to obtain the determination of civil rights was guaranteed. He furthermore alleged a violation of Article 8, in that correspondence was an inherent part of contact with a solicitor which had been refused.

Mr. Golder was released from prison on parole on 12 July 1972.

SUMMARY OF THE JUDGMENT

The United Kingdom Government, which had brought the case before the Court on 27 September 1973, stated their disagreement with the opinion expressed in the Commission's report that there had been violations of Article 6 § 1 and Article 8 of the Convention.

Analysing the facts, the Court in its judgment points out that, without being formally denied access to the courts, Mr. Golder was effectively prevented from commencing in 1970 the action which he had in mind.

Noting that the right of access to the courts is not stated in express terms, the Court rules that Article 6 § 1 nonetheless embodies this right, the right to institute proceedings in civil matters being one aspect of what the judgment terms the "right to a court". The Court reached this conclusion after a lengthy statement of reasons based on the text and context of Article 6 § 1, the purpose and object of the Convention and certain general principles of law.

Without going into the general question of what regulations or limitations may be permitted in matters of access to the courts, the Court observes that Mr. Golder was seeking to exculpate himself of

M. Golder fut séparé temporairement du gros des détenus avec d'autres suspects. Des inspecteurs de police l'interrogèrent et l'avertirent, le 30 octobre 1969, que les faits seraient signalés afin que l'on pût examiner s'il y avait lieu de le poursuivre pour violences. Toutefois, le gardien modifia le 5 novembre 1969 ses déclarations antérieures: il indique qu'il n'était pas sûr d'avoir été attaqué par M. Golder. Deux jours plus tard, un autre gardien précisa que ce dernier était resté en sa compagnie pendant la plus grande partie des incidents et n'avait point été mêlé à ceux-ci. M. Golder regagna aussitôt sa cellule habituelle et ne fut pas poursuivi. Craignant que la déposition initiale ne pût lui nuire, M. Golder pria le ministre de l'intérieur, conformément au règlement pénitentiaire, de lui permettre de consulter un avocat en vue d'assigner en justice le gardien dont il s'agissait, du chef de diffamation. Sa demande, présentée le 20 mars 1970, fut rejetée le 6 avril.

M. Golder se plaignit à la Commission européenne des Droits de l'Homme en 1970. Il soutenait d'abord que le refus de l'autoriser à consulter un avocat l'avait empêché d'introduire une instance et avait enfreint de la sorte l'article 6 § 1, lequel garantirait un droit d'accès aux tribunaux en matière civile. Il alléguait en outre la violation de l'article 8, car d'après lui ce même refus l'avait pivé de la possibilité de correspondre avec un avocat.

M. Golder a été libéré sous condition le 12 juillet 1972.

Resume de l'arret

Le gouvernement du Royaume-Uni, qui avait déféré l'affaire à la Cour le 27 septembre 1973, avait marqué son désaccord avec l'opinion, exprimée par la Commission dans son rapport, selon laquelle il y avait eu violation des articles 6 § 1 et 8 de la Convention.

Analysant les faits, la Cour souligne dans son arrêt que M. Golder, sans qu'on lui ait dénié formellement le droit de saisir un tribunal, a été empêché en pratique d'engager en 1970 l'action envisagée par lui.

La Cour estime que l'article 6 § 1, s'il ne proclame pas en termes exprès un droit d'accès aux tribunaux, n'en consacre pas moins ce droit, à savoir le droit de saisir un tribunal en matière civile, droit qui constitue un aspect de ce qu'elle appelle le "droit à un tribunal". Elle fonde cette conclusion, longuement motivée, sur le texte et le contexte de l'article 6 § 1, sur le but et l'objet de la Convention et sur certains principes généraux de droit.

Sans aborder dans l'abstrait le problème des limitations admissibles dans le domaine de l'accès aux tribunaux, la Cour relève que M. Golder cherchait à se faire innocenter d'une accusation lancée contre an accusation made against him, that the incident occurred while he was imprisoned and was connected with prison life, and that the contemplated legal proceedings would have been directed against a member of the prison staff subject to the Home Secretary's authority. The Court considers that in these circumstances Mr. Golder could justifiably have wished to consult a solicitor with a view to instituting legal proceedings and that it was not for the Home Secretary himself to appraise the prospects of the action contemplated.

In relation to the claim under Article 8 the Court holds that, while there was neither stopping nor censorship of any message such as a letter which Mr. Golder would have written to a solicitor, "impeding someone from even initiating correspondence", which was what happened in the present case, "constitutes one of the most far-reaching forms of 'interference' ... with the exercise of the 'right to respect for correspondence'".

The Court states that the right to respect for correspondence is not subject to "implied limitations" and that it cannot discern how the Home Secretary's decision could be justified by the provisions of paragraph 2 of Article 8.

In conclusion the Court holds that the refusal of Mr. Golder's petition violated Article 6 § 1 (nine votes to three) and Article 8 (unanimously). Considering that the question of affording just satisfaction was "ready for decision", it has decided (unanimously) that its "preceding findings amount in themselves to adequate just satisfaction under Article 50".

In accordance with Rule 48 of the Rules of Court, the Court gave judgment at a plenary sitting, composed as follows: Mr. G. Balladore Pallieri, *President*, Mr. H. Mosler, Mr. A. Verdross, Mr. E. Rodenbourg, Mr. M. Zekia, Mr. J. Cremona, Mrs. H. Pedersen, Mr. T. Vilhjalmsson, Mr. R. Ryssdal, Mr. A. Bozer, Mr. W. Ganshof van der Meersch and Sir Gerald Fitzmaurice and also Mr. M.-A. Eissen, *Registrar*, and Mr. J. F. Smyth, *Deputy Registrar*.

Judges Verdross, Zekia and Sir Gerald Fitzmaurice expressed separate opinions which are appended to the judgment.

C.

National Union of Belgian Police case

Judgment of 27 October 1975

By judgment delivered at Strasbourg on 27 October 1975, the European Court of Human Rights held that there had been no breach of the European Convention in the National Union of Belgian Police case which concerns the Kingdom of Belgium.

lui, que l'incident avait eu lieu pendant sa détention, qu'il avait trait à la vie en prison et que l'action projetée se serait dirigée contre un membre du personnel pénitentiaire placé sous l'autorité du ministre de l'intérieur. La Cour considère que dans ces conditions M. Golder pouvait légitimement vouloir prendre contact avec un avocat afin de s'adresser à une juridiction et que le ministre n'avait pas à apprécier lui-même les chances de succès de ladite action.

La Cour examine ensuite le grief relatif à l'article 8. Elle juge que s'il n'y a eu ni interception ni censure d'un message, telle une lettre, que M. Golder aurait envoyé à un avocat, "un obstacle apporté", comme en l'espèce, "à la possibilité même de correspondre représente la forme la plus radicale d''ingérence' (...) dans l'exercice du droit au respect de la correspondance".

La Cour ajoute que ce droit n'est pas soumis à des "limitations implicites" et qu'elle n'aperçoit pas comment les dispositions du paragraphe 2 de l'article 8 pouvaient justifier la décision du ministre de l'intérieur.

En conclusion, la Cour constate que le rejet de la demande de M. Golder a violé l'article 6 § 1 (neuf voix contre trois) et l'article 8 (unanimité). Considérant que la question de l'octroi d'une satisfaction équitable à l'intéressé se trouve "en état", elle estime (à l'unanimité) que les décisions qui précèdent "constituent par elles-mêmes une satisfaction équitable suffisante au sens de l'article 50".

La Cour a statué en séance plénière, par application de l'article 48 de son règlement, et dans la composition suivante: M. G. Balladore Pallieri, *président*, M. H. Mosler, M. A. Verdross, M. E. Rodenbourg, M. M. Zekia, M. J. Cremona, Mme H. Pedersen, M. T. Vilhjalmsson, M. R. Ryssdal, M. A. Bozer, M. W. J. Ganshof van der Meersch et Sir Gerald Fitzmaurice, ainsi que MM. M.-A. Eissen, *greffier*, et J. F. Smyth, *greffier adjoint*.

M. Verdross, M. Zekia et Sir Gerald Fitzmaurice, juges, ont exprimé des opinions séparées qui sont jointes à l'arrêt.

C.

Affaire Syndicat national de la police belge

Arrêt du 27 octobre 1975

Par un arrêt prononcé à Strasbourg le 27 octobre 1975, la Cour européenne des Droits de l'Homme a constaté l'absence de violation de la Convention européenne dans l'affaire Syndicat national de la police belge qui concerne le Royaume de Belgique.

THE FACTS

The National Union of Belgian Police has its headquarters at Brussels-Schaerbeek and is open to all members of the municipal police force whose occupational interests it protects. This police force, whose members have the status of municipal officials, numbers more than 10.000 men, but amounts to less than 10% of municipal and provincial staff.

As regards relations between the Ministry of the Interior, which is the supervisory authority, and the staff of municipalities and provinces, the Act of 27 July 1961 has introduced a system of trade union consultation. Under Section 9 of that Act the most representative organisations are to be consulted on a number of matters such as staffing, recruitment and promotion conditions for municipal staff, pecuniary status and salary scales for the staff of provinces and municipalities, etc. The consultation machinery is set in motion for the preparation of any normative provision – (Bill, Royal Decree, Decree or Ministerial Circular) – that relates to these matters.

Under a Royal Decree of 2 August 1966, partly amended in 1969, only those organisations which are open to all staff of the provinces and municipalities and which defend the occupational interests of such staff, shall be deemed to be the most representative organisations. Thus debarred from the consultation procedure, the applicant union applied to the *Conseil d'Etat* to have the Royal Decree of 2 August 1966 annulled; the *Conseil d'Etat* dismissed the application by a Judgment of 6 November 1969.

The applicant union brought its case before the European Commission of Human Rights in March 1970. The union alleged violation of Articles 11 and 14 of the European Convention on Human Rights, in that the Belgian authorities refused to recognise it as one of the most representative organisations, thus excluding it from the trade union consultation provided for in the above-mentioned Belgian legislation.

SUMMARY OF THE JUDGMENT

The Court first notes that Article 11 § 1 "does not guarantee any particular treatment of trade unions, or their members, by the State, such as the right to be consulted by it". The Court understands the terms of this provision as nonetheless showing "that the Convention safeguards freedom to protect the occupational interests of trade union members by trade union action, the conduct and development of which States must both permit and make possible". In the Court's opinion, "it follows that the members of a trade union have a right, in order to protect their interests, that the trade union should be heard". Without doubt, Article 11 § 1 "leaves each State a free choice

EN FAIT

Le Syndicat national de la police belge, qui a établi son siège à Bruxelles-Schaerbeek, est ouvert à tous les fonctionnaires de la police communale dont il défend les intérêts professionnels. Cette police, dont les membres ont la qualité d'agents communaux, compte plus de 10.000 hommes et représente moins de 10% du personnel communal et provincial.

En ce qui concerne les relations entre le ministère de l'intérieur, pouvoir de tutelle, et les agents des communes et des provinces, la loi du 27 juillet 1961 a introduit un système de consultation syndicale. D'après son article 9, les représentants des organisations les plus représentatives de ces agents doivent être consultés sur une série de matières telles que le cadre et les conditions de recrutement et d'avancement des agents de la commune, le statut pécuniaire et les échelles des agents des provinces et des communes, etc. Cette procédure joue l'élaboration de toute disposition normative – projet de loi, arrêté ou circulaire ministériels – ayant trait à ces matières.

Aux termes d'un arrêté royal du 2 août 1966, amendé en partie en 1969, sont seules considérées comme organisations les plus représentatives des agents des provinces et des communes celles qui sont ouvertes à l'ensemble de ce personnel et qui en défendent les intérêts professionnels. Ecarté ainsi de la procédure de consultation, le syndicat requérant a exercé contre l'arrêté royal du 2 août 1966 un recours en annulation que le Conseil d'Etat a rejeté le 6 novembre 1969.

Le requérant a saisi la Commission européenne des Droits de l'Homme en mars 1970. Il alléguait une violation des articles 11 et 14 de la Convention européenne des Droits de l'Homme en ce que l'Etat belge refusait de le reconnaître comme l'une des organisations les plus représentatives, l'excluant ainsi de la consultation syndicale prévue par la législation belge susmentionnée.

RESUME DE L'ARRET

La Cour relève d'abord que l'article 11 § 1 "ne garantit pas aux syndicats, ni à leurs membres, un traitement précis de la part de l'Etat et notamment le droit d'être consultés par lui". Les termes de cette disposition lui paraissent néanmoins impliquer "que la Convention protège la liberté de défendre les intérêts professionnels des adhérents d'un syndicat par l'action collective de celui-ci, action dont les Etats contractants doivent à la fois autoriser et rendre possibles la conduite et le développement". Aux yeux de la Cour, "il s'ensuit qu'en vue de la défense de leurs intérêts les membres d'un syndicat ont droit à ce qu'il soit entendu". Assurément, "l'article 11 of the means to be used towards this end. While consultation is one of these means, there are others." What the Convention requires "is that under national law trade unions should be enabled, in conditions not at variance with Article 11, to strive for the protection of their members' interests".

The Court points out that the applicant union can engage in various kinds of activity vis-à-vis the Belgian Government, and that the respondent State's general policy of restricting the number of organisations to be consulted is not on its own incompatible with trade union freedom. The unanimous finding of the Court is thus that there is no violation of Article 11 § 1.

The Court then considers whether the differences in treatment between the applicant union and the organisations consulted in accordance with the Belgian legislation are of a discriminatory nature, within the meaning of Article 14 of the Convention.

To begin with, the Court recalls that the aim of the impugned legislation is to avoid "trade union anarchy" and "to ensure a coherent and balanced staff policy, taking due account of the occupational interests of all provincial and municipal staff".

What remains to be seen is whether or not the disadvantages suffered by the members of the applicant union are excessive. In this regard, the Court states that the measure contained in the Royal Decree of 2 August 1966 "is a proper means of attaining the legitimate aim sought to be realised" insofar as "consultation covers questions of a general nature which are of interest to all provincial and municipal staff". There is undoubtedly "the further fact of denying the applicant union the right to be consulted on certain matters which concern the municipal police alone", but various factors lead the Court to consider that even on this latter issue "the principle of proportionality has ... not been offended".

Consequently, by ten votes against four, the Court arrives at the decision that there is no discrimination contrary to Articles 11 § 1 and 14, read together.

In accordance with Rule 48 of the Rules of Court, the Court gave judgment at a plenary sitting, composed as follows: Mr. G. Balladore Pallieri, *President*, Mr. H. Mosler, Mr. A. Verdross, Mr. E. Rodenbourg, Mr. M. Zekia, Mr. J. Cremona, Mr. G. Wiarda, Mr. P. O'Donoghue, Mrs. H. Pedersen, Mr. T. Vilhjalmsson, Mr. R. Ryssdal, Mr. W. J. Ganshof van der Meersch, Sir Gerald Fitzmaurice and Mrs. Bindschedler-Robert and also MM. M.-A. Eissen, *Registrar*, and H. Petzold, *Deputy Registrar*.

The following judges expressed separate opinions which are appended to the judgment: Mr. Zekia; Mr. Wiarda, Mr. Ganshof van der Meersch and Mrs. Bindschedler-Robert; Sir Gerald Fitzmaurice.

§ 1 laisse à chaque Etat le choix des moyens à employer à cette fin; la consultation en constitue un, mais il y en a d'autres". Ce qu'exige la Convention, "c'est que la législation nationale permette aux syndicats, selon des modalités non contraires à l'article 11, de lutter pour la défense des intérêts de leurs membres".

Ayant constaté que le syndicat requérant peut agir de différentes manières auprès du gouvernement belge et que la politique générale de l'Etat en cause, tendant à restreindre le nombre des organisations à consulter, n'est pas à elle seule incompatible avec la liberté syndicale, la Cour conclut, à l'unanimité, à l'absence de violation de l'article 11 § 1.

La Cour recherche ensuite si les différences de traitement entre le syndicat requérant et les organisations consultées en vertu de la législation belge revêtent un caractère discriminatoire au sens de l'article 14 de la Convention.

Elle commence par rappeler que le but de la législation incriminée consiste à éviter "l'anarchie syndicale" et "assurer une politique du personnel cohérente et équilibrée tenant équitablement compte des intérêts professionnels de l'ensemble des agents des provinces et des communes."

Reste à savoir si le désavantage subi par les membres du requérant n'est pas disproportionné. A cet égard, la Cour relève que la solution adoptée par l'Arrêté royal du 2 août 1966 "constitue un moyen adéquat d'atteindre le but légitime visé" dans la mesure où "la consultation a trait à des problèmes d'ordre général concernant tous les agents des provinces et des communes". Sans doute le requérant n'a-t-il pas "non plus le droit d'être consulté sur les questions propres à la police communale", mais diverses considérations amènent la Cour à estimer que même sur ce point "le principe de proportionnalité n'est (...) pas transgressé".

En conséquence, la Cour arrive, par dix voix contre quatre, à la conclusion qu'il n'y a pas discrimination contraire aux articles 11 § 1 et 14 combinés.

La Cour a statué en séance plénière, par application de l'article 48 de son règlement, et dans la composition suivante: M. G. Balladore Pallieri, *président*, M. H. Mosler, M. A. Verdross, M. E. Rodenbourg, M. M. Zekia, M. J. Cremona, M. G. Wiarda, M. P. O'Donoghue, Mme H. Pedersen, M. T. Vilhjalmsson, M. R. Ryssdal, M. W. J. Ganshof van der Meersch, Sir Gerald Fitzmaurice et Mme Bindschedler-Robert, ainsi que MM. M.-A. Eissen, *greffier* et H. Petzold, *greffier adjoint*.

Ont exprimé des opinions séparées qui sont jointes à l'arrêt: M. Zekia; M. Wiarda, M. Ganshof van der Meersch et Mme Bindschedler-Robert; Sir Gerald Fitzmaurice.

CHAPTER IV

CASES BROUGHT BEFORE THE COMMITTEE OF MINISTERS

A.

Introduction

On 13 March 1975, the Committee of Ministers, in accordance with Article 32 of the Convention, adopted its Resolution DH (75) 1 relating to the Kamma case,[1] the text of which is reproduced hereafter (B) (p. 300).

Extracts of the Report of the Commission relating to this case are also reproduced (B) (p. 302).

It also adopted, in accordance with Article 32 of the Convention, its Resolution DH (75) 2 relating to the Huber Case,[2] the text of which is reproduced hereafter (C) (p. 324).

Extracts of the Report of the Commission are following (C) (p. 326).

The Committee of Ministers also took note of the Report of the Commission on the Vampel case[3] after its withdrawal by the applicant. Extracts of this Report are reproduced hereafter (D) (p. 386).

B.

relating to Application No. 4771/71

Jacob KAMMA *against* the NETHERLANDS

Resolution of the Committee of Ministers

RESOLUTION DH (75) 1

(*Adopted by the Committee of Ministers on 13 March 1975 at the 243rd meeting of the Ministers' Deputies*)

The Committee of Ministers,

Having regard to Article 32 of the Convention for the Protection of Human Rights and Fundamental Freedoms (hereinafter referred to as "the Convention");

Having regard to the report drawn up by the European Commission of Human Rights in accordance with Article 31 of the Conven-

[1] See Vol. XV, p. 414, decision on admissibility.
[2] See Vol. XIV, p. 572, decision on admissibility.
[3] See Vol. XIV, p. 476, decision on admissibility.

CHAPITRE IV

AFFAIRES PORTEES DEVANT LE COMITE DES MINISTRES

A.

Introduction

Au cours de l'année 1975, le Comité des Ministres s'est prononcé en vertu de l'article 32 sur l'affaire Kamma[1] par sa Résolution DH (75) 1 en date du 13 mars 1975 dont le texte est reproduit ci-après (B) (p. 302).

Des extraits du Rapport de la Commission sur cette affaire sont également reproduits (B) (p. 303).

Il s'est aussi prononcé, toujours en vertu de l'article 32, sur l'affaire Hubert[2], par sa Résolution DH (75) 2 dont le texte figure ci-après (C) (p. 325).

Des extraits du Rapport de la Commission suivent (C) (p. 327).

Le Comité des Ministres a également pris note du Rapport de la Commission sur l'affaire Vampel[3] à la suite du retrait de celle-ci par le requérant. Des extraits de ce Rapport sont reproduits ci-après (D) (p. 387).

B.

relative a la Requête No 4771/71

Jacob Kamma *contre* les Pays-Bas

Résolution du Comite des Ministres

RESOLUTION DH (75) 1

(*Adoptée par le Comité des Ministres le 13 mars 1975, lors de la 243e réunion des Délégués des Ministres*)

Le Comité des Ministres,

Vu l'article 32 de la Convention de Sauvegarde des Droits de l'Homme et des Libertés fondamentales (ci-après dénommée "la Convention");

Vu le rapport que la Commission européenne des Droits de l'Homme a adopté conformément à l'article 31 de la Convention au sujet

[1] Cf. Vol. XV, p. 415: décision sur la recevabilité.

[2] Cf. Vol. XIV, p. 573: décision sur la recevabilité.

[3] Cf. Vol. XIV, p. 477: décision sur la recevabilité.

tion relating to the application lodged on 13 January 1971 by Mr. Jacob Kamma, a Dutch national, against the Netherlands (No. 4771/71);

Whereas on 19 September 1974, the Commission transmitted the said report to the Committee of Ministers and whereas the period of three months provided for in Article 32 (1) of the Convention has elapsed without the case having been brought before the Court in pursuance of Article 48 of the Convention;

Whereas in his application Mr Jacob Kamma complained of violation of several articles of the Convention alleged to have taken place during proceedings instituted against him in the Netherlands;

Whereas the Commission on 30 May 1972 rejected certain parts of the application as being inadmissible and on 21 July 1972 declared admissible the applicant's complaint alleging violation of Article 18 read in conjunction with Article 5 of the Convention.

Whereas the Commission, after having examined all the elements of the case, has concluded, for the reasons given in its report, that there has been no breach of Article 18 read in conjunction with Article 5 of the Convention;

Agreeing with the opinion expressed by the Commission in accordance with Article 31 (1) of the Convention;

Voting in accordance with the provisions of Article 32 (1) of the Convention.

Decides that in this case there was no violation of the Convention for the Protection of Human Rights and Fundamental Freedoms.

Report of the Commission

INTRODUCTION

1. The following is an outline of the case as it has been submitted by the Parties to the European Commission of Human Rights.

The applicant is a Netherlands citizen born in 1949. On 27 July 1970 he had been arrested and remanded in police custody (*verzekering*) on suspicion of having committed two offences of extortion and of having attempted to commit robbery with violence. On 31 July the investigating judge opened the preliminary investigations against the applicant. He also made an order that the applicant should be remanded in custody (*bevel tot bewaring*) at Leeuwarden for a period of six days on the grounds that there was a danger of his absconding and of his committing further offences as well as a danger of collusion (Articles 63 to 65 and 78 of the Netherlands Code of Criminal Procedure).

de la requête introduite le 13 janvier 1971 par M. Jacob Kamma, ressortissant hollandais, contre les Pays-Bas (N° 4771/71);

Considérant que la Commission a transmis ledit rapport au Comité des Ministres le 19 septembre 1974 et que le délai de trois mois prévu à l'article 32, paragraphe 1, de la Convention s'est écoulé sans que l'affaire ait été déférée à la Cour par application de l'article 48 de la Convention;

Considérant que dans sa requête, M. Jacob Kamma s'est plaint de violations alléguées de plusieurs articles de la Convention, qui seraient survenues au cours des procédures engagées contre lui aux Pays-Bas;

Considérant que, le 30 mai 1972, la Commission a déclaré certaines Parties de la requête irrecevables et que, le 21 juillet 1972, elle a déclaré recevables les griefs du requérant concernant la violation alléguée de l'article 18 combiné à l'article 5 de la Convention;

Considérant que la Commission, après avoir examiné tous les éléments de la cause, a conclu qu'il n'y a pas eu de violation de l'article 18 combiné à l'article 5 de la Convention, pour les motifs indiqués dans son rapport;

Faisant sien l'avis exprimé par la Commission conformément à l'article 31, paragraphe 1, de la Convention;

Procédant au vote conformément aux dispositions de l'article 32, paragraphe 1, de la Convention,

Décide qu'il n'y a pas eu, dans cette affaire, violation de la Convention de Sauvegarde des Droits de l'Homme et des Libertés fondamentales.

Rapport de la Commission

INTRODUCTION

1. On trouvera ci-après un résumé des faits de la cause, tels qu'ils ont été exposés par les Parties à la Commission européenne des Droits de l'Homme.

Le requérant, ressortissant néerlandais, est né en 1949. Il a été arrêté le 27 juillet 1970 et placé en garde à vue (*verzekering*) sous l'inculpation de deux délits d'extorsion et de tentative de vol à main armée. Le 31 juillet, le juge d'instruction a ouvert l'instruction préparatoire et ordonné la mise en détention préventive (*bevel tot bewaring*) du prévenu à Leeuwarden pour une période de six jours, pour éviter les risques de fuite, de répétition des infractions et de collusion (articles 63 à 78 du Code néerlandais de procédure pénale).

On 6 August 1970 the District Court at Leeuwarden made a further order, under Articles 64 and 66 to 68 of the Code of Criminal Procedure, that the applicant's detention should continue during a period of thirty days (*bevel gevangenhouding*) at the remand prison of Groningen. This order was renewed (*bevel verlenging gevangenhouding*) for further periods of thrity days' detention on 3 September, 1 October, 29 October, 3 December and 24 December 1970, 28 January, 25 February and 1 April 1971. On 29 April 1971 the Court decided that the applicant's detention should continue only during a period of fourteen days but on 13 May 1971 it again ordered his detention for a further period of thirty days. In each case the Court found that the grounds for detention stated in its order of 6 August 1970 continued to exist.

As regards the place of his detention the Court confirmed in its order of 3 September 1970 that the applicant should be detained at remand prison at Groningen but added, in its order of 1 October 1970, that his detention was also authorised in any other lawful place of detention in the Netherlands. Furthermore, in its order of 29 October 1970, and in the subsequent orders, the Court decided that the applicant should be detained at remand prison at Leeuwarden or, in any event, at any other lawful place of detention in the Netherlands.

As from 4 June 1971 onwards, being the opening date of the applicant's trial, the detention order remained valid for an indefinite duration, in accordance with Article 67 (3) of the Code of Criminal Procedure.

In the meanwhile, on 29 September 1970, the public prosecutor at Leeuwarden submitted to the investigating judge a more detailed request for a preliminary judicial investigation. This request, which included several further offences of which the applicant was suspected, was granted by the investigating judge on the same day.

At the same time the police at Leeuwarden were investigating the murder of Mrs. H. IJsselstein-van der Velde committed on 19 July 1970 and the applicant was suspected of having committed this crime or at least of having participated therein.

On 2 November 1970 the applicant was transferred from remand prison at Groningen to police headquarters at Leeuwarden in order to be interrogated in connection with the murder case, and on 2 December 1970 the public prosecutor submitted a request to the investigating judge for a preliminary judicial investigation into that case. On the same day the applicant was returned to remand prison at Groningen.

On 14 December 1970 the applicant petitioned the District Court requesting the closure of the investigations opened against him. He pointed out that the investigation for extortion had been completed several months ago and that, although he also appeared to be sus-

Le 6 août 1970, le tribunal de district de Leeuwarden a, de plus, ordonné, en vertu des articles 64 et 66 à 68 du Code de procédure pénale, que le requérant soit maintenu en détention pendant une période de 30 jours (*bevel Gevangenhouding*) à la Maison d'arrêt de Groningue. Cette ordonnance a été renouvelée (*bevel verlenging gevangenhouding*) pour des périodes de 30 jours aux dates suivantes: 3 septembre, 1er et 29 octobre, 3 et 24 décembre 1970, 28 janvier, 25 février et 2 avril 1971. Le 29 avril 1971, le tribunal décidait que la prolongation de la détention du requérant ne pourrait excéder 15 jours, mais le 13 mai 1971, il ordonnait une nouvelle prolongation de 30 jours. Dans chacun de ces cas, le tribunal a estimé que les motifs de détention invoqués dans son ordonnance du 6 août 1970 étaient toujours valables.

Pour ce qui est du lieu de la détention, le tribunal a confirmé dans son ordonnance du 3 septembre 1970 que le requérant devait être détenu à la Maison d'arrêt de Groningue, mais a ajouté, dans son ordonnance du 1er octobre 1970, que la détention était également autorisée dans tout autre lieu de détention prévu par la loi sur le territoire des Pays-Bas. De plus, dans son ordonnance du 29 octobre 1970 et dans les suivantes, le tribunal a décidé que le requérant serait détenu à la Maison d'arrêt de Leeuwarden ou dans tout autre lieu légal de détention sur le territoire des Pays-Bas.

A partir du 4 juin 1971, date de l'ouverture de procès, l'ordonnance de détention gardait sa validité pendant une durée indéfinie, conformément à l'article 67 (3) du Code de procédure pénale.

Entre-temps, le 29 septembre 1970, le procureur de Leeuwarden soumettait au juge d'instruction une demande plus détaillée en vue de l'ouverture d'une instruction préparatoire. Le jour même, le juge d'instruction faisait droit à cette demande qui visait également plusieurs autres délits dont le requérant était soupçonné.

Simultanément, la police de Leeuwarden enquêtait sur le meurtre de Mme H. IJsselstein van der Velde, commis le 19 juillet 1970, le requérant étant soupçonné d'en être l'auteur ou, du moins, le complice.

Le 2 novembre 1970, le requérant était transféré de la Maison d'arrêt de Groningue au Commissariat central de Leeuwarden pour y être interrogé à propos de l'affaire de meurtre et le 2 décembre 1970, le procureur demandait au juge d'instruction l'ouverture d'une instruction préparatoire. Le requérant était renvoyé le même jour à la Maison d'arrêt de Groningue.

Le 14 décembre 1970, le requérant adressait au tribunal de district une requête demandant la clôture de l'instruction ouverte contre lui. Il faisait valoir que l'instruction relative à l'accusation d'extorsion était terminée depuis plusieurs mois et que, bien qu'il fût – semblaitpected of another crime, he had not been informed of this formally. He further submitted that, although he was being held in detention on remand, the investigation for this crime was not conducted, as the law requires, by the investigating judge, but by the police.

On 22 December 1970 the Court refused his petition on the ground that a judical investigation for murder had in the meantime been opened against the applicant and that the original investigation for extortion was not being unduly delayed.

On 5 May 1971 the investigating judge closed the investigations in the cases submitted on 31 July 1970 and this decision was communicated to the applicant on 21 May 1971. Nevertheless, on 28 May 1971 the applicant lodged a second request with the District Court to close the investigation. On 3 June 1971 the investigating judge thereupon closed the investigations in the cases submitted on 29 September 1970 and the applicant was so informed on the same day.

The trial against the applicant started on 4 June before the District Court at Leeuwarden and terminated on 18 June 1971 with the applicant's conviction for robbery with violence, attempted robbery with violence and on two charges of breaking and entering. He was sentenced to two years' and ten months' imprisonment. The Court further decided that the period spent in detention on remand should be credited towards the applicant's sentence.

On 2 July 1971 the applicant appealed against this decision to the Court of Appeal (*Gerechtshof*) at Leeuwarden which heard the appeal on 18 November 1971 and, on 2 December 1971, confirmed the conviction but reduced the sentence to two years' and six months' imprisonment. The Court also confirmed the decision to credit towards sentence the period spent in detention on remand.

In the meanwhile, the applicant had received on 6 July 1971 a decision of the investigating judge dated 18 June 1971, closing the preliminary investigations into the cases submitted by the Public Prosecutor on "29–9–71 (wh. no. 3053a/70)".

The respondent Government have stated in the present proceedings (observations of 13 March 1971) that the above decision contained a "regrettable error", in that it referred to a request of "29–9–71" instead of 2 December 1970, i.e. the date of the Public Prosecutor's request for a preliminary judicial investigation concerning the murder of Mrs. H. IJsselstein-van der Velde; the decision did, however, bear the file number of that case.

2. The present application was lodged with the Commission on 13 January 1971 and registered on 28 January 1971.

By partial decision of 30 May 1972 the Commission rejected certain parts of the application as being inadmissible. On 21 July 1972, il – soupçonné d'un autre délit, il n'en avait pas été informé officiellement. Il faisait observer, en outre, que, bien qu'il se trouvât en détention préventive, les investigations relatives à ce dernier délit n'étaient pas menées par le juge d'instruction, comme la loi l'exige, mais par la police.

Le 22 décembre 1970, le tribunal rejetait cette requête pour la raison qu'une instruction préparatoire pour homicide avait entretemps été ouverte contre le requérant et que la première enquête relative à l'accusation d'extorsion n'avait pas été indûment retardée.

Le 5 mai 1971, le juge d'instruction mettait fin à l'instruction des affaires qui lui avaient été soumises le 31 juillet 1970 et cette décision était communiquée au requérant le 21 mai 1971. Le 28 mai 1971, le requérant a néanmoins déposé auprès du tribunal de district une seconde requête en clôture de l'instruction. Le 3 juin 1971, le juge d'instruction a mis fin à l'instruction des affaires qui lui avaient été soumises le 29 septembre 1970; le requérant en a été informé le jour même.

Le procès du requérant s'est ouvert le 4 juin devant le tribunal de district de Leeuwarden et s'est terminé le 18 juin 1971; le requérant a été reconnu coupable de vol à main armée, de tentative de vol à main armée et de deux délits d'effraction. Il a été condamné à deux ans et dix mois de privation de liberté. Le tribunal a décidé en outre que la période de détention préventive serait imputée sur cette peine.

Le 2 juillet 1971, le requérant a introduit un recours contre cette décision auprès de la Cour d'appel (*Gerechtshof*) de Leeuwarden, qui a examiné l'affaire le 18 novembre 1971 et a rendu, le 2 décembre 1971, un arrêt confirmant la condamnation mais réduisant la peine à deux ans et six mois. La Cour d'appel a également confirmé la décision d'imputer la détention préventive sur la durée de la peine.

Entre-temps, le 6 juillet 1971, le requérant avait eu communication de la décision du juge d'instruction du 18 juin 1971, de mettre fin à l'instruction des affaires qui lui avaient été sousmises par le procureur le "29.9.71 (wh. n° 3053a/70)".

Le Gouvernement défendeur a déclaré dans la présente procédure (observations du 13 mars 1972) que la décision précitée contenait une "erreur regrettable" en ce sens qu'elle se référait à une requête datée du "29.9.71" au lieu du 2 décembre 1970, date à laquelle le procureur avait demandé l'ouverture d'une instruction préparatoire relative au meurtre de Mme H. IJsselstijn van der Velde. Elle n'en portait pas moins la cote exacte de l'affaire.

2. La présente requête a été introduite auprès de la Commission le 13 janvier 1971 et enregistrée le 28 janvier 1971.

Par décision partielle du 30 mai 1972, la Commission a rejeté comme irrecevables certains griefs contenus dans la requête. Le 21 after having obtained written and subsequently oral submissions from the Parties, the Commission rejected further parts of the application as being inadmissible and declared admissible the applicant's only remaining complaint, namely that Article 18 in conjunction with Art. 5 of the Convention had been violated in that the police had allegedly taken advantage of his detention on remand in order to conduct for one month investigations against him as regards a murder charge although at that time he was neither detained in connection with that crime nor had judicial investigations been authorised.

Written observations on the merits were submitted by the applicant on 10 November 1972 and by the respondent Government on 24 January 1973. The Government raised as a preliminary issue a question of admissibility: they suggested that the applicant's admitted complaint should be declared inadmissible under Article 26 and 27 in conjunction with Article 29 of the Convention. At the Commission's invitation the applicant filed on 12 March 1973 supplementary observations with regard to the latter request. On 29 May 1973 the Commission decided not to reject the remaining part of the application under Article 29 of the Convention.

The applicant has been represented before the Commission by Dr. A. D. van Leeuwen, a member of the Bar practising at Leeuwarden. Free legal aid has been granted for this representation in accordance with the Addendum to the Commission's Rules of Procedure.

The respondent Government has been represented by Mr. C. W. van Santen, Ministry of Foreign Affairs, as Agent, and by Mr. P. J. Hustinx, Ministry of Justice, as Adviser.

A. POINT AT ISSUE

After the final decision on admissibility of 21 July 1972 the only point at issue remaining in the present case is the question whether Article 18, read in conjunction with Article 5 of the Convention, has been violated by the fact that the police conducted investigations against the applicant on a murder charge although at that time he was neither detained in connection with that crime nor had judicial investigations been authorised.

Article 5 (1) guarantees "the right to liberty and security of person" and Article 18 states: "The restrictions permitted under this Convention to the said rights and freedoms shall not be applied for any purpose other than those for which they have been prescribed."

juillet 1972, après avoir reçu des Parties leurs observations écrites, puis orales, la Commission a rejeté comme irrecevables d'autres griefs et déclaré recevable le seul grief restant, à savoir qu'il y avait eu violation de l'article 18 en liaison avec l'article 5 de la Convention, en ce sens que la police aurait profité de la détention préventive du requérant pour enquêter pendant un mois sur un meurtre dont on l'accusait, alors qu'à l'époque sa détention était sans rapport avec cette affaire, laquelle n'était pas même en cours d'instruction.

Le requérant a présenté ses observations écrites au fond le 10 novembre 1972 et le Gouvernement défendeur a présenté les siennes le 24 janvier 1973. Le Gouvernement a soulevé une question préalable de recevabilité en suggérant de déclarer le grief du requérant, retenu par la Commission comme irrecevable sous l'angle des articles 26 et 27, § 3, combinés avec l'article 29 de la Convention. A la demande de la Commission, le requérant a soumis à cet égard, le 12 mars 1973, des observations complémentaires. Le 29 mars 1973, la Commission, se fondant sur l'article 29 de la Convention, décide de ne pas rejeter le restant de la requête.

Le requérant est représenté devant la Commission par M. A. D. van Leeuwen, avocat exerçant à Leeuwarden. L'assistance judiciaire lui a été accordée pour lui permettre de faire défendre sa cause, conformément à l'addendum au Règlement intérieur de la Commission.

Le Gouvernement défendeur est représenté par M. C. W. van Santen, fonctionnaire du Ministère des Affaires Etrangères, en qualité d'Agent, et par M. P. J. Hustinx, fonctionnaire du Ministère de la Justice, comme conseiller.

A. POINT EN LITIGE

Après la décision finale du 21 juillet 1972 sur la recevabilité, l'unique point encore en litige dans la présente affaire est de savoir s'il y a eu violation de l'article 18, combiné à l'article 5 de la Convention, du fait que la police a enquêté sur une accusation d'homicide portée contre le requérant, crime pour lequel il n'était pas détenu et dont l'instruction n'avait pas été autorisée.

L'article 5 (1) garantit que "toute personne a droit à la liberté et à la sûreté" et l'article 18 stipule: "les restrictions qui, aux termes de la présente Convention, sont apportées auxdits droits et libertés ne peuvent être appliquées que dans le but pour lequel elles ont été prévues".

B. SUBMISSIONS OF THE PARTIES

I. *As to the facts*

1. The *applicant* denied that there were any circumstances which might have given rise to the suspicion of his being involved in the murder case and necessitated police inquiries against him. He alleged that the police based their suspicions solely on the obviously wrong and contradictory statement of an accomplice (Dijkstra) in the extortion case. His alibi witnesses were allegedly not heard.

The *Government* stated that the applicant only began to be seriously suspected of being involved in the murder case when he had already been in detention on remand in connection with other offences. While detained at Groningen, the applicant allegedly told various people that he was involved in the murder case. According to the Government the applicant was interrogated at police headquarters on 2, 3, 5, 6, 9, 18 and 19 November 1970. On 3 November, as well as on 5 and 6 November, he confessed to the murder, giving each time a different account of the events.

In this connection the Government also stated that the interrogations were of short or normal duration, except for the last which took all day. The applicant's alibi was checked and found to be defective.

2. The *applicant* alleged that the Court was completely ignorant of the fact that for a month he was detained at police headquarters at Leeuwarden and questioned about the murder case.

The *Government* did not clearly refute this. Although they rejected the suggestion that the Public Prosecutor misled the Court, they did not expressly state that the Public Prosecutor informed the Court of the interrogation which was to be carried out. They only pointed out that the specification of the place of detention (the remand prison at Groningen or any other lawful place of detention in the Netherlands) was given by the Court as early as 1 October 1970 and maintained in the successive orders made after the Leeuwarden period.

Furthermore, they stated that the applicant's transfer to police headquarters was effected with the consent of the investigating Judge who was conducting the preliminary judicial investigation which was the result of applications by the Public Prosecutor on 31 July 1970 and 29 September 1970 which did not concern the murder case.

The Government explained that it was not possible to accommodate the applicant in the House of Detention at Leeuwarden because

B. ARGUMENTATION DES PARTIES

I. *En fait*

1. Le *requérant* nie qu'aucune circonstance ait pu permettre de soupçonner qu'il fût impliqué dans l'affaire d'homicide et obliger la police à enquêter à son sujet. Il prétend que la police n'avait fondé ses soupçons que sur les allégations manifestement fausses et contradictoires de l'un de ses complices (Dijkstra) dans l'affaire d'extorsion. Il prétend aussi que les témoins pouvant confirmer son alibi n'ont pas été entendus.

Le *Gouvernement* déclare que le requérant n'a commencé à être sérieusement soupçonné d'avoir participé au meurtre qu'au moment où il se trouvait déjà en détention préventive du chef d'autres délits. Lorsqu'il était détenu à Groningue, le requérant aurait dit à plusieurs personnes qu'il était impliqué dans l'affaire d'homicide. Selon le Gouvernement le requérant a été interrogé au Commissariat central les 2, 3, 5, 6, 9 et 18 novembre 1970. Les 3, 5 et 6 novembre, il a avoué avoir participé au meurtre, mais en donnant chaque fois une version différente des événements.

A cet égard, le Gouvernement déclare aussi que les interrogatoires ont été de durée courte ou normale, sauf le dernier qui a pris une journée entière. La police a bien vérifié l'alibi du requérant, mais l'a trouvé insuffisant.

2. Le *requérant* prétend que le tribunal ignorait complètement qu'il fût détenu depuis un mois dans les locaux de la police à Leeuwarden pour y être interrogé à propos de l'affaire d'homicide.

Le *Gouvernement* n'a pas positivement réfuté cette allégation car, tout en rejetant l'idée que le procureur ait induit en erreur le tribunal, il n'a pas déclaré expressément que le procureur avait informé le tribunal des interrogatoires prévus. Il s'est borné à indiquer que le tribunal avait, dès le 1er octobre 1970, précisé le lieu de détention (la Maison d'arrêt de Groningue ou tout autre lieu de détention prévu par la loi sur le territoire des Pays-Bas) et l'avait confirmé dans les ordonnances successives prononcées après la période de détention à Leeuwarden.

Le *Gouvernement* déclare en outre que le transfert du requérant dans les locaux de la police s'est effectué avec l'accord du juge d'instruction qui menait l'enquête préparatoire demandée par le procureur les 31 juillet et 29 septembre 1970 et qui ne concernait pas l'affaire d'homicide.

Le Gouvernement explique qu'il n'a pas été possible de loger le requérant à la Maison d'arrêt de Leeuwarden parce que Fierstra, également soupçonné d'avoir participé aux autres délits, y était

Fierstra, also suspected in the other cases, was detained there. The applicant was therefore placed in police headquarters.

II. *Legal arguments advanced by the parties*

1. *The applicant*: Preliminary police inquiries have to respect certain rules provided for under Netherlands' law. These rules cover limited powers of arrest, place and duration of detention and of compulsory examination (maximum of two periods of two days in a police office), searching of suspect, seizure of objects, etc. (Arts. 57–59 and others of the Netherlands Code of Criminal Procedure = NCCP). These rules were deliberately ignored in his case.

The restrictions, namely the detention on remand, permitted under Art. 5 (1) (c) with regard to investigation carried out in the extortion and accompanying cases, were thereby aggravated in two ways:

- by making the conditions of his detention harsher
- by prolonging his detention.

If one accepted the position of the defendant Government, this would mean that a person already in detention on the basis of a court order would be less protected against police inquiries than persons at liberty, since the latter are protected by Arts. 57–59 NCCP and the former are not.

2. *The Government:* Articles 57–59 NCCP are irrelevant in the context in which the applicant refers to them. They do not apply to interrogation by the police or to the duration of police investigation or interrogation, but concern a form of deprivation of liberty which takes place at an early stage of the investigation and which is used to assist such investigation. Police questioning should be seen independently of the detention in police custody.

Of course, all stages of detention on remand are governed by Article 5 of the Convention, the most important function of which is to ensure continuous judicial supervision over detention. The applicant was in no way removed from the supervision of the Court during the time he was kept at police headquarters.

In its decision of 21 July 1972 the Commission has already decided that the period and place of detention were not contrary to Article 5.

As regards the questioning of a suspect by the police, the NCCP (Article 29) contains, in principle, only one rule, namely that the questioning officer shall refrain from obtaining a statement in circumstances which show that it was not made voluntarily and, moreover, that the suspect shall not be obliged to answer questions.

It cannot be suggested that there is an infringement of Dutch law détenu. Aussi, le requérant a-t-il été transféré dans les locaux de la police.

II. *Argumentation juridique des Parties*

1. *Thèse du requérant:* Les enquêtes préparatoires de la police doivent respecter certaines règles du droit néerlandais qui visent la limitation des pouvoirs d'arrestation, le lieu et la durée de la détention et l'interrogatoire obligatoire (au maximum deux périodes de deux jours dans un local de la police), la fouille du suspect, la confiscation des objets, etc. (articles 57 à 59 et autres du Code néerlandais de procédure pénale = CNPP). Ces règles auraient été délibérément méconnues en l'espèce.

Les limitations – notamment la détention préventive – qu'autorise l'article 5, § 1 (c), concernant les enquêtes menées sur les affaires d'extorsion et autres auraient donc été aggravées de deux manières:
– par une plus grande rigueur des conditions de détention
– par une prolongation de la détention.

Si l'on acceptait le point de vue du Gouvernement défendeur, il s'ensuivrait qu'une personne déjà détenue par décision d'un tribunal serait moins protégée contre les enquêtes de police que les personnes en liberté, puisque celles-ci sont couvertes par les articles 57 à 59 du CNPP tandis que le détenu ne l'est pas.

2. *Thèse du Gouvernement:* les articles 57 à 59 du Code de procédure pénale sont inapplicables au contexte dans lequel le requérant les invoque. En effet, ils ne s'appliquent pas aux interrogatoires de police, ni à la durée de l'enquête ou d'un interrogatoire mené par la police mais concernent une forme de privation de liberté qui intervient au début de l'enquête en vue de la faciliter. L'interrogatoire de police et la garde à vue sont deux choses différentes.

Toutes les phases de la détention préventive sont bien entendu régies par l'article 5 de la Convention, qui vise essentiellement à garantir que la détention fasse l'objet d'un contrôle judiciaire constant. Or, le requérant n'a nullement été soustrait à la surveillance du tribunal pendant la période où il est demeuré sous la garde de la police.

Dans sa décision du 21 juillet 1972, la Commission a déjà déclaré que la période et le lieu de la détention n'étaient pas contraires à l'article 5.

Quant à l'interrogatoire d'un prévenu par la police, le Code néerlandais de procédure pénale (article 29) ne prévoit en principe qu'une seule règle, à savoir que le policier chargé de l'interrogatoire doit éviter d'obtenir une déclaration faite sous la contrainte, le prévenu n'étant pas obligé de répondre aux questions.

On ne saurait dire qu'il y a violation de la loi néerlandaise if a suspect, who is held in detention on remand, is further questioned by the police. In practice, the necessity for such questioning arises by no means infrequently. It would be a most undesirable situation if investigation officers were obliged to refrain from questioning, in respect of certain offences, a suspect who was already lawfully held in detention on remand for other reasons.

It might be conceivable, in connection with Article 5 of the Convention, that a formally valid detention on remand, ordered in respect of criminal offences which have been committed, served as a legal cover for depriving the person in question of his liberty when the real purpose for doing so was unlawful. Such circumstances, however, which would involve *mala fides* on the part of the prosecuting authorities, were far from being present in the case under discussion.

Detention on remand was never applied in the case of the applicant for an improper purpose nor was its purpose at any time impermissible in the sense just mentioned.

The guarantees provided by the NCCP applied with undiminished force to the applicant during the time he was held in Leeuwarden.

C. THE RELEVANT FACTS

The circumstances in which the applicant was transferred from Groningen prison to the police headquarters at Leeuwarden are as follows:

On *27 July 1970* the applicant was arrested and remanded in police custody on suspicion of having committed two offences of extortion and of having attempted to commit robbery with violence.

On *31 July 1970* the investigating judge opened the preliminary investigations in accordance with the public prosecutor's application and also made an order that the applicant should be remanded in custody at Leeuwarden for a period of six days.

On *6 August 1970* the District Court at Leeuwarden made a further order that the applicant's detention should continue for a period of 30 days in the remand prison at Groningen. In accordance with the relevant provisions of the Netherlands Code of Criminal Procedure this order was renewed by the same Court for further successive periods of 30 days for the reason that the grounds for detention stated in its order of 6 August 1970 continued to exist.

During the same period the police at Leeuwarden were investigating the murder of Mrs. IJsselstein-Van der Velde committed on 19 July 1970 and the applicant was suspected of having committed this crime or at least of having participated therein. He had, for one thing, allegedly said so to various people.

On *2 November 1970* the applicant was transferred from the re-lorsqu'un prévenu placé en détention préventive est interrogé à nouveau par la police. En pratique, les cas où ce procédé s'impose sont loin d'être rares. Il serait très fâcheux que les policiers enquêteurs soient contraints de renoncer à interroger sur certains délits un prévenu déjà régulièrement placé en détention préventive pour d'autres chefs d'accusation.

On pourrait imaginer, à propos de l'article 5 de la Convention, qu'une détention préventive formellement justifiée, ordonnée pour des infractions pénales dûment constatées puisse servir de prétexte pour priver l'intéressé de sa liberté alors que le véritable motif de cette détention n'est pas légal. Cette situation, qui impliquerait la mauvaise foi de l'autorité judiciaire, est loin d'être présente en l'espèce.

La détention préventive n'a jamais été appliquée au requérant dans un but illicite et n'a jamais été inadmissible au sens que l'on vient d'indiquer.

Le requérant a bénéficié, pendant toute la période de sa détention à Leeuwarden, de la totalité des garanties prévues par le Code de procédure pénale.

C. LES FAITS DE LA CAUSE

Le requérant a été transféré de la prison de Groningue au Commissariat central de Leeuwarden dans les conditions suivantes:

Le *27 juillet 1970*, le requérant a été arrêté et placé en garde à vue comme soupçonné de deux délits d'extorsion et d'une tentative de vol à main armée.

Le *31 juillet 1970*, le juge d'instruction, faisant droit à la demande du procureur, a ouvert l'instruction préparatoire et a ordonné par ailleurs la mise en détention préventive du requérant à Leeuwarden pour une période de 6 jours.

Le *6 août 1970*, le tribunal de district de Leeuwarden a ordonné en outre que le requérant soit maintenu en détention pendant une période de 30 jours à la Maison d'arrêt de Groningue. En application des dispositions du Code de procédure pénale, cet ordre a été renouvelé pour des périodes successives de 30 jours par le même tribunal, qui a estimé que les motifs de détention invoqués dans son ordonnance du 6 août 1970 demeuraient valables.

Simultanément, la police de Leeuwarden enquêtait sur le meurtre de Madame IJsselstein van der Velde, commis le 19 juillet 1970, et dont le requérant était soupçonné d'être l'auteur, ou du moins le complice. Il l'aurait déclaré à plusieurs personnes.

Le *2 novembre 1970*, le requérant a été transféré de la Maison mand prison at Groningen to police headquarters at Leeuwarden in order to be interrogated in connection with the murder case.

On *2 December 1970* the public prosecutor submitted an application to the investigating judge for a preliminary judicial investigation into that case and on the same-day the applicant was returned to the remand prison at Groningen.

D. OPINION OF THE COMMISSION

Article 18, like Article 14 of the Convention, does not have an autonomous role. It can only be applied in conjunction with other articles of the Convention. There may, however, be a violation of Article 18 in connection with another article, although there is no violation of that article taken alone.

It follows further from the terms of Article 18 that a violation can only arise where the right or freedom concerned is subject to "restrictions permitted under this Convention"

The "right of security" of person is guaranteed in absolute terms. This means that there can be no violation of Article 18 in conjunction with this right.

The "right to liberty" may be restricted in accordance with subparagraphs (a) to (f) of Article 5 (1). There may, therefore, have been violation of Article 18 in conjunction with the applicant's right to liberty under Article 5.

The applicant's liberty was restricted in accordance with Article 5 (1) which permits a deprivation of liberty "for the purpose of bringing the person concerned before the competent legal authority on reasonable suspicion of his having commited an offence, or when it is reasonably considered necessary to prevent him committing an offence or fleeing after having done so".

The Commission has, in its decision of 21 July 1972, found that the applicant's detention as such, was lawful within the meaning of this provision.

The question before the Commission is whether this detention was contrary to Article 18 in that it was applied, while the applicant was detained at police headquarters, for any other purpose than as provided for in Article 5 (1) (c).

In this respect the applicant has complained that the police *took advantage of his detention on remand* in order to conduct for one month investigations against him as regards the murder of Mrs. IJsselstein-Van der Velde, although at that time he was neither d'arrêt de Groningue au Commissariat central de Leeuwarden pour y être interrogé à propos de l'affaire d'homicide.

Le *2 décembre 1970*, le procureur demandait au juge d'instruction l'ouverture d'une instruction préparatoire et, le même jour, le requérant était renvoyé à la Maison d'arrêt de Groningue.

D. AVIS DE LA COMMISSION

L'article 18 de la Convention, tout comme l'article 14, n'a pas un rôle indépendant; il ne peut être appliqué que conjointement à d'autres articles de la Convention. Il peut toutefois y avoir violation de l'article 18 conjointement à un autre article sans pour autant qu'il y ait violation de cet article en soi.

Il découle, en outre, des termes de l'article 18 qu'il ne saurait y avoir violation que si le droit ou la liberté en question est soumis aux "restrictions qui, aux termes de la présente Convention" y sont apportées.

L'article 5, § 1, garantit que "toute personne a droit à la liberté et à la sûreté".

Le "droit à la sûreté" de la personne est garanti en termes absolus, ce qui veut dire qu'il ne peut y avoir violation de l'article 18 conjointement à ce droit.

Le "droit à la liberté" peut être limité conformément aux alinéas (a) à (f) de l'article 5, § 1. Il peut donc y avoir eu ici violation de l'article 18, en relation avec le droit à la liberté que reconnaît au requérant l'article 5.

La liberté du requérant a bien été limitée conformément à l'article 5, § 1 (c), qui permet de le priver de sa liberté "en vue d'être conduit devant l'autorité judiciaire compétente, lorsqu'il y a des raisons plausibles de soupçonner qu'il a commis une infraction ou qu'il y a des motifs raisonnables de croire à la nécessité de l'empêcher de commettre une infraction ou de s'enfuir après l'accomplissement de celle-ci".

Or, par sa décision du 21 juillet 1972, la Commission a déclaré la détention du requérant régulière, en tant que telle au sens de cette disposition.

La question que doit maintenant trancher la Commission est de savoir si cette détention était contraire à l'article 18 en ce sens qu'elle fut appliquée, pendant la détention du requérant au Commissariat central de police, pour quelque autre cause que celles que prévoit l'article 5, § 1 c.

A cet égard, le requérant s'est plaint que la police ait profité de son *séjour en détention préventive* pour enquêter sur son compte pendant un mois au sujet du meurtre de Mme IJsselstein van der Velde, alors qu'à cette époque sa détention était sans rapport avec ce detained in connection with that crime nor had judicial investigations been authorised in this respect.

In proceeding in this manner, the Netherlands police made their investigations regarding the murder, with which they then had to deal, coincide with the applicant's detention on remand in respect of other charges.

The applicant appears to contest that the police were right in acting in this manner.

However, it does not seem that it can seriously be claimed that this fact *by itself* could constitute the *abuse* which the applicant has to establish.

Neither the Convention nor the Netherlands Code of Criminal Procedure contains any express provision preclusing the police from proceeding in this manner.

The applicant then complains that the police did not respect certain rules provided for by Article 57 to 59 of the Netherlands Code of Criminal Procedure in respect of preliminary police inquiries into criminal charges.

These rules cover limited powers of arrest, place and duration of detention and of compulsory examination (maximum duration of two terms of two days in a police office), searching of suspects, seizure of objects, etc. These powers are limited with regard both to suspected persons and to the witnesses (who may refuse to testify before the police), in comparison with the more extensive competence of the judiciary.

It has to be noted that this system of guaranteeing applies to interrogations by the police of persons who are *at liberty* and whose temporary arrest is necessitated for the purpose of such interrogation.

It is obvious that in the present case the application of this system was not possible. Besides, the applicant throughout his interrogation continued to benefit from the guarantees relating to detention on remand. In this connection it is necessary to emphasize that the most important function of Article 5 of the Convention is to ensure continuous judicial supervision over these detentions.

In this respect, it does not clearly follow from the Government's observations that the District Court at Leeuwarden was aware of the police investigations into the murder case. Thus, it may be concluded that the Court only exercised supervision over the applicant's detention but did not control the police investigations or interrogations.

On the other hand it appears from the Government's statements that the investigating judge was informed of the police investigations concerning the murder case. The applicant had at a previous stage of the proceedings before the Commission (counsel's letter of 17 March 1972) himself admitted that the investigating judge gave a crime, dont l'instruction n'avait même pas été autorisée. La police des Pays-Bas a donc fait coïncider l'enquête qu'elle menait alors sur l'homicide avec la détention préventive où le requérant avait été placé du chef d'autres inculpations.

Le requérant semble contester le droit qu'avait la police à agir de la sorte, mais il ne semble pas que l'on puisse sérieusement soutenir que ce *fait en lui-même* puisse constituer l'abus que doit prouver le requérant.

Ni la Convention ni le Code néerlandais de procédure pénale ne contiennent de disposition expresse interdisant à la police d'opérer de la sorte.

Le requérant se plaint ensuite que la police n'ait pas respecté certaines règles stipulées aux articles 57 à 59 du Code néerlandais de procédure pénale relatives aux investigations préparatoires de la police en matière de poursuites pénales.

Ces règles régissent la limitation des pouvoirs d'arrestation, le lieu et la durée de la détention, l'interrogatoire obligatoire (maximum de deux périodes de deux jours dans un local de la police), la fouille des prévenus, la confiscation des objets, etc. Comparés à la compétence plus étendue des autorités judiciaires, ces pouvoirs sont limités en ce qui concerne tant les prévenus que les témoins (lesquels peuvent refuser de témoigner devant la police).

Il convient de noter que ce système de garantie s'applique aux interrogatoires pratiqués par la police sur des personnes *en liberté* et dont l'arrestation temporaire n'est due qu'à la nécessité de procéder à cet interrogatoire.

Il est évident qu'en l'espèce, ce système était inapplicable. Du reste, tout au long de son interrogatoire, le requérant a continué à bénéficier des garanties liées à la détention préventive. Il faut souligner à cet égard que l'article 5 de la Convention vise essentiellement à assurer une surveillance constante des autorités judiciaires sur ce genre de détention. A cet égard, les observations présentées par le Gouvernement ne disent pas clairement que le tribunal de district de Leeuwarden avait connaissance de l'enquête menée par la police à propos de l'homicide. On peut donc en conclure que le tribunal n'a exercé sa surveillance que sur la détention du requérant sans intervenir dans les enquêtes ou interrogatoires de la police.

En revanche, il ressort des déclarations faites par le Gouvernement que le juge d'instruction était informé de l'enquête menée par la police sur l'homicide. D'ailleurs, à un stade antérieur de la procédure devant la Commission, le requérant a lui-même reconnu (lettre de son avocat en date du 17 mars 1972) que le juge d'instruction avait free hand to the public prosecutor as regards the investigation into the murder case.

It is therefore important to note that the investigating judge can, in the preliminary phase of criminal investigation, order the detention of a suspect, who is held in police custody, for two periods of six days. At the beginning police custody can be ordered by the public prosecutor for a maximum period of two periods of two days (Articles 57, 58, NCCP). Altogether a suspect can, therefore, during the preliminary phase of criminal investigation, be held 16 days in detention before the Court acts (Articles 64, 65, NCCP).

The applicant was interrogated, according to the Government's submissions, on eight occasions between 2 and 19 November 1970, namely on 18 days, which is only two days longer than the period just mentioned.

Had the applicant not already been in detention, he could consequently have been remanded in prison for 16 days on the ground that there was strong suspicion of his being involved in the murder case. The Commission does not doubt that the investigating authorities had in fact reason strongly to suspect the applicant and even if it were only from the statements of Dijkstra an accomplice, as well as some other persons, let alone the Government's allegation that the applicant had himself told some people that he was involved in the murder, it can, therefore, not be found that, in these circumstances, the police took advantage of the applicant's detention in a manner contrary to the Convention.

As regards the place of his detention, the Court confirmed in its order of 3 September 1970 that the applicant should be detained at the remand prison at *Groningen* but added, in its order of 1 October 1970, that this detention was also authorised *in any other lawful place of detention in the Netherlands.*

In its order of 29 October 1970, and in the subsequent orders, the Court decided that the applicant should be detained at the remand prison at *Leeuwarden* or, in any event, *at any other* lawful place of detention in the Netherlands.

As to his transfer to the police headquarters in *Leeuwarden*, the Government justify it as follows:

It was not possible to accommodate him in the House of Detention of that city, since Fierstra, who was a fellow suspect in the other cases as well, was being held there. The applicant was therefore placed in police headquarters. The Court Order of 29 October covered this possibility.

The transfer was effected with the consent of the investigating judge who was conducting the preliminary judicial investigation which was the result of applications by the Public Prosecutor on 31 donné carte blanche au procureur en ce qui concerne l'enquête sur l'homicide.

Aussi est-il important de relever que le juge d'instruction peut, pendant la phase préliminaire d'une instruction pénale, ordonner qu'un prévenu déjà placé en garde à vue soit incarcéré pendant deux périodes de six jours, alors qu'au début, le procureur ne peut ordonner la garde à vue que pour deux fois deux jours au maximum (articles 57 et 58 du CNPP). Au total, donc, un prévenu peut rester détenu, durant la phase préliminaire de l'instruction pénale, pendant seize jours avant qu'intervienne une décision du tribunal (articles 64 et 65, CNPP).

Or, selon le Gouvernement, le requérant a été intérrogé à huit reprises entre le 2 et le 19 novembre 1970, c'est-à-dire pendant 18 jours – soit seulement deux jours de plus que la période susmentionnée.

Si donc le requérant n'avait pas déjà été détenu, il aurait pu être gardé en prison pendant 16 jours parce qu'il y avait de bonnes raisons de croire qu'il était impliqué dans l'affaire d'homicide. Il ne fait pour la Commission aucun doute que les autorités chargées de l'instruction avaient en réalité de puissants motifs de soupçonner le requérant, ne fût-ce que sur la foi des déclarations du complice Dijkstra et de quelques autres personnes, sans parler de l'allégation du Gouvernement selon laquelle le requérant aurait lui-même déclaré à certains avoir participé à l'homicide. On ne saurait donc dire, dans ces conditions, que la police ait profité de la détention du requérant d'une manière contraire à la Convention.

Quant au lieu de sa détention, le tribunal a confirmé dans son ordonnance du 3 septembre 1970 que le requérant devait être détenu à la Maison d'arrêt de *Groningue* mais ajouté, dans son ordonnance du 1er octobre 1970, que la détention était également autorisée *dans tout autre lieu de détention prévu par la loi sur le territoire des Pays-Bas.*

De plus, dans son ordonnance du 29 octobre 1970 et dans les suivantes, le tribunal a décidé que le requérant serait détenu à la Maison d'arrêt de *Leeuwarden* ou dans *tout autre lieu* légal de détention sur le territoire des Pays-Bas.

Quant au transfert du requérant au Commissariat central de la police de *Leeuwarden*, le Gouvernement en donne l'explication suivante:

Il n'était pas possible de loger le requérant à la Maison d'arrêt de cette ville car son camarade Fierstra, soupçonné comme lui dans d'autres affaires que l'homicide, y était détenu. Le requérant a donc été placé au Commissariat central de la police, possibilité prévue par l'ordonnance du tribunal du 29 octobre.

Le transfert a été effectué, du reste, avec le consentement du juge d'instruction qui menait l'instruction préparatoire, à la suite des demandes formulées par le procureur les 31 juillet et 29 septembre

July and 29 September 1970. The presence of the applicant in Leeuwarden had the advantage that the various persons involved were *for a time closer together* in the Leeuwarden area, where in the second half of July 1970 the series of offences concerned had been committed and where the team of investigators was operating.

This explanation seems perfectly plausible especially as there is nowhere in the Convention any provision concerning the place where detention is to be undergone.

Finally, the applicant alleged that the restrictions on his liberty which were permissible under the Convention with regard to the extortion and accompanying cases were, for the purpose of obtaining his confession in the murder case, aggravated in two ways: firstly, by prolonging his detention (by at least one month); secondly, by making the restrictions more severe (police headquarters instead of remand prison), although the extortion and accompanying cases were already ready for trial.

In this respect the Commission considers of importance the facts that the applicant had himself given reason to believe that he was involved in the murder case by making statements to that effect to certain people and, secondly, that the applicant confessed to the murder on the second day of his interrogation by the police.

There is nothing to indicate, and the applicant does not allege, that he was intimidated at any moment of his detention at police headquarters to such an extent as to feel compelled to confess. There is no further ground in the opinion of the Commission to question the validity of his detention at police headquarters. The applicant has apparently been convicted several times and is consequently used to undergoing interrogation. If the police did not take him at this word, but went on with the interrogation despite his confessions in order to find out the true facts objectively, it can hardly be argued that the interrogation was, for this reason, longer or more severe. Finally the authorities came to the conclusion that there was not sufficient evidence to convict the applicant of the murder or participation in the murder.

Having thus considered all the elements in the case, the Commission concludes that there has been no breach of Article 18 read in conjunction with Article 5 of the Convention.

The Commission has, however, duly noted that the respondent Government concluded their observations on the merits with an indication that they intend to examine the question as to whether a reform of the relevant legislation is necessary in order to avoid ambiguous situations which may, as in the present case, arise under the existing provisions concerning interrogation by the police of persons already in detention on remand.

1970. L'avantage d'amener le requérant à Leeuwarden était de *rapprocher pour un temps* dans la région de Leeuwarden, où opérait l'équipe des enquêteurs les différentes personnes impliquées dans la série de délits commis au cours de la deuxième quinzaine de juillet 1970.

Cette explication semble parfaitement acceptable, surtout qu'il n'existe nulle part dans la Convention une disposition relative au lieu où la détention doit être subie.

Le requérant allègue enfin que, pour pouvoir obtenir ses aveux dans l'affaire d'homicide, les limitations qui pouvaient, selon la Convention, être apportées à sa liberté à propos du délit d'extorsion et des affaires connexes, ont été aggravées de deux manières: premièrement, par une prolongation de sa détention (d'au moins un mois); deuxièmement par une aggravation de la rigueur de la détention (au Commissariat de police au lieu de la Maison d'arrêt), alors que l'affaire d'extorsion et les affaires connexes étaient déjà en état d'être jugées.

La Commission, à cet égard, attribue de l'importance au fait que le requérant ait lui-même donné à penser qu'il avait participé à l'affaire d'homicide par les déclarations qu'il avait faites à certaines personnes et qu'il ait avoué, le deuxième jour de son interrogatoire par la police, avoir commis l'homicide.

Rien ne permet de croire, et le requérant ne l'a pas fait valoir, qu'il ait fait l'objet, à un moment quelconque de sa détention au Commissariat central, de manoeuvres d'intimidation telles qu'il se soit senti obligé d'avouer. Rien ne permet non plus, selon la Commission, de mettre en doute la validité de sa détention au Commissariat de police. Apparemment, le requérant avait subi plusieurs condamnations et avait donc l'habitude des interrogatoires. Si, au lieu de le croire sur parole, la police a poursuivi l'interrogatoire du requérant en dépit de ses aveux pour déterminer objectivement la vérité des faits, on ne saurait guère prétendre que l'interrogatoire ait été, de ce fait, plus long ou plus rigoureux. D'ailleurs, les autorités ont fini par conclure que les preuves recueillies ne suffisaient pas à déclarer le requérant coupable d'homicide ou de complicité.

Ayant ainsi examiné tous les éléments de la cause, la Commission en conclut qu'il n'y a pas eu violation de l'article 18 combiné à l'article 5 de la Convention.

La Commission n'a toutefois pas manqué de noter que le Gouvernement défendeur a conclu ses observations sur le fond en indiquant son intention d'envisager la nécessité éventuelle d'une réforme de la législation, pour éviter le retour de situations ambiguës, comme celle du cas présent, du fait des dispositions qui gouvernent les interrogatoires par la police de personnes déjà placées en détention préventive.

C.

relating to Application No. 4517/70

Herbert HUBER *against* AUSTRIA

Resolution of the Committee of Ministers

RESOLUTION DH (75) 2

(*Adopted by the Committee of Ministers on 15 April 1975 at the 244th meeting oof the Ministers' Deputies*)

The Committee of Ministers,

Having regard to Article 32 of the Convention for the Protection of Human Rights and Fundamental Freedoms (hereinafter referred to as "the Convention");

Having regard to the report drawn up by the European Commission of Human Rights in accordance with Article 31 of the Convention, relating to the application lodged by Mr. Herbert Huber against Austria (No. 4517/70);

Whereas on 12 April 1973, the Commission transmitted the said report to the Committee of Ministers and whereas the period of three months provided for in Article 32 (1) of the Convention has elapsed without the case having been brought before the Court, in pursuance of Article 48 of the Convention;

Whereas in his application introduced on 16 June 1970 the applicant complained of violation of several articles of the Convention alleged to have taken place during his detention;

Whereas the Commission, after having declared inadmissible certain parts of the application, declared admissible on 14 July 1971 the complaint alleging violation of Article 6 (1) by reason of the length of the criminal proceedings against him;

Whereas the Commission, in its report adopted on 8 February 1973, has underlined the fact that in the course of its examination of the present case it had regard to the judgment of the European Court of Human Rights in the "Neumeister case"; it being of the opinion, however, that although there is an essential similarity in the two cases, there are, nevertheless, substantial differences;

Whereas the Commission has expressed the opinion, by eight votes to two, that the total period required to determine the criminal charges against the applicant was not reasonable within the meaning of Article 6 (1) of the Convention and that there had therefore been a breach of that provision in the present case;

C.

relative à la requête No 4517/70

Herbert HUBER *contre* L'AUTRICHE

Résolution du Comite des Ministres

RESOLUTION DH (75) 2

(*Adoptée par le Comité des Ministres le 15 avril 1975, lors de la 244e réunion des Délégués des Ministres*)

Le Comité des Ministres,

Vu l'article 32 de la Convention de Sauvegarde des Droits de l'Homme et des Libertés fondamentales (ci-après dénommée "la Convention");

Vu le rapport de la Commission européenne des Droits de l'Homme établi conformément à l'article 31 de la Convention au sujet de la requête introduite par M. Herbert Huber contre l'Autriche (N° 4517/70);

Considérant que la Commission a transmit ledit rapport au Comité des Ministres le 12 avril 1973 et que le délai de trois mois prévu à l'article 32, paragraphe 1, de la Convention s'est écoulé sans que l'affaire ait été déférée à la Cour européenne des Droits de l'Homme, par application de l'article 48 de la Convention;

Considérant que, dans sa requête introduite le 16 juin 1970, le requérant s'est plaint des violations alléguées de plusieurs articles de la Convention qui seraient survenues au cours de sa détention;

Considérant que la Commission, après avoir rejeté comme irrecevables certaines parties de la requête, a déclaré, le 14 juillet 1971, recevables les griefs relatifs à la violation de l'article 6, paragraphe 1, de la Convention du fait de la durée de la procédure menée à l'encontre du requérant;

Considérant que, dans son rapport adopté le 8 février 1973, la Commission souligne qu'elle a, lors de l'examen de la présente affaire, tenu compte de l'arrêt de la Cour européenne des Droits de l'Homme dans l'affaire Neumeister, en estimant toutefois que, bien que ces deux affaires présentent une grande analogie, elles diffèrent néanmoins sur des points importants;

Considérant que la Commission a été d'avis, par huit voix contre deux, que la durée totale de la période qui s'est écoulée jusqu'à ce qu'il soit statué sur les accusations portées contre le requérant n'était pas raisonnable au sens de l'article 6, paragraphe 1, de la Convention, et qu'il y a donc eu en l'espèce violation de cette disposition;

Having regard to the memorandum of 1 October 1974 from the Austrian Government, where reference has been made to the judgment of the European Court in the "Neumeister case", and having regard to the view of the Austrian Government expressed in the course of the proceedings under Article 32 (1) of the Convention, that in view of the complexity of the proceedings, of the difficulties resulting from the rogatory commissions requested from foreign countries and of the obstructive conduct of the applicant, Article 6 (1) had not been violated;

Voting in accordance with the provisions of Article 32 (1) of the Convention, but without attaining the majority of two thirds of the members entitled to sit,

Decides therefore that no further action is called for in this case.

Report of the Commission

INTRODUCTION

1. The following is an outline of the case as it has been submitted by the Parties to the European Commission of Human Rights.

The applicant, Mr. Herbert Huber, is an Austrian citizen, born in 1914 and resident in Vienna. He is one of several persons, including Lothar Rafael and Fritz Neumeister, against whom criminal proceedings were instituted in Austria for having defrauded the exchequer by fraudulently obtaining between the years 1952 and 1958, reimbursement of turnover tax (*Umsatzsteuerrückvergütung*) to the extent of several million schillings, such reimbursement having been designed to encourage exports.

It will be recalled that both MM. Neumeister and Rafael lodged applications with the Commission, (No. 1936/65 and No. 2424/65 respectively). Mr. Rafael's application was declared inadmissible by the Commission's decision of 24 May 1966 as being an abuse of the right of petition. On the other hand, the Commission accepted on 6 July 1964 the application submitted by Mr. Neumeister insofar as it related to his complaints under Articles 5 (3) and (4) concerning his detention on remand and its length, and under Article 6 (1) of the Convention concerning the length of the criminal proceedings themselves. The Commission adopted its report on 27 May 1966. By requests dated 7 and 11 October 1966 the European Court of Human Rights was seized of the case and judgment was pronounced on 27 June 1968, the European Court finding that there had been a breach of Article 5 (3) of the Convention but no breach of Article 5 (4), or Article 6 (1) in respect of the length of the criminal pro-

Vu le mémorandum du Gouvernement autrichien en date du 1er octobre 1974, dans lequel référence a été faite à l'arrêt de la Cour européenne dans l'affaire Neumeister, et vu l'opinion exprimée par le Gouvernement autrichien au cours de l'examen de cette affaire en vertu du paragraphe 1er de l'article 32 de la Convention, selon laquelle le paragraphe 1er de l'article 6 n'a pas été violé en raison de la complexité de la procédure, des difficultés auxquelles se sont heurtées les commissions rogatoires adressées à des pays étrangers et de l'obstruction faite par le requérant;

Ayant procédé au vote conformément aux dispositions de l'article 32, paragraphe 1, de la Convention, sans que la majorité des deux tiers des représentants ayant le droit de siéger ait été atteinte,

Décide, en conséquence, qu'il n'y a pas lieu de donner d'autres suites à la présente affaire.

Rapport de la Commission

INTRODUCTION

1. On trouvera ci-après un résumé des faits de la cause, tels qu'ils ont été exposés par les parties à la Commission européenne des Droits de l'Homme.

Le requérant, M. Herbert Huber, ressortissant autrichien, est né en 1914 et réside à Vienne. Avec plusieurs autres personnes dont Lothar Rafael et Fritz Neumeister, il a fait l'objet de poursuites pénales en Autriche pour avoir escroqué à l'Etat autrichien, entre 1952 et 1958, plusieurs millions de schillings, en obtenant frauduleusement le remboursement de l'impôt sur le chiffre d'affaires (*Umsatzsteuerrückvergütung*), remboursement dont le but est d'encourager les exportations.

Il convient de rappeler que MM. Neumeister et Rafael ont introduit des requêtes devant la Commission (N° 1936/63 et N° 2424/65 respectivement). La requête de M. Rafael a été déclarée irrecevable par décision de la Commission du 24 mai 1966 pour abus du droit de requête. En revanche, le 6 juillet 1964, la Commission a déclaré recevable la requête de M. Neumeister quant aux griefs tirés de l'article 5, §§ 3 et 4, relatifs à la détention préventive et à la durée de celle-ci, et tirés de l'article 6, § 1 de la Convention, relatifs à la durée de la procédure elle-même. La Commission a adopté son rapport le 27 mai 1966. Par demande du 7 et requête du 11 octobre 1966, la Cour européenne des Droits de l'Homme a été saisie de l'affaire. Dans son arrêt, rendu le 27 juin 1968, la Cour a jugé qu'il y avait eu violation de l'article 5, § 3, de la Convention mais non de l'article 5, § 4, et qu'il n'y avait pas eu violation de l'article 6, § 1, ceedings concerned which, up to the judgment of the Court, had lasted for more than seven years.

In the case of the present applicant the Vienna Internal Revenue Office started, in February 1959, enquiries into the applicant's business transactions on the suspicion of having wrongly received turnover tax refunds. In the course of these enquiries the applicant's premises were visited and books and files of the company were handed over to the investigators. When it turned out that the alleged manipulations exceeded a certain sum the matter was transferred in August 1959 to the Public Prosecutor's Office in Vienna which made, on 11 August 1959, an application to the Regional Criminal Court for the opening of preliminary investigations against the applicant and several others. The Regional Court so decided on 17 August 1959.

On 24 June 1960 the applicant was examined as to the criminal charges against him. Subsequently, he went abroad. He took up residence in Switzerland where he was arrested on 13 February 1961 and remanded in custody from which he was released after a short while for reasons of his poor health. He was extradited to Austria on 27 September 1962 on a request by the Austrian authorities dated 23 February 1961. He remained in custody in Austria until 7 July 1965 when he was released on a solemn undertaking to remain at the disposal of the authorities and courts.

The indictment was served on 17 March 1964. It contained altogether ten charges against the applicant. Proceedings on two further charges which were not included in the indictment but were the subject matter of investigations were discontinued in August and September 1964.

The trial started on 9 November 1964 and continued until 18 June 1965. On that latter day the hearing was adjourned *sine die* in order to complete the investigations.

On 8 March 1966 the proceedings on five of the charges set out in the indictment were provisionally discontinued. On the other hand, a separate trial was held between 13 March and 26 April 1967 regarding one further charge which terminated with the applicant's acquittal.

The trial on the remaining four charges against the applicant was resumed on 4 December 1967. In the course of the trial, on 10 June 1968, the Court separated two of these charges from the remainder at the request of the Public Prosecutor, and on 2 July 1968 it separated the proceedings on a further charge.

On the same day the Court convicted the applicant on the only remaining charge, namely fraud with regard to the improper obtaining of turnover tax refunds for the sham export of running gears, and sentenced him to three years' severe imprisonment with the additional penalty of "sleeping hard" once every three months.

pour ce qui est de la durée de la procédure qui, jusqu'à l'arrêt de la Cour, avait dépassé sept ans.

Dans la présente affaire, le service des contributions de Vienne a ouvert, en février 1959, une enquête sur les transactions commerciales du requérant, soupçonné d'avoir frauduleusement obtenu le remboursement d'impôts indirects. Au cours de cette enquête, une perquisition fut faite dans les locaux appartenant au requérant et les livres et dossiers de sa société furent remis aux inspecteurs. Lorsqu'il apparut que les manipulations suspectes dépassaient un certain montant, l'affaire fut transmise, en août 1959, au parquet de Vienne qui, le 11 août de la même année, requit du tribunal régional l'ouverture d'une instruction préparatoire sur les agissements du requérant et de plusieurs autres personnes. Le 17 août 1959, le tribunal régional faisait droit à cette demande.

Le requérant a été interrogé le 24 juin 1960. Puis il partit pour l'étranger et s'installa en Suisse où il fut arrêté le 13 février 1961; maintenu quelque temps en détention provisoire, il est rapidement mis en liberté pour raison de santé. Il est extradé le 27 septembre 1962, à la suite d'une demande des autorités autrichiennes datée du 23 février 1961. Il demeura détenu en Autriche jusqu'au 7 juillet 1965, date à laquelle il a été mis en liberté après s'être solennellement engagé à rester à la disposition des autorités et de la justice.

L'acte d'accusation a été signifié le 17 mars 1964. Il contenait au total dix chefs d'accusation. Deux autres inculpations qui n'y figuraient pas, mais faisaient l'objet d'enquêtes, ont été abandonnées en août et septembre 1964.

Le procès, commencé le 9 novembre 1964, s'est poursuivi jusqu'au 18 juin 1965, date à laquelle l'audience a été suspendue *sine die* pour per mettre de compléter l'instruction.

Le 8 mars 1966, la procédure relative à cinq des chefs d'accusation a été interrompue provisoirement. D'autre part, un procès distinct, qui eut lieu du 13 mars au 26 avril 1967 et portait sur un autre chef d'accusation s'est terminé par l'acquittement du requérant.

Le procès relatif aux quatre chefs d'accusation restants a été repris le 4 décembre 1967. Au cours de ce procès, le 10 juin 1968, le tribunal a disjoint deux de ces chefs d'accusation à la demande du parquet et, le 2 juillet 1968, il a disjoint la procédure relative à un autre chef d'accusation.

Le même jour, le tribunal déclarait le requérant coupable d'avoir obtenu frauduleusement le remboursement de l'impôt sur le chiffre d'affaires pour des exportations fictives d'engrenages, seul chef d'accusation restant, et le condamnait à trois ans de réclusion, aggravés de la peine de "couche dure" une fois par trimestre, la

The period which the applicant had spent in detention on remand was credited towards his sentence.

The written judgment was communicated to the applicant on 10 March 1969. On 24 March 1969 he lodged with the Supreme Court a plea of nullity against his conviction and an appeal against his sentence invoking violations of both procedural and substantive law. On 16 June 1971 the Supreme Court rejected the plea of nullity as to the alleged violation of procedural law, and on 4 November 1971 it dismissed the plea as to the alleged violations of substantive law and also dismissed the appeal.

Finally, on 3 May 1972 the Public Prosecutor's Office in Vienna declared that it was not necessary to continue prosecution on the three charges separated during the trial on 10 June and 2 July 1968 and the Vienna Regional Criminal Court took notice of this declaration in a decision dated 26 May 1972.

2. The present application was lodged with the Commission on 16 June 1970 and registered on the same day.

By partial decision of 19 December 1970 the Commission rejected certain parts of the application as being inadmissible. On 14 July 1971, after having obtained written and subsequently oral submissions from the Parties, the Commission declared admissible the applicant's only remaining complaint, namely that Article 6 (1) of the Convention had been violated by reason of the length of the criminal proceedings against him.

...

POINTS AT ISSUE

I. *General point at issue*

3. After the final decision on admissibility of 14 July 1971 the only general point at issue remaining in the present case is the question whether or not the length of the criminal proceedings against the applicant was consistent with Article 6 (1) of the Convention which provides that in "the determination ... of any criminal charge against him, everyone is entitled to a fair and public hearing within a reasonable time ...".

II. *Particular points at issue*

4. With regard to the submissions of the parties in the present case, and in accordance with the established case law of the European Commission and Court of Human Rights, the following particular points are at issue in relation to the applicant's complaint concerning the length of the criminal proceedings against him:

période passée en détention provisoire devant être imputée sur la durée de la peine.

Le texte du jugement a été communiqué au requérant le 10 mars 1969. Le 24 mars 1969, celui-ci introduisit auprès de la Cour suprême un pourvoi en cassation contre la condamnation et un appel de la sentence, en invoquant à la fois des irrégularités de procédure et des violations du droit de fond. Le 16 juin 1971, la Cour suprême rejetait la Partie du pourvoi en cassation relative aux prétendues irrégularités de la procédure et, le 4 novembre 1971, la Partie du pourvoi relative aux violations du droit de fond ainsi que l'appel.

Enfin, le 3 mai 1972, le parquet de Vienne a fait savoir qu'il n'était pas nécessaire de continuer les poursuites portant sur les trois chefs d'accusation disjoints au cours du procès, les 10 juin et 2 juillet 1968 et le tribunal correctionnel régional de Vienne prit acte de cette déclaration dans une décision du 26 mai 1972.

2. La présente requête a été introduite devant la Commission le 16 juin 1970 et enregistrée le même jour.

Par décision partielle du 19 décembre 1970, la Commission a rejeté comme irrecevables certaines parties de la requête. Le 14 juillet 1971, après avoir reçu les observations écrites puis orales des Parties, la Commission a déclaré recevable le reste de la requête, c'est-à-dire le grief relatif à la violation de l'article 6, § 1, de la Convention du fait de la durée de la procédure menée à l'encontre du requérant.

. . . .

POINTS EN LITIGE

I. *Question d'ordre général*

3. Après la décision finale sur la recevabilité rendue le 14 juillet 1971, la seule question d'ordre général restant pendante en l'espèce est de savoir si la durée de la procédure engagée contre le requérant est ou non conforme aux dispositions de l'article 6, § 1, de la Convention, qui stipule que "toute personne a droit à ce que sa cause soit entendue équitablement, publiquement et dans un délai raisonnable . . .".

II. *Points particuliers*

4. Compte tenu de l'argumentation des Parties et conformément à la jurisprudence de la Commission et de la Cour européennes des Droits de l'Homme, il reste à examiner les points particuliers ci-dessous concernant les allégations du requérant quant à la durée de la procédure engagée contre lui:

(1) What period is covered in the present case by the requirement of "reasonable time" under Article 6 (1) of the Convention?

(2) Whether or not, in the circumstances of the case, the period established can be considered as being reasonable, having regard, in particular, to
(a) the complexity of the case as a whole;
(b) the manner in which the case has been handled by the judicial authorities;
(c) the applicant's own conduct.

...

ESTABLISHMENT OF THE FACTS

I. *The background of the criminal proceedings against the applicant*

12. The Commission has been called upon before in connection with Application No. 1936/63 introduced by Mr. Fritz Neumeister against Austria, to examine the nature and the background of the criminal proceedings conducted against altogether ten persons including the applicant, who were charged in 1964 with having defrauded the exchequer by fraudulently obtaining reimbursement of turnover tax to the extent of several million schillings, such reimbursement having been designed to encourage exports.

13. In short the situation was as follows:

According to the Turnover Tax Act (*Umsatzsteuergesetz*) 1934 which was in force in Austria at the material time, deliveries effected and other services performed by an enterprise in the national territory for gain in the course of business were subject to turnover tax. However, under Article 4 (3) of the Act export deliveries were exempt from tax provided that their existence was established by the books. Furthermore, under Article 16 (1) of the Act an exporter could, on application, receive an amount, a so-called "export trader's bonus" (*Ausfuhrhändlervergütung*), that served to offset the tax on the delivery of articles to him or on their importation if he showed that he had exported without treatment articles obtained by him at home or imported by him. Similarly, under Article 16 (2) of the Act an enterprise could, on application, be reimbursed by a so-called "export bonus" (*Ausfuhrvergütung*), i.e. an amount up to the tax on the delivery or import of components, accessories and auxiliary materials used in manufacturing the articles shown to have subsequently been exported. Both bonuses, the "export trader's bonus" for the export trader and the "export bonus" for the exporting manufacturer, made it possible to keep prices lower when selling abroad than could otherwise have been possible, and were thus solely designed to promote exports.

(1) A quelle période s'applique, dans le cas présent, l'exigence d'un "délai raisonnable", comme prévu à l'article 6, § 1, de la Convention?

(2) La période ainsi déterminée peut-elle ou non être considérée comme d'une durée raisonnable, compte tenu des circonstances particulières, et notamment:

(a) de la complexité de l'affaire dans son ensemble;

(b) de la manière dont l'affaire a été menée par les autorités judiciaires;

(c) de la conduite du requérant?

....

ETABLISSEMENT DES FAITS

I. *Origine des poursuites pénales engagées contre le requérant*

12. A l'occasion de la requête N° 1936/63 introduite par M. Fritz Neumeister contre l'Autriche, la Commission a déjà été appelée à examiner la nature et l'origine des poursuites pénales engagées contre dix personnes au total, dont le requérant, accusées en 1964 d'avoir escroqué le fisc en obtenant frauduleusement des remboursements d'impôt sur le chiffre d'affaires atteignant un montant global de plusieurs millions de schillings; de tels remboursements sont accordés à titre d'encouragement à l'exportation.

13. La situation peut se résumer comme suit:

Conformément à la loi relative à l'impôt sur le chiffre d'affaires (*Umsatzsteuergesetz*) de 1934 qui était en vigueur en Autriche à l'époque, les prestations de biens et services effectuées par une entreprise sur le territoire national à des fins lucratives et dans le cadre de son entreprise étaient soumises à l'impôt sur le chiffre d'affaires. Toutefois, aux termes de l'article 4, § 3, de la loi, les exportations en étaient exonérées à condition que soit fournie la preuve comptable de leur réalité. De plus, l'article 16, § 1, de la loi permettait à un exportateur de demander une prime spéciale (*Ausfuhrhändlervergütung*) servant à compenser la taxe payée sur l'achat ou l'importation s'il pouvait prouver que les articles qu'il s'était procuré à l'intérieur ou hors du pays avaient été exportés ou réexportés par lui sans traitement. De même, aux termes de l'article 16, § 2, de la loi, une entreprise pouvait obtenir sur demande une prime à l'exportation (*Ausfuhrvergütung*) pouvant atteindre le montant de la taxe payée à l'achat ou à l'importation d'éléments, accessoires et matériels utilisés pour la fabrication d'articles dont elle pouvait prouver les avoir ultérieurement exportés. Ces deux primes, destinées l'une à l'exportateur et l'autre au fabricant, permettaient de maintenir les prix de vente à l'étranger à un niveau inférieur à ce qu'il aurait été autrement et avaient donc pour seul but d'encourager les exportations.

14. The above legislation had been the basis for a number of cases in which persons were convicted and sentenced on charges of having defrauded the Austrian State of turnover tax. Whereas in earlier cases the method employed had been simply to bribe certain customs officials to stamp the necessary export documents while in fact no goods were exported or only inferior goods were exported, the defendants in the present case had indeed exported articles of normal quality whose value was difficult to establish. These articles were exported, however, with their value over-declared in varying degrees to foreign buyers who received the goods only for appearances' sake and in fact were only middlemen. The goods thus received abroad were returned to the Austrian exporters and sometimes the process was repeated – a refund of turnover tax being claimed, and usually paid, at each exportation – until finally they were sold to a genuine foreign buyer at the usual or a lower price, or scrapped if unsaleable. In order to maintain the appearance of genuine business transactions, foreign currency was purchased abroad and transferred to Austria on behalf of the supposed foreign buyer through banking channels, to serve as proof of payment for the transactions declared at the time of exportation. (Cf. explanations given by the Austrian Government at the hearing of 5 February 1968 before the European Court of Human Rights in connection with the Neumeister case, European Court of Human Rights Series B, "Neumeister "case, pages 224 to 226, and the judgments of the Regional Criminal Court and the Supreme Court, dated 2 July 1968 and 4 November 1971 respectively.)

II. *The enquiries by the fiscal authorities* (2 February 1959 to 17 August 1959)

15. It appears that, since August 1958, the applicant's company was included in a list of exporters whose exports were subjected to a special control by the customs authorities at Salzburg. In fact, it was suspected that the applicant had applied for and had received turnover tax refunds under the above provisions of the Turnover Tax Act for exporting goods whose actual value was below the declared value, or he had received these refunds for the same goods more than once.

16. On 2 February 1959 the Federal Ministry of Finance instructed the Taxation Office I in Vienna to inspect the applicant's business with regard to his applications under Article 16 (1) of the Turnover Tax Act for "export trader's bonuses". This inspection was carried

14. C'est sur la base de cette législation qu'ont eu lieu un certain nombre de poursuites et de condamnations pour escroquerie à l'égard de l'Etat autrichien, portant sur l'impôt sur le chiffre d'affaires. Mais tandis que dans les affaires antérieures, la méthode employée avait simplement consisté à soudoyer certains fonctionnaires des douanes pour qu'ils authentifient les documents d'exportation d'articles inexistants ou de qualité inférieure, dans la présente affaire les inculpés avaient effectivement exporté des articles de qualité normale dont la valeur était difficile à estimer. Cependant, la valeur déclarée était supérieure, dans des proportions variables à la valeur réelle et les acheteurs étrangers qui les recevaient pour la forme n'étaient que des prête-noms. Les marchandises ainsi parvenues à l'étranger étaient retournées aux exportateurs autrichiens, le procédé se répétant parfois plusieurs fois (le remboursement de l'impôt sur le chiffre d'affaires était demandé et généralement obtenu à chaque opération), jusqu'à ce qu'elles soient enfin véritablement vendues à un acheteur étranger au prix normal ou à bas prix, ou mises au rebut si elles étaient invendables. Afin de garder l'apparence de véritables transactions commerciales, des devises étaient achetées à l'étranger puis étaient transférées en Autriche par voie bancaire, au nom du prétendu preneur étranger, afin de prouver le paiement des transactions déclarées lors de l'exportation. (cf. les explications données par le Gouvernement autrichien à l'audience du 25 février 1968 devant la Cour européenne des Droits de l'Homme à l'occasion de l'affaire Neumeister, Cour européenne des Droits de l'Homme, série B, affaire "Neumeister", pp. 224 à 226, et les jugements rendus par le tribunal correctionnel régional et la Cour suprême en date du 2 juillet 1968 et du 4 novembre 1971 respectivement).

II. *Enquêtes des autorités fiscales*
(2 février – 17 août 1959)

15. Il appert que depuis août 1958 l'entreprise du requérant figurait sur une liste d'exportateurs dont les activités faisaient l'objet d'un contrôle spécial des services douaniers de Salzbourg. On soupçonnait le requérant d'avoir demandé et obtenu des remboursements de l'impôt sur le chiffre d'affaires, en application des dispositions ci-dessus de la loi relative à l'impôt sur le chiffre d'affaires, pour l'exportation de marchandises dont la valeur réelle était inférieure à la valeur déclarée ou d'avoir obtenu des remboursements plusieurs fois pour les mêmes marchandises.

16. Le 2 février 1959, le Ministère fédéral des Finances chargea le service des contributions de Vienne I d'inspecter les affaires du requérant et plus particulièrement ses demandes de primes (*Ausfuhrhändlervergütung*) au titre de l'article 16, § 1, de la loi relative à

out between 3 February 1959 and 29 April 1959 by two financial auditors from Vienna who, on 30 April 1959 submitted their report.

For the purpose of their inspection the auditors received on 6 February 1959 from the applicant the books of the company and the relevant business papers including the following documents: one file of consignment notes and one express shipment note, one file of bank accounts and credit notes for the period between 11.10.58 and 2.2.59, one file of correspondence (16 pages), and various consignment lists. Furthermore, on 9 February 1959 they received various receipts of payment issued by the H.H. Speiser Company. In each case a handwritten paper was prepared, signed on the one hand by the finance inspector or inspectors concerned attesting the receipt of these documents and on the other hand by the applicant attesting that they had been handed over by him. These documents were first retained by the fiscal authorities as evidence in the taxation proceedings and subsequently handed over to the judicial authorities in view of the introduction of criminal proceedings against the applicant.

17. According to the applicant, he had offered to the inspectors further documents, in particular the complete consignment lists, and various samples of textiles, but they had refused to accept this evidence at that stage. He states that these documents and samples had only been seized later while preliminary investigations were conducted against him by the judicial authorities and his house had been searched in his absence. Subsequently, these documents had disappeared.

18. Even before the auditors had submitted their report, the tax collector's office (*Finanzkasse*) at Salzburg on 6 March 1959 informed the applicant that an inspection of his application for turnover tax refunds from August 1957 to August 1958 had shown that an amount of 25,877.72 schillings had been paid to him without cause and was therefore reclaimed. The office indicated as the reason for this measure the fact that a closer examination of the shipping documents and the invoices had frequently disclosed boxes with the same content and packing mark and it must therefore be assumed that fictitious transactions had taken place for the purpose of receiving turnover tax refunds. The office further advised the applicant as to the possibility of appealing against this order and the applicant availed himself of these possibilities. The matter has not been finally decided in view of the criminal proceedings subsequently instituted against the applicant.

19. However, in view of the considerable tax debt the taxation office attempted execution by seizing the applicant's bank account

l'impôt sur le chiffre d'affaires. Deux inspecteurs des contributions de Vienne ont procédé à cette inspection, du 3 février 1959 au 29 avril 1959 et ont déposé leur rapport le 30 avril de la même anneé.

Aux fins de vérification, les inspecteurs ont reçu du requérant le 6 février 1959 les livres de la société et d'autres documents intéressant l'affaire y compris les pièces suivantes: un dossier de lettres de voiture, un borderau d'expédition par exprès, un dossier de relevés bancaires et de notes de crédit pour la période du 11.10.58 au 2.2.59, un dossier de correspondance (16 pages) et diverses listes de lettres de voiture. Le 9 février 1959, ils reçurent encore diverses quittances de la société H. H. Speiser. Pour chacune de ces pièces, il a été établi un document manuscrit signé d'une part par le ou les inspecteurs responsables accusant réception des pièces en question, et d'autre part par le requérant attestant que ces pièces avaient été remises par lui-même. Ces documents sont tout d'abord restés en la possession des autorités fiscales comme pièces à conviction dans la procédure fiscale puis furent transmises aux autorités judiciaires en vue de l'ouverture de poursuites pénales contre le requérant.

17. Celui-ci a déclaré avoir proposé aux inspecteurs d'autres documents, notamment les listes complètes de lettres de voiture ainsi que divers échantillons de textiles, mais ceux-ci ont refusé de prendre ces pièces en considération à ce moment. Il affirme que ces documents et échantillons n'ont été saisis qu'ultérieurement, au cours de l'instruction préparatoire menée par les autorités judiciaires, lors d'une perquisition faite à son domicile en son absence. Ces documents ont ensuite disparu.

18. Avant même que les inspecteurs n'aient déposé leur rapport, la recette-perception de Salzbourg (*Finanzkasse*) informait le requérant, le 6 mars 1959, qu'une révision de sa demande de remboursement de l'impôt sur le chiffre d'affaires pour la période d'août 1958 avait montré qu'un montant de 25.877,72 schillings lui avait été indûment versé et que la restitution lui en était donc demandée. Cette administration indiquait comme motif de cette mesure le fait qu'un examen approfondi des documents d'expédition et des factures avait révélé à plusieurs reprises l'existence de caisses ayant le même contenu et les mêmes marques d'emballage et que la conclusion s'imposait que l'on avait procédé à des transactions fictives à seule fin d'obtenir le remboursement de l'impôt sur le chiffre d'affaires. La recette-perception informait de plus le requérant des possibilités de recours contre cette décision et celui-ci a fait usage de ces possibilités. Il n'a finalement pas été statué sur ce recours du fait de la procédure pénale ultérieurement engagée contre le requérant.

19. Toutefois, considérant l'importance de la somme due, les autorités fiscales ont tenté d'obtenir le 28 février 1959 la saisie du

on 28 February 1959. This attempt was not successful and the Salzburg Taxation Office therefore made various executions in respect of the applicant's other property.

By decision of 3 November 1970 the Salzburg Taxation Office provisionally cancelled the arrears of taxes in the amount of 25,400.00 schillings reserving the right to restore its claim at any time. Upon restoration of the claim the office is entitled to continue the execution proceedings, but no such decision has yet been taken.

20. In the meanwhile, on 8 June 1959, the Chief Taxation Office (*Finanzlandesdirection*) at Salzburg instructed the Salzburg Taxation Office to report on the matter and to submit their observations on the report of 30 April 1959 by the Vienna auditors. This report was submitted on 29 June 1959. It replied to some expostulations made by both the Vienna auditors and by the Chief Taxation Office itself and came to the conclusion that the above report of the Vienna auditors was not yet sufficiently complete for an information to be laid before the Public Prosecutor's Office. The Taxation Office therefore requested the Chief Office's authorisation to wait with the laying of such information until the applicant's lawyer had submitted the evidence which he had wished to put before the taxation authorities and until this evidence had been examined.

12. It is not clear when this evidence was received or whether it was ever received. In any event, on 10 August 1959 the Vienna Taxation Office filed a substantial information with the Public Prosecutor's Office in Vienna which, on 11 August 1959, made an application to the Regional Criminal Court in Vienna for the opening of preliminary investigations (*Voruntersuchung*) against the applicant who at that time was suspected together with 23 other persons, of having committed fraud (*Betrug*) by improperly obtaining turnover tax refunds with regard to the sham export of optical instruments and textiles.

III. *The first stage of the preliminary investigations* (17 August 1959 to 4 November 1963)

22. On 17 August 1959 the investigating judge at the Regional Criminal Court took a decision in accordance with the prosecuting authority's application to open preliminary investigations against the applicant. Subsequently, on 29 August, and on 2, 10 and 15 September 1959 the applicant made to the Court various applications for the taking of evidence, and on 4 September 1959 he also made a hierarchical appeal (*Aufsichtsbeschwerde*).

23. The following period was taken up mainly with corresponden-

compte en banque du requérant. Cette tentative ayant échoué, les services fiscaux de Salzbourg opérèrent différentes saisies sur d'autres propriétés du requérant.

Par décision du 3 novembre 1970, le service des contributions de Salzbourg annula provisoirement les arriérés d'impôt d'un montant de 25.400 schillings en se réservant la possibilité de faire valoir à nouveau ses droits en tout temps; dans ce cas, les services fiscaux sont habilités à poursuivre la procédure de saisie-exécution, mais aucune décision en ce sens n'a été prise à ce jour.

20. Dans l'intervalle, le 8 juin 1959, la Direction régionale des finances (*Finanzlandesdirektion*) de Salzbourg chargeait la recette-perception de cette ville de rendre compte de cette affaire et de soumettre ses observations quant au rapport remis le 30 avril 1959 par les inspecteurs des contributions de Vienne. Ces observations ont été déposées le 29 juin 1959. Elles répondaient à certaines remontrances émanant tant des inspecteurs de Vienne que de la Direction régionale des finances elle-même, et aboutissaient à la conclusion que le rapport susvisé des inspecteurs de Vienne n'était pas encore suffisamment complet pour qu'il soit possible de saisir le parquet. La perception de Salzbourg demandait donc à la Direction régionale des finances l'autorisation d'attendre pour ce faire que l'avocat du requérant ait fourni les preuves qu'il désirait soumettre aux autorités fiscales et que ces preuves aient été examinées.

21. On ne sait pas très bien quand ces preuves ont été reçues, ni même si elles l'ont jamais été. Quoi qu'il en soit, le 10 août 1959, la perception de Vienne déposait une dénonciation circonstanciée auprès du parquet de cette même ville qui, le 11 août 1959, demandait au tribunal pénal régional de Vienne l'ouverture d'une instruction préparatoire (*Voruntersuchung*) contre le requérant. A cette époque, celui-ci était soupçonné avec vingt-trois autres personnes d'une escroquerie (*Betrug*) consistant à avoir obtenu frauduleusement le remboursement de l'impôt sur le chiffre d'affaires pour de prétendues exportations d'instruments d'optique et de textiles.

III. *Première phase de l'instruction préparatoire* (17 août 1959 - 4 novembre 1963)

22. Le 17 août 1959 le juge d'instruction près le tribunal régional donnant suite à la requête du Ministère public, décida l'ouverture d'une instruction préparatoire contre le requérant. Le 29 août, ainsi que les 2, 10 et 15 septembre 1959, le requérant soumit au tribunal différentes requêtes demandant des mesures d'instruction et le 4 septembre 1959, il introduisit également un recours hiérarchique (*Aufsichtsbeschwerde*).

23. La période qui suit est occupée essentiellement par des

ce and notes to various authorities and persons connected with the case, including counsel for the suspects, with a view to collecting evidence. The applicant was examined for the first time on 24 June 1960 and subsequently, on 19 September 1960 and 11 October 1960, he made further applications to the investigating judge for the taking of evidence. On 23 November 1960 the investigating judge made an order that the applicant's premises should be searched and on 27 December 1960 the Court received a further application from the applicant for the taking of evidence. The reports on the house searches, which had been conducted at the homes and business premises of a number of suspects including the applicant's were submitted on 11 January 1961.

24. It seems that by that time the applicant had already left Austria. In any event, on 10 February 1961 the investigating judge made an order (*Steckbrief*) to search for the applicant and to arrest him, and on 13 February 1961 he was arrested in Zurich and remanded in custody pending his extradition to Austria.

25. On 15 February 1961 the applicant's counsel submitted to the Court a further application to take evidence. On 21 February 1961 the investigating judge issued a warrant for the applicant's arrest (*Haftbefehl*) on the ground that he was suspected of having been an accomplice in an offence of misuse of official powers (*Missbrauch der Amtsgewalt*) within the meaning of Articles 5 and 101 of the Criminal Code (*Strafgesetz*), and of having committed fraud within the meaning of Article 197, 200 and 203 of the Criminal Code. The judge considered the fraud to consist in the obtaining of turnover tax refunds with regard to the sham export of certain running gears and textiles, and the misuse of power in the attempt to bribe the competent tax officer at Salzburg.

26. On 23 February 1961 the Austrian authorities made an application to the Swiss Government for the applicant's extradition which was granted on 15 April 1962. The applicant was extradited to Austria on 27 September 1962.

27. In the meantime, on 28 February 1961, the Vienna Public Prosecutor's Office moved the Regional Criminal Court to extend the preliminary investigations against the applicant to cover also the alleged fraud with regard to turnover tax refunds for the sham export of gym shoes, mole-skins and running gears, and the suspicion of having been involved in the misuse of official powers as being an accomplice. The Court took a decision in accordance with the Prosecutor's request on 1 March 1961.

28. On 12 May 1961 the applicant made an application to the investigating judge to set aside the warrant for his arrest. This was rejected on 31 May 1961 but before this decision was taken the applicant, on 26 May 1961, had been released from detention in Switzerland pending extradition because of his poor health. On 22 and

échanges de lettres avec diverses autorités et personnes ayant un lien avec l'affaire, y compris les conseils des inculpés, en vue de réunir des preuves. Le requérant a été interrogé pour la première fois le 24 juin 1960; les 19 septembre et 11 octobre 1960, il a demandé au juge de nouvelles mesures d'instruction. Le 23 novembre 1960, le juge d'instruction a ordonné une perquisition des locaux appartenant au requérant et, le 27 décembre 1960, le tribunal a reçu du requérant une autre demande de devoir. Les rapports sur les perquisitions opérées au domicile et dans les locaux commerciaux d'un certain nombre d'inculpés, y compris le requérant, ont été déposés le 11 janvier 1961.

24. Il semble qu'à cette date, le requérant avait déjà quitté l'Autriche. Quoi qu'il en soit, le 10 février 1961, le juge d'instruction lançait un avis de recherche (*Steckbrief*) et le 13 février 1961, le requérant était arrêté à Zurich et placé en détention en vue d'extradition.

25. Le 15 février 1961, l'avocat du requérant demandait au tribunal d'autres mesures d'instruction. Le 21 février 1961, le juge d'instruction décernait un mandat d'arrêt (*Haftbefehl*) contre le requérant qui était soupçonné de complicité de délit d'abus d'autorité (*Missbrauch der Amtsgewalt*), au sens des articles 5 et 101 du Code pénal (*Strafgesetz*), et d'escroquerie au sens des articles 197, 200 et 203 du Code pénal. Le juge estimait que l'escroquerie consistait en l'obtention de remboursements de l'impôt sur le chiffre d'affaires pour l'exportation fictive de certains engrenages et de textiles et que l'abus de pouvoir consistait en une tentative de corruption du fonctionnaire compétent des services fiscaux de Salzbourg.

26. Le 23 février 1961, les autorités autrichiennes adressaient au Gouvernement suisse une demande d'extradition. Celle-ci fut accordée le 15 avril 1962. Le requérant fut conduit en Autriche le 27 septembre 1962.

27. Entre-temps, le 28 février 1961, le parquet de Vienne avait demandé au tribunal régional d'étendre l'instruction préparatoire à des soupçons d'escroquerie consistant à avoir obtenu des remboursements d'impôt à l'occasion de l'exportation fictive de chaussures de gymnastique, de velours de coton et d'engrenages, ainsi qu'à des soupçons de complicité d'abus de pouvoir. Le 1er mars 1961, le tribunal faisait droit à la demande du Ministère public.

28. Le 12 mai 1961, le requérant a requis du juge d'instruction l'annulation du mandat d'arrêt. Celle-ci fut refusée le 31 mai 1961, mais avant cette décision, le 26 mai 1961, le requérant, en raison de son état de santé, avait été libéré par les autorités suisses de sa détention en vue d'extradition. Les 22 et 29 juin 1961, le requérant

29 June 1961 the applicant made further applications to set aside the warrant of arrest which were rejected by the Judges' Chamber of the Regional Court in Vienna (*Ratskammer der Landesgerichts*) on 26 July and 14 September 1961 respectively. On 18 September 1961 the applicant challenged the latter decision on appeal to the Court of Appeal (*Oberlandesgericht*) in Vienna which dismissed the appeal on 20 October 1961. The applicant was then again arrested in Switzerland on 23 January 1962 but released once more on 16 March 1962 on grounds of his poor health. On 27 September 1962 he was extradited to Austria and remanded in custody at the Vienna Regional Court Hospital. He was examined by the investigating judge on the following dates: 28 September, 22 October, 8 October, and 15 October 1962. Subsequently he refused to make any further statements to the investigating judge. However, on 15 October 1962 he made a further application for release which was refused by the Regional Court's Judges' Chamber on 16 October 1962, and his appeal to the Vienna Court of Appeal was dismissed on 10 December 1962. Indeed, on 22 October 1962, the investigating judge issued a supplementary warrant of arrest under which the applicant was suspected of having committed fraud (Articles 197 and 200 of the Criminal Code) in connection with the alleged improper obtaining of turnover tax refunds for the sham export of optical instruments, cotton materials, and again gym shoes, mole skins and ladies' blouses, and also of defamation as well as having aided and abetted this offence (Articles 5 and 209 of the Criminal Code).

29. In the meanwhile, the investigating judge had continued his investigations into the charges and, in this connection, had made various requests for mutual assistance to the authorities in the Netherlands, in Switzerland and in the Federal Republic of Germany. Subsequently similar requests were also made to the authorities in Italy and in Liechtenstein.

30. Thus, on 13 September 1961 such a request was made to the competent *Netherlands* court in Rotterdam which submitted the evidence so obtained on 26 June 1962. On 5 December 1962 a further request for mutual assistance was submitted to the court in Rotterdam with regard to which the report was received on 28 June 1963.

31. With regard to *Switzerland*, the courts at St. Gallen, Schaffhausen, Chiasso, Geneva and Zurich were requested, on 26 October 1961, to assist and to take evidence by means of rogatory commissions. Further such requests were made to the court in Geneva on 15 November 1961 and on 20 April 1962, and on 19 March 1962 a supplementary request for mutual assistance was made to the other Swiss courts. Furthermore, the Public Prosecutor's Office in Zurich was requested to assist on 17 November 1961. This latter request to the Public Prosecutor's Office was complied with on 29 March 1962, and the results of the requests to the courts at St. Gallen,

a soumis d'autres requêtes en annulation du mandat d'arrêt qui ont été rejetées par la chambre du conseil du tribunal régional de Vienne (*Ratskammer des Landesgerichts*) les 26 juillet et 14 septembre 1961 respectivement. Le 18 septembre 1961, le requérant recourut contre cette décision devant la cour d'appel (*Oberlandesgericht*) de Vienne, qui rejeta ce recours le 20 octobre 1961. Le requérant fut à nouveau arrêté en Suisse le 23 janvier 1962, puis remis en liberté le 16 mars de la même année pour raison de santé. Reconduit en Autriche le 27 septembre 1962, il a été placé en détention préventive à l'hôpital attaché au tribunal régional de Vienne. Il a été entendu par le juge d'instruction aux dates suivantes: 28 septembre, 3 octobre, 8 octobre et 15 octobre 1962. Puis il se refusa à toute autre déclaration devant le juge d'instruction. Il a toutefois déposé le 15 octobre 1962 une demande de mise en liberté qui a été rejetée par la chambre du conseil du tribunal régional le 16 octobre 1962. Son recours contre cette décision devant la cour d'appel de Vienne a été rejeté le 10 décembre 1962. En outre, le 22 octobre 1962, le juge d'instruction décernait un nouveau mandat d'arrêt aux termes duquel le requérant était soupçonné d'escroquerie (articles 197 et 200 du Code pénal) consistant en l'obtention illégitime de remboursements de l'impôt sur le chiffre d'affaires pour l'exportation fictive d'instruments d'optique, de cotonnades et à nouveau de chaussures de gymnastique, de velours de coton et de blouses de dames ainsi que de diffamation et de complicité de diffamation (articles 5 et 209 du Code pénal).

29. Pendant ce temps, le juge d'instruction avait poursuivi ses recherches et, à cette fin, avait adressé plusieurs demandes d'entraide judiciaire aux autorités néerlandaises, suisses et ouest-allemandes. D'autres demandes analogues ont par la suite été adressées à l'Italie et au Liechtenstein.

30. C'est ainsi que le 13 septembre 1961 une commission rogatoire était adressée au tribunal compétent de Rotterdam (*Pays-Bas*) qui fit parvenir le 26 juin 1962 les informations obtenues. Le 5 décembre 1962, une autre requête était adressée au tribunal de Rotterdam et le rapport correspondant fur reçu le 28 juin 1963.

31. Pour ce qui est de la *Suisse*, les tribunaux de St.-Gall, Schaffhouse, Chiasso, Genève et Zurich furent requis, le 26 octobre 1961, d'assister les autorités autrichiennes en recueillant des témoignages par commission rogatoire. Des requêtes analogues furent adressées au tribunal de Genève le 15 novembre 1961 et le 20 avril 1962. Le 19 mars 1962, une nouvelle demande d'entraide judiciaire était adressée aux tribunaux suisses. De plus, l'aide du parquet de Zurich fut également demandée le 17 novembre 1961. Celui-ci donna suite à cette requête le 29 mars 1962 et les résultats des commissions rogatoires adressés aux tribunaux de St.-Gall, Schaffhouse, Bâle et

Schaffhausen, Basle, and Chiasso were submitted on 15 March 1963. However, mutual assistance was refused as to the remaining requests and the Austrian authorities were so informed on 12 October 1964.

32. As for the *Federal Republic of Germany* the investigating judge requested on 16 January 1962 the competent courts in Freilassing, Munich, Bielefeld, Frankfurt/Main and Neuenhaus near Hanover to obtain evidence by means of rogatory commissions. A schedule was set up in order to arrange for the presence of the investigating judge during the interrogations of witnesses in the various German courts and their evidence was obtained between 14 June and 4 July 1962. The reports were then submitted to the Austrian authorities on 20 September 1962.

33. As regards *Italy*, the request was submitted to the competent court in Milan on 18 December 1962 which reported on the evidence taken on 5 August 1963.

34. Finally, on 29 March 1963 a request for mutual assistance was submitted to the court in Vaduz in *Liechtenstein* and on 23 September and 4 November 1963 that court was reminded of the urgency of the matter. However, the report of the Liechtenstein court arrived only on 13 July 1964.

35. In the meanwhile, on 4 November 1963, the investigating judge had closed the preliminary investigations and had submitted the case back to the Public Prosecutor's Office in Vienna.

IV. *The preparing of the indictment and the first trial* (4 November 1963 to 18 June 1965)

36. On 27 November 1963 the final report prepared by the fiscal authorities was submitted to the investigating judge and on 17 March 1964 the Public Prosecutor filed an indictment against the applicant and ten others with the Regional Criminal Court in Vienna which transmitted it to the defendants on 26 March 1964. The applicant was accused of the following offences:

(*a*) Fraud within the meaning of Articles 197, 200, 203 of the Criminal Code by improperly obtaining turnover tax refunds for the sham export of:

- leather shoes, mole skins and ladies' blouses (point I/6 of the indictment);
- running gears, between May and August 1956 (point I/7 of the indictment);
- running gears, between August and October 1956 and again February and June 1957 (point I/8a of the indictment);
- textiles, through the firm Benistex *et al.* (point I/8b of the indictment);
- optical instruments (point I/9 of the indictment).

(*b*) Attempted fraud, within the meaning of Articles 197, 200, 201

Chiasso furent reçus le 15 mars 1963. Toutefois, l'entraide judiciaire a été refusée pour ce qui est des autres commissions rogatoires et les autorités autrichiennes en ont été informées le 12 octobre 1964.

32. Pour ce qui est de la *République Fédérale d'Allemagne*, le juge d'instruction a adressé le 16 janvier 1962 aux tribunaux compétents de Freilassing, Munich, Bielefeld, Francfort-sur-le-Main et Neuenhaus près Hanovre des commissions rogatoires tendant à l'audition de témoins. Un calendrier a été établi de manière que le magistrat instructeur puisse assister aux auditions des témoins par les différents tribunaux allemands. Les dépositions ont été recueillies entre le 15 juin et le 4 juillet 1962. Les procès-verbaux ont été remis aux autorités autrichiennes le 20 septembre 1962.

33. Pour ce qui est de l'*Italie*, une commission rogatoire a été décernée le 18 décembre 1962 au tribunal compétent de Milan qui a fait parvenir son rapport le 5 août 1963.

34. Enfin, le 29 mars 1963, une demande d'entraide était adressée au tribunal de Vaduz (Liechtenstein). L'urgence de l'affaire fut rappelée à ce tribunal les 23 septembre et 4 novembre 1963, mais le rapport n'a été reçu que le 13 juillet 1964.

35. Dans l'intervalle, le 4 novembre 1963, le juge d'instruction avait prononcé la clôture de l'instruction préparatoire et communiqué l'affaire au parquet de Vienne.

IV. *Etablissement de l'acte d'accusation et premier procès* (4 novembre 1963 – 18 juin 1965)

36. Le 27 novembre 1963, le rapport final des autorités fiscales était transmis au juge d'instruction et, le 17 mars 1964, le parquet déposait auprès du tribunal correctionnel régional de Vienne, qui le notifia aux inculpés le 26 mars 1964, un acte d'accusation visant le requérant et dix autres personnes. Le requérant était accusé des infractions suivantes:

(*a*) Escroquerie, au sens des articles 197, 200, 203 du Code pénal, consistant en l'obtention illégitime de remboursements de l'impôt sur le chiffre d'affaires pour l'exportation fictive de:
- chaussures en cuir, velours de coton et blouses de dames (point 1/6 de l'acte d'accusation);
- engrenages, entre mai et août 1956 (point 1/7 de l'acte d'accusation);
- engrenages entre août 1956 et à nouveau en février et juin 1957 (point 1/8a de l'acte d'accusation);
- textiles, par l'intermédiaire de la société Benistex et Cie (point 1/8b de l'acte d'accusation);
- instruments d'optique (point 1/9 de l'acte d'accusation).

(*b*) Tentative d'escroquerie au sens des articles 197, 200, 201 N° (a)

Nos. (a) and (d), 203, and 8 of the Criminal Code, by attempting improperly to obtain turnover tax refunds for the sham export of:

- textiles, concerning the firm Comtex – Centraco I Case (point II/1 of the indictment);
- textiles, between August 1959 and March 1960 – Centraco II Case (point II/2a of the indictment);
- textiles, between September and December 1959 – Centraco III Case (point II/2b of the indictment);
- electric engines – Filektra Case (point II/3 of the indictment).

(*c*) Attempt to aid and abet defamation within the meaning of Articles 9 and 209 of the Criminal Code (point V of the indictment).

37. On 16 September 1964 the Vienna Regional Criminal Court decided, upon an application by the Public Prosecutor's Office, to discontinue, in accordance with Article 109 of the Code of Criminal Procedure[1], the proceedings against the applicant for having been involved in the misuse of official powers as being an accomplice (Articles 101, 104, 105, 5 of the Criminal Code). This charge had not been included in the indictment but had been made the subject of preliminary investigations by decision of 1 March 1961 and separated from the remainder on 27 March 1964. The discontinuance was made subject to the reservation of the Public Prosecutor's Office under Article 34 (2) of the Code of Criminal Procedure to prosecute at a later date.

38. Similarly, on 28 September 1964 the same Court discontinued, in accordance with Articles 34 (2) and 363 (1) of the Code of Criminal Procedure, the proceedings against the applicant for having made defamatory remarks about a lawyer and Dr. Pittermann, then Vice-Chancellor of Austria. This charge had also not been included in the indictment of 17 March 1964 but had been separated from the remainder on 29 October 1962 and made the subject of preliminary investigations.

39. On 16 October 1964 the applicant was summoned by the Vienna Regional Criminal Court to appear for trial which had been fixed to begin on 9 November 1964. The applicant who considered that he had not had sufficient time to study the case file requested an adjournment of the hearing but this was refused by the Court on 28 October 1964.

[1] *Article 109 provides:*

"(1) The preliminary investigations shall be discontinued by order of the investigating judge as soon as the Public Prosecutor withdraws the request for criminal prosecution or requests the discontinuance of the preliminary investigations or declares that there is no basis for further criminal prosecution (Article 112).

(2) Otherwise the preliminary investigation may only be discontinued by decision of the Judges' Chamber or of the Court of second instance."

et (d), 203 et 8 du Code pénal, consistant à avoir tenté d'obtenir de manière illégitime le remboursement de l'impôt sur le chiffre d'affaires pour l'exportation fictive de:

- textiles, en liaison avec la société Comtex, affaire Centraco I (point II/1 de l'acte d'accusation);
- textiles, entre août 1959 et mars 1960 – affaire Centraco II (point II/2a) de l'acte d'accusation);
- textiles, entre septembre et décembre 1959 – Centraco III (point II/2b) de l'acte d'accusation);
- moteurs électriques – affaire Filektra (point II/3 de l'acte d'accusation).

(*c*) Tentative de complicité de diffamation au sens des articles 9 et 209 du Code pénal (point V de l'acte d'accusation).

37. Le 16 septembre 1964, le tribunal correctionnel régional de Vienne décida, à la demande du parquet et en application de l'article 109 du Code de procédure pénale[1], d'abandonner la poursuite engagée contre le requérant pour complicité d'abus de pouvoir (articles 101, 104, 105, 5 du Code pénal). Cette infraction ne figurait pas dans l'acte d'accusation, mais avait fait l'objet d'une instruction préparatoire à la suite d'une décision du 1er mars 1961 et avait été dissociée du reste de l'affaire le 27 mars 1964. Cette disjonction a été faite sous réserve du droit pour le Ministère public, conformément à l'article 34, § 2, du Code de procédure pénale, de reprendre les poursuites à une date ultérieure.

38. De même, le 28 septembre 1964, le même tribunal a interrompu, en application des articles 34, § 2, et 363, § 1, du Code de procédure pénale, la procédure engagée contre le requérant pour avoir tenu des propos diffamatoires à l'adresse d'un avocat et du Dr. Pittermann, alors Vice-Chancelier d'Autriche. Ce chef ne figurait pas dans l'acte d'accusation du 17 mars 1964; il avait été dissocié du reste de l'affaire le 29 octobre 1962 et avait fait l'objet d'une instruction préparatoire.

39. Le 16 octobre 1964, le requérant était cité par le tribunal correctionnel régional de Vienne à comparaître devant lui, pour être jugé, l'ouverture du procès étant fixée au 9 novembre 1964. Le requérant, qui estimait ne disposer que d'un délai insuffisant pour étudier le dossier, a demandé un ajournement de l'audience, qui lui a été refusé par le tribunal le 28 octobre 1964.

[1] *L'article 109 dispose que:*

"(1) L'instruction préparatoire doit être interrompue par ordonnance du juge d'instruction dès que le Ministère public retire sa demande d'ouverture de poursuite pénale ou demande l'arrêt de l'instruction ou déclare que la poursuite de l'action pénale ne se justifie pas (article 112).

(2) Dans les autres cas, l'instruction ne peut être interrompue que par décision de la Chambre du conseil du tribunal de seconde instance."

40. The trial therefore started on 9 November 1964 but on 18 June 1965, after 102 days of the hearing, it was adjourned *sine die* so that the investigations might be completed. The reasons given for this decision were that both the prosecution and counsel for the applicant's defence had made applications during the trial for further evidence to be taken. Moreover, the applicant who had, since October 1962, refused to make any further statements to the investigating judge, had made a substantial statement in court which required further investigations.

41. On the same date the Court decided that the applicant should be released from detention on remand and he was so released on 7 July 1965.

V. *The second stage of the preliminary investigations and the further trials* (18 June 1965 to 2 July 1968)

42. The subsequent investigations made it again necessary to make further requests for mutual assistance to the courts in the Federal Republic of Germany, in the Netherlands, in Switzerland, Liechtenstein and Italy.

43. As regards the *Federal Republic of Germany* such requests were made on 3 and 10 December 1965 to the District Court in Munich which reported on 9 February 1966 on the evidence taken. Subsequently, further requests were made on 8 March 1966 to the courts in Munich and Düsseldorf which replied on 4 April, 2 May and 3 June 1966.

44. On 10 December 1965 the investigating judge had also made a request for mutual assistance to the *Netherlands* District Court in Rotterdam which submitted its report on 25 July 1966.

45. The *Swiss* Courts in Lugano and Bern were requested to assist on 12 January and 8 March 1966. The Bern Court complied with this request on 22 April 1966 and the Lugano Court on 8 July 1966.

46. On 2 May 1966 a request for mutual assistance was also sent to *Liechtenstein* and the competent Court in Vaduz replied on 31 October 1966.

47. Finally, as regards *Italy*, a request was made to the Court in Milan on 4 July 1966 and a reminder was sent on 4 November 1966. It appears, however, that no reply was received before the trial beginning on 4 December 1967.

48. At the same time, evidence was obtained by means of rogatory commissions in Linz and Salzburg, reports from the fiscal authorities were received and, on the following dates, the investigating judge

40. Le procès s'ouvrit donc le 9 novembre 1964, mais le 18 juin 1965, après 102 jours d'audience, il fut ajourné *sine die* pour complément d'instruction. Cette décision était motivée par le fait que, tant le Ministère public que la défense avaient demandé au cours du procès que soient recueillis des éléments de preuve supplémentaires. De plus, le requérant, qui depuis octobre 1962, s'était refusé à toute déclaration devant le juge d'instruction, avait fait devant le tribunal des déclarations détaillées nécessitant de nouvelles investigations.

41. Le même jour, le tribunal a décidé de mettre fin à la détention provisoire du requérant qui a, en conséquence, été libéré le 7 juillet 1965.

V. *Deuxième phase de l'instruction préparatoire et reprise du procès* (18 juin 1965 – 2 juillet 1968)

42. La seconde phase de l'instruction a nécessité l'envoi de nouvelles commissions rogatoires aux tribunaux d'Allemagne fédérale, des Pays-Bas, de Suisse, du Liechtenstein et d'Italie.

43. Pour ce qui est de la *République Fédérale d'Allemagne*, les demandes ont été adressées les 3 et 10 décembre 1965 au tribunal cantonal de Munich, dont le rapport a été reçu le 9 février 1966. D'autres demandes ont été soumises le 8 mars 1966 à des tribunaux de Munich et de Dusseldorf qui ont répondu les 4 avril, 2 mai et 3 juin 1966.

44. Le 10 décembre 1965, le juge d'instruction avait également demandé assistance au tribunal cantonal de Rotterdam (*Pays-Bas*) qui a fait parvenir son rapport le 25 juillet 1966.

45. Des commissions rogatoires ont été adressées aux tribunaux suisses de Lugano et de Berne les 12 janvier et 8 mars 1966. Le tribunal de Berne a répondu le 22 avril 1966 et celui de Lugano le 8 juillet de la même année.

46. Le 2 mai 1966, une demande analogue était adressée au *Liechtenstein* et le tribunal compétent de Vaduz a répondu le 31 octobre 1966.

47. Enfin, pour ce qui est de l'*Italie*, une demande a été adressée au tribunal de Milan le 4 juillet 1966, puis un rappel le 4 novembre 1966. Il semble toutefois que la réponse ne soit pas parvenue avant l'ouverture du procès, le 4 décembre 1967.

48. Pendant ce temps des dépositions étaient recueillies sur commissions rogatoires à Linz et Salzbourg, les autorités fiscales faisaient parvenir des rapports et le juge d'instruction interrogeait

examined witnesses:

6/ 7/66 – 11 witnesses	19/12/66 – 1 witness
7/ 7/66 – 1 witness	28/ 9/67 – 3 witnesses
10/10/66 – 1 witness	5/10/67 – 1 witness
13/10/66 – 3 witnesses	10/10/67 – 1 witness

49. In the meanwhile, on 8 March 1966 the Regional Criminal Court of Vienna decided that the proceedings against the applicant for fraud with regard to obtaining export reimbursements for leather shoes, mole-skins, etc., as set out under point I/6 of the indictment and for attempted fraud with regard to attempting to obtain export reimboursements for textiles and electric engines, as set out under points II/1, 2a, 2b and 3 of the indictment should be provisionally discontinued in accordance with Articles 109 (277) and 34 (2)) of the Code of Criminal Procedure.

50. On the other hand, insofar as the applicant had been charged under point V of the indictment with having attempted to aid and abet defamation (Atricles 209, 9 of the Criminal Code), the prosecuting authority in Vienna decided to make these facts the subject of separate proceedings and, on 22 February 1966, submitted to the Regional Criminal Court of Vienna an indictment in this respect. The hearing started on 13 March 1967 and lasted eleven days. On 26 April 1967 the Court decided that the applicant and his two co-accused (L. Rafael and H. Fuchshuber) should be acquitted for lack of evidence against them. In respect of the applicant this judgment became final.

51. Thus, by April 1967, the applicant was still under charges of fraud for the improper obtaining of turnover tax refunds with regard to the sham export of running gears, textiles and optical instruments, as set out under points I/7, I/8a and b, I/9 of the indictment, dated 17 March 1964.

52. On 8 November 1967 the Regional Criminal Court in Vienna fixed the trial on these charges to begin on 4 December 1967. The trial against the applicant and, by that time, four other defendants, opened on that day and continued during 81 days until 2 July 1968.

53. However, on 4 June 1968, being the 74th day of the trial, the Public Prosecutor requested the severance of two of the charges, namely those relating to textiles and optical instruments as set out under points I/8b and I/9 of the indictment. This request was granted by the Court on 10 June 1968 and the above charges were severed from the remainder.

54. On 17 and 18 June 1968, being the 78th and 79th days of the

les témoins aux dates suivantes:

6. 7.66 – 11 témoins	19.12.66 – 1 témoin
7. 7.66 – 1 témoin	28. 9.67 – 3 témoins
10.11.66 – 1 témoin	5.10.67 – 1 témoin
13.12.66 – 3 témoins	10.10.67 – 1 témoin

49. Entre-temps, le 8 mars 1966, le tribunal correctionnel régional de Vienne a décidé de suspendre provisoirement, conformément aux articles 109, (277 et 34, § 2) du Code de procédure pénale, les poursuites engagées contre le requérant pour escroquerie consistant à obtenir le reboursement de l'impôt à l'occasion de l'exportation de chaussures en cuir, velours de coton, etc., (infraction figurant au point I/6 de l'acte d'accusation) et pour tentative d'escroquerie à avoir tenté d'obtenir le remboursement de l'impôt à l'occasion de l'exportation de textiles et de moteurs électriques (infraction figurant aux points II/1, 2a, 2b, et 3 de l'acte d'accusation).

50. D'autre part, quant à l'accusation, figurant au point V de l'acte d'accusation, de tentative de complicité de diffamation (articles 209, 9, du Code pénal) le Ministère public de Vienne a décidé d'engager de ce chef des poursuites distinctes et a soumis le 22 février 1966 au tribunal correctionnel régional de Vienne un acte d'accusation séparé sur ce point. Le procès s'ouvrit le 13 mars 1967 et dura onze jours. Le 26 février 1967, le tribunal acquittait, faute de preuve, le requérant et ses deux co-accusés (L. Rafael et H. Fuchshuber). En ce qui concerne le requérant, ce jugement devint définitif.

51. Ainsi donc en avril 1967, le requérant avait encore à répondre de l'accusation d'escroquerie consistant en l'obtention frauduleuse de remboursements de l'impôt sur le chiffre d'affaires pour l'exportation fictive d'engrenages, de textiles et d'instruments d'optique, figurant aux points I/7, I/8a et 8b et I/9 de l'acte d'accusation du 17 mars 1964.

52. Le 8 novembre 1967, le tribunal correctionnel régional de Vienne a fixé l'ouverture du procès au 4 décembre 1967. Le procès du requérant et de ses co-accusés, alors au nombre de quatre, s'est ouvert à cette date et s'est poursuivi pendant 81 jours, soit jusqu'au 2 juillet 1968.

53. Toutefois, le 4 juin 1968, 74éme jour du procès, le Ministère public a demandé la disjonction de deux des chefs d'accusation, ceux qui figuraient sous chiffres I/8b et I/9 de l'acte d'accusation et concernaient les textiles et les instruments d'optique. Le tribunal a fait droit à cette demande le 10 juin 1968 et ces accusations furent ainsi disjointes.

54. Les 17 et 18 juin 1968, 78ème et 79ème jours d,u procès

trial, counsel for the applicant's defence made substantial applications for the taking of further evidence in connection with the only remaining charges, namely those under points I/7 and I/8a of the indictment relating to running gears. However, on 2 July 1968 the Regional Criminal Court also severed the charge under point I/8a of the indictment and, rejecting 34 applications to take evidence as being irrelevant and therefore not necessary, convicted the applicant of fraud with regard to the improper obtaining of turnover tax refunds for the sham export, between May and August 1956, of running gears, as set out under point I/7 of the indictment of 17 March 1964. On the same day the applicant was sentenced to three years' severe imprisonment with the additional penalty of "sleeping hard" (*hartes lager*) once every three months, but the total period which the applicant had spent in detention on remand both in Switzerland and in Austria was credited towards his sentence.

VI. *The appeal proceedings and further developments with regard to the separated charges* (2 July 1968 to 26 May 1972)

55. The written judgment of the Vienna Regional Criminal Court comprising 367 pages was communicated to the applicant on 10 March 1969 and on 25 March 1969, having previously notified to the Court his plea of nullity and appeal, he filed the grounds of nullity appeal against his conviction and sentence. His written pleadings comprised altogether 80 pages. He relied on Article 281 (1), Sections 3, 4, 5, 9a, 10 and 11, of the Code of Criminal Procedure and Article 6 (2) and (3) of the Convention. The other four defendants filed pleas of nullity as well and three of them also appealed against sentence.

56. On 15 April 1969 the Vienna Public Prosecutor's Office filed its grounds of appeal in respect of the sentence pronounced against the applicant. However, the prosecutions' appeal was subsequently withdrawn.

57. The Supreme Court (*Oberster Gerichtshof*) then deliberated on the appeals and pleas of nullity of the five appellants and, on 16 June 1971, decided to reject their pleas of nullity insofar as they alleged violations of procedural law under Article 281 (1) Sections 3, 4, and 5, of the Code of Criminal Procedure. This decision (*Beschluss*) was taken in a non-public session after hearing the Attorney-General.

58. With regard to the remaining allegations under Article 281 (1) Sections 9, 10 and 11 and to the appeals the Supreme Court fixed a public hearing for 4 November 1971. On that day, after hearing the Parties, the Court also dismissed these parts of the pleas of nullity and the appeals.

59. In the meanwhile, the European Commission of Human

l'avocat du requérant présenta des offres de preuves détaillées relatives aux seuls chefs d'accusation restants, à savoir ceux figurant aux points I/7 et I/8a de l'acte d'accusation et concernant les engrenages. Mais le 2 juillet 1968, le tribunal correctionnel régional disjoignit le chef d'accusation figurant au point I/8a et, après avoir rejeté comme non pertinentes et donc sans utilité trente-quatre offres de preuves, a reconnu le requérant coupable d'escroquerie pour avoir frauduleusement obtenu le remboursement de l'impôt sur le chiffre d'affaires pour l'exportation fictive d'engrenages, entre mai et août 1965, infraction figurant au point I/7 de l'acte d'accusation du 17 mars 1964. Le même jour, le requérant était condamné à trois ans de réclusion aggravée de la peine de la "couche dure" (*hartes Lager*) une fois par trimestre, la durée totale de la détention préventive du requérant, tant en Suisse qu'en Autriche, étant imputée sur celle de la peine.

VI. *Procédures de recours et sort réservé aux chefs d'accusation disjoints* (2 juillet 1968 - 26 mai 1972)

55. Le texte du jugement du tribunal correctionnel régional de Vienne, long de 367 pages, a été communiqué au requérant les 10 mars 1969 et 25 mars 1969. Celui-ci après avoir informé le tribunal qu'il se pourvoyait en cassation et interjetait appel, déposa l'exposé de ses moyens de cassation et d'appel contre la condamnation et contre la peine. Son mémoire comptait au total 80 pages et s'appuyait sur l'article 281 (I) 3, 4, 5, 9a, 10 et 11 du Code de procédure pénale et sur l'article 6, §§ 2 et 3, de la Convention. Ses quatre co-accusés se sont également pourvus en cassation et trois d'entre eux ont interjeté appel contre les peines prononcées.

56. Le 15 avril 1969, le parquet de Vienne a développé ses moyens d'appel contre la peine prononcée. Toutefois, cet appel du Ministère public a par la suite été retiré.

57. La Cour suprême (*Oberster Gerichtshof*) a alors examiné les appels et pourvois en cassation des cinq recourants et a décidé le 16 juin 1971 de rejeter leurs pourvois pour autant qu'ils alléguaient des irrégularités dans la procédure en invoquant l'article 281 (I) 3, 4, 5 du Code de procédure pénale. Cette décision (*Beschluss*) a été prise lors d'une séance à huis clos après que la Cour eut entendu le Procureur Général.

58. Pour ce qui est des autres griefs tirés de l'article 281 (I) 9, 10 et 11 et des appels, la Cour suprême a fixé une audience publique au 4 Novembre 1971. A cette date, après avoir entendu les Parties, la Cour a également rejeté cette partie des pourvois en cassation et les appels.

59. Entre-temps, la Commission européenne des Droits de l'Hom-

Rights had fixed for 13 and 14 June 1971 a hearing of the Parties regarding the admissibility of the applicant's application to the Commission. At that hearing, on 14 July 1971, the representative of the Austrian Government made the following statement:

> "I should inform the Commission that in respect of all the offences involving the applicant in which severance occurred the Public Prosecutor's Office intends to discontinue, under Article 34 of the Code of Criminal Procedure, all further legal proceedings against the applicant when the proceedings now pending in the Supreme Court are concluded and its decision becomes final. I have been authorised by the Public Prosecutor's Office to make this announcement here."

60. Subsequently, on 3 May 1972, the Vienna Public Prosecutor's Office declared, pursuant to the provisional notification of its intention given during the oral hearing on admissibility before the Commission on 14 July 1971, that there was no basis for further prosecution on the charges set out in the indictment of 17 March 1964 under points I/8a and 8b, and I/9, which had been separated from the remaining charges on 10 June and 2 July 1968. In view of this declaration the Regional Criminal Court in Vienna discontinued, in accordance with Article 109 of the Code of Criminal Procedure, the criminal proceedings in these respects on 26 May 1972.

OPINION OF THE COMMISSION

61. Before stating its opinion on the question of a violation of Article 6 (1) of the Convention by reason of the length of the criminal proceedings against the applicant, the Commission must resolve the following preliminary point at issue:

I. *The period under examination in the present case*

62. The applicant has submitted that the starting point was 6 February 1959, being the date on which the fiscal authorities had commenced investigations in the case and had his business papers seized, all his bank accounts blocked, the turnover tax refunds cancelled and seizures in execution made, and that the period had ended on 26 May 1972, being the date on which the Regional Criminal Court decided to discontinue the proceedings on all remaining charges.

63. The respondent Government have submitted that the period started, at the earliest, on 11 August 1959, being the date on which the prosecution authorites in Vienna filed a request with the Regional Criminal Court to open preliminary investigations. In their view,

me avait fixé aux 13 et 14 juin 1971 l'audition des Parties quant à la recevabilité de la requête soumise à la Commission. Lors de cette audience, le 14 juillet 1971, le représentant du Gouvernement autrichien a fait la déclaration suivante:

> "Je dois informer la Commission que pour toutes les infractions dans lesquelles le requérant est impliqué et qui ont été disjointes de l'affaire, le parquet a l'intention d'abandonner, en application de l'article 34 du Code de procédure pénale, toute poursuite contre le requérant lorsque la procédure actuellement pendante devant la Cour suprême sera close et que la décision de cette Cour aura acquis force de chose jugée. C'est avec l'autorisation du parquet que je vous communique cette information."

60. Le 3 mai 1972, le parquet de Vienne, confirmant les intentions annoncées devant la Commission le 14 juillet 1971 au cours de l'audience contradictoire sur la recevabilité, a déclaré qu'il n'existait pas de motif justifiant la continuation des poursuites pour les accusations figurant aux points I/8a et 8b et I/9 de l'acte d'accusation du 17 mars 1964 et qui avaient été disjointes des autres chefs d'accusation le 10 juin et le 2 juillet 1968. A la suite de cette déclaration, le tribunal correctionnel régional de Vienne, conformément à l'article 109 du Code de procédure pénale, mit fin le 26 mai 1972 aux poursuites pénales concernant ces chefs d'accusation.

AVIS DE LA COMMISSION

61. Avant d'exprimer son avis sur la question d'une violation de l'article 6, § 1, de la Convention du fait de la durée de la procédure engagée contre le requérant, la Commission doit se prononcer sur le point ci-dessous:

I. *Quant à la période à prendre en considération dans la présente affaire*

62. Le requérant a indiqué comme point de départ le 6 février 1959, date à laquelle les autorités fiscales ont commencé l'enquête et ont saisi ses papiers d'affaires, bloqué ses comptes en banque, annulé le remboursement de l'impôt sur le chiffre d'affaires et procédé à des saisies-arrêts; toujours selon le requérant, la période a pris fin le 26 mai 1972, date à laquelle le tribunal correctionnel régional a décidé de mettre fin aux poursuites relatives à tous les chefs d'accusation restants.

63. Le Gouvernement défendeur a soutenu que la période débutait au plus tôt le 11 août 1959, date à laquelle le parquet de Vienne a déposé auprès du tribunal correctionnel régional une demande tendant à l'ouverture d'une instruction préparatoire. Cependant,

however, a person was not actually faced with a criminal charge until the indictment was filed against him which was, in the present case, on 17 March 1964. The period to be considered under Article 6 (1) of the Convention ended at the opening of the trial, namely 9 November 1964 in the present case, as a person only had a right under the above provision to receive within a reasonable time a hearing of his case and this was achieved when he was brought before the tribunal competent to hear the case.

64. The Commission had regard to the judgments of the European Court of Human Rights in the "Wemhoff", "Neumeister" and "Ringeisen" cases (cf. European Court of Human Rights, "Wemhoff" case and "Neumeister" case, judgments of 27 June 1968, and "Ringeisen" case, judgment of 16 July 1971), and to its opinion in the "Soltikow" case (cf. Report of 3 February 1970)[1] as confirmed by decision of the Committee of Ministers of 19 February 1971 (cf. Resolution DH (71) 1).

65. In accordance with this case law the period to be taken into consideration begins with the date on which a person is charged and, in determining that date, regard must be had to the particular circumstances of the case concerned. The term "charge" in Article 6 (1) cannot, on the one hand, be construed in the terms of the domestic law of any of the Contracting States but must be interpreted independently. On the other hand, it may be necessary to have regard to the whole system and practice of criminal procedure of the State against which the application is directed in order to interpret and thus delimit the notion of "charge" for the purpose of applying that notion to the facts of a particular case under consideration (see Commission's opinion in its Report on the "Soltikow" case).

66. Three possible starting dates have emerged from the previous cases which have been considered by the European Court or the Commission of Human Rights, namely the date of the applicant's arrest, the date of the opening of preliminary investigations against him, and the date of the filing of the indictment. It is difficult, therefore, to identify the particular moment in time when the applicant before the Commission can be said to have been charged in the context of Article 6 (1) of the Convention.

67. The Commission considers that, in adopting a flexible attitude in order to resolve that question, it must revert to the general principle established in its report of 27 May 1966 in the Neumeister case to the effect that "the relevant stage is that at which the situation of the person concerned has been substantially affected as a result of the suspicion against him", (cf. European Court of Human Rights, Series B, "Neumeister " Case, p. 81).

[1] Yearbook, XIV, p. 868.

aux yeux du Gouvernement, une personne n'est véritablement accusée d'une infraction qu'au moment du dépôt de l'acte d'accusation qui, en l'occurrence, a eu lieu le 17 mars 1964. Le délai visé à l'article 6, § 1, de la Convention a pris fin à l'ouverture du procès, c'est-à-dire le 9 novembre 1964. En effet, le seul droit garanti par la disposition susmentionnée est le droit à ce que sa cause soit entendue dans un délai raisonnable, ce qui a été réalisé le jour où le requérant a comparu devant le tribunal compétent.

64. La Commission a eu égard aux arrêts rendus par la Cour européenne des Droits de l'Homme dans les affaires "Wemhoff", "Neumeister" et "Ringeisen" (cf. Cour européenne des Droits de le Homme, Affaire "Wemhoff", affaire "Neumeister", arrêts du 27 juin 1968, et affaire "Ringeisen" arrêt du 16 juillet 1971) ainsi qu'à l'opinion qu'elle a elle-même exprimée dans l'affaire "Soltikow" (cf. rapport du 3 février 1970)[1], opinion confirmée par la décision du Comité des Ministres en date du 19 février 1971 (cf. Résolution DH (71) 1).

65. Selon cette jurisprudence, la période à prendre en considération commence au moment où la personne est accusée et pour déterminer cette date, il convient de tenir compte des circonstances particulières de l'affaire. D'une part, le terme d'"accusation" figurant à l'article 6, § 1, ne peut être interprété en fonction de la législation interne de l'un des Etats contractants, mais doit recevoir une interprétation autonome. D'autre part, il peut s'avérer nécessaire de prendre en considération l'ensemble du système de la procédure pénale de l'Etat contre lequel la requête est dirigée, en vue d'interpréter et de définir la notion d'"accusation" pour l'appliquer aux faits de la cause sous examen (voir l'avis de la Commission dans son rapport sur l'affaire "Soltikow").

66. On trouve dans la jurisprudence de la Cour et de la Commission européennes des Droits de l'Homme l'indication de trois points de départ possibles: la date de l'arrestation du requérant, la date de l'ouverture de l'instruction préparatoire et celle du dépôt de l'acte d'accusation. Il est donc difficile de déterminer le moment précis auquel on peut considérer que le requérant a été accusé au sens de l'article 6, § 1, de la Convention.

67. La Commission estime qu'il convient de faire preuve de souplesse dans la solution de cette question et revient au principe général qu'elle a établi dans son rapport du 27 mai 1966 sur l'affaire Neumeister et selon lequel "ce moment est celui où les soupçons dont l'intéressé était l'objet ont eu des répercussions importantes sur sa situation", (cf. Cour européenne des Droits de l'Homme, série B, affaire "Neumeister", page 81).

[1] Annuaire XIV, p. 869.

68. This situation has been held clearly to exist where the defendant has been arrested and remanded in custody on the suspicion of having committed a criminal offence. However, the situation is not so clear where the defendant has not been so deprived of his liberty or where such deprivation has only come about at a later stage when investigations into the criminal offences of which he was suspected were already well in progress.

69. In these cases it has been considered that the interrogation of the applicant or of witnesses alone is not sufficient to hold that the applicant is faced with a criminal charge within the meaning of Article 6 (1) of the Convention. On the other hand, it has been noted that under the Austrian Code of Criminal Procedure substantial enquiries against a suspect are normally carried out at an early stage by the investigating judge following the opening of preliminary investigations and, in previous cases against Austria, both the Court and the Commission of Human Rights have held that with such opening of preliminary investigations the applicant was charged with a criminal offence within the meaning of Article 6 (1) of the Convention (see, for example, the Ringeisen case).

70 However, in the present case, there had been enquiries into the applicant's business by the taxation authorities even before the opening of the preliminary investigation against him. Indeed, mainly as a result of these enquiries, the suspicion arose that the applicant had committed criminal offences and the question therefore arises whether the present applicant's situation had been substantially affected as a result of these enquiries so that he was, at that stage, charged within the meaning of Article 6 (1) of the Convention.

71. As has been described in paragraphs 15 to 21 above, these enquiries related to the applicant's fiscal obligations only. It is true that certain books and business papers concerning the applicant's transactions had been claimed by the auditors in order to carry out their enquiries but there is nothing in the applicant's own submissions to suggest that these had been confiscated or seized with a view to securing evidence following some suspicion of his having committed fiscal or criminal offences. Indeed, the applicant had offered further material at this time which was not accepted. It is further true that the taxation authorities attempted executions on his property by seizing the applicant's bank account, but again it is clear that these actions were taken in view of the applicant's tax doubts rather than as the consequence of any suspicion against him regarding the committal of fiscal or criminal offences.

72. The Commission is therefore of the opinion that, prior to the opening on 17 August 1959 of the preliminary investigations against him, the applicant's situation has not been substantially affected as a result of a suspicion against him. It was thus only through the opening of preliminary investigations that the present applicant

68. C'est bien évidemment le cas lorsque le requérant, soupçonné d'avoir commis un délit, est arrêté et mis en détention préventive. Mais la situation n'est pas aussi claire lorsque le requérant n'a pas été privé de sa liberté ou n'en a été privé qu'à un stade ultérieur, alors que l'enquête sur les infractions dont il était soupçonné était déjà assez avancée.

69. Dans de tels cas, on a considéré que le fait que le requérant ou des témoins aient été interrogés ne permet pas à lui seul de conclure que le requérant est sous le coup d'une accusation en matière pénale, au sens de l'article 6, § 1, de la Convention. On a noté par ailleurs que selon le Code autrichien de procédure pénale, des investigations approfondies sont habituellement menées par le juge d'instruction dès l'ouverture de l'instruction préparatoire et, dans des requêtes antérieures contre l'Autriche, la Cour aussi bien que la Commission des Droits de l'Homme ont estimé que dès l'ouverture de l'instruction préparatoire le requérant était accusé d'une infraction pénale au sens de l'article 6, § 1, de la Convention (voir, par exemple, l'affaire Ringeisen).

70. Or, dans le cas présent, les affaires du requérant ont fait l'objet d'une enquête des autorités fiscales avant même l'ouverture de l'instruction préparatoire. En fait, c'est surtout à la suite de cette enquête que l'on a commencé à soupçonner le requérant d'avoir commis des infractions pénales; la question se pose donc de savoir si la situation du requérant a été notablement affectée à la suite de cette enquête, c'est-à-dire s'il était, à ce stade, accusé au sens de l'article 6, § 1, de la Convention.

71. Comme on l'a dit aux paragraphes 15 à 21 ci-dessus, cette enquête portait uniquement sur les obligations fiscales du requérant. Il est vrai que certains livres et papiers relatifs aux transactions effectuées par le requérant ont été réclamés par les inspecteurs aux fins de leur enquête, mais rien dans l'argumentation du requérant ne suggère que ces documents aient été confisqués ou saisis dans le but d'y rechercher des preuves à l'appui de soupçons touchant des infractions fiscales ou pénales. Le requérant a même proposé à cette époque des pièces qui n'ont pas été acceptées. Il est vrai que les autorités fiscales ont tenté de mettre la main sur ses biens en faisant exécuter une saisie-arrêt sur son compte en banque mais, dans ce cas également, il est clair que cette action avait pour motif les dettes du requérant vis-à-vis du fisc et non d'éventuels soupçons relatifs à des infractions fiscales ou pénales.

72. La Commission est donc de l'avis qu'avant l'ouverture de l'instruction préparatoire, le 17 août 1959, la situation du requérant n'était pas notablement affectée du fait de soupçons pesant sur lui. C'est seulement par l'ouverture de l'instruction que le requérant s'est trouvé accusé d'une infraction pénale au sens de l'article 6, § 1,

became charged with a criminal offence within the meaning of Article 6 (1) of the Convention. Consequently, the period under examination in the particular circumstances of the present case started on 17 August 1959.

73. In the Commission's opinion this period terminated on 4 November 1971, being the date on which the Supreme Court dismissed the applicant's plea of nullity and appeal regarding his conviction and his sentence. In this respect the Commission considers that the same general principle as that governing the beginning of the period should apply to the ending of that period in the sense that the period under consideration lasts until the situation of the person concerned has ceased to be affected as a result of the charges levelled against him.

74. This is normally the case when criminal charges are determined by an acquittal or a conviction, even if this decision is reached on appeal by a court which pronounces upon the merits of the charge, and the Commission refers in this regard to the judgments of the European Court of Human Rights and to its own case law (cf. for example the "Wemhoff", "Neumeister" and "Ringeisen" cases).

75. However, the same result could be achieved where the criminal proceedings against the applicant terminated otherwise, e.g. by their discontinuance, and in this respect the Commission refers to its decision on the admissibility of application No. 4550/70, Graf Soltikow against the Federal Republic of Germany (Collection of Decisions 38, p. 123).

76. In the present case the Commission observes that the applicant, who had originally been charged in the indictment on ten counts was finally convicted and sentenced on one charge of fraud only. The proceedings on the remaining charges had either been discontinued, subject to a reservation by the Public Prosecutor's Office under Article 34 (2) of the Code of Criminal Procedure to prosecute at a later date, or they had been separated during the trial and were thus still pending before the competent Austrian court.

77. The Commission further observes that, at the hearing on the admissibility of the application on 13 and 14 July 1971, the representatives of the Austrian Government declared formally, "that in respect of all the offences involving the applicant in which severance occurred the Public Prosecutor's Office intends to discontinue, under Article 34 of the Code of Criminal Procedure, all further legal proceedings against the applicant when the proceedings now pending in the Supreme Court are concluded and its decision becomes final".

78. In view of this declaration by the Austrian Government the Commission considers that all the criminal charges against the applicant had been determined on 4 November 1971 when the Supreme Court finally decided upon the merits of his conviction and sentence

de la Convention. La période à prendre en considération, compte tenu des circonstances particulières à la présente affaire, a donc débuté le 17 août 1959.

73. De l'avis de la Commission, cette période a pris fin le 4 novembre 1971, date à laquelle la Cour suprême a rejeté le pourvoi en cassation et l'appel formés par le requérant contre sa condamnation et contre la peine prononcée. La Commission estime que le principe général applicable à la détermination du début de la période vaut également pour la fin de celle-ci, en ce sens que la période en question dure jusqu'à ce que la situation de l'intéressé cesse d'être affectée par le fait qu'il se trouve sous le coup d'accusations pendantes contre lui.

74. C'est ce qui se passe normalement lorsqu'il est statué sur le bien-fondé des accusations, par un acquittement ou une condamnation, même si cette décision est rendue par une juridiction de recours se prononçant sur le bien-fondé de l'accusation. La Commission renvoie à ce propos aux arrêts de la Cour européenne des Droits de l'Homme et à sa propre jurisprudence (cf. par exemple les affaires "Wemhoff", "Neumeister" et "Ringeisen").

75. Toutefois, le même résultat se produit lorsque les poursuites engagées contre le requérant se terminent d'une autre manière, par exemple lorsqu'elles sont abandonnées, et à ce propos, la Commission renvoie à sa décision sur la recevabilité de la requête N° 4550/70, Graf Soltikow contre la République Fédérale d'Allemagne (Recueil de décisions 38, page 123).

76. En l'espèce, la Commission observe que le requérant, qui avait à l'origine à répondre de dix chefs d'accusation, a finalement été jugé et condamné pour un seul chef d'escroquerie. Les poursuites relatives aux autres accusations ont été soit suspendues, le parquet se réservant le droit de les reprendre à une date ultérieure conformément à l'article 34, § 2, du Code de procédure pénale, soit disjointes au cours du procès et sont de ce fait toujours pendantes devant le tribunal autrichien compétent.

77. La Commission observe de plus que lors de l'audience sur la recevabilité de la requête, les 13 et 14 juillet 1971, les infractions dans lesquelles le requérant est impliqué et qui ont été disjointes de l'affaire, le parquet a l'intention d'abandonner, en application de l'article 34 du Code de procédure pénale, toute poursuite contre le requérant lorsque la procédure actuellement pendante devant la Cour suprême sera close et que la décision de cette Cour aura acquis force de chose jugée".

78. Compte tenu de cette déclaration du Gouvernement autrichien, la Commission estime qu'il a été statué le 4 novembre 1971 sur toutes les accusations de caractère pénal pesant sur le requérant puisqu'à cette date la Cour suprême s'est définitivement prononcée sur le

and thereby established the conditions on which the Public Prosecutor's Office had undertaken to stop further proceedings in respect of all the charges which had been severed and not yet finally decided.

79. In these circumstances it is irrelevant that the actual decision of the Regional Criminal Court in Vienna to discontinue the criminal proceedings in respect of the three charges which had been separated from the remainder during the trial on 10 June and 2 July 1968 was only taken on 26 May 1972. It is equally irrelevant that further prosecution on all such charges which had previously been provisionally discontinued, subject to a reservation of the Public Prosecutor's Office under Article 34 (2) of the Code of Criminal Procedure to prosecute at a later date, would finally be barred by operation of Article 363 (1), Section 3, of the Code of Criminal Procedure only three months after the final decision of the Supreme Court on 4 November 1971.

80. What is essential is that, by reason of the Austrian Government's declaration that all further criminal proceedings against the applicant would be discontinued if the sentence pronounced against him were confirmed by the Supreme Court, the applicant's situation was no longer adversely affected as a result of any criminal charges still pending against him after 4 November 1971 when the Supreme Court confirmed his convention and sentence.

81. In the Commission's opinion, therefore, the period to be considered in the present case lasted from 17 August 1959 to 4 November 1971, being altogether 12 years, 2 months and 18 days.

II. *The question whether the length of the criminal proceedings against the applicant exceeded the limits of a reasonable time as laid down in Article 6 (1) of the Convention.*

82. In approaching this question the Commission has had regard to the principles which have been developed by the European Court of Human Rights particularly in its judgments of 27 June 1968 in the "Wemhoff" and "Neumeister" cases, and which have been summarised in the Commission's Report of 19 March 1970 in the "Ringeisen" case as confirmed in the European Court's judgment of 16 July 1971 in that case.

83. According to these principles, the question whether or not the applicant, in the determination of any criminal charge against him, has had a hearing within a reasonable time in accordance with Article 6 (1) of the Convention, must be decided in relation to the particular circumstances of the proceedings concerned and, in particular, with regard to

(1) the complexity of the case as a whole;

bien-fondé de la condamnation et de la peine, réalisant ainsi la condition à laquelle le parquet s'était engagé à abandonner les poursuites relatives à tous les chefs d'accusation restés pendants après disjonction.

79. Peu importe dès lors que la décision du tribunal correctionnel régional de Vienne de mettre fin aux poursuites pénales relatives aux trois chefs d'accusation disjoints du reste de l'affaire au cours du procès (les 10 juin et 2 juillet 1968) n'ait été effectivement prise que le 26 mai 1972. Peu importe également que les poursuites provisoirement suspendues sous réserve d'une reprise ultérieure par le parquet, conformément à l'article 34, § 2, du Code de procédure pénale, n'aient été définitivement exclues en vertu de l'article 363, § 1, du Code de procédure pénale que trois mois après la décision finale rendue par la Cour suprême le 4 novembre 1971.

80. L'essentiel est que le Gouvernement autrichien ayant déclaré qu'il serait mis fin à toute poursuite pénale contre le requérant si la sentence prononcée contre lui était confirmée par la Cour suprême la situation du requérant a cessé d'être défavorablement affectée par des accusations de caractère pénal encore pendantes à partir du 4 novembre 1971, date à laquelle la Cour suprême a confirmé la condamnation et la peine.

81. De l'avis de la Commission, la période à prendre en considération dans cette affaire a donc duré du 17 août 1969 au 4 novembre 1971, soit au total douze ans, deux mois et dix-huit jours.

II. *Quant à la question de savoir si la procédure pénale ouverte contre le requérant s'est prolongée au-delà du délai raisonnable prescrit par l'article 6, § 1, de la Convention*

82. En abordant cette question, la Commission a tenu compte des principes établis par la Cour européenne des Droits de l'Homme, notamment dans ses arrêts du 27 juin 1968 dans les affaires "Wemhoff" et "Neumeister" et qui ont été résumés dans le rapport de la Commission sur l'affaire "Ringeisen" en date du 19 mars 1970, et confirmés dans l'arrêt rendu dans cette affaire par la Cour européenne le 16 juillet 1971.

83. Selon ces principes, la question de savoir si, s'agissant du bien-fondé d'accusations pénales dirigées contre le requérant, sa cause a été entendue dans un délai raisonnable au sens de l'article 6, § 1, de la Convention doit être tranchée d'après les circonstances particulières à la procédure en question et notamment en tenant compte de

(1) la complexité de l'affaire dans son ensemble;

(2) the manner in which the case has been handled by the national judicial authorities and courts; and

(3) the applicant's own conduct.

The Commission is of the opinion that none of these elements is conclusive in itself but that they are factors in the case which might explain the length of the particular criminal proceedings concerned. It is therefore indispensable that each one of them should be examined separately and evaluated with a view to determining their contribution towards the length of the proceedings. In the end, however, the Commission must evaluate, in the light of all these factors together, the total period under examination in order to determine whether or not it was reasonable within the meaning of Article 6 (1) of the Convention.

1) *The complexity of the case as a whole*

84. It is undisputed by the Parties that the investigations involved a large number of transactions and concerned, at the outset, 23 persons[1] suspected of having committeed altogether 22 separate criminal offences; that the business operations concerned had taken place over a period of several years and had made enquiries necessary not only in Austria but also in other European and non-European countries; that, in the end, the case files amounted to 32 volumes containing some 1000 pages each, making a total of over 32,000 pages.

In the Commission's unanimous opinion these facts are sufficient to justify the conclusion that the substance and scope of the criminal proceedings against the applicant was unusually complex, difficult and voluminous.

2) *The handling of the case by the Austrian authorities and courts*

85. The Commission considers that, in connection with this part of its opinion, it must examine the separate stages of the investigations, of the trial, and of the appeal proceedings with a view to determining whether, during any of these stages, the proceedings have been unduly prolonged by reason of the manner in which the Austrian judicial authorities and courts have dealt with them.

86. There were during the relevant period under examination in the present case, altogether four separate procedural stages, namely

- the first part of the preliminary investigations, from 17 August 1959 to 4 November 1963, being 4 years, 2 months and 18 days;
- the preparing of the indictment and the first trial, from 4 November 1963 to 18 June 1965, being 1 year, 7 months, and 14 days;
- the second part of the preliminary investigations and the further trials, from 18 June 1965 to 2 July 1968, being 3 years and 14 days; and

[1] Including MM. Neumeister and Rafael.

(2) la manière dont l'affaire a été traitée par les autorités judiciaires et les tribunaux nationaux; et de
(3) la conduite du requérant lui-même.

La Commission estime qu'aucun de ces éléments n'est décisif par lui-même mais que ceux-ci constituent des facteurs qui pourraient expliquer la durée d'une procédure donnée. Il est donc indispensable de les examiner séparément et d'essayer de déterminer dans quelle mesure ils ont pu influer sur la durée de ladite procédure. Cela fait, la Commission doit apprécier la durée totale de la période à prendre en considération à la lumière de l'ensemble de ces facteurs afin de déterminer si elle était ou non raisonnable, au sens de l'article 6, § 1, de la Convention.

1) *La complexité de l'affaire dans son ensemble*

84. Les Parties s'accordent à reconnaître que l'enquête portait sur un grand nombre de transactions et visait au début 23 personnes[1] soupçonnées d'avoir commis vingt-deux infractions pénales distinctes; que les opérations commerciales en questions s'étaient étendues sur une période de plusieurs années et avaient nécessité des recherches non seulement en Autriche mais dans d'autres pays, en Europe et hors d'Europe; qu'à la fin les dossiers se composaient de trente-deux volumes contenant quelque mille pages chacun, soit un total de plus de trente-deux-mille pages.

De l'avis unanime de la Commission, ces faits sont suffisants pour justifier la conclusion que la matière et l'ampleur des poursuites pénales engagées contre le requérant en faisaient une affaire exceptionnellement complexe, difficile et volumineuse.

2) *La conduite de l'affaire par les autorités et tribunaux autrichiens*

85. La Commission estime qu'à ce propos, elle doit étudier les différentes phases de l'instruction, du procès et de la procédure de recours afin de déterminer si, lors de quelqu'une de ces phases, la procédure a été indument prolongée par la manière dont les autorités et les tribunaux autrichiens l'ont menée.

86. On peut distinguer dans la période à considérer quatre phases de la procédure:

- la première partie de l'instruction du 17 août 1959 au 4 novembre 1963, soit 4 ans, 2 mois et 18 jours;
- l'établissement de l'acte d'accusation et le premier procès, du 4 novembre 1963 au 18 juin 1965, soit 1 an, 7 mois et 14 jours;
- la seconde partie de l'instruction et la suite du procès, du 18 juin 1965 au 2 juillet 1968, soit 3 ans et 14 jours; et

[1] Dont MM. Neumeister et Rafael.

– the appeal proceedings, from 2 July 1968 to 4 November 1971, being 3 years, 4 months and 2 days.

87. In this context the Commission has considered the applicant's specific allegations that, during the above stages, unjustifiable delays have been caused in that:

– the investigating judge left part of the preliminary investigations to a tax official thus causing duplications of these investigations;
– the investigating judge allowed long intervals between the various interrogations of the suspects;
– the investigating judge made unnecessary requests to other countries for mutual assistance;
– the prosecution authorities and the courts failed, at an early stage, to order separations of various charges and defendants and thus to reduce the case to a more manageable size;
– the Regional Criminal Court in Vienna failed to respect the time-limits laid down in the Austrian Code of Criminal Procedure for fixing the date for trial, for preparing the minutes of the trial, and for completing the written judgment; and
– the Supreme Court failed to decide within a reasonable time his plea of nullity and appeal.

88. The respondent Government have contested these allegations and have submitted that, insofar as delays might have occurred during any of the above procedural stages, they were unavoidable or clearly the result of the applicant's own conduct.

89. The Commission does not regard any of the above allegations, if found to be established, as being necessarily decisive in themselves. It must, however, examine them with a view to determining to what extent, if any, they have been established and have been material for any undue delays.

90. Thus, the Commission has first considered the applicant's contention that delays have been caused by reason of the investigating judge's and the Regional Criminal Court's failure to observe certain provisions of the Code of Criminal Procedure as regards the time-limits governing proceedings before it. In the Commission's opinion, any failure on the part of the Court to respect such time-limits under domestic law is not, as such, the direct concern of the Commission in its appreciation as to whether the delay in question exceeded a "reasonable time" within the meaning of article 6 (1). (Cf. also Final Decision on the admissibility of Application No. 4459/70, Kaiser v. Austria, Collection of Decisions 38, pp. 44.)[1] However, such failure to observe the time-limits laid down under Aus-

[1] Yearbook, XIV, p. 446.

- les procédures de recours, du 2 juillet 1968 au 4 novembre 1971, soit 3 ans, 4 mois et 2 jours.

87. Dans ce contexte, la Commission a examiné les allégations spécifiques du requérant, selon lesquelles au cours de ces différentes phases, des retards injustifiables étaient intervenus du fait que:

- le juge d'instruction avait confié une partie des premières investigations à un inspecteur fiscal occasionnant ainsi des doubles emplois;
- le juge d'instruction avait laissé s'écouler de longs intervalles entre les interrogatoires des inculpés;
- le juge d'instruction avait adressé à des pays étrangers des demandes d'entraide judiciaire inutiles;
- le Ministère public et les tribunaux avaient omis, au début de la procédure, d'ordonner la disjonction de diverses accusations et des causes des divers inculpés, ce qui aurait ramené l'affaire à des proportions plus maniables;
- le tribunal correctionnel régional de Vienne n'avait pas respecté les délais prévus par le Code autrichien de procédure pénale pour la fixation de la date du procès, l'établissement des procès-verbaux des audiences et la rédaction du texte du jugement; et
- la Cour suprême n'avait pas statué dans un délai raisonnable sur le pourvoi en cassation et l'appel.

88. Le Gouvernement défendeur a contesté ces allégations et fait valoir que les retards qui ont pu se produire lors de l'une ou l'autre des phases de la procédure étaient inévitables ou résultaient manifestement de la conduite du requérant lui-même.

89. La Commission estime qu'aucune de ces allégations, fût-elle confirmée par les faits, n'est nécessairement déterminante en elle-même. Elle doit toutefois les étudier dans le but de savoir si et dans quelle mesure ces faits sont établis et ont pu entraîner des retards injustifiés.

90. C'est ainsi que la Commission s'est tout d'abord penchée sur l'allégation du requérant selon laquelle des retards étaient dus à l'inobservation par le juge d'instruction et le tribunal correctionnel régional de certaines dispositions du Code de procédure pénale visant les délais applicables aux procédures en cours devant ce tribunal. De l'avis de la Commission, le fait pris en lui-même que le tribunal ne respecte pas les délais fixés par la législation interne n'influt pas directement sur l'appréciation par la Commission du caractère raisonnable, au sens de l'article 6, § 1, de la période à examiner. (Cf. aussi la décision finale sur la recevabilité de la requête N° 4459/70, Kaiser c/Autriche, Recueil de décisions 38, pages 44,[1]) Toutefois, dans son analyse de la question, la Commission

[1] Annuaire XIV, p. 447.

trian law might fairly be regarded by the Commission as a "straw in the wind" in its analysis of this question.

91. In this connection the applicant has also alleged, however, that there have been delays by reason of certain duplication in the investigations in that they have not always been conducted by the investigating judge himself but also by a tax official. The respondent Government have denied that there were such duplications and the applicant has not furnished any proof to substantiate his allegation; he has simply repeated that, where the investigating judge does not himself conduct the investigations, there must necessarily be a duplication by reason of the fact that the judge must subsequently familiarise himself with the evidence given in his absence.

92. The Commission cannot accept the applicant's arguments in this respect. It fully appreciates the particular difficulties presented by the investigation and prosecution of cases like the present case which involve so-called "economic offences" and which require a special knowledge of economics and business administration. Such knowledge cannot normally be expected of a lawyer. It would therefore appear that investigations are accelerated rather than retarded where in these cases the judicial authorities are assisted by persons such as book-keepers, accountants, tax experts, etc. who have such special training and are therefore in a position both to elucidate the facts more quickly and to explain to the judge the often very complicated economic operations.

93. The Commission has next considered the activities of the investigating judge and the courts during the two parts of the preliminary investigations set out above (para. 86) which no doubt accounted for the longest period in the criminal proceedings against the applicant. The applicant has alleged that, during those periods, three main factors caused unnecessary delays, namely the long intervals between the various interrogations of the suspects, the requests for mutual assistance, and the separation, at a late stage, of the charges and defendants.

94. The Commission is unable to appreciate the relevance of the first of these allegations. It may be true that the suspects were not examined by the investigating judge during certain periods, but this alone cannot constitute any delay in the investigations unless it is suggested that during the relevant period there have not been any investigations by the authorities at all. This, however, has not been suggested and any such allegation would, moreover, not be supported by the facts as they have been established.

95. Indeed, between September 1961 and January 1962 the investigating judge made various requests for mutual assistance to altogether three countries and, in December 1962 and in March 1963, such requests were made to two further countries. It took, on the average, between six months and one year before the reports on the

peut légitimement considérer l'inobservation de délais fixés par la loi autrichienne comme un indice.

91. A ce propos, le requérant a également allégué que des retards avaient été entraînés par certains doubles emplois dans l'instruction dus au fait qu'elle n'avait pas toujours été menée par le juge d'instruction lui-même, mais par un inspecteur des services fiscaux. Le Gouvernement défendeur a nié qu'il y ait eu double emploi et le requérant n'a pas fourni de preuves à l'appui de ses allégations; il s'est borné à répéter que lorsque le juge d'instruction ne conduit pas lui-même l'enquête, il y a nécessairement double emploi, du simple fait que le juge doit ensuite prendre connaissance des éléments réunis en son absence.

92. La Commission ne peut accepter les arguments du requérant sur ce point. Elle est parfaitement consciente des difficultés particulières que présente l'instruction d'affaires telles que celle-ci, dans laquelle des infractions dites "économiques" nécessitent des connaissances spéciales en économie, gestion des affaires, etc. On ne peut normalement pas s'attendre qu'un juriste possède ces connaissances. Il semblerait donc plutôt que l'instruction soit accélérée et non retardée lorsqu'en pareil cas, les autorités judiciaires sont assistées par des comptables, des experts fiscaux etc. qui ont une formation spécialisée, et sont donc en mesure à la fois d'élucider les faits plus rapidement et de donner au juge l'explication d'opérations financières souvent fort complexes.

93. La Commission s'est ensuite penchée sur les activités du juge d'instruction et des tribunaux au cours des deux parties de l'instruction définies ci-dessus (§ 86) qui ont certainement constitué la phase la plus longue de la procédure. Le requérant a allégué que trois facteurs principaux avaient entraîné des retards qui auraient pu être évités, à savoir la longueur des intervalles entre les interrogatoires des inculpés, les demandes d'entraide judiciaire à l'étranger et la disjonction tardive de certaines accusations et des causes de certains inculpés.

94. La Commission n'est pas en mesure d'apprécier la pertinence de la première de ces allégations. Il se peut que les inculpés n'aient pas été interrogés par le juge d'instruction pendant certaines périodes, mais ce seul fait ne saurait constituer une cause de retard dans l'instruction que si l'on suppose que pendant cette période les autorités avaient cessé toutes recherches; allégation qui n'a pas été avancée et qui ne serait d'ailleurs pas corroborée par les faits tels qu'ils ont été établis.

95. En réalité, entre septembre 1961 et janvier 1962, le juge d'instruction a adressé diverses demandes d'assistance à trois pays, puis à deux autres pays en décembre 1962 et mars 1963. Il s'est écoulé en moyenne de six mois à un an avant que les rapports ne parviennent aux autorités autrichiennes et dans plusieurs cas, ils

evidence taken were received by the Austrian authorities, and in several cases the reports received made it necessary to make supplementary requests for mutual assistance which were again dealt with, only six months to one year later, by the foreign court concerned. The last of these reports was received in July 1964, which was even after the first preliminary investigations had been closed and the indictment had been filed with the competent court. The period thus involved during the first stage of the preliminary investigation was about two years and ten months (cf. paras. 29–34).

After the first trial had been adjourned and the case had been referred back to the investigating judge for the completion of the investigations, further requests for mutual assistance were made between December 1965 and July 1966. With regard to these requests the last report was received on 31 October 1966 which had the effect of adding another period of ten months during the second stage of the preliminary investigations (cf. paras. 42–47).

Thus the total period involved to obtain evidence from abroad amounted to more than three and a half years.

96. The Commission is seriously disturbed over the length of that period which, in its opinion, delayed the investigations to a considerable extent. However, this delay cannot be imputed to any action or omission on the part of the Austrian judicial authorities, but is clearly the consequence of a system of mutual assistance, as it presently operates in most Western European countries and by which the requesting State is entirely dependent on the co-operation of the State to whom the request has been sent.

97. In particular, it is not possible to hold the judicial authorities responsible for requesting other countries to take evidence by means of rogatory commissions, even if such evidence subsequently turns out to be of little or no value in the case against the accused. For it is impossible to judge in advance what evidence will be obtained and to what extent it may be material at the trial. It follows that the Commission cannot, by the same reasoning, question particular decisions taken by the investigating judge in the collection of evidence.

98. The Commission next considered the question of possible separations of defendants and charges. It had regard to the European Court's judgment of 27 June 1968 in the "Neumeister" case which stated, in this context, that the "course of the investigation would probably have been accelerated had the applicant's case been severed from those of his co-accused, but nothing suggests that such a severance would here have been compatible with the good administration of justice ..." (cf. European Court of Human Rights, *op. cit.*, para. 21 of "The Law").

In the present case it is undisputed that, as the investigations and court proceedings progressed, quite a number of separations were ont nécessité des demandes complémentaires auxquelles les tribunaux étrangers ont à nouveau mis de six à douze mois à répondre. Le dernier de ces rapports est parvenu en juillet 1964, c'est-à-dire après la clôture de la première instruction et la mise en accusation devant le tribunal compétent. La période représentant la première phase de l'instruction est donc de deux ans et dix mois (cf. §§ 29–34).

Après que le premier procès eut été ajourné et l'affaire renvoyée devant le juge d'instruction pour complément d'information, de nouvelles demandes d'entraide judiciaire ont été envoyées entre décembre 1965 et juillet 1966. Le dernier des rapports répondant à ces demandes est parvenu le 31 octobre 1966, ce qui a eu pour effet de prolonger de dix mois la deuxième phase de l'instruction (cf. §§ 42–47).

C'est ainsi qu'il fallut au total plus de trois ans et demi pour réunir des preuves à l'étranger.

96. La Commission est très préoccupée par la durée de cette période qui, à son avis, a considérablement retardé l'instruction. Toutefois, ce retard ne peut être imputé à aucune action ou omission des autorités judiciaires autrichiennes, mais tient visiblement au système d'entraide judiciaire tel qu'il fonctionne actuellement dans la plupart des pays d'Europe occidentale et où l'Etat demandeur doit en effet s'en remettre entièrement à la coopération de l'Etat requis.

97. Il n'est pas possible, notamment, de faire de reproches aux autorités judiciaires pour avoir adressé à d'autres pays des commissions rogatoires dont les résultats s'avèrent ensuite de peu de valeur ou même sans valeur aucune pour l'affaire en question. Il est en effet impossible de savoir d'avance quelles preuves seront recueillies et quelle importance elles auront pour le procès. Il s'ensuit qu'en vertu de ce raisonnement, la Commission ne peut mettre en question telle ou telle décision prise par le juge d'instruction dans la recherche des preuves.

98. La Commission a étudié ensuite la question des possibilités de disjonction des causes et des chefs d'accusation. Elle s'est référée à l'arrêt de la Cour européenne dans l'affaire "Neumeister" du 27 juin 1968 où il est dit, dans le même contexte, que "la marche de l'instruction aurait probablement été accélérée si la cause du requérant avait été disjointe de celle de ses coinculpés, mais rien n'indique qu'une telle disjonction eut été compatible en l'espèce avec une bonne administration de la justice ..." (cf. Cour européenne des Droits de l'Homme, *op. cit.*, § 21, "En droit").

En l'occurrence, il n'est pas contesté qu'au cours de l'instruction et du procès, un certain nombre de disjonctions ont été opérées tant made both in respect of suspects involved and of the criminal charges concerned. Thus, there were initially 23 suspects, of whom ten were brought to trial in November 1964, but at the trial beginning on 4 December 1967 only five defendants remained. As regards the criminal charges, investigations against the applicant were initially conducted in respect of twelve charges, ten of which were included in the indictment of 17 March 1964. Subsequently, one charge was dealt with separately and proceedings thereon terminated with the applicant's acquittal while the proceedings on eight other charges were discontinued; proceedings on one sole charge resulted in the applicant's conviction and sentence. It follows that the courts have made ample use of the possibility of reducing the case to a manageable size although the applicant alleges that the length of the proceedings against him was caused by the failure to make earlier separations of charges.

99. Having regard to the facts established the Commission notes that the first separation was made in October 1962 and concerned a charge of making defamatory remarks. The second separation was ordered in March 1964 and concerned a charge of bribery. Proceedings on both these charges were provisionally discontinued in September 1964. Then there was on 8 March 1966 an order by the Regional Court provisionally to discontinue the proceedings on five counts of fraud or attempted fraud. This was the result of the first trial which, as has been established in the facts above had to be adjourned in order to complete the investigations. The final three separations were made in June 1968 just before the end of the second trial of the fraud charges at a time when the Court was faced with substantial applications from the applicant for further evidence to be taken with regard to these counts.

100. On these facts it would appear that, apart from the first two separations and discontinuances regarding charges which were only indirectly connected with the main fraud charges, the Regional Criminal Court separated and discontinued charges against the applicant when it was confronted with particular difficulties in proceeding on these charges. In the Commission's opinion, such procedure raises a substantial question as to the adequacy of the investigations, and particular doubt is cast on proceedings which, after two and five years of investigations, have to be discontinued.

101. The final element in the case which the Commission must examine in this context is the applicant's allegation that the proceedings were delayed by reason of the Supreme Court's failure to give within a reasonable time a decision with regard to his plea of nullity and appeal.

102. The Commission notes, first, that a period of eight months

en ce qui concerne les inculpés que pour ce qui est des accusations. C'est ainsi qu'il y avait à l'origine vingt-trois inculpés, dont dix ont été renvoyés en jugement en novembre 1964, mais qu'au cours du procès qui s'est ouvert le 4 décembre 1967 ils n'étaient plus que cinq. Pour ce qui est des chefs d'accusation, l'instruction concernant le requérant portait à l'origine sur douze charges dont dix ont été retenues dans l'acte d'accusation du 17 mars 1964. Par la suite, l'une d'entre elles a été traitée séparément et les poursuites se sont terminées par l'acquittement du requérant, tandis que les poursuites relatives à huit autres chefs d'accusation étaient abandonnées; c'est d'un seul chef d'accusation que le requérant a été condamné. Les tribunaux ont donc largement utilisé les possibilités dont ils disposaient de réduire l'affaire à des proportions plus maniables; le requérant allègue cependant que la durée de la procédure à son encontre est due au fait que les accusations n'ont pas été disjointes plus tôt.

99. Se fondant sur les faits établis, la Commission note que la première disjonction remonte à octobre 1962 et concernait une accusation de diffamation. La seconde disjonction a été ordonnée en mars 1964 et portait sur une accusation de corruption. Les poursuites relatives à ces deux chefs d'accusation ont été suspendues en septembre 1964. Ensuite, le 8 mars 1966, le tribunal régional a ordonné la cessation provisoire des poursuites relatives à cinq accusations d'escroquerie ou de tentatives d'escroquerie et ce, à la suite du premier procès qui, comme il a été établi ci-dessus, a dû être ajourné pour permettre de compléter l'instruction. Les trois dernières disjonctions ont été prononcées en juin 1968, juste avant la fin du second procès relatif aux accusations d'escroquerie, à un moment où le requérant avait soumis au tribunal de nouvelles offres de preuves, très détaillées, touchant ces accusations.

100. Compte tenu de ces faits, il semble donc que, mises à part les deux premières disjonctions et suspensions de poursuites concernant des points qui n'étaient qu'indirectement liés aux principales accusations d'escroquerie, le tribunal correctionnel régional a disjoint les accusations et suspendu les poursuites au moment où il se vit confronté à des difficultés particulières dans la conduite de la procédure sur ces accusations. De l'avis de la Commission, cette manière de procédure conduit à s'interroger sur le caractère judicieux de l'instruction et jette le doute sur des poursuites qu'il fallut abandonner après deux à cinq ans d'instruction.

101. Le dernier élément de l'affaire que la Commission doit examiner dans ce contexte est l'allégation du requérant selon laquelle la procédure a été retardée par le fait que la Cour suprême n'a pas statué dans un délai raisonnable sur son pourvoi en cassation et son appel.

102. La Commission relève tout d'abord que huit mois se sont

elapsed between the pronouncement by the Regional Criminal Court of the judgment (2 July 1968) and the communication of a written copy thereof (10 March 1969). This is certainly a long time and even the size of the judgment and the complexity of the case cannot explain entirely why this time was required to draft a judgment whose contents has been clear since 2 July 1968 when it was pronounced.

103. The Commission further notes that subsequently a period of two years and seven months elapsed between 25 March 1969, being the date on which the applicant submitted the grounds of his appeal and plea of nullity, and 4 November 1971, being the date on which the Supreme Court reached its final decision. No particular explanations have been given as to the length of that period, but the respondent Government have argued that, by comparison with the length of the investigations and of the trial proceedings, the time required by the Supreme Court to reach its decision was not out of proportion.

104. The Commission appreciates that an examination by the Supreme Court of a plea of nullity is not always restricted to questions of law, but that in certain circumstances the court is required to examine the evidence which was given at the trial with a view to determining whether or not the trial court's findings were in conformity with the evidence before it. Indeed, such examination is required where an appellant invokes, as in the present case, the ground of nullity contained in Article 281 (1), Section 5, of the Code of Criminal Procedure which provides that the judgment must be set aside "where the finding of the Court on decisive facts (Article 270 (2), Sections 6 and 7) is not clear, is incomplete or contradictory in itself; where no, or obviously only insufficient, reasons have been given for such finding; or where there is considerable inconsistency between the grounds of the judgment regarding the contents of a document contained in the files or regarding evidence given in court and the document or the record of the interrogation or the minutes of the hearing itself".

105. Nevertheless, in the opinion of the Commission, the above reason is insufficient fully to justify the period of more than three years which passed before the appeal proceedings were completed in the present case. This conclusion is supported by the fact that, in respect of the appeal proceedings, the case against the applicant had been reduced to only one count of fraud, all the other charges having previously been discontinued or separated from the remainder. For the same reason the Government's argument that the appeal proceedings were not excessively long, if compared with the length of the investigations and trials, is hardly convincing.

106. Looking back at the various stages of the criminal proceedings against the applicant and at his allegations in this con-

écoulés entre le prononcé du jugement par le tribunal correctionnel régional (2 juillet 1968) et la communication du texte écrit de ce jugement (10 mars 1969). Ceci représente indubitablement un laps de temps assez important et même la longueur du jugement et la complexité de l'affaire ne peuvent expliquer entièrement pourquoi il a fallu aussi longtemps pour rédiger un jugement dont la teneur était claire depuis le 2 juillet 1968, date à laquelle il a été prononcé.

103. La Commission note de plus qu'une autre période de deux ans et sept mois s'est écoulée entre le 25 mars 1969, date à laquelle le requérant a développé les motifs à l'appui de son pourvoi en cassation et de son appel et le 4 novembre 1971, date à laquelle la Cour suprême a rendu son arrêt final. Aucune explication précise n'a été donnée de la longueur de ce délai, mais le Gouvernement défendeur a fait valoir que le temps nécessaire à la Cour suprême pour parvenir à une décision n'était pas hors de proportion avec la durée de l'instruction et celle du procès.

104. La Commission est consciente que l'examen par la Cour suprême d'un pourvoi en cassation n'est pas toujours limité à des questions de droit, mais que dans certaines circonstances la Cour est appelée à étudier les preuves administrées lors du procès afin de déterminer si les conclusions du tribunal sont ou non conformes aux éléments dont il disposait. En fait, cet examen est nécessaire lorsqu'un appellant invoque, comme dans le cas présent, le motif de nullité prévu à l'article 281, § 1 (5)) du Code de procédure pénale, qui dispose qu'il doit y avoir cassation "lorsque le jugement rendu par le tribunal sur des faits décisifs (article 270, § 2 alinéas 6 et 7) n'est pas clair, est incomplet ou contient des contradictions; lorsque ce jugement n'a pas été motivé ou a été insuffisamment motivé; ou lorsqu'il y a grave contrariété entre les indications données dans les motifs du jugement quant à la teneur d'un document figurant au dossier ou d'une déposition devant le tribunal et le document lui-même ou le procès-verbal de l'interrogatoire ou de l'audience".

105. La Commission estime néanmoins que ces raisons ne suffisent pas à justifier que la procédure de recours ait duré en l'occurrence plus de trois ans. Cette conclusion s'appuie sur le fait que, pour ce qui est de la procédure de recours, l'affaire se limitait à un seul chef d'accusation, tous les autres ayant été antérieurement abandonnés ou disjoints du reste de l'affaire. Pour cette même raison, l'argument du Gouvernement selon lequel la durée de la procédure de recours n'était pas excessive si on la compare à celle de l'instruction et des procès ne semble guère convaincant.

106. De l'examen des différentes étapes de la procédure pénale engagée contre le requérant et de ses allégations à ce propos, la

nection, the Commission concludes that no delays which are relevant to the question of reasonable time under Article 6 (1) of the Convention have been caused by reason of the fact that the investigating judge either left part of the preliminary investigations to a tax official or allowed long intervals to elapse between the various interrogations of suspects; or that the Vienna Regional Court failed to respect certain time-limits laid down in the Austrian Code of Criminal Procedure. The Commission further concludes that, insofar as delays have occurred by reason of the requests to other States for mutual assistance, they are part of a time-consuming system and thus unavoidable as far as the Austrian judicial authorities are concerned and not to be imputed to the respondent Government.

107. On the other hand, in the Commission's opinion, some doubt is cast on the adequacy of the preliminary investigations if considered in the light of the fact that proceedings on several charges were discontinued after years of investigation. In particular, there is no convincing explanation for the length of the appeal proceedings.

108. However, before the Commission can express an opinion as to whether or not the period which was required to determine the criminal charges against the applicant was reasonable within the meaning of Article 6 (1) of the Convention, it must examine the applicant's own conduct during the various stages of the proceedings against him, as it is alleged by the respondent Government that the principal cause for any delays had been the applicant's own attitude which showed a lack of cooperation.

3) *The applicant's own conduct*

109. A preliminary question arises in this context, namely to what extent the applicant's own conduct is at all relevant to the general issue here under consideration. The Commission observes that a distinction must be made between three forms of action in this context: firstly, the accused person's reliance on procedural rights which are available to him under the law; secondly, his failure to co-operate in the investigation and trial; and thirdly, any deliberate obstruction on his part.

110. It is generally accepted that an accused person is under no obligation to renounce his procedural rights or to co-operate in the criminal proceedings against him. However, there are two extreme views as to the question of what should be the effect of an unco-operative attitude on the part of an applicant with regard to his claim that the proceedings against him have lasted beyond a reasonable time. In one view such attitude is considered as constituting part of his right as a defendant with the consequence that his conduct is irrelevant with regard to his subsequent allegation that Article 6 (1) has been violated by reason of the length of these

Commission conclut qu'aucun retard ayant une importance pour la question du délai raisonnable, au sens de l'article 6, § 1, de la Convention ne saurait être attribué au fait que le juge d'instruction a, soit confié une partie de l'instruction préparatoire à un fonctionnaire des services fiscaux, soit laissé s'écouler de longs intervalles entre les interrogatoires des inculpés, ni à l'inobservation par le tribunal correctionnel régional de Vienne de certains délais fixés par le Code autrichien de procédure pénale. La Commission conclut en outre que les retards qui ont pu être provoqués par les commissions rogatoires adressées à d'autres Etats tiennent à la lenteur du système et ne sauraient être imputés au Gouvernement défendeur qui n'aurait pu les éviter.

107. Mais d'autre part, de l'avis de la Commission, on peut douter que l'instruction ait été judicieusement menée si l'on considère que les poursuites relatives à plusieurs chefs d'accusation ont été abandonnées après plusieurs années d'instruction. Et surtout il n'y a pas d'explication convaincante à la durée de la procédure de recours.

108. Toutefois, avant de pouvoir s'exprimer sur la question de savoir si la période qui a été nécessaire pour statuer sur les accusations de caractère pénal pesant sur le requérant était ou non raisonnable, au sens de l'article 6, § 1, de la Convention, la Commission doit étudier la conduite du requérant au cours des différentes étapes de la procédure, puisque le Gouvernement défendeur a fait valoir que la principale cause de retard a été le comportement peu coopératif du requérant.

3) *La conduite du requérant*

109. La première question qui se pose à ce propos est de savoir dans quelle mesure la conduite du requérant a un rapport avec le problème général étudié ici. La Commission observe qu'il convient dans ce domaine de distinguer entre trois formes d'action: tout d'abord l'utilisation par l'inculpé des droits en matière de procédure que lui accorde la loi; ensuite, l'absence d'attitude coopérative de sa part lors de l'instruction et du procès; et enfin l'obstruction délibérée.

110. Il est généralement admis qu'un inculpé n'est pas tenu de renoncer à ses droits en matière de procédure ou de coopérer à la conduite de la procédure pénale menée contre lui. Il existe toutefois deux opinions diamétralement opposées quant aux conséquences que doit avoir l'absence de coopération d'un requérant lorsqu'il se plaint de la durée déraisonnable de la procédure ouverte contre lui. Certains estiment que ce refus de coopérer fait partie des droits du requérant et, partant, qu'il n'existe pas de rapport entre la conduite de celui-ci et ses allégations ultérieures quant à la violation de l'article 6, § 1, du fait de la durée de cette procédure. Selon l'autre

proceedings. According to the other view, his failure to co-operate and, even more so, any deliberate action on his part to obstruct the proceedings against him, would as a matter of equity have to be regarded as stopping the applicant from complaining under Article 6 (1) of the Convention that the proceedings have been delayed beyond a reasonable time.

111. In the Commission's opinion, neither of these extreme views is convincing. The Commission considers that any unco-operative or even obstructive attitude on the part of the applicant during the proceedings against him, although it cannot defeat his claim under Article 6 (1) of the Convention, must nevertheless be taken into consideration in any examination of the question whether or not there has been a violation of his right to a hearing within a reasonable time as guaranteed by that provision. This follows clearly from the necessity to establish the causes of any delays which is an indispensable prerequisite to the examination of the question of violation.

112. In the present case the applicant left Austria soon after his first questioning by the investigating judge on 24 June 1960, and it was necessary to request his extradition from Switzerland. This request was granted by the Swiss authorities only about 14 months after it had been made, and it then took another five months before the applicant was actually extradited on 27 September 1962. The respondent Government infer that his absence from Austria obstructed the speedy investigations into the criminal charges laid against him but they do not give any further explanations in this respect. In the Commission's opinion it is difficult to appreciate to what extent the applicant's absence from Austria for over one and a half years at the beginning of the preliminary investigations against him protracted these investigations.

113. On the other hand, there can be no question that the applicant's subsequent conduct contributed considerably to the length of the criminal proceedings against him. It is clear from the facts that, after his extradition, the applicant refused, during two years of investigations, to make any further statements to the investigating judge with the result that the judge was obliged to base the preliminary investigation solely on the statements of the remaining defendants and on the evidence otherwise obtained. Subsequently, after the date for the first trial had been fixed for 9 November 1964, the applicant tried to obtain an adjournment of the hearing but his request to this effect was refused. Finally, during this trial the applicant gave the Court his complete account of the facts and this lasted several weeks. At the end of the hearing, the whole case appeared to the trial court in a different light and this made it necessary to adjourn the hearing and to send the case back to the investigating judge in order that he might complete the investigations.

point de vue, l'absence de coopération et, plus encore, toute obstruction délibérée de sa part devraient, pour des raisons d'équité, être considérées comme déchéant le requérant, invoquant l'article 6, § 1, de la Convention, du droit de se plaindre que la durée de la procédure a excédé les limites raisonnables.

11. De l'avis de la Commission, aucune de ces opinions extrêmes n'emporte la conviction. La Commission estime que la non-coopération, voire l'obstruction de la part du requérant au cours de la procédure, bien que ne lui interdisant pas de faire appel à l'article 6, § 1, de la Convention, doit néanmoins être prise en considération dès qu'il s'agit d'examiner la question d'une éventuelle violation du droit d'être entendu dans un délai raisonnable, que garantit cette disposition. Cela tient évidemment à la nécessité de déterminer les causes de retard, qui est l'indispensable préalable à l'examen de la question de la violation.

11. En l'occurrence, le requérant a quitté l'Autriche peu après son premier interrogatoire par le juge d'instruction, le 24 juin 1960, et il a fallu demander son extradition à la Suisse. Cette extradition n'a été accordée par les autorités suisses qu'au bout de près de quatorze mois et il a encore fallu cinq mois pour que le requérant soit effectivement extradé, le 27 septembre 1962. Le Gouvernement défendeur fait valoir que l'absence du requérant a empêché que l'instruction ne soit menée à bien rapidement, mais il ne donne pas d'autres explications sur ce point. De l'avis de la Commission, il est difficile d'évaluer dans quelle mesure le fait que le requérant ait été absent d'Autriche pendant plus d'un an et demi au début de l'instruction a retardé celle-ci.

113. Par contre, il ne fait pas de doute que la conduite adoptée ultérieurement par le requérant a considérablement contribué à la longueur de la procédure pénale engagée contre lui. Il ressort clairement des faits qu'après son extradition le requérant s'est refusé pendant deux ans à toute déclaration devant le juge d'instruction, contraignant celui-ci à fonder son enquête uniquement sur les déclarations des autres inculpés et les renseignements recueillis par ailleurs. Ensuite, lorsque l'ouverture du premier procès a été fixée au 9 novembre 1964, le requérant a tenté d'obtenir un ajournement de l'audience qui a été refusé. Enfin, au cours du procès, le requérant a donné intégralement au tribunal sa version des faits, ce qui a pris plusieurs semaines. A la fin de l'audition du requérant, l'ensemble de l'affaire apparaissant sous un jour différent, le tribunal a dû ajourner le procès et renvoyer l'affaire au juge informateur pour lui permettre de compléter l'instruction.

114. In these circumstances the Commission does not find it necessary to examine to what extent, if any, there had otherwise been deficiencies in the investigations which thus required completion. It is satisfied that the particular delay which has been caused by the necessity to adjourn the hearing and to send the case back for further investigation was substantially the result of the applicant's attitude as described above.

115. The respondent Government further criticised the applicant's conduct during the second trial concerning the fraud charges, which began on 4 December 1967, and they alleged that he waited practically until the end of that trial before making further substantial applications for the taking of evidence. In the Government's submission, this attitude of the applicant made it necessary for the Court shortly before the conclusion of the trial to separate the proceedings on the further charges from the remainder. However, the Commission is unable to appreciate this argument in the context of the question whether or not the applicant himself is responsible for any delays. It is true that this conduct demonstrates a lack of cooperation on the part of the applicant which however, cannot be taken into consideration in the present context unless it is shown that this lack of cooperation also caused a delay in the proceedings. In the Commission's opinion, such delay has not been shown to have resulted from the applicant's above conduct which simply led to the separation of proceedings. These proceedings were anyway later discontinued.

4) *Conclusion*

116. Having thus dealt with the separate stages of the criminal proceedings concerned and with the separate elements which it considers to be material in the examination of the merits of the application, the Commission can now express its opinion, taking into consideration all the elements in the case, as to whether or not the total period required to determine the criminal charges against the applicant has been reasonable within the meaning of Article 6 (1) of the Convention.

117. The total period which the Commission must consider amounts to 12 years, 2 months and 18 days. This is, as such, a very long time which, in the Commission's opinion, cannot be justified only by reference to the complexity of the case as a whole. In addition, as has been shown above, there are two factors in the case which point to the conclusion that the Austrian judicial authorities were responsible for delays in the proceedings which cannot be imputed to the applicant's own conduct.

118. There is, first, the fact that the investigations against the applicant had initially been conducted in respect of twelve

114. Dans ces conditions, la Commission n'estime pas nécessaire de rechercher à savoir si et dans quelle mesure il y a eu dans l'instruction d'autres déficiences nécessitant qu'elle soit complétée. Elle est convaincue que le retard dû à la nécessité d'ajourner l'audience et de renvoyer l'affaire au juge d'instruction est essentiellement imputable à l'attidue du requérant, telle qu'elle est décrite plus haut.

115. Le Gouvernement défendeur a également critiqué la conduite du requérant au cours du second procès portant sur les accusations d'escroquerie, ouvert le 4 décembre 1967 et a allégué que le requérant avait pratiquement attendu la fin du procès pour soumettre de nouvelles et importantes offres de preuves. Selon l'argumentation du Gouvernement, cette attitude du requérant a contraint le tribunal, peu de temps avant la clôture du procès, a disjoindre certaines charges du reste de l'affaire. Toutefois, la Commission n'est pas en mesure de déterminer la valeur de cet argument dans la discussion du point de savoir si le requérant lui-même est responsable de certains retards. Il est vrai que ce comportement témoigne d'une absence de coopération de la part du requérant, mais qui, toutefois, ne peut être prise en considération dans ce contexte que s'il est prouvé que cette absence de coopération a également entraîné un retard dans la procédure. De l'avis de la Commission, il n'a pas été établi que de tels retards soient résultés de ce comportement du requérant, lequel a simplement entraîné la disjonction des poursuites. Ces poursuites ont été de toute façon abandonnées par la suite.

4) *Conclusion*

116. Ayant ainsi étudié les différentes phases de la procédure et les différents éléments qu'elle estime importants dans l'examen au fond de la requête, la Commission peut maintenant exprimer un avis, compte tenu de tous les éléments de l'affaire, sur la question de savoir si l'ensemble de la période qui s'est écoulée avant qu'il ne soit statué sur les accusations pesant contre le requérant constituait ou non un délai raisonnable au sens de l'article 6, § 1, de la Convention.

117. Le délai que la Commission doit prendre en considération est au total de douze ans, deux mois et dix-huit jours. Il représente en soi une période très longue qui, aux yeux de la Commission, ne peut se justifier par simple référence à la complexité de l'affaire dans son ensemble. De plus, comme on l'a montré plus haut, deux éléments de l'affaire conduisent à penser que les autorités judiciaires autrichiennes sont responsables de retards dans la procédure qui ne peuvent être imputés à la conduite du requérant.

118. Le fait, tout d'abord, que l'instruction ouverte contre le requérant concernait à l'origine douze accusations différentes, alors

different charges although the applicant was in the end convicted only of one count of fraud. Proceedings on the remaining charges were, after years of investigation, separated and finally dropped altogether, and, as the Commission has already stated, this situation casts doubt on the adequacy of the investigations as a whole. It is true that the discontinuance as late as on 8 March 1966 of five charges appears to have been to a large extent the result of the conduct of the applicant who had maintained a strict silence during two years until, at the trial, he gave detailed explanations to the judges. But there is no such explanation for the separation or discontinuance of six further charges which had been made the subject of investigations and of which some had even been included in the indictment. The Commission fully appreciates the fact that certain investigations are necessary in order to decide whether proceedings on a particular charge should continue or whether they should be dropped and that the decision to discontinue is also governed by considerations other than the prospects of success of obtaining a conviction. However, what strikes the Commission in the present case is that such a large number of the charges were in the end not proceeded with in that they were dropped or discontinued, and that conviction was obtained only on one count.

119. Furthermore, there was the period of over 3 years which it took to complete the judgment of the Regional Criminal Court and to obtain a decision from the Supreme Court with regard to the applicant's plea of nullity and appeal. The only argument made by the respondent Government in this respect was that this period was not out of proportion if measured against the period which had been required to arrive at a judgment by the Regional Court. The Government have in this context invited the Commission to take into consideration the fact that the European Court of Human Rights has, in its judgment of 27 June 1968 in the "Neumeister" case, dealt with the length of the criminal proceedings against Neumeister, which were largely parallel to those against the present applicant, and has found that there was no violation of Article 6 (1) of the Convention.

120. The Commission has, in the course of its examination of the present case, had regard to the above judgment of the European Court. It has compared the course both of the investigations and of the judicial proceedings in the two cases and has noted that, although there was an essential similarity, there were nevertheless two substantial differences.

121. On the one hand, Neumeister was "charged" within the meaning of Article 6 (1) of the Convention on 23 February 1961, being the date on which preliminary investigations were opened against him (cf. European Court of Human Rights, Neumeister case, judgment of 27 June 1968, para. 18 of "The Law", read in conjunc-

que le requérant n'a finalement été condamné que pour un seul chef d'escroquerie. Après une instruction longue de plusieurs années les poursuites relatives aux autres accusations ont été disjointes puis finalement complètement abandonnées et, comme la Commission l'a déjà indiqué, cette situation conduit à douter que, dans l'ensemble, l'instruction ait été judicieusement menée. Il est vrai que l'abandon de cinq accusations à une date aussi tardive que le 8 mars 1966 semble avoir été dû dans une large mesure à la conduite du requérant qui a gardé le silence le plus complet pendant deux ans, jusqu'au procès, au cours duquel il a donné aux juges des explications détaillées. Mais on ne peut expliquer de la même façon la disjonction ou l'abandon de six autres charges sur lesquelles avait porté l'enquête et dont certaines figuraient même dans l'acte d'accusation. La Commission est parfaitement consciente du fait que certaines investigations sont nécessaires pour pouvoir décider du maintien ou de l'abandon de certaines charges, et de ce que la décision d'abandon dépend de considérations autres que les chances d'obtenir une condamnation. Toutefois, ce qui en l'espèce frappe la Commission c'est le fait qu'un si grand nombre d'accusations a été en définitive abandonné d'une manière ou d'une autre et que la condamnation n'ait été prononcée que sur un seul chef.

119. De plus, la rédaction du jugement du tribunal correctionnel régional et la décision de la Cour suprême sur le pourvoi en cassation et l'appel du requérant ont pris plus de trois ans. Le seul argument avancé sur ce point par le Gouvernement défendeur est que cette durée n'est pas disproportionnée par rapport au temps mis par le tribunal régional pour rendre son jugement. Le Gouvernement a invité la Commission à prendre en considération le fait que la Cour européenne des Droits de l'Homme, dans son arrêt du 27 juin 1968 dans l'affaire "Neumeister", a traité de la durée des poursuites pénales intentées contre Neumeister, lesquelles étaient sensiblement parallèles à celles dont a fait l'objet le présent requérant, et a décidé qu'il n'y avait pas eu violation de l'article 6, § 1, de la Convention.

120. Dans son examen de la présente affaire, la Commission a tenu compte de l'arrêt susvisé de la Cour européenne. Elle a comparé le déroulement tant de l'instruction que du procès dans les deux affaires et a noté que, bien que celles-ci présentent une grande analogie, elles diffèrent néanmoins sur deux points importants.

121. En premier lieu, Neumeister a été "accusé", au sens de l'article 6, § 1, de la Convention, le 23 février 1961, date de l'ouverture d'une information pénale contre lui (cf. Cour européenne des Droits de l'Homme, affaire Neumeister, arrêt du 27 juin 1968, § 18, "En droit" combiné avec le § 7, "En fait)", alors qu'une telle in-

tion with para. 7 of "The Facts"), whereas such investigations had already been opened on 17 August 1959 against the present applicant who was therefore "charged" with effect from that date. Thus, the period which is under consideration in both cases is different to the extent that, until the conclusion of the trial, an additional period of about one and a half years must be taken into account in the present case.

122. On the other hand, it was the present applicant's conduct during the first stage of the preliminary investigations which caused a delay in the criminal proceedings concerned and his attitude must therefore be given more weight in the examination of his own complaint relating to the length of the criminal proceedings against him than in the examination of the similar complaint made by Mr. Neumeister.

123. Finally, the Commission has had regard to the terms of the European Court's judgment on this point in the "Neumeister" case (cf. European Court of Human Rights, "Neumeister" case, paras. 20 and 21 of "The Law"). It was only with some hesitation and after various reflections to the contrary that the Court reached the conclusion on 27 June 1968 that, at that time, i.e. while the trial before the Vienna Regional Criminal Court was still in progress and any appeal proceedings had necessarily not even begun, the reasonable time laid down in Article 6 (1) of the Convention had not been exceeded.

124. In this case the appeal to the Supreme Court has to be added which extends the period involved in determining the charge beyond that contemplated by the European Court. The view of the Austrian Government that the length of the appeal proceedings must be analogous to the investigations and trial proceedings cannot be accepted by the Commission in view of the fact that the appeal proceedings involved only one charge.

125. Having thus considered all the elements in the case, the Commission concludes, by 8 votes against 2 votes, that the total period required to determine the criminal charges against the applicant was not reasonable within the meaning of Article 6 (1) of the Convention and that there has therefore been a breach of that provision in the present case.

formation avait déjà été ouverte contre le présent requérant le 17 août 1959; celui-ci se trouva donc "accusé" à partir de cette date. Il s'ensuit que le délai à prendre en considération est différent dans les deux cas: il convient en l'espèce d'ajouter une période d'environ un an et demi jusqu'à la fin du procès.

122. En second lieu, dans la présente affaire, c'est la conduite du requérant au cours de la première phase de l'instruction qui a retardé la procédure et il faut donc lui attacher plus d'importance dans l'examen des griefs dudit requérant quant à la longueur de la procédure qu'on ne l'avait fait dans le cas des griefs analogues formulés par M. Neumeister.

123. Enfin, la Commission s'est référée aux termes de l'arrêt de la Cour européenne des Droits de l'Homme sur ce point dans l'affaire "Neumeister" (cf. Cour européenne des Droits de l'Homme, affaire "Neumeister", §§20 et 21, "En droit"). Ce n'est pas sans certaines hésitations, et après avoir longuement examiné le point de vue opposé, que la Cour, le 27 juin 1968, est parvenue à la conclusion qu'à l'époque, c'est-à-dire alors que le procès devant le tribunal correctionnel régional de Vienne était en cours et donc qu'aucune procédure de recours n'était entamée, le délai raisonnable fixé par l'article 6, § 1, de la Convention n'était pas dépassé.

124. En l'espèce, il convient d'ajouter la procédure de recours devant la Cour suprême, ce qui fait que le temps mis à statuer sur les accusations est plus long que la période qui avait été considérée par la Cour européenne. Etant donné que la procédure de recours ne portait que sur un seul chef d'accusation, la Commission ne saurait adopter la thèse du Gouvernement autrichien selon laquelle la durée de la procédure de recours doit être à la mesure de celle de l'instruction et du procès.

125. Ayant ainsi considéré tous les éléments de l'affaire, la Commission, par 8 voix contre 2, formule l'avis que la durée totale de la période qui s'est écoulée jusqu'à ce qu'il ne soit statué sur les accusations portées contre le requérant n'était pas raisonnable, au sens de l'article 6, § 1, de la Convention et qu'il y a donc eu, en l'espèce, violation de cette disposition.

D.

Application No. 4465/70

VAMPEL *against* AUSTRIA

Report of the Commission

I. FACTS OF THE CASE

This report relates to application No. 4465/70 lodged against the Republic of Austria by Mr. Alois Vampel on 23 April 1970 under Article 25 of the European Convention for the Protection of Human Rights and Fundamental Freedoms.

On 23 January 1969, the applicant, who is an Austrian citizen born in 1917, was arrested on suspicion of the murder of his mistress and subsequently remanded in custody under Article 180 of the Code of Criminal Procedure which made detention on remand obligatory in cases where the charge carried a minimum 10-year prison sentence. The applicant had stated that, after making a suicide pact with her, he had shot her and tried to shoot himself. The applicant, however, survived but his mistress died. The post-mortem examination revealed that she had died of carbon monoxide poisoning. The applicant himself was so badly injured as to be paralysed and he was detained on remand in the prison hospital.

By judgment of the Regional Court (*Landesgericht*) of Vienna of 10 February 1970, the applicant was convicted of murder under Articles 134 and 135, paragraph 4, of the Austrian Criminal Code (*Strafgesetz*) and sentenced to five years' imprisonment.

On 13 February 1970 the applicant lodged a plea of nullity (*Nichtigkeitsbeschwerde*) with the Supreme Court (*Oberster Gerichtshof*) but, as he was not yet in possession of the written judgment of the Regional Court, he could not give the reasons for his appeal.

The Public Prosecutor also lodged an appeal against sentence on the ground that five years' imprisonment was too low a penalty for murder. On 25 February 1970 he gave the full grounds of his appeal since he himself had access to the Court files which already contained the draft judgment.

The completion of the written judgment of the Regional Court was delayed because the transcript of the trial was not available until shortly before 19 May 1970.

On 19 May 1970 the Presiding Judge gave the order to serve the judgment on the applicant, who received it on 25 May 1970. On 5 June 1970 applicant's counsel filed his full appeal with the Supreme Court, which gave judgment on 8 October 1970. The Court dismissed the appeals both of the applicant and of the Public Prosecutor,

D.

Requête N° 4465/70

VAMPEL *contre* AUTRICHE

Rapport de la Commission

I. LES FAITS DE LA CAUSE

Le présent rapport concerne la requête N° 4465/70 introduite contre la République d'Autriche par M. Alois Vampel le 23 avril 1970 au titre de l'article 25 de la Convention européenne de Sauvegarde des Droits de l'Homme et des Libertés fondamentales.

Le 23 janvier 1969, soupçonné de l'assassinat de sa maîtresse, le requérant, ressortissant autrichien né en 1917, fut arrêté et placé en détention provisoire en vertu de l'article 180 du Code pénal autrichien qui prescrit cette détention lorsque le délit est passible d'une peine minimale de dix ans de prison. Le requérant a déclaré avoir conclu un pacte de suicide avec la victime, l'avoir abbattue et avoir tenté de se tuer par balle. Il a survécu, mais sa maîtresse est morte. L'autopsie a révélé qu'elle était morte par empoisonnement à l'oxyde de carbone. Le requérant lui-même a été grièvement blessé, il est paralysé et a été détenu dans l'hôpital de la prison.

Par jugement du tribunal régional (*Landesgericht*) de Vienne, rendu le 10 février 1970, le requérant a été reconnu coupable d'assassinat conformément aux articles 134 et 135, paragraphe 4 du Code pénal autrichien et condamné à cinq ans de prison.

Le 13 février 1970, le requérant s'est pourvu en cassation (*Nichtigkeitsbeschwerde*) auprès de la Cour suprême (*Oberster Gerichtshof*) mais, n'étant pas encore en possession du jugement écrit, il n'a pu motiver son pourvoi.

Le Ministère public a également fait appel de la sentence, jugeant trop faible une peine de cinq ans de prison pour un assassinat. Le 25 février 1970, il a pleinement motivé son recours, ayant pu consulter le dossier du tribunal qui renfermait déjà le projet de jugement.

L'achèvement du jugement écrit du tribunal régional a été retardé par le fait que le procès-verbal d'audience n'a été disponible que peu avant le 19 mai 1970.

Le 19 mai 1970, le Président du tribunal ordonna de notifier le jugement au requérant qui le reçut le 25 mai 1970. Le 5 juin 1970, l'avocat du requérant forma un pourvoi complet auprès de la Cour suprême qui rendit son arrêt le 8 octobre 1970. La Cour débouta à and the complete text of the judgment was served on the applicant on 18 November 1970.

On 16 October 1970 the applicant requested his release from detention under Article 398 of the Rules of Penal Procedure and Article 5 of the Execution of Sentences Act (*Strafvollzugsgesetz*), on the ground of his physical unfitness for detention. By decision of 22 October 1970 the applicant was released from prison on this ground and has since been living at his home in Graz.

II. PROCEEDINGS BEFORE THE COMMISSION

The applicant's original complaints all related to his detention in prison hospital pending his trial and were made under Article 3 (right to protection from inhuman treatment), Article 5, 1 (c) (right to liberty save where reasonably necessary to prevent commission of crime or flight), Article 5, 3 (right to trial within a reasonable time), Article 5, 4 (right to speedy decision regarding release from detention), and Article 6, 1 (right to determination of criminal charge within a reasonable time).

The Commission by a partial decision of 5 October 1970 declared inadmissible the applicant's allegations under Article 3 and Article 5, 1 (c). The Commission then obtained the Parties' written submissions on the admissibility of the remaining complaints and, in its final decision on 31 March 1971, it decided to discontinue its examination of the applicant's complaint under Article 5, 4, to declare inadmissible his complaint under Article 6, 1, but to declare admissible his complaint under Article 5, 3, regarding the period of his detention on remand.

Summaries of the Parties' submissions on admissibility are set out in the Commission's above decisions.

The Commission then proceeded to carry out its tasks under Article 28 of the Convention which provides that:

> "In the event of the Commission accepting a petition referred to it:
>
> (a) it shall, with a view to ascertaining the facts, undertake together with the representatives of the parties an examination of the petition and, if need be, an investigation, for the effective conduct of which the States concerned shall furnish all necessary facilities, after an exchange of views with the Commission;
>
> (b) it shall place itself at the disposal of the parties concerned with a view to securing a friendly settlement of the matter on the basis of respect for Human Rights as defined in this Convention".

Written observations on the merits were obtained from the applicant's lawyer in May 1971 and on 15 July 1971 the Commission la fois le requérant et le Ministère public, et le texte complet du jugement fut signifié au requérant le 18 novembre 1970.

Le 16 octobre 1970, le requérant avait demandé sa mise en liberté en vertu de l'article 398 du Code de procédure pénale et de l'article 5 de la Loi sur l'exécution des peines (*Strafvollzugsgesetz*) en arguant de son inaptitude physique à la détention. Par décision du 22 octobre 1970, le requérant fut mis en liberté pour ce motif. Il vit depuis cette date à son domicile à Graz.

II. PROCEDURE DEVANT LA COMMISSION

Les griefs initiaux du requérant se rapportaient tous à sa détention à l'hôpital de la prison dans l'attente de son jugement. Ils invoquaient l'article 3 (droit à la protection contre les traitements inhumains), l'article 5, 1 (c) (droit à la liberté sauf lorsque la détention se justifie pour empêcher la perpétration d'un délit ou la fuite du prévenu), l'article 5, 3 (droit à un jugement dans un délai raisonnable), l'article 5, 4 (droit à une décision rapide sur la mise en liberté), et l'article 6, 1 (droit à la détermination du bien-fondé de toute accusation en matière pénale dans un délai raisonnable).

Par une décision partielle du 5 octobre 1970, la Commission a déclaré irrecevables les allégations du requérant invoquant l'article 3 et l'article 5, 1 (c). Elle a ensuite reçu les observations écrites des parties sur la recevabilité des autres griefs et, dans sa décision définitive du 31 mars 1971, elle a décidé de clore l'examen du grief du requérant relatif à l'article 5, 4 de la Convention; de déclarer irrecevable son grief relatif à l'article 6, 1; mais de déclarer recevable son grief relatif à l'article 5, 3 concernant la durée de sa détention provisoire.

Les observations des Parties sur la recevabilité figurent en résumé dans les décisions précitées de la Commission.

La Commission a procédé ensuite selon les stipulations de l'article 28 de la Convention qui prévoit:

"Dans le cas où la Commission retient la requête:

> (a) afin d'établir les faits, elle procède à un examen contradictoire de la requête avec les représentants des parties et, s'il y a lieu, à une enquête pour la conduite efficace de laquelle les Etats intéressés fourniront toutes facilités nécessaires, après échange de vues avec la Commission;
>
> (b) elle se met à la disposition des intéressés en vue de parvenir à un règlement amiable de l'affaire qui s'inspire du respect des Droits de l'Homme, tels que les reconnaît la présente Convention."

En mai 1971, la Commission a reçu les observations écrites de l'avocat du requérant sur le bien-fondé de l'affaire et, le 15 juillet heard the Parties' oral submissions on the merits of the case.

As regards the Commission's task under Article 28 (b), the Secretary, Mr. A. B. McNulty, had discussions in Vienna in September 1971 with Dr. Pahr, the Deputy Agent, and also with Dr. Kaltenbäck, the applicant's lawyer. In October 1971 the Secretary had further discussions in Graz with Dr. Kaltenbäck and the applicant himself.

In the situation as it then was, the Commission found it to be clear from the applicant's side that there was no urgent need for a settlement. In particular, it was noted that the applicant, having been declared unfit to serve his prison sentence, was free to reside at home. He was apparently subject to periodical medical examinations regarding his fitness by officially-appointed doctors but was not otherwise subject to any conditions limiting his freedom.

The Commission therefore found that there was at that time no basis for a friendly settlement of the case but that if the applicant's situation should substantially change, a basis might be found on which friendly settlement discussions could usefully be re-opened.

The Commission also observed that, under Article 28 (b), a friendly settlement must be "on the basis of respect for Human Rights as defined in this Convention". In this connection, the Commission had taken note of a statement made by the respondent Government during the hearing before it on 15 July 1971. In this statement, the Government referred to the 1971 Amendment to the Penal Code and Code of Penal Procedure which was passed by the Lower Chamber of the Austrian Parliament on 8 July 1971. The Amendment came into force on 3 August 1971 (BGBl. No. 273 of 2 August 1971). Under the Amendment, such obligatory detention as the applicant had undergone was abolished in all cases similar to his. The Government also called the attention of the Commission to the Explanatory Memorandum to this amendment which stated that obligatory detention, as prescribed under Article 180 of the Code of Penal Procedure, had given rise to certain misgivings in relation to the Convention of Human Rights.

The Commission therefore considered that, having obtained the consent of the Parties and having had regard to the effect of the 1971 amendment to the Code of Penal Procedure, it would be in accordance with its task under Article 28 (b) of the Convention to suspend for the time being its proceedings regarding a friendly settlement of this case.

On 7 February 1972 the Commission adopted a Provisional Report which was transmitted to the Committee of Ministers and respondent Government on 10 April 1972 in the form prescribed under Article 31 of the Convention. It was not sent to the applicant.

In paragraph 3 of the Provisional Report it was stated that the Commission had decided that the report "must be provisional only,

1971, elle a entendu les déclarations orales des Parties à ce sujet.

Conformément à l'article 28 (b), le Secrétaire de la Commission, M. A. B. McNulty, a eu des entretiens à Vienne en septembre 1971 avec M. Pahr, Agent adjoint du Gouvernement ainsi qu'avec M. Kaltenbäck, avocat du requérant. En octobre 1971, il a eu de nouveaux entretiens à Graz avec M. Kaltenbäck et avec le requérant lui-même.

Dans la situation telle qu'elle se présentait alors, la Commission a constaté que, du côté du requérant, il n'y avait aucune nécessité urgente de règlement. Elle a noté en particulier que celui-ci, ayant été déclaré inapte à l'exécution de sa peine de prison, était libre de résider à son domicile. Il devait se soumettre périodiquement à l'examen de médecins officiellement désignés, mais il n'était soumis à aucune autre mesure restreignant sa liberté.

La Commission a donc conclu qu'il n'y avait pas, à ce moment-là, de base suffisante pour un règlement amiable de l'affaire, mais que si la situation du requérant devait se modifier de façon notable, les discussions pourraient utilement reprendre en vue d'un tel règlement.

Elle a également observé que, selon l'article 28 (b), un règlement amiable doit s'inspirer "du respect des Droits de l'Homme, tels que les reconnaît la présente Convention". A ce propos, elle a pris note d'une déclaration faite par le Gouvernement défendeur à l'audience du 15 juillet 1971, dans laquelle celui-ci évoquait l'amendement apporté le 8 juillet 1971 au Code pénal et au Code de procédure pénale autrichiens par la chambre des députés. Cet amendement est entré en vigueur le 3 août 1971 (BGBl. N° 273 du 2 août 1971). Cet amendement a supprimé la détention obligatoire dans tous les cas analogues à celui du requérant. Le Gouvernement appelait également l'attention de la Commission sur l'exposé des motifs de cet amendement qui indiquait que la détention obligatoire prescrite à l'article 180 du Code de procédure pénale avait donné lieu à certaines objections liées à la Convention des Droits de l'Homme.

La Commission a donc estimé que, vu le consentement des Parties et compte tenu de l'effet de l'amendement de 1971 au Code de procédure pénale, il serait conforme à la tâche qui lui incombe en vertu de l'article 28 (b) de la Convention qu'elle suspende sa procédure concernant un règlement amiable de l'affaire.

Le 7 février 1972, elle a adopté un rapport provisoire qui a été transmis au Comité des Ministres et au Gouvernement défendeur le 10 avril 1972 sous la forme prescrite à l'article 31 de la Convention. Il n'a pas été adressé au requérant.

Le paragraphe 3 de ce rapport provisoire indique que la Commission a décidé que le rapport "ne sera que provisoire, étant donné que in view of the fact that the friendly settlement negotiations have, with the consent of the Parties, been suspended". The application consequently remained on the Commission's list of cases and the report, not being a final report, was not published.

The Commission's Secretary reported on 20 December 1972, and again on 1 April 1974, to the Commission that Dr. Kaltenbäck had on both occasions informed him that the applicant's situation had in no way changed and that, owing to his continued bad state of health, there was no question of his being declared fit to serve his prison sentence.

However, in a letter of 29 August 1974, Dr. Kaltenbäck requested the Commission "to take a final decision" in this case. He pointed out that the applicant had never been concerned with obtaining any monetary compensation from the respondent Government but solely with being freed from the threat of having to serve the rest of his prison sentence. This seemed now to be out of the question as the applicant's state of health was so bad that, having regard to Article 5 of the Austrian Act on the execution of sentences, he was clearly unfit to be detained in prison. On the other hand, the applicant had so far not been granted a pardon.

On 1 October 1974 the Commission decided, before considering Dr. Kaltenbäck's request to terminate its proceedings by taking a decision in the case, to ask the respondent Government whether there was now any possibility of a pardon being granted. On 3 October 1974 the Commission's Secretary wrote to the respondent Government's Agent accordingly. By letter of 22 October 1974, Dr. Kaltenbäck informed the Commission that he had on the same day lodged with the appropriate authorities a request for pardon. He stated in this request that his two previous requests for pardon in October 1970 and May 1972 had been refused.

On 9 July 1975 the Commission noted the Government's letter of 9 May 1975 addressed to the Commission's Secretary and stating as follows:

> "I have the honour to refer to your recent conversation with Dr. Pahr concerning the above mentioned application and to inform you that the Federal President of the Republic of Austria has remitted the remaining part of Alois Vampel's penalty by an act of grace ...."

The Commission also noted the letter of Dr. Kaltenbäck of 10 June 1975 stating as follows:

(*Translation*):

> ["With regard to the above application, I have received your letter of 3 June 1975 and the letter enclosed with it dated 9 May 1975 from the Agent of the respondent Government to the Commission.

les négociations en vue d'un règlement amiable ont été suspendues avec l'accord des Parties". La requête est donc restée inscrite au rôle de la Commission et le rapport, n'étant pas définitif, n'a pas été publié.

Le Secrétaire de la Commission a fait savoir à la Commission le 20 décembre 1972 et à nouveau le 1er avril 1974 que M. Kaltenbäck l'avait informé en ces deux occasions que la situation du requérant était inchangée et que, en raison de son mauvais état de santé persistant, il était hors de question de le déclarer apte à exécuter sa peine de prison.

Toutefois, dans une lettre du 29 août 1974, M. Kaltenbäck a demandé à la Commission "de prendre une décision définitive" dans cette affaire. Il faisait valoir que le requérant ne s'était jamais soucié d'obtenir une quelconque compensation financière de la part du Gouvernement défendeur et qu'il désirait uniquement être libéré de la menace d'avoir à exécuter le reste de sa peine en prison. Celle-ci semblait à présent écartée puisque, en vertu de l'article 5 de la Loi autrichienne sur l'exécution des peines, son mauvais état de santé rendait le requérant manifestement inapte à la détention carcérale. D'autre part, le requérant n'avait pas à cette date bénéficié d'une remise de peine.

Le 1er octobre 1974, la Commission a décidé, avant d'examiner la demande de M. Kaltenbäck sollicitant une décision qui mette fin à la procédure, de demander au gouvernement défendeur s'il était maintenant possible qu'une remise de peine soit accordée. Le 3 octobre 1974, le Secrétaire de la Commission a écrit à l'Agent du Gouvernement défendeur en ce sens. Par lettre du 22 octobre 1974, M. Kaltenbäck a informé la Commission qu'il avait introduit le même jour une demande de remise de peine auprès des autorités compétentes, dans laquelle il rappelait que ses deux premières demandes d'octobre 1970 et de mai 1972 avaient été rejetées.

Le 9 juillet 1975, la Commission a pris note de la lettre du 9 mai 1975 adressée par le Gouvernement au Secrétaire de la Commission et déclarant ce qui suit:

> "Me référant à votre récente conversation avec M. Pahr concernant la requête mentionnée ci-dessus, j'ai l'honneur de vous informer que le Président fédéral de la République d'Autriche, exerçant son pouvoir de grâce, a remis la partie restante de la peine de M. Alois Vampel. . . ."

La Commission a également pris note de la lettre de M. Kaltenbäck du 10 juin 1975 déclarant:

(*Traduction*):

> "En ce qui concerne la requête ci-dessus, j'ai reçu votre lettre du 3 juin 1975 et la lettre jointe du 9 mai 1975 de l'Agent du Gouvernement défendeur à la Commission.

I confirm that the applicant has been pardoned by a decision of the Federal President of 24 April 1975.

In these circumstances, on behalf of my client Mr. Alois Vampel, I hereby withdraw application No. 4465/70 against Austria.

I should at the same time express my gratitude, Mr. Secretary, for the constant care with which you have handled this case."]

(*Original*):

"Sehr geehrter Herr McNulty!

Unter Bezugnahme auf die obige Beschwerde habe ich Ihren Brief vom 3. Juni 1975 nebst einer Abschrift eines am 9. Mai 1975 datieren Schreibens des Verfahrensbevollmächtigten der beteiligten Regierung an die Kommission erhalten.

Ich bestätige, dass der Beschwerdeführer mit Entschliessung des Bundespräsidenten vom 24.4.1975 begnadigt wurde.

Unter diesen Umständen ziehe ich hiermit namens meines Mandaten Herrn Alois Vampel die Beschwerde Nr. 4465/70 gegen Österreich zurück.

Ich darf bei dieser Gelegenheit meinen Dank für die stets aufmerksame Behandlung des Falles durch Sie, sehr geehrter Herr Sekretär, zum Ausdruck bringen und zeichne mit vorzüglicher Hochachtung,

Ihr Ergebener,

Dr. Kaltenbäck."

The Commission finds that the applicant's position has now substantially changed as a result of the pardon granted to him. A termination of the case would thus be in accordance with the provisions of Article 28 (b) of the Convention which is to be applied by analogy to applications such as the present, which are declared admissible and subsequently withdrawn following a satisfactory solution of the applicant's case. In this connection the Commission again refers to the 1971 Amendment to the Penal Code and Code of Criminal Procedure whose effect has been mentioned above.

The Commission consequently decided on 9 July 1975 to strike this application off its list of cases.

Je vous confirme que le requérant a bien été gracié par décision du Président fédéral du 24 avril 1975. Dans ces conditions, au nom de mon client M. Alois Vampel, je retire par la présente la requête N° 4465/70 introduite contre l'Autriche.

Je tiens par la même occasion à vous exprimer ma gratitude, Monsieur le Secrétaire, pour la constante attention avec laquelle vous avez traité cette affaire."]

(Original):

"Sehr geehrter Herr McNulty!

Unter Bezugnahme auf die obige Beschwerde habe ich Ihren Brief vom 3. Juni 1975 nebst Abschrift einer am 9. Mai 1975 datierten Schreibens des Verfahrensbevollmächtigten der beteiligten Regierung an die Kommission erhalten.

Ich bestätige, dass der Beschwerdeführer mit Entschliessung des Bundespräsidenten vom 24.4.1975 begnadigt wurde.

Unter diesen Umständen ziehe ich hiermit namens meines Mandaten Herrn Alois Vampel die Beschwerde Nr. 4465/70 gegen Österreich zurück.

Ich darf bei dieser Gelegenheit meinen Dank für die stets aufmerksame Behandlung des Falles durch Sie, sehr geehrter Herr Sekretär, zum Ausdruck bringen und Zeichne mit vorzüglicher Hochachtung,

Ihr Ergebener,

Dr. Kaltenbäck."

La Commission constate que la situation du requérant s'est à présent considérablement modifiée à la suite de la grâce qui lui a été accordée. Un classement de l'affaire serait donc conforme aux dispositions de l'article 28 (b) de la Convention, par analogie avec les requêtes qui, comme celle-ci, sont déclarées recevables puis retirées après qu'un règlement satisfaisant leur a été apporté. A ce propos, la Commission se réfère à nouveau à l'amendement apporté en 1971 au Code pénal et au Code de procédure pénale dont l'effet a été mentionné plus haut.

La Commission a, par conséquent, décidé le 9 juillet 1975 de rayer cette requête de son rôle.

PART THREE

The Convention within the Member States of the Council of Europe

TROISIEME PARTIE

La Convention dans l'ordre interne des Etats Membres du Conseil de l'Europe

CHAPTER I / CHAPITRE I

THE CONVENTION IN THE PARLIAMENTS AND OFFICIAL ACTS OF THE MEMBER STATES

LA CONVENTION DEVANT LES PARLEMENTS ET DANS LES ACTES OFFICIELS DES ETATS MEMBRES

FEDERAL REPUBLIC OF GERMANY

A question was put by Dr. Mertens and others to Mr. Moersch, Secretary of State, on the declarations made by the Government of the Federal Republic of Germany regarding the European Convention on Human Rights and its Protocols as well as on the Vienna Conventions on Diplomatic and Consular Relations.

Mr. Moersch, Secretary of State, replied to this question referring to the declarations made by the Government of the Federal Republic of Germany; he also gave a list of the Member States which are Parties to the above-mentioned Convention.

Deutscher Bundestag, Parliamentary Reports, 149th Session, 20 February 1975
Questions A, 11 and 20, Printed Report 7/3227 of 14 February 1975

THE NETHERLANDS

In a note to Parliament concerning revision of the military disciplinary laws the Ministers of Defence and of Justice stated, *inter alia:*

"It would be an error to state that members of the armed forces should be denied the exercise of a number of fundamental rights, particularly the right to freedom of expression and of assembly. The exclusion of such fundamental rights should never be permitted. However, it should be possible for the exercise of such rights to the extent that members of the armed forces act in that capacity or are recognisable as such and such restrictions are necessary in the interest of the easy functioning of the armed forces. These restrictions should be consistent with the provisions of the European Convention on Human Rights.

"We, the undersigned, believe that the formal law concerning military rules should indicate how fundamental rights can be restricted. The inclusion in an Act of such restrictions should provide the guarantee that no further restrictions shall be imposed other than those expressed by the Parliament."[1]

[1] Note to Parliament, 27 June 1974, Bijl. Hand II, 1973/1974 – 11689, No. 6 p. 9.

UNITED KINGDOM

1. *Debate in the House of Commons concerning Prison Rules: Legislative amendments giving effect to the judgment by the European Court of Human Rights in the Golder case*

"Mr. Watkinson asked the Secretary of State for the Home Department if he will now consider amending Rule 34 (8) of the Prison Rules 1964.

"Mr. Gould asked the Secretary of State for the Home Department whether he will seek to change Rule 34 (8) of the Prison Rules 1964 which defines a prisoner's right of access to legal and other advice.

"Mr. Roy Jenkins replied that he shall give effect to the Court's ruling in the Golder case, and that he is actively studying the means by which this should be done.

"Mr. Watkinson: I thank my right hon. Friend for that reply. Does he accept that Rule 34 (8) severely restricts the rights of prisoners to communicate with persons, including solicitors, outside prison? Does he acknowledge that as a result of the decision that he mentioned we are in breach of two articles of the Convention on Human Rights?

"Mr. Jenkins: I note the decision of the court on three matters, which does not conflict with what my hon. Friend said. I should like to consider a little further exactly what this involves in relation to Rule 34 (8). I assure my hon. Friend and the House, as I said in my first answer, that effect will be given to the court's decision.

"Mr. Gould: Does my right hon. Friend accept that the reasoning behind the court's decision that the right of access to a solicitor is an essential element in a fair trial applies equally to arrested persons as to prisoners? Will he consider the position of arrested persons in the light of the court's decision, bearing in mind that many of them find, because the Judges' Rules lack statutory force and are widely ignored in practice, that their right of access to a solicitor is illusory?

"Mr. Jenkins: I shall consider carefully what my hon. Friend says, although I do not think that it arises directly out of the court's decision.

"Mrs. Millie Miller: When my right hon. Friend is considering this rule will he also consider Rule 43, under which it is possible for prisoners to be in their cells for 23 hours of the day because there is said to be insufficient staff to supervise them in any form of work or recreation?

"Mr. Jenkins: Rule 43 does not arise out of the Golder case or the judgment, as I am sure my hon. Friend knows. No shortage of staff makes it necessary for people to come under Rule 43. Despite those considerations, I shall consider carefully what my hon. Friend has said."

Hansard Report, House of Commons, 6 March 1975, Cols. 1760–1762

2. *Bill of Rights Study for Northern Ireland*

Lord Fisher, Chairman of the Government-financed Standing Advisory Commission on Human Rights tabled a motion to undertake a detailed study of introducing a Bill of Rights in Northern Ireland.

The Bill, although restricted to Northern Ireland, could have profound constitutional implications for the rest of the United Kingdom, should it be decided that new legislation would be needed.

House of Lords, 16 May 1975
The Times, 17 May 1975

DECISIONS OF THE COURT OF JUSTICE OF THE EUROPEAN COMMUNITIES RELATING TO THE PROTECTION OF FUNDAMENTAL RIGHTS

DECISIONS DE LA COUR DE JUSTICE DES COMMUNAUTES EUROPEENNES CONCERNANT LA PROTECTION DES DROITS FONDAMENTAUX

1. J. Nold, Kohlen- und Baustoffgrosshandlung v. Commission of the European Communities

14 June 1974

Case 4/73

European Court Reports, 1974, pp. 491–516

By authorising the merger of the majority of the mining companies of the Ruhr Basin into a single company, Ruhrkohle AG, by a decision of 27 November 1969, the Commission oblige the latter *inter alia* to submit for its authorisation any amendment concerning its terms of trading rules. In 1972 the Ruhrkohle AG amended the terms of its trading rules by which it entitled to direct purchase from it only those direct dealers who oblige themselves by concluding a two-year contract to purchase not less than 6,000 metric tonnes a year from the Ruhrkohle AG for the supply of domestic and smaller consumers. The Commission, by decision of 21 December 1972, authorised these new terms of business of the Ruhrkohle AG. On 10 January 1973 Ruhrkohle – Verkauf GmbH, the marketing agency for Ruhrkohle AG, sent to direct coal wholesalers and in principle to the Nold undertaking the text of the new trading rules authorised by the Commission's decision of 21 December 1972 and informed them that as from 1 January 1973 commercial transactions between them would be carried out on that basis.

On 31 January 1973 the Nold undertaking brought an action for the annulement of the Commission's decision of 21 December 1972 alleging that the new trading rules changed its previous status, that as from 1 January 1973 it could no longer be considered as a direct wholesaler in the coal trade in view of the new terms of business of Ruhrkohle AG. It alleged therefore that it had been a victim of serious discrimination. Consequently its fundamental rights were violated.

With respect to the violation of its fundamental rights, the applicant raised the objection that the terms of business of Ruhrkohle violated several of his fundamental rights which are recognised by national constitutions and which are an integral part of the general principles of law, the observance of which are assured by the Court. He furthermore argued that the contested decision violated several rights recognised by the Constitution of the Federal Republic of Germany, in particular, the right of free development of the personality, the free choice and pursuit of employment and the guarantee of property ownership proclaimed by Article 14. These rights are also recognised by international Conventions and by the ECSC Treaty itself, in particular, Articles 4, 65 and 66.

The decision of the Commission directly and illegally interfered with the exercise of these rights. The defendant maintained, that the instances of refusal to supply and the discrimination which the applicant claimed to have suffered during the action of Ruhrkohle AG had no relevance to the question, the only matter at issue in this case, of the legality of the contested decision. The same applies to the consequences as yet unforeseeable, of the recent energy crisis. Subsequent events cannot cast doubt upon the legality of the Community act.

By its decision delivered on 14 May 1974 the Court dismissed the action as unfounded.

As to the objection based on an alleged violation of fundamental rights, the Court held as follows:

"The applicant asserts finally that certain of its fundamental rights have been violated, in that the restrictions introduced by the new trading rules authorised by the Commission have the effect, by depriving it of direct supplies, of jeopardising both the profitability of the undertaking and the free development of its business activity, to the point of endangering its very existence.

In this way, the decision is said to violate, in respect of the applicant, a right akin to a proprietary right, as well as its right to the free pursuit of business activity, as protected by the Grundgesetz of the Federal Republic of Germany and by the Constitutions of other Member States and various international treaties, including in particular the Convention for the Protection of Human Rights and Fundamental Freedoms of 4 November 1950 and the Protocol to that Convention of 20 March 1952.

As the Court has already stated, fundamental rights from an integral part of the general principles of law, the observance of which it ensures.

In safeguarding these rights, the Court is bound to draw inspiration from constitutional traditions common to the Member States, and it cannot therefore uphold measures which are incompatible with fundamental rights recognised and protected by the Constitutions of those States.

Similarly, international treaties for the protection of human rights on which the Member States have collaborated or of which they are signatories, can supply guidelines which should be followed within the framework of Community law.

If rights of ownership are protected by the constitutional law of all the Member States and if similar guarantees are given in respect of their right freely to choose and practice their trade or profession, the rights thereby guaranteed, far from constituting unfettered prerogatives, must be viewed in the light of the social function of the property and activities protected thereunder.

For this reason, rights of this nature are protected by law subject always to limitations laid down in accordance with the public interest.

Within the Community legal order it likewise seems legitimate that these rights should, if necessary, be subject to certain limits justified by the overall objectives pursued by the Community, on condition that the substance of these rights is left untouched.

As regards the guarantees accorded to a particular undertaking, they can in no respect be extended to protect mere commercial interests or opportunities, the uncertainties of which are part of the very essence of economic activity.

The disadvantages claimed by the applicant are in fact the result of economic change and not of the contested decision.

It was for the applicant, confronted by the economic changes brought about by the recession in coal production, to acknowledge the situation and himself carry out the necessary adaptions.

This submission must be dismissed for all the reasons outlined above."

2. *Arrêt de la Cour* (décision à titre préjudiciel en application de l'article 177 du traité de la C.E.E.)
28 octobre 1975

Affaire N° 36/75

(Extrait de l'arrêt de la Cour)

"Par jugement du 16 décembre 1974, le Tribunal administratif de Paris a décidé, en application de l'article 177 du traité C.E.E., de surseoir à statuer jusqu'à ce que la Cour de Justice se soit prononcée, à titre préjudiciel, sur les questions suivantes:

"1. L'expression "... sous réserve des limitations justifiées par des raisons d'ordre public ..." employée par l'article 48 du traité C.E.E. concerne-t-elle les seules décisions réglementaires que chaque Etat membre de la C.E.E. a décidé de prendre pour limiter, sur son territoire, la libre circulation et le séjour des ressortissants des autres Etats membres ou concerne-t-elle aussi les décisions individuelles prises en application de telles décisions réglementaires?

"2. Quel est le sens précis qu'il convient d'attribuer au mot "justifiées"?

"Le jugement du Tribunal administratif de Paris a été enregistré au greffe de la Cour le 9 avril 1975.

"Conformément à l'article 20 du protocole sur le statut de la Cour de Justice de la C.E.E., des observations écrites ont été déposées le 16 juin 1975 par la Commission des Communautés Européennes, le 20 juin par le gouvernement de la République française et le 26 juin par le gouvernement de la République italienne.

"La Cour, sur rapport du juge rapporteur, l'avocat général entendu, a décidé d'ouvrir la procédure orale sans instruction préalable.

"Le 2 septembre 1975, le gouvernement de la République français a fourni à la Cour, à sa demande, certaines précisions sur les conditions de fond et de procédure dans lesquelles des interdictions de séjour pour une partie du territoire national peuvent être prononcées à l'égard de ressortissants français.

....

"*Quant à la justification des mesures d'ordre public au point de vue du droit matériel*

"26. Attendu que, pour l'essentiel, les Etats membres restent libres de déterminer, en vertu de la réserve inscrite à l'article 48, paragraphe 3, conformément à leurs besoins nationaux, les exigences de l'ordre public;

"27. que cependant, dans le contexte communautaire et, notamment, en tant que justification d'une dérogation aux principes fondamentaux de l'égalité de traitement et de la liberté de circulation des travailleurs, cette notion doit être entendue strictement, de sorte que sa portée ne saurait être déterminée unilatéralement par chacun des Etats membres sans contrôle des institutions de la Communauté;

"28 que, dès lors, des restrictions ne sauraient être apportées aux droits des ressortissants des Etats membres d'entrer sur le territoire d'un autre Etat membre, d'y séjourner et de s'y déplacer qui si leur présence ou leur comportement constitue une menace réelle et suffisamment grave pour l'ordre public;

"29. qu'à cet égard, l'article 3 de la directive N° 64/221 impose aux Etats membres l'obligation de porter cette appréciation au regard de la situation individuelle de toute personne protégée par le droit communautaire et non sur base d'appréciations globales;

"30. qu'en outre, l'article 2 de la même directive dispose que les raisons d'ordre public ne sauraient être détournées de leur fonction propre par le fait qu'elles soient "invoquées à des fins économiques";

"31. que l'article 8 du règlement N° 1612/68, qui garantit l'égalité de traitement en matière d'affiliation aux organisations syndicales et d'exercice des droits syndicaux, fait reconnaître que la réserve relative à l'ordre public ne saurait être invoquée, non plus, pour des motifs tenant à l'exercice de ces droits;

"32. que, dans leur ensemble, ces limitations apportées aux pouvoirs des Etats membres en matière de police des étrangers se présentent comme la manifestation spécifique d'un principe plus général consacré par les articles 8, 9, 10 et 11 de la Convention de Sauvegarde des Droits de l'Homme et des Libertés fondamentales, signée à Rome le 4 novembre 1950, ratifiée par tous les Etats membres, et de l'article 2 du protocole N° 4 à la même Convention, signé à Strasbourg le 16 septembre 1963, qui disposent en des termes identiques que les atteintes portées, en vertu des besoins de l'ordre et de la sécurité publics, aux droits garantis par les articles cités ne sauraient dépasser le cadre de ce qui est nécessaire à la sauvegarde de ces besoins "dans une société démocratique";

. . . .

"Par ces motifs, la Cour ... dit pour droit:

"1) L'expression "sous réserve des limitations justifiées par des raisons d'ordre public" dans l'article 48 concerne non seulement les dispositions légales et réglementaires que chaque Etat membre a prises pour limiter, sur son territoire, la libre circulation et le séjour des ressortissants des autres Etats membres, mais concerne aussi les décisions individuelles prises en application de telles dispositions légales ou réglementaires;

"2) La justification de mesures destinées à sauvegarder l'ordre public doit être appréciée au regard de toutes règles de droit communautaire ayant pour objet, d'une part, de limiter l'appréciation discrétionnaire des Etats membres en la matière et, d'autre part, de garantir la défense des droits des personnes soumise, de ce chef, à des mesures restrictives.

"De telles limites et garanties résultent notamment de l'obligation imposée aux Etats membres, de fonder exclusivement les mesures prises sur le comportement individuel des personnes qui en font l'objet, de s'abstenir de toutes mesures, en la matière, qui seraient utilisées à des fins étrangères aux besoins de l'ordre public ou porteraient atteinte à l'exercice des droits syndicaux, de communiquer sans délai, à toute personne frappée de mesures restrictives – et sous réserve du cas où des motifs intéressant la sûreté de l'Etat s'y opposeraient – les raisons qui sont à la base de la décision prise, enfin, d'assurer l'exercice effectif des voies de recours.

"En particulier, des mesures restrictives du droit de séjour limitées à une partie du territoire national ne peuvent être prononcées, par un Etat membre, à l'égard de ressortissants d'autres Etats membres relevant des dispositions du traité que dans les cas et conditions dans lesquels de telles mesures peuvent être appliquées aux nationaux de l'Etat en cause."

CHAPTER III / CHAPITRE III

DECISIONS OF THE DOMESTIC COURTS REFERRING TO THE EUROPEAN CONVENTION ON HUMAN RIGHTS

DECISIONS DES TRIBUNAUX INTERNES SE REFERANT A LA CONVENTION EUROPEENNE DES DROITS DE L'HOMME

AUSTRIA

Article 6, para. 2,
of the Convention

1. *Oberstergerichtshof* (Supreme Court)
30 May 1974

13os 47/74

Juristische Blätter, 1975, pp. 50 ff.

(*Extract and translation from German*)

In this case, the defendants K., O., L. and Sch. were charged under the Narcotics Act, solely with the illegal procurement and possession of narcotics, as offences under Article 9, para. 1 (2) (cases 3 and 4);

Before judging on the case, the Court should accordingly, in pursuance of the cited provisions of the act, have ascertained whether the quantities of narcotics which, according to the evidence, they had procured or had in their possession on repeated occasions had been sufficient to exceed their own weekly requirements (Evidenz Blatt 1973/324); if not, it should have awaited or sought further factual information from the District Administrative Authority under Article 9b (3) of the Narcotics Act in order to determine whether the requirements of Article 9a of the act were satisfied. As it failed to do so, owing to an error on a point of law, it was unable to reach any findings along the lines indicated; consequently the finding of guilt under Point VII of the judgment convicting the defendants K., O., L. and Sch. of offences against Article 9, para. 1 (2) (cases 3 and 4), is factually unsound within the Article 9 meaning Article 281, para. 1 (9), of the Code of Penal Procedure.

From Article 9 (3) second sentence, of the Narcotics Act, which deals with a case of the same kind as is covered by Section 9a (1) it may be seen that the crucial factor is not the mere – possibly unfounded – accusation of an offence, but the institution of proceedings culminating in conviction. Any other interpretation would be contrary to the objective of the act. But it would also be contrary to the principle of interpreting existing legislation in accordance with the Constitution. To make prosecution and conviction dependent on a (possibly unfounded) accusation would be irreconcilable with the presumption of innocence as specified in Article 6, para. 2, of the European Convention on Human Rights. (which under Article II 7 BVG (Federal Constitutional Law of 4 March 1964 BGBl 59) has constitutional rank). Accordingly in pursuance of Article 290, para. 1, of the Code of Penal Procedure the conviction was annulled and the case referred back to the original Court for re-trial on the relevant points.

Articles 2, 8 and 12
of the Convention

2. *Verfassungsgerichtshof* (Constitutional Court)
11 Octobre 1974

G 8/74

Juristische Blätter, 1975, pp. 310–318
Grundrechte, EuGRZ, 1975, H. 4, pp. 74 ff. and 88

(*Extract and translation from German*)

On 15 March 1974 in accordance with Article 140, para. 1, of Federal Constitutional Law and Section 62 of the Constitutional Court Act of 1953, the Salzburg Provincial Government requested that Section 97, para. 1 (1), of the Penal Code, concerning termination of pregnancy in the first three months, be invalidated on the grounds of being unconstitutional, arguing that it was contrary to the Constitution in several respects, violating basic human rights to life and the right to equality before the law.

The Salzburg Provincial Government regards the right to life as being inherent in the other specifically safeguarded fundamental rights and freedoms and also as being guaranteed by constitutional provisions based on international conventions (Article 2 of the European Convention on Human Rights and Article 63, para. 1, of the Treaty of St. Germain). In view of the Salzburg Provincial Government the unborn child enjoys the fundamental right to life and Article 97, para. 1 (1), of the Penal Code is accordingly contrary to the constitution, "since it permits for the arbitrary destruction of the life of a human being or of a being with the same status as a person with respect to the enjoyment of the right to life and because it takes away the unborn child's right to life "by denying it the protection of the law against killing" through an ordinary legislative ruling".

The Salzburg Provincial Government regards the provision in question as violating equality before the law in two ways: first, as a "violation of the fundamental right to equality as an essential part of the democratic principle", secondly as a "violation of the fundamental right to equality before the law according to constitutional law not based on international treaties".

Treating the unborn unequally in criminal law according to their age allegedly violates the principle of equality as an essential part of the democratic principle; secondly, as a "violation of the fundamental right to equality before the law according to constitutional law not based on international treaties".

Treating the unborn unequally in criminal law according to their age allegedly violates the principle of equality. But there is also an alleged violation of the principle of equality in respect of Article 8 of the European Convention on Human Rights. Exposure of the child of both parents to arbitary killings by one parent alone, without the other parent ever being heard, would amount to unequal treatment of husband or wife and at the same time disregard the husband's claim to respect for his family life through an action by his wife.

In the proceedings held to examine the legislation at issue, the Federal Government asked the Constitutional Court on 21 May 1974 to declare that Article 97, para. 1 (1), was not contrary to the Constitution.

In its observations of 9 September 1974 on the Federal Government's arguments, the Salzburg Provincial Government added further arguments to its case in the light of the Federal Government's arguments.

It argued that the right to life is the basis of all other provisions in a democratic republic. Hence, Article 97, para. 1 (1), of the Penal Code which permitted the arbitrary destruction of human life even in the absence of any situation of conflict, could not be reconciled with the principles of a democratic government and violated Article 1 of the Federal Basic Law.

It further agreed, in support of its request for repeal of Article 97, para. 1 (1), of the Penal Code, that this provision violated Article 12 of the European Convention on Human Rights by depriving the husband of the right to found a family since it enabled his wife to decide arbitrarily whether or not to bear his children.

The Constitutional Court ruled as follows:

The Salzburg Provincial Government holds that Article 97, para. 1 (1), of the Penal Code violates the fundamental right to life "according to constitutional law not based on international treaties".

Neither the Federal Basic Law nor relevant provisions which are considered under its Article 149, para. 1, as constitutional laws specifically mention the right to life as being safeguarded under the

Constitution. However, this right is a prerequisite of the fundamental rights and freedoms that are specifically safeguarded.

The Catalogue of fundamental rights is based on the traditional liberal idea of protecting the individual against acts of the state. Any right to life would mean a right to protection from threats to the individual's life from the State. There is no right to life that affords protection against threats from elsewhere than the State. Article 2 of the European Convention on Human Rights does not specify the point at which the life enjoying protection begins. Protection of the unborn child cannot be read into the text as a whole. The safeguards for life and freedom specified in Article 63, para. 1, of the Treaty of St. Germain refer to all "inhabitants". There is no ground that the concept of Austria's "inhabitants" should be considered as persons who are already born. Since the unborn child as such enjoys no specific protection under Constitutional law, a complete impunity in respect of the interruption of pregnancy would be compatible with the principle of equality. Nor is the "three month clause" (*Fristenlösung*) contrary to this principle: as the unborn child undergoes development in the mother's womb, it is possible for the legislator to treat the interruption of pregnancy differently for criminal law purposes according to the 'foetus' stage of development without violating the principle of equality. The principles laid down in Article 1 of the Federal Basic Law afford no uniform criteria for determining the criminal law governing termination of pregnancy. Article 8 of the European Convention on Human Rights does not oblige the legislator to disregard for family life a criminal offence. The right stated in Article 12 of the European Convention on Human Rights has no significance beyond the act of foundation. Nor does Article 12 as in the case of Article 8 command the legislator to enact penal provisions.

BELGIQUE

Article 5, par. 2,
Article 6, par. 3 (a) et (b),
de la Convention

1. *Cour d'appel de Bruxelles* (19e Chambre) (rôle néerlandais)
17 janvier 1974

N° 90

(*Extrait et traduction de l'arrêt*)

. . . .

"Attendu que l'inculpé invoque en vain que les droits de la défense ont été lésés en violation de l'article 5, par. 2, et de l'article 6, par. 3 (a) et (b), de la Convention de Rome pour la protection des droits de l'homme, sous le prétexte qu'il n'a jamais été informé dans une langue qu'il comprend, des faits ni des fondements légaux qui sont à la base des poursuites intentées par le Ministère des Finances;

"Attendu que l'article 5, par. 2, ne concerne que les personnes arrêtées; qu'il (c'est-à-dire l'accusé) n'était que détenu du chef de possession de stupéfiants; que l'accusé a été informé, par le juge d'instruction et dans sa propre langue, des raisons de son arrestation et des accusations portées contre lui;

"Attendu ... qu'il résulte de ses déclarations devant le juge d'instruction en date du ... qu'il avait compris les accusations portées contre lui par les agents du service des douanes, puisqu'il leur avait déclaré lui-même que le sachet sorti du double-fond de sa valise contenait du café;

"Attendu que, par la suite, à l'audience du tribunal correctionnel de Bruxelles en date du ..., l'accusé fut interrogé par l'intermédiaire d'un interprète chinois, et n'a pas jugé utile de demander une remise de l'affaire pour préparer plus amplement sa défense;

. . . .

Article 14
et Article 2 Protocole additionnel
de la Convention

2. *Conseil d'Etat* (Sixième Chambre)
14 novembre 1974

Recueil des Arrêts du Conseil d'Etat, septembre-décembre 1974, pp. 1072ss.

(*Extrait de l'arrêt du Conseil d'Etat*)

"....

"Vu la requête introduite le 30 mars 1973, par laquelle ... poursuit l'annulation de la décision rendue le 22 décembre 1972 par le jury en matière d'inspection linguistique, qui, confirmant la décision du 29 décembre 1971 de l'inspection linguistique, prescrit l'inscription de la fille du requérant dans un établissement d'enseignement de régime linguistique néerlandais et refuse son admission dans une école de régime linguistique français;

....

"Considérant que le requérant et son épouse, ..., tous deux de nationalité néerlandaise, sont domiciliés ensemble à ..., après l'avoir été à ...; que le 1er septembre 1971, ils ont inscrit leur fille ... dans une classe française de l'école gardienne ... de la ville de Bruxelles ...; qu'à cette fin, le requérant a souscrit une déclaration selon laquelle la langue maternelle ou usuelle de l'enfant était: 'hollandais et français'; qu'aussi bien l'inspecteur du régime français que l'inspecteur du régime néerlandais décidèrent que 'la loi ne prévoyant pas de régime d'exception pour les ressortissants étrangers', ils ne pouvaient 'admettre cette petite fille dans une école gardienne du régime français de l'agglomération bruxelloise, étant donné que: 1) sa langue maternelle est le néerlandais; 2) que la famille est domiciliée en région unilingue de langue néerlandaise'; que la décision attaquée a rejeté l'appel du requérant;

....

"Considérant que le requérant prend un premier moyen de la violation de l'article 3, alinéa 3, du Code civil; ....

....

"Considérant que le requérant prend un deuxième moyen de la 'violation des dispositions de la loi du 30 juillet 1963 ... et spécialement des articles 5 et 17', ...

....

"Considérant que le requérant prend un troisième moyen de la 'violation de l'article 2 du premier Protocole additionnel de la Convention européenne des Droits de l'Homme combiné avec l'article 14 de la Convention européenne des Droits de l'Homme'; qu'il fait valoir que, 'selon l'arrêt prononcé le 23 juillet 1968 par la Cour européenne des Droits de l'Homme, le droit consacré par l'article 2 du premier Protocole additionnel garantit le droit d'accès aux établissements scolaires existants, sans que, dans la réglementation de cet accès, l'Etat puisse prendre des mesures discriminatoires fondées sur la langue', que 'la discrimination (à lui) opposée ... n'est justifiée par aucun critère objectif', qu''il est au contraire de l'intérêt de l'enfant – ce qui doit constituer la préoccupation essentielle en l'espèce – qu'elle puisse poursuivre au plus tôt ses études en langue française';

"Considérant que les dispositions dont le moyen sollicite l'application combinée, ont pour objet de faire assurer par chaque Partie contractante la jouissance du droit à l'instruction à toute personne relevant de sa juridiction, sans discrimination fondée, par exemple, sur la langue, non de garantir aux enfants ou à leurs parents le droit à une instruction dispensée dans la langue de leur choix; que le moyen ne peut être retenu."

Le Conseil d'Etat rejette la requête.

Article 5, par. 1 (c) et 3,
de la Convention

3. *Cour de Cassation*
3 mars 1975
N° 8147

(*Extrait de l'arrêt*)

....

"Sur le premier moyen, pris de la violation des articles 97 de la Constitution et 5, spécialement paragraphe 1er (c) et paragraphe 3, de la Convention de Sauvegarde des Droits de l'Homme et des Libertés fondamentales, signée à Rome le 4 novembre 1950 et approuvée par la loi du 13 mai 1955,

"en ce que l'arrêt confirme l'ordonnance rendue le ... par la chambre du conseil, maintenant la détention préventive du demandeur, au motif que la cour d'appel ne constate aucun retard dans le déroulement de l'instruction,

"alors que, première branche, dans ses conclusions, le demandeur contestait l'existance d'indices de culpabilité et soutenait que le maintien de la détention était contraire aux termes de l'article 5, paragraphe 3, de la Convention de Sauvegarde des Droits de l'Homme et des Libertés fondamentales, qui prévoit que la personne détenue a le droit d'être jugée dans un délai raisonnable ou libérée pendant la procédure, en faisant valoir 'qu'il n'est pas sans intérêt de signaler que M. ... n'a pratiquement pas été interrogé depuis sa détention, de sorte qu'il a été dans l'impossibilité de se justifier quant aux prélèvements et facturations fictives qu'on lui reproche' et que 'si le parquet n'a pas jugé utile depuis trois mois et demi d'interroger M. ... au sujet des prétendues préventions, on peut en déduire qu'il juge que cet interrogatoire n'est pas nécessaire, et que l'arrêt ne répond pas de manière adéquate à ces conclusions ou du moins n'y répond que de manière imprécise, "seconde branche, le retard injustifié dans l'instruction résultait de l'absence d'interrogatoire du demandeur et qu'un 'délai raisonnable' s'étant écoulé, la détention devait prendre fin;

"Sur les deux branches réunies:

"Attendu que le demandeur faisait valoir dans ses conclusions 'qu'après trois mois de détention, l'intérêt public n'exige plus le maintien de la détention; qu'à ce stade de l'instruction, il y a lieu de vérifier si les indices de culpabilité se confirment; qu'il n'est pas sans intérêt de signaler que M. ... n'a pratiquement pas été interrogé depuis sa détention, de sorte qu'il a été dans l'impossibilité de se justifier quant aux prélèvements et facturations fictives qu'on lui reproche';

"Qu'il ressort de ces considérations que le demandeur n'y invoquait le fait qu'il n'aurait 'pratiquement pas été interrogé depuis sa détention' que pour contester l'existence d'indices de culpabilité;

"Attendu que l'arrêt énonce 'que les faits articulés par l'inculpé ne sont pas de nature à faire échec aux indices réunis par l'instruction jusqu'à ce jour';

"Qu'ainsi l'arrêt répond de manière adéquate aux conclusions du demandeur contestant l'existence d'indices de culpabilité;

"Attendu que la cour d'appel énonce, d'autre part, qu'elle 'ne constate aucun retard dans le déroulement de l'instruction; qu'un rapport provisoire vient d'être versé au dossier par l'expert ... le ...';

"Attendu qu'en relevant qu'un rapport provisoire de l'expert a été déposé le ..., c'est-à-dire la veille du jour où a été rendue l'ordonnance de la chambre du conseil qu'elle confirme, et qu'aucun retard n'a été constaté dans le déroulement de l'instruction, la cour d'appel répond, en les rejetant, aux conclusions du demandeur, qui invoquait un retard dans son interrogatoire et en déduisait que le parquet considérait que cet interrogatoire n'était pas nécessaire;

"Attendu que par les motifs précités, la cour d'appel fait apparaître que des actes d'instruction nécessaires à la manifestation de la vérité, en particulier l'expertise, sont encore en cours et que ces actes sont accomplis sans retard injustifié; qu'il résulte de ces constatations que le délai raisonnable dans lequel la cause doit être jugée, aux termes de l'article 5, paragraphe 3, de la Convention de Sauvegarde des Droits de l'Homme et des Libertés fondamentales, n'est pas dépassé;

"Que, partant, l'arrêt motive régulièrement et justifie légalement sa décision;

"Que le moyen ne peut être accueilli;

...."

Article 6, par. 1,
de la Convention

4. *Cour de Cassation* (2e Chambre francophone)
17 mars 1975

Revue de Droit Pénal et de Criminologie, N° 7, 1975, pp. 639ss.

(*Extrait de l'arrêt de la Cour de Cassation*)

"....

"Vu l'arrêt attaqué du 3 décembre 1974 et les deux arrêts attaqués du 5 décembre 1974, rendus par la Cour d'assises de la province du Brabant;

....

"Sur le premier moyen pris de la violation des articles 97 de la Constitution, 267, 327, 372 du Code d'instruction criminelle, 760 du Code judiciaire, 1er et 6 de la Convention de Sauvegarde des Droits de l'Homme et des Libertés fondamentales, et des droits de la défense,

"en ce que l'arrêt du 5 décembre 1974 condamne le demandeur notamment à une peine de 18 ans de travaux forcés, sans que le demandeur ait été instruit par le président de la cour d'assises de ce qui s'était passé en son absence lors de son expulsion par le président de la cour d'assises au cours de l'audience du 25 novembre 1974;

"Attendu qu'il ressort du procès-verbal de l'audience du 25 novembre 1974 que le président, interrompu par le demandeur pendant la déposition du juge d'instruction, le fit retirer, mais qu'à l'intervention de la défense, le président fit revenir le demandeur immédiatement, 'après quoi l'audition du témoin (fut) reprise';

"Attendu que le demandeur soutient que, contrairement à ce qu'il apparaît du procès-verbal, le témoin avait continué sa déposition pendant l'absence du demandeur, et que le président n'a pas instruit celui-ci, avant la clôture des débats, de ce qui s'était fait pendant son absence;

"Que le demandeur a déposé, à cet égard, une requête en inscription de faux;

"Mais attendu qu'à supposer les faits allégués établis, encore le moyen ne pourrait-il être accueilli;

"Attendu, en effet, que la rentrée du demandeur à l'audience eut lieu alors que la déposition du témoin, à laquelle il avait assisté jusqu'au moment de son expulsion, n'était pas terminée et que son avocat, resté présent, et lui-même, ont eu la faculté de questionner le témoin par l'organe du président: qu'après sa déposition, le témoin s'est retiré de l'auditoire, de l'accord de toutes les parties présentes, donc sans observation concernant ce qui aurait été dit en l'absence du demandeur;

"Qu'il ressort des considérations qui précèdent que ni les articles visés au moyen, ni les droits de la défense n'ont été violés;

"Sur le deuxième moyen, pris de la violation des articles 97 de la Constitution, 267, 270, 306, 317, 318, 341, 354 du Code d'instruction criminelle, 1er et 6 de la Convention de Sauvegarde des Droits de l'Homme et des Libertés fondamentales, et des droits de la défense,

....

"en ce que l'arrêt du 5 décembre 1974 condamne le demandeur notamment à une peine de 18 ans de travaux forcés, après que l'arrêt du 3 décembre 1974 eût considéré que le principe de l'oralité des débats – invoqué par les conclusions du demandeur – n'empêche pas que le témoignage d'une personne se trouvant dans l'impossibilité de comparaître soit reproduit par la lecture faite à l'audience par le président dans le cadre de la mission que l'article 267 du Code d'instruction criminelle lui confie, que le président a expliqué au jury le mécanisme légal de la preuve, que le jury dispose pour faire sa conviction sur l'application de la loi de défense sociale des rapports écrits du docteur ... et d'un autre rapport, 'que la défense au départ de ces pièces aura le droit d'exposer au jury l'intérêt qu'elle y attache ou les critiques qu'elle désire y faire, et que c'est le ministère public qui est la seule victime de la maladie du témoin, puisqu'il perd ainsi son droit par des questions précises d'atténuer la rigueur des conclusions de l'expert',

"alors que l'exposé du président dans le cadre de l'article 267 du Code d'instruction criminelle et l'exposé du mécanisme légal de la preuve sont étrangers au dialogue qui doit pouvoir s'engager entre, notamment, le témoin, le jury et la défense conformément au principe fondamental de l'oralité des débats; que l'audition de ... pouvait constituer, comme le soutenait le demandeur dans ses conclusions, un élément déterminant de la conviction du jury quant au bien-fondé des conclusions de l'expert; que si l'arrêt du 3 décembre 1974 reconnaît au ministère public le droit de poser des questions précises à l'expert, droit dont la perte lui porte préjudice, il ne peut dénier le même droit à la défense, n'accordant à celle-ci que le droit de commenter des rapports écrits, à peine de rompre l'égalité entre l'accusation et la défense et de priver le demandeur du procès équitable que lui garantit l'article 6 de la Convention sur les droits de l'homme;

"Attendu qu'il ressort des procès-verbaux des audiences des 2 et 3 décembre 1974 que la défense du demandeur a conclu au renvoi de l'affaire à une autre session, au motif que le docteur ..., expert psychiatre désigné en la cause, se trouvait pour un temps indéterminé dans l'impossibilité absolue de se déplacer en vue d'être entendue;

"Attendu que, d'une part, il appartenait à la cour d'assises d'apprécier, en fait, si le renvoi sollicité par la défense permettait d'espérer plus de certitude dans les résultats des débats;

"Attendu que, d'autre part, l'arrêt énonce que le principe de l'oralité des débats n'empêche pas que le témoignage d'une personne se trouvant dans l'impossibilité de comparaître soit reproduit, soit par le juge d'instruction s'il s'agit d'une des pièces dont la loi prohibe la remise au jury, soit par la lecture faite à l'audience par le président dans le cadre de la mission que l'article 267 du Code d'instruction criminelle lui confie, et que le jury dispose pour faire sa conviction en toute conscience et liberté, de tous les éléments ayant par leur juxtaposition formé les débats et également des pièces écrites non prohibées figurant au dossier, à savoir les deux rapports du docteur ..., la lettre de l'accusé du 27 décembre 1973, et le rapport du docteur ... déposé le 14 novembre 1960 dans une procédure antérieure; que par ces motifs, la cour d'assises justifie légalement sa décision de ne pas renvoyer la cause à une autre session;

"Attendu qu'en relevant que le ministère public 'est la seule victime de la maladie du témoin, puisqu'il perd ainsi son droit par des questions précises d'atténuer la rigueur des conclusions de l'expert', l'arrêt n'affirme pas, contrairement à ce que soutient le moyen, que la défense n'aurait pas eu le droit de poser des questions à l'expert s'il avait comparu; qu'à cet égard, le moyen, en tant qu'il est dirigé contre ce motif, manque en fait et que, pour le surplus, il est dépourvu d'intérêt, le motif étant surabondant;

"Que le moyen ne peut être accueilli;

"...."

Article 11
de la Convention

5. *Cour de Cassation* (Première Chambre)
25 avril 1975

N° 1487

La Cour de Cassation a statué sur un pourvoi formé par X., Y. et Z. contre une décision rendue le 24 juin 1974 par le conseil d'appel d'expression néerlandaise de l'Ordre des Médecins. L'arrêt de la Cour fait mention de l'article 11 de la Convention européenne des Droits de l'Homme; un extrait de cet arrêt figure ci-après:

"....

"En ce que le conseil d'appel se déclare compétent pour connaître des poursuites disciplinaires et inflige au demandeur une suspension du droit d'exercer l'art médical pendant quinze jours au motif que l'institution de l'Ordre des Médecins et l'affiliation obligatoire à cet

Ordre pour pouvoir pratiquer l'art médical en Belgique n'excèdent pas les limites des restrictions autorisées par l'article 11, alinéa 2, de la convention précitée,

"Alors que la mission de l'Ordre de veiller au respect des règles de la déontologie médicale et au maintien de l'honneur, de la discrétion, de la probité et de la dignité des médecins, est étrangère à la protection de la santé et excède effectivement les limites des restrictions à la liberté d'association reconnues par l'article 11 de la Convention précitée, de sorte que la décision viole les dispositions légales citées au moyen:

"Attendu que l'article 11, alinéa 2, de la Convention de Sauvegarde des Droits de l'Homme et des Libertés fondamentales stipule que l'exercice du droit à la liberté d'association peut faire l'objet des restrictions prévues par la loi et qui constituent dans une société démocratique des mesures nécessaires, notamment à la protection de la santé;

"Attendu que, aux termes de l'article 2, alinéa 2, de l'arrêté royal numéro 79 du 10 novembre 1967 relatif à l'Ordre des médecins, pour pouvoir pratiquer l'art médical en Belgique, tout médecin doit être inscrit au tableau de l'Ordre;

"Attendu que l'Ordre des Médecins est une institution de droit public ayant pour mission de veiller au respect des règles de la déontologie médicale et au maintien de l'honneur, de la discrétion, de la probité et de la dignité de ses membres;

"Attendu que cette mission n'est point étrangère à la protection de la santé et que l'inscription obligatoire précitée au tableau d'un tel Ordre ne transgresse pas les restrictions de la liberté d'association nécessaires à la protection de la santé;

"Attendu que le moyen n'indique pas en quoi les articles 20 et 107 de la Constitution auraient été violés;"

"que le moyen ne peut être accueilli.

. . . ."

Articles 5 et 6
de la Convention

6. *Cour d'Appel de Bruxelles*
20 juin 1975

N° 742

(*Extrait de l'arrêt de la Cour d'Appel*)

". . . .

"Vu le mandat d'arrêt décerné le 25 avril 1975 à charge du ressortissant vénézuélien ... par le juge d'instruction de l'Amtsgericht de Münich, du chef de complicité d'escroquerie;

"Vu l'ordonnance de la chambre du conseil du tribunal de première instance de Bruxelles, du 6 mai 1975, rendant ledit mandat d'arrêt exécutoire;

. . . .

"Vu l'appel formé le 8 mai 1975 contre cette ordonnance par . . . ;

"Attendu que l'appel, interjeté dans les formes et délais légaux, est recevable;

"Attendu que . . . soutient: 1) que l'ordonnance attaquée serait nulle; 2) que les conditions de fond requises pour son extradition ne seraient pas réunies; 3) que la demande d'extradition serait irrégulière;

. . . .

"Attendu que . . . soutient en ordre principal que l'ordonnance serait entâchée de nullité parce qu'elle aurait été rendue en violation du principe général de droit de la défense ainsi que des articles 5, par. 3, et 6, par. 1, 2, 3, de la Convention de Sauvegarde des Droits de l'Homme et des Libertés fondamentales, approuvée par la loi du 13 mai 1955, motif pris de ce que la loi du 15 mars 1874 sur l'extradition ne prévoit pas la comparution ni l'audition de l'étranger au stade de l'exequatur du mandat d'arrêt étranger décerné à sa charge;

"Attendu que cette objection n'est pas fondée;

"Attendu, en effet, que le principe général du droit de défense n'interdit pas au législateur de régler spécialement l'exercice de ce droit dans une matière déterminée, telle celle de l'extradition (Cass. 23-3-1964, Pas. 1964-I-797);

"Attendu, d'autre part, que l'article 5, par. 3, de la Convention des Droits de l'Homme ne s'applique qu'au cas de détention visé au paragraphe 1 (c) du même article, étranger à la matière de l'extradition; qu'en cette dernière matière, spécialement visée au paragraphe 1 (f) de l'article 5 susdit, le paragraphe 2 du même article exige seulement que la personne arrêtée soit informée, dans le plus court délai et dans une langue qu'elle comprend, des raisons de son arrestation et de toute accusation portée contre elle (même arrêt); qu'en l'espèce il a été satisfait à cette exigence;

"Attendu, enfin, que l'article 6 de la Convention des Droits de l'Homme ne concerne que le droit de la défense devant les jurisdictions de jugement et non l'arrestation ou la détention préventive (même arrêt et Bruxelles, Ch. M. A., 4-1-1974, J. T. 1974, p. 335);

. . . .

"Par ces motifs, la Cour, chambre des mises en accusation,

. . . .

"Reçoit l'appel mais le dit mal fondé;

"Confirme l'ordonnance dont appel."

Article 5, par. 2,
Article 6, par. 1,
de la Convention

7. *Cour de Cassation*
30 juin 1975
N° 8349

(*Extrait de l'arrêt*)

"....

"Sur le premier moyen, pris de la violation de l'article 5, par. 2, de la Convention de Sauvegarde des Droits de l'Homme et des Libertés fondamentales, signée à Rome le 4 novembre 1950 et approuvée par la loi du 13 mai 1955, qui exige que 'toute personne arrêtée soit informée, dans le plus court délai et dans une langue qu'elle comprend, des raisons de son arrestation et de toute accusation portée contre elle',

"en ce que l'arrêt a été prononcé en l'absence du demandeur et n'a pas été signifié ni d'aucune manière, porté à sa connaissance; en ce que le demandeur est donc resté totalement ignorant du contenu, de la motivation de l'arrêt confirmant l'ordonnance du ..., qui maintient sa détention préventive,

....

"Attendu que les prescriptions de l'article 5, par. 2, de la Convention de Sauvegarde des Droits de l'Homme et des Libertés fondamentales se rapportent aux informations qui doivent être données à la personne arrêtée, le plus tôt possible après son arrestation, et sont étrangères aux décisions ultérieurement rendues sur le maintien de la détention;

"Attendu que, contrairement à ce qu'allègue le moyen, la décision qui ordonne le maintien de la détention ne constitue pas un nouveau mandat d'arrêt et que, même à l'égard de la disposition légale invoquée, elle ne peut non plus être assimilée à une nouvelle arrestation;

"Attendu que, pour le surplus, il ressort des pièces auxquelles la Cour peut avoir égard, que l'ordonnance dont appel, qui mentionne que le demandeur est inculpé de banqueroute frauduleuse, banqueroute simple et détournement, lui a été régulièrement signifiée; que sur son appel, le demandeur a comparu, avec l'assistance d'un interprète, à l'audience du ... de la chambre des mises en accusation de la cour d'appel; qu'à cette audience, le ministère public a fait rapport et a requis, le demandeur a été interrogé par le président, ses moyens de défense ont été développés par son conseil, et la cause a été remise au ... pour le prononcé de l'arrêt; qu'à la suite de l'arrêt rendu à cette dernière date, le demandeur a reçu, le même jour, avis du maintien de sa détention et a déclaré se pourvoir en cassation contre ledit arrêt;

"Attendu que, de la seule circonstance que le texte même de cet arrêt n'a pas été notifié au demandeur, il ne peut être déduit que celui-ci n'ait pas été informé, dans le plus court délai et dans une langue qu'il comprend, des raisons de son arrestation et des accusations portées contre lui;

"Que le moyen ne peut être accueilli;

"Sur le second moyen, pris de la violation de l'article 6, par. 1er, de la Convention de Sauvegarde des Droits de l'Homme et des Libertés fondamentales,

"en ce que l'arrêt a été prononcé en présence du ministère public tandis que le demandeur était absent et ne fut d'aucune manière notifié à ce dernier,

"alors que, aux termes dudit article 6 le justiciable a droit à ce que sa cause soit entendue équitablement; qu'il résulte de la jurisprudence de la Commission européenne des Droits de l'Homme qu'en matière pénale cette notion inclut notamment 'l'égalité des armes';

"Attendu que l'article 6 de la Convention des Droits de l'Homme et des Libertés fondamentales concerne les droits de la défense devant les juridictions de jugement et est étranger à la détention préventive;

"Et attendu que les formalités substantielles ou prescrites à peine de nullité ont été observées et que la décision est conforme à la loi;

"Par ces motifs,

"Rejette le pourvoi;

. . . ."

FRANCE

Article 2
de la Convention

1. *Conseil Constitutionnel*
15 janvier 1975
Journal Officiel, 16 janvier 1975, p. 671

(*Extrait de la décision du Conseil constitutionnel*)

"Le Conseil constitutionnel,[1]

"Saisi le 20 décembre 1974 par MM. . . ., députés à l'Assemblée

[1] Les recours sur lesquels le Conseil a fondé son jugement résultaient d'une pétition de 81 députés à l'Assemblée nationale, déférant à la censure du Conseil constitutionnel la loi relative à l'interruption volontaire de la grossesse, et spécialement les dispositions de l'article 3 (le recours et le mémoire se réfèrent à l'article 3 qui, dans le texte définitivement adopté, est devenu l'article 4) de la loi N° 75–17 du 17 janvier 1975 relative à l'autorisa-

nationale, dans les conditions prévues à l'article 61 de la Constitution, du texte de la loi relative à l'interruption volontaire de la grossesse, telle qu'elle a été adoptée par le Parlement;

. . . .

"Considérant que l'article 61 de la Constitution ne confère pas au Conseil constitutionnel un pouvoir général d'appréciation et de décision identique à celui du Parlement, mais lui donne seulement compétence pour se prononcer sur la conformité à la Constitution des lois déférées à son examen;

"Considérant, en premier lieu, qu'aux termes de l'article 55 de la Constitution: "Les traités ou accords régulièrement ratifiés ou approuvés ont, dès leur publication, une autorité supérieure à celle des lois, sous réserve, pour chaque accord ou traité, de son application par l'autre partie";

"Considérant que, si ces dispositions confèrent aux traités, dans les conditions qu'elles définissent, une autorité supérieure à celle deslois, elles ne prescrivent ni n'impliquent que le respect de ce principe doive être assuré dans le cadre du contrôle de la conformité des lois à la Constitution prévu à l'article 61 de celle-ci;

"Considérant, en effet, que les décisions prises en application de l'article 61 de la Constitution revêtent un caractère absolu en définitif, ainsi qu'il résulte de l'article 62 qui fait obstacle à la promulgation et à la mise en application de toute disposition déclarée inconstitutionnelle; qu'au contraire, la supériorité des traités sur les lois, dont le principe est posé à l'article 55 précité, présente un caractère à la fois relatif et contingent, tenant, d'une part, à ce qu'elle est limitée au champ d'application du traité et, d'autre part, à ce qu'elle est subordonnée à une condition de réciprocité dont la réalisation peut varier selon le comportement du ou des Etats signataires du traité et le moment où doit s'apprécier le respect de cette condition;

"Considérant qu'une loi contraire à un traité ne serait pas, pour autant, contraire à la Constitution;

"Considérant qu'ainsi le contrôle du respect du principe énoncé à l'article 55 de la Constitution ne saurait s'exercer dans le cadre de l'examen prévu à l'article 61, en raison de la différence de nature de ces deux contrôles;

"Considérant que, dans ces conditions, il n'appartient pas au Conseil constitutionnel, lorsqu'il est saisi en application de l'article

tion de l'interruption volontaire de la grossesse, sans autres conditions que de forme, durant les dix premières semaines de la grossesse. Les députés invitaient le Conseil à juger ces "dispositions non conformes aux principes réaffirmés par le préambule de la Constitution et à l'article 2 de la Convention européenne des Droits de l'Homme dont l'autorité est supérieure à celle des lois aux termes de l'article 55 de la Constitution". Ils invoquaient donc, en sus de normes de droit français, stricto sensu, la Convention du 4 novembre 1950.

61 de la Constitution, d'examiner la conformité d'une loi aux stipulations d'un traité ou d'un accord international;

"Considérant, en second lieu, que la loi relative à l'interruption volontaire de la grossesse respecte la liberté des personnes appelées à recourir ou à participer à une interruption de grossesse, qu'il s'agisse d'une situation de détresse ou d'un motif thérapeutique; que, dès lors, elle ne porte pas atteinte au principe de liberté posé à l'article 2 de la Déclaration des droits de l'homme et du citoyen;

"Considérant que la loi déférée au Conseil constitutionnel n'admet qu'il soit porté atteinte au principe du respect de tout être humain dès le commencement de la vie, rappelé dans son article 1er, qu'en cas de nécessité et selon les conditions et limitations qu'elle définit;

"Considérant qu'aucune des dérogations prévues par cette loi n'est, en l'état, contraire à l'un des principes fondamentaux reconnus par les lois de la République ni ne méconnaît le principe énoncé dans le préambule de la Constitution du 27 octobre 1946, selon lequel la nation garantit à l'enfant la protection de la santé, non plus qu'aucune des autres dispositions ayant valeur constitutionnelle édictées par le même texte;

"Considérant, en conséquence, que la loi relative à l'interruption volontaire de la grossesse ne contredit pas les textes auxquels la Constitution du 4 octobre 1958 fait référence dans son préambule non plus qu'aucun des articles de la Constitution,

"Décide:

"*Article 1er.* – Les dispositions de la loi relative à l'interruption volontaire de la grossesse, déférée au Conseil constitutionnel, ne sont pas contraires à la Constitution.

"*Article 2.* – La présente décision sera publiée au Journal officiel de la République française.

"Délibéré par le Conseil constitutionnel dans ses séances des 14 et 15 janvier 1975."

Articles 1, 5, 6 et 13
de la Convention

2. *Cour de Cassation* (Chambre Criminelle)
3 juin 1975
N° 75.90 687 – B –

La Cour de Cassation a statué sur un pourvoi formé par le demandeur, détenu, inculpé d'escroquerie et d'abus de confiance, contre un arrêt de la Cour d'appel de Paris (chambre d'accusation) en date du 25 février 1975, confirmant une ordonnance de rejet de demande de mise en liberté rendue par le juge d'instruction. L'arrêt de la Cour de Cassation fait mention de la Convention européenne des Droits de l'Homme; un extrait de cet arrêt est reproduit ci-après:

"....

"Vu le mémoire produit en demande:

"Sur les trois moyens réunis, le premier pris de la violation de l'article 55 de la constitution du 4 octobre 1958, de la loi N° 72 1227 du 31 décembre 1973, autorisant la ratification de la Convention européenne de Sauvegarde des Droits de l'Homme et des Libertés fondamentales et de ses Protocoles additionnels, du décret N° 74.360 du 3 mai 1974, portant publication de ladite Convention, du décret N° 53 192 du 14 mars 1953 relatif à la ratification et à la publication des engagements internationaux souscrits par la France, des articles 1, 5, 6 et 13 de ladite Convention, des articles 485, 593 du Code de procédure pénale;

"en ce que la décision attaquée, après avoir énoncé qu'à la barre, et par note écrite, le Conseil de ... invoque à l'appui de l'appel interjeté les termes de la Convention européenne des Droits de l'Homme, énonce que: 'la présente chambre ne peut statuer qu'en fonction des dispositions du Code de procédure pénale;

"alors que, en vertu de l'article 55 de la constitution du 4 octobre 1958, les traités ou accords régulièrement appliqués ou approuvés ont, dès leur publication, une autorité supérieure à celle des lois et que la chambre d'accusation devait donc statuer non pas seulement en fonction des dispositions du Code de procédure pénale, mais, également, en fonction des dispositions de la Convention européenne des Droits de l'Homme et des Libertés fondamentales qui, régulièrement promulguée en France confère des droits directs aux personnes relevant de la juridiction française;

"le deuxième pris de la violation de l'article 5 de la Convention européenne de Sauvegarde des Droits de l'Homme et des Libertés fondamentales, des articles 144, 485, 593 du Code de procédure pénale;

"en ce que la décision attaquée refuse de mettre le demandeur en liberté au motif 'que ... est un malfaiteur d'habitude qui a déjà encouru plusieurs condamnations en Italie, qu'il est d'ailleurs pour certains faits réclamé par les autorités judiciaires italiennes et, pour cette raison, en instance d'extradition; ... que cet individu de nationalité étrangère est particulièrement dangereux en raison de son habileté, n'a pas de domicile personnel et se trouve sans emploi en France' et que dès lors 'compte tenu de sa dangerosité et de l'absence totale de garantie de représentation', il est dès lors nécessaire de le maintenir en détention provisoire pour préserver l'ordre public du trouble causé par l'infraction, pour prévenir tout renouvellement en pour garantir le maintien de cet inculpé à la disposition de la justice;

"alors d'une part qu'il résulte de la Convention européenne des Droits de l'Homme qu'il ne peut être tenu compte pour maintenir un individu en détention, que du risque concret de le voir commettre une nouvelle infraction et non des infractions qu'il aurait pu antérieurement commettre ou de la gravité des infractions pour lesquelles il est poursuivi;

"alors d'autre part, qu'aux termes de la Déclaration européenne des Droits de l'Homme, le maintien en détention ne peut être ordonné que lorsqu'il y a des motifs raisonnables de croire à la nécessité d'empêcher l'inculpé de s'enfuir après l'accomplissement d'une infraction et que le fait qu'un inculpé n'ait pas de domicile personnel, n'est pas à lui seul une cause de supposer qu'il cherchera à s'enfuir, que les juges du fond devaient donc rechercher si, en dehors de l'existence d'un domicile personnel, il ne présentait pas des garanties suffisantes de représentation;

. . . .

"le troisième pris de la violation de l'article 9 de la Déclaration des droits de l'homme et du citoyen, de l'article 6, paragraphe 2, de la Convention européenne des Droits de l'Homme, des articles 485 et 593 du Code de procédure pénale;

. . . .

"alors que tout homme est présumé innocent jusqu'à ce qu'il ait été déclaré coupable et que les décisions des juridictions d'instruction, qu'elles statuent sur une demande de mise en liberté ou, du reste, sur le renvoi devant la juridiction de jugement doivent être conçues en termes tels qu'elles ne créent aucune présomption de culpabilité susceptible de nuire à l'inculpé devenu prévenu ou accusé devant la juridiction de jugement;

. . . .

"Attendu que, saisie par le demandeur de l'appel de cette décision, la chambre d'accusation, pour la confirmer, après s'être référée aux éléments de la cause, énonce 'que cet individu de nationalité étrangère et particulièrement dangereux en raison de son habilité, n'a pas de domicile personnel en France et se trouve sans emploi en France';

"Attendu d'une part, qu'en l'état, la Cour d'appel a justifié sa décision en ordonnant le maintien en détention dans les conditions prévues par l'article 148 du Code de procédure pénale par une décision spécialement motivée d'après les éléments de l'espèce ainsi que l'exige l'article 145 du même Code, et pour des cas limitativement énumérés par l'article 144 dudit Code;

"Attendu d'autre part, qu'aucune disposition de la loi n'exige que lorsque la détention provisoire est ordonnée ou maintenue, le juge constate auparavant en termes exprès, l'insuffisance dans le cas qui lui est soumis, des obligations du contrôle judiciaire;

"Que le seul fait que le juge ordonne ou maintienne la décision provisoire établit nécessairement qu'il a estimé insuffisantes dans les cas particuliers les obligations du contrôle judiciaire;

"Attendu qu'enfin, et contrairement à ce que soutient le pourvoi, les dispositions du Code de procédure pénale ne sont pas incompatibles avec les termes des articles 5 et 6 de la Convention européenne de Sauvegarde des Droits de l'Homme et des Libertés fondamentales applicable en France;

. . . .

"Rejette le pourvoi."

Article 8
de la Convention

3. *Tribunal de Grande Instance de Paris*
10 juillet 1975

N° 383

Le demandeur, dans la procédure engagée contre le Ministre des Postes et Télécommunications, sollicite une expertise tendant à constater l'existence, sur le territoire national, de divers centres d'écoutes téléphoniques. L'ordonnance de référé est libellée comme suit:

" . . . .

"Attendu que le demandeur fait essentiellement valoir qu'il est titulaire d'un abonnement téléphonique, que l'existence même de dispositifs d'écoutes téléphoniques est une menace pour le secret de ses correspondances et constitue, de la part de l'administration, une voie de fait relevant de la compétence de l'autorité judiciaire puisque les écoutes téléphoniques ne sont autorisées par aucun texte législatif et qu'au contraire, la violation du secret des correspondances est réprimée pénalement;

"Mais attendu qu'un acte illégal de l'administration ne constitue une voie de fait que s'il est manifestement insusceptible de rattachement à l'exercice d'un pouvoir appartenant à cette administration;

"Attendu que la Convention européenne de Sauvegarde des Droits de l'Homme et des Libertés fondamentales, ratifiée par la France, si elle en subordonne l'application à l'intervention de la loi nationale, admet, en certaines matières, le principe d'une ingérence de l'autorité publique dans les correspondances entre personnes;

"Attendu, en conséquence, que ne peut être considérée comme manifestement insusceptible d'être rattachée à un pouvoir de l'autorité publique une ingérence de celle-ci dans les communications téléphoniques lorsqu'elle est rendue absolument nécessaire par les impératifs de la sécurité nationale et de la sûreté publique, notamment pour la répression de la criminalité;

"Attendu que l'existence d'un dispositif d'écoutes téléphoniques ne constitue donc pas en elle-même une voie de fait et que la demande de ... échappe à la compétence de l'autorité judiciaire;

"Par ces motifs: Nous déclarons incompétents."

FEDERAL REPUBLIC OF GERMANY

Article 2
of the Convention

Federal Constitutional Court
25 February 1975

1 Bv F1–6/74
Neue Juristische Wochenschrift, 1975, pp. 573–88
Grundrechte, EuGRZ, 1975, H.7/8 pp. 126ff.

(*Extract and translation from German*)

The point at issue is whether the so-called three month clause in the 5th Criminal Law Reform Act whereby in certain circumstances interruption of pregnancy within 12 weeks from conception is not an offence is compatible with the Basic Law.

The 5th Criminal Law Reform Act (5 Str G) of 18 June 1974 (BGBR I, 1297) introduces new provisions forcing the termination of pregnancy. Articles 218 to 220 of the Penal Code have been replaced by new provisions which introduce the following principal changes.

It is generally an offence to terminate a pregnancy later than the 13th day following conception (Article 218, I). However, under Article 218 interruption of pregnancy by a doctor with the expectant mother's agreement is not an offence if no more than 12 weeks have elapsed since conception (Article 218 a "three month clause"). Furthermore, termination of pregnancy by a doctor with the mother's agreement after more than 12 weeks have elapsed is not an offence if it is advisable, according to medical science, either in order to remove a danger to the mother's life or a danger of serious impairment of her health provided that such dangers cannot reasonably be removed by other means (Article 218 (b) (1) – interruption on medical grounds) or because there are serious reasons for supposing that owing to hereditary factors or harmful influences before birth, the child would suffer from an irreversible impairment of its health of such seriousness that the mother cannot be allowed to continue pregnancy provided that no more than 22 weeks have elapsed since conception (Article 218 (b) (2) – interruption on eugenic grounds). Termination of a pregnancy when the mother has not received social and medical advice from a counselling centre or a doctor, is an offence (Article 218 (c)). Similarly, it is an offence to interrupt a pregnancy more than 12 weeks after conception without prior confirmation by a competent authority that the requirements of paragraph 218 (b) (medical or eugenic grounds) are satisfied (para. 219). The expectant mother herself is not liable to any penalty under Article 218 (c) or Article 219.

....

(a) Life developing in the womb enjoys protection in its own right under the Constitution (Article 1, I, Article 2, II (1) of Basic Law). The State's protective duty not only forbids direct State interference with the foetus but requires that the State afford it protection and assistance.

(b) The State's obligation to protect the foetus also extends to the mother.

(c) As a matter of principle, protection of the life of the foetus enjoys priority throughout pregnancy over the mother's right of self determination and may not be jeopardised for a particular period.

(d) The legislator can express the legal disapproval of abortion required by the Constitution otherwise than by making it punishable offence. The crucial point is whether all the measures designed to protect the life of the unborn child provide actual protection commensurate with the value of the object of such protection. The extreme cases where the protection provided for by the Constitution cannot otherwise be secured, the legislator is obliged to use the criminal law as a means of affording protection for the life of the unborn child.

(e) Pregnancy ought not to be allowed to continue where its termination is necessary in order to remove a danger to the mother's life or a danger of serious impairment of her health. It lies in the legislator's discretion to regard other extraordinary strains on the pregnant mother of similar gravity in the same way and to punish abortion in such cases.

(f) The 5th Criminal Law Reform Act of 18 June 1974 (BGBC I, 1297) does not comply to the requisite extent with the obligation to protect the life of the unborn child.

THE NETHERLANDS

Article 10
of the Convention

1. *Hof Arnhem* (Court of Appeal) (Arnhem)
9 July 1974

Nederlandse Jurisprudentie, 1975, No. 359

At the request of the husband X during a divorce proceedings before it, the Court of Appeal of Arnhem decided on 3 October 1973 that X could continue to live with his children in the conjugal house at the exclusion of his wife Y.

In view of the disturbances created by Y, X asked that Y be summoned before the President of the Regional Court of Arnhem. By decision of 26 April 1973 the latter prohibited Y to appear again where her husband and children lived or to try to get into contact with them.

Before the Court of Appeal at Arnhem, Y argued that the said decision of 26 April 1973 was incompatible with Article 10 of the European Convention on Human Rights.

In its judgment of 9 July 1974, the Court of Appeal decided that this allegation was manifestly ill-founded on the grounds that the fact was doubtful not only whether the fundamental freedom of expression as laid down in Article 10 was applicable in private law relationships, but also that the acts prohibited by the above decision had to be considered as "expression". Furthermore, the Court stated that this fundamental freedom certainly would not mean that everyone had the right to compel others to listen to them. Therefore a prohibition to do so would not constitute a violation of the said fundamental right.

Articles 3 and 8
of the Convention

2. *Koninklijk Besluit* (Royal Decree)
22 Octobre 1974

No. 74

On 9 May 1972, the Amsterdam Police Office refused to grant a residence permit to a Tunisian woman and her two children which would have permitted her to join her husband, their father, who had been living in the Netherlands since 9 Octobre 1971. On appeal, the Secretary of State of the Ministry of Justice confirmed the police decision taken on 31 October 1972; on both occasions it was stated that a positive decision would have been against the general interest.

The Tunisian woman based her submission before the Crown primarily on Article 8 of the European Convention on Human Rights and accordingly argued that refusal to issue a permit would mean that she and her children would have to leave the Netherlands which would mean a violation of paragraph 1 of this article; that the fact of obliging them to go back to Tunisia where they would not have sufficient living space could not be justified by Article 8, para. 2, of the Convention; that the health of one of the children might be endangered if they had to leave, thus violating Article 3 of the Convention; that "general interest" was not mentioned as a restriction in Article 8, para. 2, of the Convention and that this notion was very vague.

The Court decided that there was no violation of Article 8, para. 1, of the Convention as the husband had left Tunisia voluntarily, realising and knowing that his family might have difficulties having not applied for a residence permit before coming to the Netherlands and that his family came in full belief of the risk of being sent back. Therefore Article 8 of the Convention had not been violated by the refusal of the granting of a permit.

Article 8
of the Convention

Hoge Raad (Supreme Court)
10.12.1974

Nederlandse Jurisprudentie, 1975, No. 178

Notwithstanding the explicit request of an official of the Dutch Ministry of Finance, a Rotterdam Insurance Company had not submitted books and other documents, the inspection of which would have been useful for the assessment of levying of taxes from clients insured with the company.

Annulling the decision of the Rotterdam District Court of 19 March 1974, the Court of Appeal of the Hague fined the Insurance Company for violation of Article 49, para. 1, of the General Tax Act. In reply to the company's submission, the Court stated that the said article merely required the delivery of books and documents which related to professional activity, only revealing facts of a commercial character. Therefore the Court held that the delivery of such documents would not amount to a violation of the right to respect for private life, home and correspondence, as laid down in Article 8 of the European Convention on Human Rights.

The company instituted proceedings before the Supreme Court (*Hoge Raad*) arguing in particular that in the field of insurance facts and information of a personal nature are inevitably intermingled with those of a commercial character. Consequently the company was of the opinion that Article 49, para. 1, of the General Tax Act violated Article 8 of the Convention in that it affects the private life of the third persons involved.

The Supreme Court, however, held that Article 40, para. 1, of the General Tax Act seemed to be incompatible with Article 8, para. 1, of the Convention, nevertheless paragraph 2 of the same Article 8 justifies certain restrictions as being necessary in a democratic society, and in the interests of the economic well-being of the country.

Article 8
of the Convention

4. *Hoog Militair Gerechtshof* (Supreme Military Court)
18 December 1974

Militair Rechtelijk Tijdschrift

On 10 July 1974, a Dutch soldier, staying at the Princes Margriet Barracks in Surinam, refused to obey the order of his superior to put on his uniform. The Regional Court-Martial (*Arrondissementskrijgraad*) in Surinam decided on 17 September 1974 that this was an offence of intentional disobedience: the accused persisted even after his superior warned him of the punishability of his act. According to Article 114 of the Militairy Penal Code he was sentenced to four months of military detention on probation.

In appeal, the Supreme Military Court (*Hoog Militair Gerechtshof*) amended the decision of the lower Court in that it sentenced the accused to two months of detention.

Before this Court, the soldier argued that ordering him to wear a uniform was in violation of his right to privacy as laid down in Article 8 of the European Convention on Human Rights.

The Court answered this argument negatively and held that the order to wear a uniform is not in violation of Article 8, para. 1, of the Convention as this constituted one of the exceptions to this paragraph which is mentioned in Article 8, para. 2, of the said Convention.

SWITZERLAND

Article 9
of the Convention

Verwaltungsgericht, Zürich (Administrative Court)
29 April 1975

Schweizerisches Zentralblatt für Staats- und Gemeinde Verwaltung, 1975, pp. 282–288 and NZZ, ...

(*Extract and translation from German*)

The complainant X, a commercial company, (a legal person) objected to the levying of church tax by the Reformed Evangelical and the Roman Catholic parishes for the fiscal year, 1974. The ecclesiastical administrators of both parishes opposed the objections, the company took its case, concerning an amount of 16.70 F in respect of the Reformed Evangelical Church tax, to the Finance Directorate, but without success. Appealing to the Administrative Court, the company submitted that the levying of church tax on bodies corporate violated Article 64 (1) of the Cantonal Constitution (KV), Article 49 (1) and Article 4 of the Federal Constitution (BV) and Article 9 of the European Convention on Human Rights.

The Complainant company had no religious aims and was accordingly liable (Section 150 of the Taxation Act) to Church tax in the parish where it was domiciled. The Complainant did not challenge the legality of the Church Tax it was required to pay when it was domiciled. The Complainant did not challenge the legality of the Church Tax it was required to pay but rather argued (in effect) that the requirements of Zürich Tax Law governing corporations' church tax obligations were contrary to overriding cantonal and federal law. This was the point to be decided.

The Church tax liability of corporate bodies does not violate Article 4 Federal Constitution (BV) (Ground 8) freedom of conscience and belief in accordance with Article 49 (BV) (Ground 7) or religious freedom in accordance with Article 9 of the European Convention on Human Rights (Ground 11). The provisions of Section 1 of the Convention are self-executing in Switzerland (Ground 9c) and came into effect with the ratification of the Convention on 28 November 1974 (Ground 9d).

The Federal Court had ruled in 1878 that corporate bodies (legal persons) could not invoke Article 49 (b) of the (BV) as this provision is merely an extension of the freedom of conscience and belief safeguarded under Article 49 (1), i.e. a right which by its very nature can be enjoyed only by natural persons (BGE, 4, 536 et seq. 539 and 541). Despite reservations made by some authors, the Federal Court has always maintained this position (BGE, 17, 557 et seq., 35 I, 333 et seq., 41, I, 158 et seq., 52, I, 108 et seq., 95, I, 353 and numerous unpublished decisions). These findings agree with those on freedom of association (Article 56 BV; BGE 100, Ia 286/7 with references); they accord with theory and practice on the protection of freedom of thought, conscience and religion under the European Convention on Human Rights (cf. Ground 11). Some of the major objections which have been raised in the literature against the findings of the Federal Court were addressed by the complainant in support of the allegation of violation of Article 4 (BV), Ground 9/10.

The Complainant challenges its church liability in respect of the fiscal year 1974. As the Court did not come into effect for Switzerland until 28 November 1974 the question of the Reformed Church tax's compatibility with the Convention arises only with respect to the remaining 34 days of the fiscal year, 1974. The sum in question accordingly amounts to under SF 1.60. It is immediately apparent that such a small liability does not represent any encroachment on the freedom of thought, conscience and religion safeguarded under Article 9 of the European Convention on Human Rights (Ground 11). Nor does the allegation of violation of Article 9 of the European Convention of Human Rights stand up to examination in other respects.

(a) The case law of the European Commission of Human Rights, in agreement with prevailing opinion, recognises that the protection of such provisions of the Court can in certain circumstances be extended to corporate bodies.

However, in a decision of 17 December 1968 in the case of "Church of Scientology of California" (Application No. 3798/68, Yearbook of the European Convention on Human Rights, Vol. XII, p. 314) the European Commission on Human Rights recognised unreservedly that a legal person is incapable of exercising the rights mentioned in Article 9, para. 1, of the Convention. In fact, most of the rights derived from that article are so closely attached to the individual (*individualisé*, cf. *personnalisé*) that they can only be enjoyed by natural persons. Admittedly, this does not apply to the right protected under this provision, to manifest one's religion or beliefs (either alone or) "in community with others", in public or private, in prayers, teaching, practice and observance. This right, which is given special prominence in Article 9 of the Convention, would be partially emptied of meaning if it were not also enjoyed by associations constituted by individuals for the observance of their religion or beliefs. In this restricted sense, corporate bodies may also be regarded as entitled to pardon of religion.

(b) In the light of the foregoing, corporate bodies cannot invoke Article 9 of the European Convention on Human Rights unless they are associations of individuals formed for the purpose of religious or philosophical observance and that they are concerned with the pursuit of this purpose, this condition is not satisfied in the case of a corporate body with a different purpose which is required to pay contribution to a religious community. Accordingly, in its report of 9 December 1968 the Federal Assembly on the Convention for the Protection of Human Rights in which the compatibility of current Swiss law with that of the provision of the European Convention was carefully reviewed (BBI, 1968, II, 1115 et seq.) The Federal Council did not mention the question of corporate bodies' church tax liability. It clearly assumed that this sphere was not affected by Article 9 (1) of the European Convention on Human Rights (Ground 12). As the church tax liability provisions applied to the complainant violate neither constitutional nor treaty law, the complained tax levying is not illegal (Verwaltungsgericht – Administrative Court, 29 April 1975).

UNITED KINGDOM

Article 10
of the Convention

1. *Privy Council*
4–6 and 10 March, 1974, May 1975
All England Law Reports, 1975, pp. 81–92.

"The plaintiff, a limited company, was the publisher of a newspaper in Antigua called the 'Antigua Times'. The plaintiff commenced proceedings in the High Court under paragraph 15 (1) of the Constitution of Antigua seeking declarations that S 1B of the Newspapers Registration (Amendment) Act 1971 (No. 8 of 1971) and S 3 (2) of the Newspaper Surety Ordinance (Amendment) Act 1971 (No. 9 of 1971) were unconstitutional. The plaintiff contended that they contravened S 10 (1) of the Constitution by hindering the plaintiff in the enjoyment of its freedom of expression since S 1B made the plaintiff's right to publish newspapers subject to the annual payment of 600 dollars and S 3(2) made that right subject to the payment of 10,000 dollars by way of a deposit to satisfy any judgment for libel. The judge granted the declarations sought and his decision was affirmed by the Court of Appeal of the West Indies Associated States. The defendants appealed to the Privy Council, contending *inter alia*, that the plaintiff, being a body corporate, was not a 'person' within S 15(1) of the Constitution and was not therefore entitled to initiate the proceedings.

"Although some of the rights conferred by SS 2 to 14 of the Constitution, eg. the right to life and the right to liberty, were such that in their nature they could not be enjoyed by a corporation, there was nothing in principle which prevented a corporation from enjoying other rights, such as those relating to the compulsory purchase of property. Accordingly, in the absence of any sufficient expression of an intention to the contrary, the word 'person' in S 15(1) was, by virtue of S 115 (15) of the Constitution, applying S 19 of the Interpretation Act 1889 to be construed as including a body corporate.

"Furthermore, the appellants contend that the word 'person' occurring twice in that subsection refers only to a natural person. The respondent contends that the word includes also an artificial or legal person such as itself. The Interpretation Act 1889, which is applied to the Constitution by S 115 (15) of the Constitution, provides by S 19:

"According to Lord Fraser of Tullybelton, the expression 'person' shall, unless the contrary intention appears, include any body of persons corporate or unincorporate. It is therefore necessary to consider the context in which the word 'person' occurs here.

"Section 15 is in Chapter I of the Constitution which is headed 'Protection of Fundamental Rights and Freedoms'. The arrangement and wording of the chapter evidently owe much to the European Convention for the Protection of Human Rights and Fundamental Freedoms signed by certain members of the Council for Europe in 1950. The European Convention was itself largely based on the Universal Declaration of Human Rights adopted by the United Nations General Assembly in 1948. The Universal Declaration, as its title suggests, is concerned mainly, if not exclusively, with human rights, that is with rights of individual human beings, but the European Convention appears to apply also to artificial persons, at least in some of its articles. For example, Article 25 provides that the Commission may receive petitions 'from any person, non-governmental organisation or group of individuals claiming to be the victim of a violation by one of the High Contracting Parties of the rights set forth in this Convention', and Article 1 of the first protocol to the Convention refers to 'every natural or legal person'. With that ancestry it would not be surprising if Chapter I of the Constitution of Antigua were to apply to artificial as well as to natural persons, and its heading, already quoted, which refers to 'fundamental' and not to 'human' rights and freedoms, gives no indication that it is limited to natural persons. Thus his Lordship concluded that Article 10 of the European Convention on Human Rights should cover the right of expression of natural as well as legal or artificial persons.

"The defendants' appeal would, however, be allowed for the following reasons:

'There was a presumption that the provisions of all Acts of the Parliament of Antigua were 'reasonably required' for the purposes specified in S 10 (2) of the Constitution. That presumption had not been rebutted in the case of S 1B of the Newspapers Registration (Amendment) Act 1971 for the amount of the licence fee imposed by that section was not so manifestly excessive nor of such a character as to lead to the conclusion that it had been enacted for some purpose other than that of raising revenue. Section IB therefore fell within S 10 (2) and, in consequence, could not be treated as contravening S 10 (1).

"Section 3 (2) of the Newspaper Surety Ordinance (Amendment) Act 1971 was also saved by S 10 (2) of the Constitution. Section 3 (2) was 'reasonably required ... for the purpose of protecting the reputations and rights ... of other persons', within S 10(2) (a) (ii) since a mere right of action did not give true protection to an injured person's reputation: unless there was a reasonable prospect of his obtaining damages and costs for libel, he might be deterred from instituting proceedings."

Articles 5 and 6
of the Convention

2. *House of Lords* (Court of Appeal)
10.2.1975

The Times, 12.2.1975

(*Extract of the Decision of the Court of Appeal is given hereafter*)

THE FACTS

B., the applicant, had come from India, where he had apparently paid someone 22,000 rupees to organise a trip to England. The date of his arrival was uncertain. He had said that he had arrived in December 1972, but in November 1974 the chief immigration officer had informed him that "having regard to the documentary evidence available, the Home Office are not satisfied that you entered the United Kingdom before 1 January 1973 and are eligible to benefit under the ... amnesty".

It was suggested that the Home Office had acted contrary to natural justice and the terms of the amnesty announced by the Home Secretary: Schmidt v. Secretary of State for Home Affairs (1969, 2 Ch. 149, 170–171). But inquiries had proved nothing to the applicant's advantage. There could be no complaint about the Home Office or the immigration officers. The case was like *Ex parte Azam* (1974, AC 18). There was nothing to suggest that the applicant had implied limited leave to stay.

The Court of Appeal dismissed an appeal by B. detained in Winson Green Prison, Birmingham, from the dismissal by Mr. Justice Kenneth Jones on 22 December of his application for a writ of *habeas corpus* on the primary ground that by virtue of his arrival in England before 1 January 1973, he was an illegal immigrant entitled to her Majesty's pardon because of the amnesty announced by the Secretary of State for Home Affairs in Parliament last April.

The applicant suggested that the procedure did not conform with the Convention for the Protection of Human Rights and Fundamental Freedoms, Rome, 1950. The courts could and should take the Convention into account in interpreting a statute. An Act of Parliament should be construed so as to conform with the Convention.

Article 5 giving the right to liberty and security of person did not apply where there was lawful arrest of a person against whom action was being taken with a view to deportation or extradition. *Article 6*, giving entitlement to a "fair and public hearing" of the determination of civil rights or criminal charges, did not apply to administrative procedure or licences such as the immigration procedure.

Lord Justice Geoffrey Lane, also agreeing, said that the Home Secretary's announcement ot the House of Commons conferred no right upon the applicant.

Articles 5 and 12
of the Convention

3. *Court of Appeal* (Civil Division)
16th, 19th May 1975

All England Law Reports, 1975, pp. 1081–1084

(*Extract of the Decision of the Court of Appeal is given hereafter*)

The applicant, an illegal entrant from India, was arrested and detained in prison pending his deportation from the United Kingdom under the Immigration Act 1971. Two days after his arrest he told the immigration authorities that he wished to marry before he was deported. The immigration officer refused the applicant permission to marry. When the matter was submitted to the Home Office for further consideration, it was decided that there was no reasonable ground for authorising the applicant's temporary release from prison, under Section 2, para. 21 (1), of the 1971 Act, to enable him to marry, and that he should be deported forthwith. The applicant applied for an order of *mandamus* to the Secretary of State for Home Affairs and the chief immigration officer directing them to provide facilities for the applicant's marriage; alternatively directing them to determine according to law his request to be escorted from prison for the performance of a marriage ceremony. The applicant relied on Article 12 of the European Convention for the Protection of Human Rights and Fundamental Freedoms which guaranteed his right to marry and found a family. An appeal by the applicant against this decision was dismissed.

The Court held that although, in the absence of any direct conflict, the 1971 Act ought to be construed in conformity with the Convention, Article 12 did not give people an unlimited right to marry simply because they were of marriageable age, but only insofar as the circumstances in which they were placed permitted. Article 12 was subject to Article 5 (1) (f) of the Convention, which recognised that a person subject to deportation proceedings might be deprived of his liberty, and accordingly, as the applicant had been lawfully detained, he had no right to be released in order to get married. The application for *mandamus* would therefore be refused.

According to Lord Denning MR, the right to marry may exist even though there is no immediate prospect of founding a family.

He stated that:

"...

The Court can and should take the European Convention on Human Rights into account. They should take into account whenever interpreting a statute which affects the rights and liberties of the individual. It is to be assumed that the Crown, in taking its part in legislation would do nothing which was in conflict with treaties. So the Court should now construe the Immigration Act 1971 so as to be in conformity with a Convention and not against it.

"In addition, I would add that the immigration officers and the Secretary of State in exercising their duties ought to bear in mind the principles stated in the Convention. They ought, consciously or subconsciously, to have regard to the principles in it – because, after all, the principles stated in the Convention are only a statement of the principles of fair dealing; and it is their duty to act fairly.

"I would, however, like to correct one sentence in my previous judgment in *B's* case. I said: 'If [an Act of Parliament] did not conform [to the Convention] I might be inclined to hold it invalid.' That was a very tentative statement, but it went too far. There are many cases in which it has been said, as plainly as can be, that a treaty does not become part of our English law except and insofar as it is made so by Parliament. If an Act of Parliament contained any provisions contrary to the Convention, the Act of Parliament must prevail. But I hope that no Act ever will be contrary to the Convention. So the point should not arise.

"I would repeat that when anyone is considering a problem concerning human rights, we should seek to solve it in the light of the Convention and in conformity with it. So it is hardly credible that any government department would promote or that Parliament would pass retrospective criminal legislation.

"I turn back to Article 12. It seems to me plain that that article does not give to people an unlimited right to marry simply because they are of marriageable age. It only gives such a right so far as the circumstances in which they are placed permit. A sailor out at sea on a voyage cannot be expected to have a right to marry until he gets home. A soldier who is posted on active service due to go the next day cannot say that he is entitled to stay at home because he wants to get married. Thus Article 12 must be subject to the circumstances in which the parties are placed. In particular, it is subject to Article 5 which says that no one is to be deprived of liberty save in the following cases, including –

'the lawful arrest or detention of a person to prevent his effecting an unauthorised entry into the country or of a person against whom action is being taken with a view to deportation or extradition'.

"Clearly a person in prison for a crime does not have any right to leave prison in order to get married. We were referred to a manual which is published by the European Convention on Human Rights. A man who was detained in a German prison complained that the German judicial authorities had refused him permission to marry. He took his complaint before the Commission on Human Rights and they rejected it. They held that Article 12 of the Convention was subject to Article 5(1)(c) and (a). Similar considerations apply in regard to an illegal entrant who is detained with a view to his removal. Article 12 is subject to Article 5(1)(f). A man who is detained as an illegal entrant with a view to his removal has no right to be released in order to get married. The Home Secretary in his discretion is entitled to have him removed. I think there is no ground for *mandamus* here ..."

Appendix I / *Annexe I*

DOCUMENTATION AND BIBLIOGRAPHY / DOCUMENTATION ET BIBLIOGRAPHIE

A.

Council of Europe documents[1]

Documents du Conseil de l'Europe[1]

I. *Working papers of the Parliamentary Assembly / Documents de séance de l'Assemblée Parlementaire*

Doc. 3554: Reply from the Committee of Ministers to written Question No. 167 by Mr. Nessler on the visit to the Council of Europe of the Grand Ulema of Saudi Arabia (21 January 1975).

Réponse du Comité des Ministres à la Question écrite N° 167 de M. Nessler relative à la visite au Conseil de l'Europe des Grands Ulemas d'Arabie Saoudite (21 janvier 1975).

Doc. 3562: Motion for a Recommendation on the conclusion of an additional Protocol to the International Covenant on Civil and Political Rights, to guarantee the independence of legal assistance (23 January 1975).
Rapporteur: Mr. Reinhart
[referred to the Legal Affairs Committee: Ref. No. 1054 (26th Sitting, 29 January 1975)]

Proposition de recommandation relative à la conclusion d'un Protocole additionnel au Pacte International relatif aux droits civils et politiques, afin de garantir l'indépendance de l'assistance judiciaire (23 janvier 1975).
Rapporteur: M. Reinhart
[renvoyé à la Commission des Questions Juridiques: Renvoi N° 1054 (26e Séance, 29 janvier 1975)]

Doc. 3580: Written Question No. 174 on the free flow of information (28 January 1975).
Rapporteur: Mr. Schwencke.

Question écrite N° 174 relative à la liberté d'information (28 janvier 1975).
Rapporteur: M. Schwencke.

Doc. 3581: Motion for a Recommendation on the right of conscientious objection to military service (28 January 1975).
Rapporteur: Mr. Voogd.
[referred to the Legal Affairs Committee: Ref. No. 1060 (26th Sitting, 29 January 1975)].

[1] The documents set out below refer only to documents available to the public. The numerous documents of a confidential nature are not mentioned.

[1] Seuls les documents accessibles au public sont mentionnés, à l'exclusion des nombreux documents de caractère confidentiel.

Proposition de recommandation relative au droit à l'objection de conscience au service militaire (28 janvier 1975).

Rapporteur: M. Voogd.

[renvoyé à la Commission des Questions Juridiques: Renvoi N° 1060 (26e Séance, 29 janvier 1975)].

Doc. 3594: Communication from the Committee of Ministers on the election of a member of the European Court of Human Rights in respect of Greece (Articles 38 to 40 of the European Convention for the Protection of Human Rights and Fundamental Freedoms) (26 March 1975).

Communication du Comité des Ministres relative à l'élection d'un membre de la Cour européenne des Droits de l'Homme au titre de la Grèce (articles 38 à 40 de la Convention européenne de Sauvegarde des Droits de l'Homme et des Libertés fondamentales) (26 mars 1975).

Doc. 3599: Communication from the Committee of Ministers on the election of a member of the European Court of Human Rights in respect of Switzerland (Articles 38 to 40 of the European Convention for the Protection of Human Rights and Fundamental Freedoms) (9 April 1975).

Communication du Comité des Ministres relative à l'élection d'un membre de la Cour européenne des Droits de l'Homme au titre de la Suisse (articles 38 à 40 de la Convention européenne de Sauvegarde des Droits de l'Homme et des Libertés fondamentales) (9 avril 1975).

II. *Reports of the debates of the Parliamentary Assembly / Comptes rendus des débats de l'Assemblée Parlementaire*

Sitting of 29 January 1975 (morning)
Séance du 29 janvier 1975 (matin)

p. 853 — Conclusions of the meeting with the Ombudsmen and Parliamentary Commissioners in the Council of Europe Member States (Paris, 18–19 April 1974) (debate on the report of the Legal Affairs Committee, Doc. 3516, and vote on the draft Recommendation).

Conclusions de la réunion avec les Ombudsman et commissaires parlementaires dans les Etats membres du Conseil de l'Europe (Paris, 18–19 avril 1974) (discussion du rapport de la Commission des Questions Juridiques, Doc. 3516, et vote sur le projet de Recommandation).

Sitting of 21 April 1975 (afternoon)
Séance du 21 avril 1975 (après-midi)

p. 7 — Election of members of the European Court of Human Rights in respect of Greece and Switzerland.

Election des membres de la Cour européenne des Droits de l'Homme au titre de la Grèce et de la Suisse.

p. 12 — Election of members of the European Court of Human Rights in respect of Greece and Switzerland (results of the ballot).

Election des membres de la Cour européenne des Droits de l'Homme au titre de la Grèce et de la Suisse (résultats du scrutin).

B.

Selective bibliography of publications concerning the European Convention on Human Rights

Liste des principales publications concernant la Convention européenne des Droits de l'Homme

ALKEMA, E. A., Rechterlijk toezicht en de Europese Vrijheidsrechten, in: *Vrijheid en Recht*, 1975.

ALKEMA, E. A., Samenloop van pensioenen en het recht op eigendom, in: *Sociaal Maandblad Arbeid*, N° 2, 1975, pp. 93ss.

BADURA, P., Das Prinzip der sozialen Grundrechte und seine Verwirklichung im Recht der Bundesrepublik Deutschland, in: *Der Staat*, Vol. 14, N° 1, 1975, pp. 17ss.

BARIE, M., *Das Vermögen als Gegenstand des Gleichheitssatzes und als geschütztes Rechtsgut der Europäischen Menschenrechtskonvention*, Jur. Diss., Heidelberg, 1974.

BERCHTOLD, K., The European Convention on Human Rights and the Austrian Legal Order: Some experiences, in: *Revue des Droits de l'Homme*, N° 3, 1975, pp. 383ss.

BERTRAM, W. et BUELOW, E., Les expériences personnelles de la Convention: Überlegungen von Verfahrensbeauftragten der Bundesrepublik Deutschland, in: *Revue des Droits de l'Homme*, N° 3, 1975, pp. 349ss.

CLEESATTEL, N. W., *Human Rights and republican government: the necessity for and presence of a rationalizing principle with respect to the protection of the individual in society under the United States Constitution*, Bonn: Rechts- und Staatswiss. v. 1972 (1971), Vol. XII.

COUSSIRAT-COUSTERE. V., La réserve française à l'article 15 de la Convention européenne des Droits de l'Homme, in: *Journal de Droit International*, N° 2, pp. 269ss.

DANELIUS, H., A survey of the jurisprudence concerning the rights protected by the European Convention on Human Rights, in: *Revue des Droits de l'Homme*, N° 2–3, 1975, pp. 431ss.

DIE PRAKTISCHE ANWENDUNG der Europäischen Menschenrechtskonvention: wie und wann kann man in Strassburg Klage einreichen?, in: *Europa*, N° 7/8, 1975, p. 10ss.

DINSTEIN, Y., The European Convention on Human Rights from an Israeli perspective, in: *Revue des Droits de l'Homme*, N° 2–3, 1975, pp. 493ss.

DRZEMCZEWSKI, A., The applicability of customary international Human Rights in the English legal system, in: *Revue des Droits de l'Homme*, N° 1, 1975, pp. 71ss.

EHLERMANN, C. D., Primauté du droit communautaire mise en danger par la Cour constitutionnelle fédérale allemande, in: *Revue du Marché Commun*, N° 181, 1975, pp. 10ss.

ERMACORA, F., *Menschenrechte in der sich wandelnden Welt*, Wien: Verlag der Österreichischen Akademie der Wissenschaften, 1974.

ESPERSEN, O., Freedom of expression in the Danish Radio and Television, in: *Revue des Droits de l'Homme*, N° 1, 1975, pp. 139ss.

FAERKEL, J., The protection of economic, social and cultural rights in Denmark, in: *Revue des Droits de l'Homme*, N° 1, 1975, pp. 237ss.

GIURISPRUDENZA INTERNAZIONALE: Corte Europea dei Diritti dell'Uomo, in: *Rivista di Diritto Internazionale*, N° 3, 1974, pp. 567ss.

GOOSE, P. E., Der Internationale Pakt über bürgerliche und Politische Rechte, in: *Neue Juristische Wochenschrift*, 1974, pp. 1305ss.

Goudsmit, W., Gedachten over de vrijheid recht te doen, in: *Vrijheid en Recht*, 1975.
Goy, R., La ratification par la France de la Convention européenne des Droits de l'Homme, in: *Netherlands International Law Review*, 1975, pp. 32ss.
Haessig, A., The soldier's right to administrative due process: the right to be heard, in: *Military Law Review*, Vol. 63, 1974, pp. 1ss.
Hausner, G., The rights of the individual in Court, in: *Israel Law Review*, Vol. 9, 1974, pp. 477ss.
Helgesen, J. E., The protection of economic, social and cultural rights in Norway, in: *Revue des Droits de l'Homme*, N° 1, 1975, pp. 251ss.
Hiden, M., The protection of economic, social and cultural rights in Finland, in: *Revue des Droits de l'Homme*, N° 1, 1975, pp. 275ss.
Holm, N. E., The protection of civil and political rights in Denmark, in: *Revue des Droits de l'Homme*, N° 1, 1975, pp. 167ss.
Ipsen, H. P., BVerfG versus EuGH re "Grundrechte". Zum Beschluss d. Zweiten Senats des Bundesverfassungsgerichts vom 29. Mai 1974 (BVerfGE Bd. 37 S. 271), in: *Europarecht*, N° 1/2, 1975, pp. 1ss.
Jacobs, F. G., *The European Convention on Human Rights*, Oxford: Clarendon Press, 1975.
Jacobs, F., The European Convention on Human Rights in the English courts, in: *Europäische Grundrechte-Zeitschrift*, N° 29, 1975, pp. 569ss.
Jägerskiöld, S., The civil and political rights in Sweden, in: *Revue des Droits de l'Homme*, N° 1, 1975, pp. 193ss.
Khol, A., The international aspects of the freedom of expression in radio and television, in: *Revue des Droits de l'Homme*, N° 1, 1975, pp. 127ss.
Landheer, B., Het begrip "vrijheid" en de Internationale Betrekkingen, in: *Vrijheid en Recht*, 1975.
Les Droits de l'Homme dans les écrits de Polys Modinos: 1) Dialogues avec les droits de l'homme; 2) L'Europe et les droits de l'homme, in: *Revue des Droits de l'Homme*, N° spécial, 1975, pp. 627ss.
Lorenz, D., *Der Rechtsschutz des Bürgers und die Rechtsweggarantie*, München: Beck, Vol. XI, 1973 (Münchener Universitätsschriften. Reihe der Juristischen Fakultät, Bd. 23).
Madiot, Y., Du Conseil constitutionnel à la Convention européenne: vers un renforcement des libertés publiques?, in: *Recueil Dalloz Sirey*, Chronique 1, 1975, pp. 1ss.
Magnee, X., Les expériences personnelles de la Convention: l'expérience d'un avocat avec les organes de la Convention, in: *Revue des Droits de l'Homme*, N° 3, 1975, pp. 343ss.
Maier, H., *Die Grundrechte des Menschen im modernen Staat.* 2e éd., Zurich: Interfrom, 1975.
Marcus-Helmons, S., Cour européenne des Droits de l'Homme, 23 juin 1973. Affaire Ringeisen: interprétation de l'arrêt du 22 juin 1972, in: *Cahiers de droit européen*, N° 3–4, 1974, pp. 379ss.
Maunz, Th., Die Suche nach den Schranken der Grundrechte, in: *Verfassung, Verwaltung, Finanzkontrolle*, 1975, pp. 7ss.
Max Planck Institute for Comparative Public Law and International Law – *Judicial settlement of international disputes. International Court of Justice, other courts and tribunals, arbitration and conciliation. An international Symposium*, Berlin, Heidelberg: Springer, 1974, XII, (Beiträge zu ausländisches öffentliches Recht und Völkerrecht, 62).
McGovern, E., The local remedies rule and administrative practices in the European Convention on Human Rights, in: *International and Comparative Law Quarterly*, 1975, pp. 119ss.
Meuwissen, D. H. M., Vrijheid en Demokratie, in: *Vrijheid en Recht*, 1975.
Modderkolk, A. J., De vrijheid van meningsuiting in de krijgsmacht – enige opmerkingen, in: *Militair Rechtelijk Tijdschrift*, 1974, pp. 571ss.

MODEEN, T., The freedom of expression in radio and television in Finland, in: *Revue des Droits de l'Homme*, N° 1, 1975, pp. 151ss.
MODEEN, T., La protection des droits de l'homme en droit constitutionnel finlandais, in: *Revue des Droits de l'Homme*, N° 1, 1975, pp. 201ss.
MONCONDUIT, F., Bilan des conditions de la recevabilité: les tendances de la jurisprudence, in: *Revue des Droits de l'Homme*, N° 2–3, 1975, pp. 417ss.
MOSKOWITZ, M., *International concern with human rights*, Leiden: Sijthoff, 1975.
MOWER, A. G., The effectiveness of an international human rights programme, in: *International Organisations*, Vol. 29, N° 2, 1975, pp. 545ss.
MULLER, R., Aperçu sur les travaux du Quatrième Colloque International sur la Convention européenne des Droits de l'Homme, in: *Europäische Grundrechte-Zeitschrift*, N° 29, 1975, pp. 573ss.
NISSER, C. W., The freedom of expression in the Swedish Radio and Television, in: *Revue des Droits de l'Homme*, N° 1, 1975, pp. 145ss.
NOVAK, R., Das Fristenlösungs-Erkenntnis des österreichischen Verfassungsgerichtshofs, in: *Grundrechte*, 1975, pp. 197ss.
OPSAHL, T., The protection of civil and political rights in Norway, in: *Revue des Droits de l'Homme*, N° 1, 1975, pp. 179ss.
PAHR, W., Der Verfassungsrang der Europäischen Menschenrechtskonvention in Österreich, in: *Europäische Grundrechte-Zeitschrift*, N° 29, 1975, pp. 576ss.
PASCHOUD, J. B., Jurisprudence du Tribunal fédéral concernant la violation du principe de l'égalité devant la loi. Résumé d'arrêts rendus de 1970 à 1973, in: *Revue de droit administratif et de droit fiscal*, 1975, pp. 1ss.
PETREN, G., The protection of economic, social and cultural rights in Sweden, in: *Revue des Droits de l'Homme*, N° 1, 1975, pp. 265ss.
PETZOLD, H., Het Europese Verdrag voor de rechten van de mens: resultaten, ervaringen, verwachtingen, in: *Internationale Spectator*, 1975, pp. 51ss.
PETZOLD, H., Europäischer Gerichtshof für Menschenrechte: Fall Syndicat national de la police belge, in: *Europäische Grundrechte-Zeitschrift*, N° 29, 1975, pp. 562ss.
PICTET, J., Das Pendel der Geschichte. Die Weiterentwicklung des humanitären Völkerrechts im Laufe eines Jahrhunderts – 1874–1973, in: *Revue Internationale de la Croix-Rouge*, N° 4, 1975, pp. 50ss.
PONZER, J., Kollegial Behörden nach Artikel 133 Z 4 B-VG und Europäische Menschenrechtskonvention, in: *Österreichische Juristen-Zeitung*, N° 4, 1975, pp. 113ss.
Protection of Human Rights in the light of scientific and technological progress in biology and medicine. Proceedings of a round table conference organized by CIOMS with the assistance of Unesco and WHO. WHO Headquarters, Geneva, 14–16 Nov. 1975, Geneva: Council for International Organizations of Medical Sciences/World Health Organization i. Komm., 1974.
RAMCHARAN, B. G., The International Law Commission and Human Rights, in: *Revue des Droits de l'Homme*, N° 1, 1975, pp. 9ss.
Rechten van de Mens, Actes d'un Colloque organisé par l'Interuniversitair Instituut voor Internationaal Recht – T.M.C. Asser Instituut en 1975 à Leiden, La Haye, 1975 (Introduction par M. E. A. Alkema).
ROBERTSON, A. H., The promotion of human rights by the Council of Europe, in: *Revue des Droits de l'Homme*, N° 2–3, 1975, pp. 545ss.
ROBERTSON, A. H., Human Rights in Europe, in: *International Review*, N° 4, 1975, pp. 41ss.
RUZIE, D., La Constitution française et le droit international (à propos de la décision du Conseil constitutionnel du 15 janvier 1975), in: *Journal de droit international*, N° 2, 1975, pp. 249ss.
SAARIO, V., Nordic initiatives in the field of human rights in the United Nations and other International Organizations, in: *Revue des Droits de l'Homme*, N° 1, 1975, pp. 95ss.

SAINIO, T., Civil and political rights in Finland, in: *Revue des Droits de l'Homme*, N° 1, 1975, pp. 215ss.

SCHEUNER, U., Fundamental rights in European Community law and in national constitutional law, in: *Common Market Law Review*, Vol. 12, N° 2, 1975, pp. 171ss.

SCHREUER, C. H., The implementation of international judicial decisions by domestic courts, in: *The International and Comparative Law Quarterly*, Vol. 24, N° 2, 1975, pp. 153ss.

SCHWELB, E., The United Nations, the Council of Europe and human rights: some observations, in: *Revue des Droits de l'Homme*, N° 2–3, 1975, pp. 505ss.

SEIDEL, Der Rang der Europäischen Menschenrechtskonvention in den Mitgliedstaaten, in: *Deutsches Verwaltungsblatt*, 1975, pp. 747ss.

SHAPIRA, A., The status of fundamental individual rights in the absence of a written constitution, in: *Israël Law Review*, Vol. 9, 1974, pp. 497ss.

SØRENSEN, M., Les expériences personnelles de la Convention: l'expérience d'un membre de la Commission, in: *Revue des Droits de l'Homme*, N° 3, 1975, pp. 329ss.

SPERDUTI, G., Sulla presentazione di ricorsi individuali davanti alla Commissione europea dei Diritti dell'Uomo, in: *Rivista di Diritto Internazionale*, N° 3, 1974, pp. 531ss.

THE PROTECTION OF HUMAN RIGHTS in the Nordic Countries (Turku-Abo, 1–2 June 1974), in: *Revue des Droits de l'Homme*, N° 1, 1975, pp. 89ss.

UIBOPUU, H. J., Die Menschenrechtspakte der Vereinten Nationen im Staatsrecht der UdSSR, in: *Osteuropa-Recht*, 1975, pp. 1ss.

VASAK, K., Les Etats Nordiques face à la protection internationale des droits de l'homme dans le cadre régional, in: *Revue des Droits de l'Homme*, N° 1, 1975, pp. 103ss.

VEENHOVEN, W. A., and CRUM-EWING, W., *Case Studies on Human Rights and Fundamental Freedoms, A World Survey*, Vol. I and II, The Hague: Martinus Nijhoff, 1975.

VILHJALMSSON, T., The protection of human Rights in Iceland, in: *Revue des Droits de l'Homme*, N° 1, 1975, pp. 221ss.

VINGT-CINQ ANS de la Convention européenne des Droits de l'Homme, 4 novembre 1950, in: *Revue des Droits de L'Homme*, N° 3, 1975.

VOGEL, H. J., Unser Beitrag zum Schutz der Menschenrechte in Europa, in: *Recht, Information des Bundesministers der Justiz* (Sonderdruck), 4. November 1975.

Vrijheid en Recht, Een Bundel opstellen aangeboden aan Prof. Mr. E. H. 's Jacob, Zwolle: W. E. J. Tjeenk Willink bv, 1975.

WALTER, H., Übermässige Objektivierung des Europäischen Menschenrechtsschutzes?, in: *Zeitschrift für ausländisches öffentliches Recht und Völkerrecht*, 35/1, 1975, pp. 108ss.

WEIS, P., The denunciation of human rights Treaties, in: *Revue des Droits de l'Homme*, N° 1, 1975, pp. 3ss.

WIEBRINGHAUS, H., La Convention européenne des Droits de l'Homme et la Charte Sociale Européenne, in: *Revue des Droits de l'Homme*, N° 2–3, 1975, pp. 527ss.

WILDHABER, L., Die Europäische Menschenrechtskonvention. Basis-Information für Praktiker, in: *Schweizerisches Zentralblatt für Staats- und Gemeindeverwaltung*, 1975, pp. 273ss.

ALPHABETICAL INDEX

See also in respect of the jurisprudence of the Commission, *Summary of the selected decisions*, pp. 276–282.

Abbreviations

"Convention (the)"	means the European Convention on Human Rights
"Protocol (the)"	means the first Additional Protocol to the European Convention on Human Rights
"Commission (the)"	means the European Commission of Human Rights
"Court (the)"	means the European Court of Human Rights

A

B

G

H

I

K

M

N

O

P

R

S

T

U

V

INDEX ALPHABETIQUE

Voir également, en ce qui concerne la jurisprudence de la Commission, *Sommaire des décisions sélectionnées*, pp. 277–283

Abréviations

"Convention (La–)"	signifie la Convention européenne des Droits de l'Homme
"Protocole (Le–)"	signifie le premier Protocole Additionnel à la Convention européenne des Droits de l'Homme
"Commission (La–)"	signifie la Commission européenne des Droits de l'Homme
"Cour (La–)"	signifie la Cour européenne des Droits de l'Homme

A

B

G

H

I

K

L

M

O

P

R

S

T

V

GPSR Compliance

The European Union's (EU) General Product Safety Regulation (GPSR) is a set of rules that requires consumer products to be safe and our obligations to ensure this.

If you have any concerns about our products, you can contact us on ProductSafety@springernature.com

In case Publisher is established outside the EU, the EU authorized representative is:

Springer Nature Customer Service Center GmbH
Europaplatz 3
69115 Heidelberg, Germany

Batch number: 10830943

Printed by Printforce, the Netherlands